DAS EXIL VOR DEM EXIL

Leben und Wirken deutscher Schriftsteller
in der Schweiz während des Ersten Weltkrieges

Inaugural-Dissertation
in der Fakultät Sprach- und Literaturwissenschaften
der Otto-Friedrich-Universität Bamberg

vorgelegt von

Ahmet Arslan

aus
Linnich/Aachen

Tag der mündlichen Prüfung: 16.12.2002

Erstgutachter: Prof. Dr. Thomas ANZ
Zweitgutachter: Prof. Dr. Heinz GOCKEL

Das Exil vor dem Exil

Leben und Wirken deutscher Schriftsteller in der Schweiz
während des Ersten Weltkrieges

von

Ahmet Arslan

Tectum Verlag
Marburg 2004

Coverbild: *Der Krieg* (Arnold Böcklin)

Arslan, Ahmet:
Das Exil vor dem Exil.
Leben und Wirken deutscher Schriftsteller
in der Schweiz während des Ersten Weltkrieges.
/ von Ahmet Arslan
- Marburg : Tectum Verlag, 2004
Zugl.: Bamberg, Univ. Diss. 2002
ISBN 978-3-8288-8659-9

© Tectum Verlag

Tectum Verlag
Marburg 2004

INHALTSVERZEICHNIS

Vorwort	7
Verzeichnis der Abkürzungen	8
1. Einleitung	**9**
1.1. Themenbegründung	12
1.2. Stand der Forschung und Quellenlage	14
2. Historischer Hintergrund des „Exils vor dem Exil"	**17**
2.1. Ziel und Wahrnehmung des Ersten Weltkrieges im Wilhelminischen Deutschland	17
2.2. Begeisterung und Ablehnung des Krieges unter der deutschen Intelligenz	21
3. Zufluchtsort Schweiz	**27**
3.1. Die Schweizer Neutralität	27
3.2. Eidgenössische Pressefreiheit zur Kriegszeit	32
3.3. Einwanderungsregelung	37
4. Das Exil der deutschen Schriftsteller in der Schweiz	**41**
4.1. Existenzsicherung auf neutralem Boden	41
4.1.1 Hugo Ball und Emmy Hennings	45
4.1.2. Ernst Bloch	76
4.1.3. Otto Flake	82
4.1.4. Leonhard Frank	93
4.1.5. Ferdinand Hardekopf	101
4.1.6. Ricarda Huch	109
4.1.7. Richard Huelsenbeck	119

4.1.8. Klabund	134
4.1.9. Annette Kolb	152
4.1.10. Else Lasker-Schüler	166
4.1.11. Ludwig Rubiner	173
4.1.12. René Schickele	183
4.1.13. Margarete Susman	196
4.1.14. Fritz von Unruh	200

5. Die literarisch-publizistische Produktion der deutschen Emigranten — 211

5. 1. Antimilitaristische Novellen von Leonhard Frank — 211

5.1.1. *Der Vater* —
Die Suche nach Liebe und Frieden — 212

5.1.2. *Die Kriegswitwe* —
Kriegsschuld und Revolution — 214

5.1.3. *Die Mutter* —
Der Kampf gegen die Kriegshetzer — 215

5.1.4. *Das Liebespaar* —
Der Protest gegen die eingeprägte Kriegsbegeisterung — 216

5.1.5. *Die Kriegskrüppel* —
Sinnlose Aufopferung einer Generation — 217

5.2. Annette Kolbs Kriegsprotest im *Journal de Genève* — 220

5.2.1. Krieg und Menschheit: *Die Last* als Antwort
auf die Ereignisse während des Ersten Weltkrieges — 221

5.2.2. Sozialistische Standpunkte bei Annette Kolb — 225

5.3. René Schickeles Stellungnahme zum Krieg — 227

5.3.1. Der sozio-politische Wandel in Schickeles Schweizer Beiträgen — 230

6. Schlußbetrachtung — 235

Quellen- und Literaturverzeichnis — 241

Meiner Mutter
zum Gedächtnis

Habibe Arslan 1936-1999

Vorwort

Die im Anschluß an eine dreijährige Forschung in deutschen und schweizerischen Archiven verfaßte Arbeit lag im Sommer 2002 der Universität Bamberg als Dissertation vor. Für die Publikation wurde sie geringfügig überarbeitet.

Der Vorschlag, eine Dissertation über das Exil deutscher Schriftsteller in der Schweiz während des Ersten Weltkrieges zu verfassen, kam von Prof. Dr. Thomas Anz, dem ich hier für seine geduldige Betreuung als Doktorvater herzlich danke.

Darüber hinaus gilt mein Dank den Mitarbeitern des Deutschen Literaturarchivs in Marbach am Neckar, des Stiftung Archivs der Akademie der Künste in Berlin, des Politischen Archivs des Auswärtigen Amtes in damals noch Bonn, des Bundesarchivs in Berlin, des Bayerischen Hauptstaatsarchivs in München, des Else-Lasker-Schüler-Archivs in Wuppertal, der Staatsbibliothek zu Berlin, des Literaturarchivs (Monacensia) in München, des Universitätsarchivs der Eberhard-Karls-Universität in Tübingen und des Ernst-Bloch-Archivs in Ludwigshafen. Des weiteren bedanke ich mich bei den Mitarbeitern des Schweizerischen Bundesarchivs in Bern, der Staatsarchive in Zürich und Graubünden, der Zentralbibliothek in Zürich sowie der Berner und Zürcher Stadtarchive für die Einsicht in das reichhaltige Quellenmaterial. Einen besonderen Dank für die transatlantische Zusendung von wichtigen Materialien aus den USA schulde ich den Archivaren der Hoover Institution on War, Revolution and Peace in California und des Kurt Wolff Archivs in Connecticut. Bedanken möchte ich mich auch bei den Mitarbeitern der Jewish National & University Library in Jerusalem.

Dank gebührt Herr Ernst Teubner, dem Verwalter der Hugo-Ball-Sammlung in Pirmasens sowie Rolf Hochhuth, Thomas Moor, Alexander Böhm, Herbert Kapfer, Sandro von Unruh, Edith Fuchs, Annette Mallyn Ryder und Erwin von Bendemann für die Zitierrechterteilung.

Dr. Rolf-Bernhard Essig, Dr. Juliane Fuchs, Marion Malinowski und Ulrich Simon haben mir durch ihre kritische Sichtung des gesamten Manuskripts viel geholfen. An sie richtet sich mein Dank ganz besonders.

Mein größter Dank gilt meiner Frau, zumal sie mich während der Zusammenfassung der vorliegenden Arbeit durch ihre unerschütterliche Geduld kontinuierlich unterstützt hat.

Meschede im März 2004   Ahmet Arslan

Verzeichnis der Abkürzungen

BArch B	Schweizerisches Bundesarchiv Bern
Bd.	Band
Br.	Brief
DLM	Deutsches Literaturarchiv in Marbach am Neckar
HInst F.C. S.	Hoover Institution on War, Revolution and Peace, Fried Collection, Stanford, California
H.	Heft
JNUL J	The Jewish National and University Library, Jerusalem
KAM	Bayerisches Hauptstaatsarchiv, Kriegsarchiv München, Abt. IV.
KWArch Y	Kurt Wolff Archiv Yale University, Beinecke Rare Book and Manuscript Library, New Heaven, Connecticut
Monacensia	Literaturarchiv München
N.Z.Z.	Neue Zürcher Zeitung
PA AA	Politisches Archiv des Auswärtigen Amtes Bonn
o. D.	ohne Datum
SAPMO-BArch	Stiftung Archiv der Parteien und Massenorganisationen, Bundesarchiv Berlin
StArchZ	Staatsarchiv Zürich
StArchGR	Staatsarchiv Graubünden
StB B PK 1	Staatsbibliothek zu Berlin, Preußischer Kulturbesitz, Haus 1
SAdK	Stiftung Archiv der Akademie der Künste, Berlin
uv. Br.	unveröffentlichter Brief
uv. Kte.	unveröffentlichte Karte
W. B.	Die Weißen Blätter
ZB Z	Zentral Bibliothek Zürich

Hervorhebungen in Zitaten entsprechen den Urfassungen. Eingriffe in Zitate wurden durch eckige Klammern gekennzeichnet.

1. EINLEITUNG

Die Emigration deutscher Schriftsteller in die Schweiz während des Ersten Weltkrieges hat in der Forschung bisher nur wenig Beachtung gefunden. Die weitgehende Vernachlässigung dieses Themas resultiert besonders daraus, daß es bislang unter dem Begriff „Dadaismus"[1] oberflächlich untersucht oder in einzelnen Abhandlungen und Studien unter dem Aspekt des „Pazifismus"[2] kurz abgehandelt wurde. In wissenschaftlichen Arbeiten befaßte man sich hauptsächlich mit Einzelproblemen, die kein grundlegendes Gesamtbild des Themas ergeben.[3] Weiterhin bereitet auch die Quellenbasis besondere Schwierigkeiten, da sowohl biographische als auch offizielle Akten bezüglich des Zeitraumes 1914-1918 ziemlich verstreut sind. Einzelne Arbeiten, die sich nur auf bestimmte Schriftsteller beziehen, sind dagegen deutlich überholungsbedürftig, zumal sie bestimmte Einzelheiten vernachlässigen und somit lückenhaft erscheinen.[4]

Da die Emigration der deutschen Schriftsteller während des Ersten Weltkrieges im Gegensatz zu der Zeit des Nationalsozialismus in der bisherigen Literatur nur gestreift wurde, konzentriere ich mich bei dieser Untersuchung lediglich auf den Zeitraum von 1914-1918.[5] Zunächst gilt es jedoch auf ein definitorisches Problem hinzuweisen, das sich durch

---

[1] Vgl. Bolliger, Hans, Magnaguagno, Guido, Meyer, Raimund: Dada in Zürich, Zürich 1985. Schuman, Klaus (Hg.): sankt ziegenzack springt aus dem ei. Dadaismus in Zürich. Berlin u.a. 1991.

[2] Vgl. Riesenberger, Dieter: Deutsche Emigration und Schweizer Neutralität im Ersten Weltkrieg. In: Schweizer Zeitschrift für Geschichte 38, (1988), S. 127-150. Benz, Wolfgang: Der „Fall Muehlon" - bürgerliche Opposition im Obrigkeitsstaat während des Ersten Weltkrieges. In: Vierteljahreshefte für Zeitgeschichte 18 (1970), S. 343-365. Eisenbeiß, Wilfried: Die Bürgerliche Friedensbewegung in Deutschland während des Ersten Weltkrieges. Organisation, Selbstverständnis und politische Praxis 1913/14-1919. Frankfurt a. M. 1980, S. 162-170.

[3] Siehe dazu: Korol, Martin: Deutsches Präexil in der Schweiz 1916-1918. Hugo Balls Dadaismus und Ernst Blochs Opposition von außen gegen die deutsche Politik in der Schweiz während des Ersten Weltkrieges. Bremen - Tartu 1999. Darin geht es hauptsächlich um das politische Mit- und Gegeneinander in der *Freien-Zeitung*.

[4] Vgl. Dettelbacher, Werner: Leonhard Franks Zürcher Exil 1915-1918, Schriftenreihe der Leonhard-Frank-Gesellschaft (1993). H. 4, S. 5-33 u. Kaula, Guido von: Brennendes Herz. Klabund. Legende und Wirklichkeit. Zürich - Stuttgart 1971.

[5] Stern, Martin (Hg.): Expressionismus in der Schweiz. Bd. I. Erzählende Prosa, Mischformen, Lyrik. Bern 1981, S. 7.

die Verwendung des Begriffes „Emigration" ergibt. Was in der heutigen Literaturforschung unter „Emigration" verstanden wird, bezieht sich meistens auf die Zeit zwischen 1933-1945, während der eine große Gruppe von deutschen Schriftstellern aus politischen Gründen ins Ausland vertrieben wurde. Im Vergleich dazu kann man nicht behaupten, daß es sich während des Ersten Weltkrieges um eine ähnliche inhumane Vertreibung gehandelt habe. Doch die Motive für die damalige Emigration während des Ersten Weltkrieges — Nationalismus, Brutalität, Intoleranz sowie politische und berufliche Restriktion —, rechtfertigten eine Untersuchung des Themas aus der Sicht der Exilliteratur. Zwar gingen die Gegner des Ersten Weltkrieges mehr oder weniger freiwillig in die Schweiz, wenn man aber bedenkt, daß sich dies aufgrund der in Deutschland herrschenden repressiven Verhältnisse ergeben hatte, scheint es begründet, diesen Weggang als Emigration zu betrachten und vor diesem Hintergrund zu beleuchten.

Selbstverständlich war die Politik des Wilhelminischen Reiches nicht so brutal wie die der nationalsozialistischen Diktatur, doch in beiden Weltkriegen bot das Exil eine Möglichkeit, seine kategorische Ablehnung der politischen Verhältnisse zu demonstrieren. Hauptziel der Flucht war die Schweiz, von wo aus die deutsche Intelligenz sowohl wider die wilhelminische Kriegshetzerei zu agitieren als auch sich gegen die Hitler-Politik zu wehren versuchte. Somit bot die Eidgenossenschaft in zwei wichtigen Phasen des zwanzigsten Jahrhunderts ein Refugium für die politischen, wissenschaftlichen und kulturellen Aktivitäten deutscher Emigranten, wobei jedoch ausführliche Arbeiten bislang nur bezüglich der Emigrationszeit während des Zweiten Weltkrieges vorliegen.[6]

Die Zahl der deutschen Schriftsteller war in der Schweiz während des Hitler Regimes um das Zehnfache höher als im Ersten Weltkrieg. Nach den Angaben des Berliner Literaturwissenschaftlers Werner Mittenzwei sollen es etwa 180 emigrierte deutsche Schriftsteller gewesen sein, die gegen Ende des Zweiten Weltkrieges in der Schweiz lebten.[7] Der höhe-

---

[6] Vgl. Kieser, Rolf: Erzwungene Symbiose. Thomas Mann, Robert Musil, Georg Kaiser und Berholt Brecht im Schweizer Exil. Bern 1984. Wende, Frank (Hg.): Deutschsprachige Schriftsteller im Schweizer Exil 1933-1950. Eine Ausstellung des Deutschen Exilarchivs. Wiesbaden 2002. Mittenzwei, Werner: Exil in der Schweiz. Leipzig 1981. Möller, Horst: Exodus der Kultur. Schriftsteller, Wissenschaftler und Künstler in der Emigration nach 1933. München 1984. Wichers, Hermann: Im Kampf gegen Hitler. Deutsche Sozialisten im Schweizer Exil 1933-1940. Zürisch 1984.

[7] Vgl. Mittenzwei, Werner: Exil in der Schweiz. Leipzig 1981, S. 11.

ren Quantität der Emigranten entsprach aber keineswegs eine ähnlich hohe Quantität der Produktion. Im Vergleich zu 1914 erwies sich das eidgenössische Gastland als ziemlich restriktiv und drängte damit die Schriftsteller in die Isolation. Insofern war die Emigration während des Ersten Weltkrieges durchaus freier, der Kontakt zu Schweizern sowie untereinander in der Schweiz intensiver. Als Frucht dieser Freiheit entstanden hier unzählige Werke gegen den Krieg und für den Frieden, die mit Sicherheit einen wichtigen Teil der Leistungen deutscher Schriftsteller im Schweizer Exil ausmachen.

Die Schweiz diente sozusagen als Bühne für geistige und soziale Bewegungen, deren Erzeugnisse sowohl im literarischen als auch im politischen Sinne von großer Bedeutung für die Kriegszeit waren. So ist hier zum Beispiel an die pazifistischen Werke des französischen Schriftstellers Romain Rolland sowie an die des russischen Revolutionärs Wladimir Uljanow Lenin zu denken. Rolland war bekannt für seine internationalen Appelle zur Versöhnung Europas und bildete hinsichtlich seiner regen Kontakte zur Emigrantenszene den Mittelpunkt des literarischen Pazifismus in der Schweiz.[8] Lenin, der nur eine eingeschränkte Beziehung zu seiner Umwelt pflegte, war eine weitere wichtige Figur der Schweizer Emigrantenszene.[9] Daß in der Schweiz schon während des Ersten Weltkrieges weltberühmte Persönlichkeiten Zuflucht gesucht haben, darunter Wissenschaftler, Schauspieler, Musiker, Künstler und Journalisten, dient als ein weiterer Untersuchungsgegenstand, wobei herausgearbeitet werden soll, inwiefern die emigrierten deutschen Schriftsteller mit diesen in Verbindung standen oder inwieweit sie sich von deren Auffassungen beeinflussen ließen. Denn schließlich führte der dynamische Informationsaustausch und das intensive Miteinander bei manchen Schriftstellern zu einem Sinneswandel, so daß einfache Kriegsgegner zu vehementen Anarchisten, überzeugte Pazifisten zu aktiven Revolutionären wurden.

Die Aufgeschlossenheit der Eidgenossenschaft gegenüber den politischen Flüchtlingen war bei der Emigration entscheidend. Man bot den Gästen einen fruchtbaren Nährboden für die Gestaltung künstlerischer

---

[8] Siehe dazu: Rolland, Romain: Zwischen den Völkern. Aufzeichnung und Dokumente aus den Jahren 1914-1919. 2 Bände. Stuttgart 1955. Pieper-Reutimann, Ursula: Die Rolle der Schweiz in Romain Rollands politischen Schriften zum Ersten Weltkrieg. Diss. Zürich 1983.
[9] Vgl. Widmer, Sigmund: Illustrierte Geschichte der Schweiz. Einsiedeln 1977, S. 404.

Erzeugnisse, ohne dabei Einfluß auf deren Ideen und Ideale zu nehmen. Abweichend von der Zeit des Zweiten Weltkrieges, in der die Schweizer Emigrantenpolitik den Spielraum der politischen Flüchtlinge deutlich einschränkte, war es während des Ersten Weltkrieges ziemlich einfach, gegen nationalistische und militaristische Tendenzen zu agitieren. Dank dieser Freizügigkeit entstand in der Schweiz eine große Zahl von Publikationen, in denen ohne weiteres auf pazifistische und revolutionäre Themen eingegangen wurde. Themen, welche im Heimatland der Emigranten unbedingt der Zensur zum Opfer gefallen wären. Obwohl das Exil meistens nur bis 1918 anhielt, gelang es vielen Emigranten, die ja oft erst ab der zweiten Hälfte des Krieges in die Schweiz kamen, in weniger als zwei Jahren außergewöhnliche Werke und Schriften hervorzubringen. Darunter den Novellenzyklus *Der Mensch ist gut* von Leonhard Frank, Annette Kolbs Artikelsammlung *Die Last* sowie René Schickeles Beiträge aus den *Weißen Blättern*. Werke zur literarischen Aufklärung des europäischen Bürgertums, die das Individuum von einfachen Denktraditionen emanzipierten und das Verlangen nach menschlicheren Staatssystemen weckten. Diese Fülle von Novellen und Artikeln ermöglichte sogar einen Einblick in die sozialen, politischen und wirtschaftlichen Zusammenhänge des Ersten Weltkrieges.

Des weiteren gilt das Schweizer Exil der deutschen Schriftsteller zwischen 1914-1918 als ein bedeutender Beitrag zur deutschen Literatur, mit Folgen bis zur Mitte der dreißiger Jahre. Für einflußreiche Repräsentanten des Expressionismus wie René Schickele, Leonhard Frank, Else Lasker-Schüler, Fritz von Unruh oder Ludwig Rubiner erwies sich dieser Zufluchtsort mehr oder weniger als eine literarisch-politische Bildungsstätte, in der sie sich im weitesten Sinne für den geistigen Kampf in und nach der Kriegszeit aufrüsten konnten. Die äußerst aufgeschlossene Einstellung der Schweiz gegenüber den ausländischen Kulturschaffenden war insofern ein wichtiger Katalysator für die Entfaltung neuer literarischer Ideen. Die vorliegende Arbeit versteht sich zugleich als Würdigung der eidgenössischen Hilfsbereitschaft während des Ersten Weltkrieges.

1.1. Themenbegründung

Im Vordergrund dieser Arbeit steht die ausführliche Darstellung der Lebensverhältnisse deutscher Schriftsteller, die im Verlauf des Ersten Weltkrieges in die Schweiz emigrierten. Beginnend mit der genauen Feststellung des Aufenthaltsortes wird bei jedem Emigranten untersucht, welche persönlichen Beziehungen zu Schicksalsgenossen gepflegt wurden und inwiefern jeder einzelne literarisch und politisch aktiv war. Im weiteren wird nach möglichen Wechselwirkungen zwischen Exil und Exilant gefragt sowie der jeweilige Standpunkt gegenüber dem Krieg dargelegt. Bei der Beantwortung dieser Fragen wird einerseits von unveröffentlichten Korrespondenzen, Tagebüchern und Biographien, andererseits von bislang nicht bearbeiteten offiziellen Unterlagen Gebrauch gemacht.

Im ersten Abschnitt der Untersuchung gehe ich auf die historische, politische und soziokulturelle Struktur der Schweiz ein, die dieses Land zu einem günstigen Zufluchtsort machte. Deshalb wird hier die Entstehungsgeschichte der Schweizer Neutralität skizziert und deren rechtliche Grundlage beleuchtet. Die Schweizer Pressefreiheit und die Einwanderungsregelung machen einen weiteren Teil dieses Abschnittes aus, der dazu beitragen soll, die Entscheidung der Emigranten für die Schweiz besser nachvollziehen zu können.

Der zweite Abschnitt versucht Klarheit über die Lebensverhältnisse der Emigranten zu verschaffen. Politische und literarische Aktivitäten sowie wirtschaftliche Verhältnisse zählen zu den Hauptfragen, denen im Rahmen einer biographischen Darstellung nachgegangen wird. Im weiteren rückt die Beziehung zum Aufenthaltsort sowie der Kontakt zu den Schweizern in den Vordergrund. Folglich ist von den Zentren, Treffpunkten und Gruppierungen der Exilanten die Rede, in denen pazifistische und humanitäre Ziele vertreten sowie künstlerische und ideologische Aufgaben übernommen wurden.

Inhalt des letzten Abschnitts ist die literarisch-publizistische Produktion im Zufluchtsort Schweiz. Die Darstellung hat zum Ziel, anhand pazifistischer Novellen, sozio-politischer Artikel und Essays die Stellungnahmen zum Krieg zu untersuchen und auf die politischen Impulse der Werke einzugehen. Als Quellenmaterial kommen dabei die Publikationen aus den *Weißen Blättern*, dem *Zeit-Echo*, der *Freien Zeitung*, dem *Journal de Genève* und der *Neuen Zürcher Zeitung* in Frage, die sowohl ästhetisch als auch substantiell ideologische Darstellungs- und Deutungsmuster implizieren. Untersucht wird auch die unter dem Einfluß der russischen Revolution zustande gekommene geistige Wandlung unter den deutschen Schriftstellern, um heraus zu finden, inwiefern sich die Kriegskritik der Exilanten dadurch radikalisierte und politisierte.

1.2. Stand der Forschung und Quellenlage

Abgesehen von einigen oberflächlichen Abhandlungen sind ausführliche Untersuchungen über die Emigration der deutschen Schriftsteller in die Schweiz für den Zeitraum 1914-1918 leider nicht vorhanden.[10] Diese Vernachlässigung könnte sowohl in den verstreuten Quellen als auch in den vielen Arbeiten über den Zürcher Dadaismus begründet liegen, die möglicherweise eine detaillierte Aufarbeitung dieses Themas unnötig erscheinen lassen. Allerdings nehmen Untersuchungen zum Dadaismus in der Schweiz keinen ausführlichen Bezug auf die Lebensverhältnisse der deutschen Emigration in der Schweiz.

Selbst die gründliche Dissertation über *Die Dadaisten in Zürich* von Miklavž Prosenc geht auf die Exilerfahrung der Dadaisten kaum ein und erwähnt deren Beziehungen zu anderen Emigrantengruppen nur am Rande.[11] Ähnliches gilt für die Untersuchung *Dada in Zürich und Berlin 1916-1920* von Reinhardt Meyer u.a., die zwar über die literarischen und politischen Aktivitäten einzelner Schriftsteller berichtet, aber keine Angaben über deren wirtschaftliche Verhältnisse und Aufenthaltsorte macht.[12] Die zum Teil an das Thema dieser Arbeit grenzenden Studien, wie die von Helga Noe,[13] die sich mit der Kriegsgegnerschaft einiger deutscher Schriftsteller in den *Weißen Blättern* beschäftigt oder die von Vera Grötzinger,[14] die am Beispiel Ludwig Rubiners die Überwachung und Verfolgung der politischen Linken in der Schweiz darstellt, sind keine Gesamtdarstellungen über die Schweizer Emigration deutscher Schriftsteller während des Ersten Weltkrieges. Auch das pazifistische Engagement der deutschen Emigranten fand in den bisherigen Studien wenig Beachtung, und wird z.B. in Wilfried Eisenbeiß' Dissertation über

---

[10] Vgl. Schwarz, Fritz: Schriftstellerkolonien. In: Das Literarische Echo. Halbmonatsschrift für Literaturfreunde, 20. Jahrgang, H. 11, 1. März 1918 [Zürich]. Szittya, Emil: Die Künstler in Zürich während des Krieges. In: Expressionismus. Aufzeichnungen und Erinnerungen der Zeitgenossen. Hg. von Paul Raabe und Karl Ludwig Schneider. Olten und Freiburg/ Br. 1964.

[11] Vgl. Prosenc, Miklavž: Die Dadaisten in Zürich. Bonn 1967.

[12] Vgl. Meyer, Reinhardt u.a.: Dada in Zürich und Berlin 1916-1920. Literatur zwischen Revolution und Reaktion. Kronberg/Ts. 1973.

[13] Vgl. Noe, Helga: Die literarische Kritik am Ersten Weltkrieg in der Zeitschrift „Die Weissen Blätter": René Schickele, Annette Kolb, Max Brod, Andreas Latzko, Leonhard Frank. Konstanz 1986.

[14] Grötzinger, Vera: Der Erste Weltkrieg im Widerhall des „Zeit-Echos" (1914-1917). Zum Wandel im Selbstverständnis einer künstlerisch-politischen Literaturzeitschrift. Bern 1994.

Die bürgerliche Friedensbewegung in Deutschland während des Ersten Weltkrieges nur sporadisch erwähnt.[15]
Die Tatsache, daß der Aufenthalt der deutschen Schriftsteller in der Schweiz während des Ersten Weltkrieges bislang kein expliziter Gegenstand einer wissenschaftlichen Arbeit war, kann mehrere Ursachen haben. Das Interesse der literaturhistorischen Forschung über den Zeitraum Erster Weltkrieg ist vorwiegend auf die soziopolitischen Vorgänge sowie auf die expressionistische Produktion der deutschen Schriftsteller gerichtet, wobei deren Wegzug in die Schweiz als vorübergehender Ortswechsel bewertet wird. Schon die kurze Dauer der Emigration, die überwiegend erst ab der zweiten Kriegshälfte begann und nur bis zum Kriegsende anhielt, ließ das Thema unergiebig erscheinen. Die Distanz zum Thema könnte dadurch erklärt werden, daß man sich auf die spektakulären Aktionen der Schriftsteller kurz nach Kriegsende konzentrierte, wodurch der Lebensabschnitt der Emigrationszeit an Gewicht verlor und vernachlässigt wurde. Entsprechend unbeachtet blieben die Quellen, die erst in dieser Untersuchung intensiv ausgewertet werden. Bei der Erforschung der Emigration im angegebenen Zeitraum wurden Bestände verschiedener Archive gesichtet und ausgewertet.
Bei der Analyse der Lebensverhältnisse, der politischen und literarischen Tätigkeiten sowie der privaten und beruflichen Beziehungen stützte ich mich größtenteils auf unveröffentlichte Briefe und Tagebücher aus den Nachlässen im Deutschen Literaturarchiv Marbach. In Einzelfällen wurden auch weitere Archive wie das Binswanger-Archiv der Eberhard-Karls-Universität Tübingen aufgesucht, um den Kreuzlinger Sanatoriumsaufenthalt von Otto Flake, Leonhard Frank, Ferdinand Hardekopf und René Schickele vor allem in chronologischer Hinsicht möglichst exakt nachvollziehen zu können.
Bei der Recherche nach den amtlichen Ein- und Abreisedaten der deutschen Schriftsteller wurde insbesondere das Ausländerverzeichnis der Stadtarchive Zürich und Bern benutzt, wodurch gleichzeitig die genauen Adressen von vielen Emigranten festgestellt werden konnten.
Die Korrespondenzen sowie Vorstands- und Geschäftsprotokolle des Hottinger Lesezirkels im Staatsarchiv des Kantons Zürich enthalten ebenfalls wichtige Informationen über die Emigration der deutschen Schriftsteller sowie über deren Kontakte zu den Schweizer Freunden.

---

[15] Wilfried Eisenbeiß' Dissertation über *Die bürgerliche Friedensbewegung in Deutschland während des Ersten Weltkrieges*

Vor allem die Briefe von Ricarda Huch, Fritz von Unruh, Else Lasker-Schüler und Klabund[16] an Hans Bodmer, den Leiter des Hottinger Lesezirkels, erlauben eine gute Übersicht über das künstlerische Engagement in der Emigrantenszene.

Die Aktenbestände aus dem Politischen Archiv des Auswärtigen Amtes in Bonn sowie die aus dem Bundesarchiv in Bern bestätigen die Existenz einer politisch-revolutionären Emigrantenkolonie in der neutralen Schweiz und ermöglichen die Zurückverfolgung deren pazifistischer und antimilitaristischer Aktivitäten. Ausführliche Polizeiberichte über Leonhard Frank, Ludwig Rubiner, Ernst Bloch, René Schickele, Annette Kolb und Hugo Ball sind dabei materialreiche Quellen.

In einzelnen Nachlässe wie dem von Annette Kolb in der Stadtbibliothek München, dem von Leonhard Frank und Klabund in der Akademie der Künste Berlin, dem von Ernst Bloch im gleichnamigen Archiv in Ludwigshafen, dem von Else Lasker-Schüler in der Stadtbibliothek Wuppertal wurde, um das Thema der Arbeit in seiner ganzen Breite zu dokumentieren und die Vernachlässigung wichtiger Gesichtspunkt zu vermeiden, ebenfalls recherchiert.

Als besonders ergiebig erwiesen sich auch die Besuche im Bayerischen Hauptarchiv, München, Abt. IV, Kriegsarchiv, in der Zentralbibliothek Zürich, im Bundesarchiv Berlin, in der Staatsbibliothek zu Berlin sowie die Bestellungen unveröffentlichter Korrespondenzen aus dem Kurt Wolff Archiv in Yale, aus der Hoover Institution on War, Revolution and Peace in Stanford, aus dem Staatsarchiv Graubünden in Chur und aus dem Jewish National and University Library in Jerusalem.

---

[16] Klabund Kontamination aus Klabautermann und Vagabund. Eigentlicher Name Alfred Henschke.

2. HISTORISCHER HINTERGRUND DES „EXILS VOR DEM EXIL"

Um staatlicher Unterdrückung, politischer Verfolgung und dem Schreibverbot zu entgehen, wählen Literaten die Emigration. Doch wann es zu einer derartigen Reaktion kommt und wie intensiv sie in die Praxis umgesetzt wird, hängt meistens von den zeitbedingten Voraussetzungen ab. Insofern scheint es nötig zu sein, zunächst auf die politischen, wirtschaftlichen und sozialen Bedingungen während des Ersten Weltkrieges einzugehen, um ein genaues Bild der vorherrschenden Gesinnung im Wilhelminischen Kaiserreich zu zeichnen. Weiterhin wird auch die Situation der deutschen Intelligenz beleuchtet, welche bei Kriegsbeginn dem Staat mehrheitlich durch nationalistische Aufrufe Beistand leistete, aber infolge der grausamen Kriegsvorkommnisse sich vom Hurra-Patriotismus distanzierte und zur Verfechterin der Völkerverständigung wurde.

2.1. Ziel und Wahrnehmung des Ersten Weltkrieges im Wilhelminischen Deutschland

Obwohl die Auffassung des Krieges als Fortsetzung der Politik mit anderen Mitteln historisch betrachtet immer wieder eingesetzt wurde, war keine bewaffnete Auseinandersetzung der Menschheit bis zum zweiten Jahrzehnt des zwanzigsten Jahrhundert so verheerend wie der Erste Weltkrieg. Imperialistische Machtpolitik, technische und industrielle Entwicklungen und die steigende Tendenz chauvinistischer Gefühle schufen die Voraussetzungen für ein derart katastrophales Ereignis, an dem viele europäische Länder, darunter auch Deutschland, bedenkenlos teilnahmen.[1]

Aus der Sicht des Wilhelminischen Reiches bot die Ermordung des österreichisch-ungarischen Thronfolgers Franz Ferdinand am 28. Juni 1914 den äußeren Anlaß zur Verwirklichung lang ersehnter Zielsetzungen. Zum einen war es der bereits seit 1912 geschmiedete imperialistische Plan, Teile Frankreichs und Belgiens zu annektieren und dadurch Rußland entscheidend zu schwächen, um zur größten Macht Europas aufzu-

---

[1] Vgl. dazu: Fischer, Fritz: Griff nach der Weltmacht. Die Kriegszielpolitik des kaiserlichen Deutschland 1914/1918. Düsseldorf 1961. Heinemann, Ulrich: Die verdrängte Niederlage. Politische Öffentlichkeit und Kriegsschuldfrage in der Weimarer Republik. Göttingen 1983. Dreyer, Michael: Die deutsche Diskussion um die Kriegsschuldfrage 1918/1919. Berlin 1993.

steigen.² Zum anderen versuchte man, die infolge der zunehmenden Industrialisierung entstandene „soziale, geistige und parteipolitische Spaltung des deutschen Volkes in Bürgertum und Proletariat"³ durch einen militärischen Kraftakt wieder unter Kontrolle zu bekommen. Weiterhin erschien der Krieg den einen als Befreiung aus der Sinnkrise, den anderen als Chance zur Rückkehr zum Status quo ante, den dritten als Durchbruch zur Moderne, den vierten, vor allem den Juden, als Hoffnung, sich durch Pflichterfüllung den Anspruch auf Teilhabe am neuen Deutschland zu erwerben sowie von der diskriminierenden Duldung endgültig befreit zu werden.⁴ So erklärte Deutschland am 1. August 1914 Rußland und am 3. August Frankreich den Krieg. Drei Tage später, am 6. August 1914, hieß es dann in einem emotionalen Aufruf von Kaiser Wilhelm II.: „Wir werden uns wehren bis zum letzten Hauch von Mann und Roß, und wir werden diesen Kampf bestehen auch gegen eine Welt von Feinden."⁵ Die Auffassung des Kaisers, Deutschland sei von seinen feindlichen Nachbarn angegriffen worden, war für die Gesellschaft ein wichtiger Solidaritätsfaktor, der die Teilnahme am Krieg als Verteidigung erscheinen ließ. Im weiteren erschien der Krieg als Brücke zu einer neuen und gerechten Gesellschaftsordnung, so daß die Mitglieder der wirtschaftlich benachteiligten Schichten bedenkenlos an dieser Militäraktion teilnahmen. Ablesbar war das an der hohen Zahl der Kriegsfreiwilligen, die in den damaligen Zeitungen ungefähr auf 1,3 bis 2 Millionen geschätzt wurde.⁶ Doch der Verlauf und die Folgen des Krieges sahen vollkommen anders aus.

Die von einem kurzen und siegreichen Krieg überzeugte deutsche Armee erlitt bereits im September 1914 in der Schlacht an der Marne große Verluste. Schon nach fünf Monaten lag die Zahl der deutschen Kriegsopfer bei 840 000 Mann, darunter 150 000 Tote. Bis Ende 1916 stieg die

---

² Vgl. Fischer, Fritz: Krieg der Illusionen. Die deutsche Politik von 1911 bis 1914. Düsseldorf 1969.

³ Krummacher, F.A.: Die Auflösung der Monarchie. In: Die Weimarer Republik. Hg. v. Walter Tormin. Hannover 1973, S. 16.

⁴ Vgl. Mai, Gunther: Verteidigungskrieg und Volksgemeinschaft. In: Der Erste Weltkrieg. Wirkung, Wahrnehmung, Analyse. Hg. v. Wolfgang Michalka. München 1994, S. 586.

⁵ Ernst, Johann: Reden des Kaisers. Ansprachen, Predigten und Trinksprüche Wilhelms II. München 1977, S. 126.

⁶ Vgl. Ulrich, Bernd: Kriegsfreiwillige. Motivationen - Erfahrungen - Wirkungen. In: August 1914: Ein Volk zieht in den Krieg. Hg. v. Berliner Geschichtswerkstatt. Berlin 1989, S. 234.

Summe der vermißten, gefangenen und toten Soldaten im deutschen Heer auf 4 Millionen.[7] Folgerichtig ließ die Kriegsbegeisterung an der Front bald nach und schlug in Ablehnung um. Ausschlaggebend für diese geistige Wende war vor allem die Auswirkung des modernen, technischen Krieges, in dem der Mensch oft nur noch als Kanonenfutter diente. Selbst der zu jener Zeit überzeugte Kriegsfreiwillige Ernst Jünger erinnerte sich im nachhinein daran, daß „der Sinn, mit dem man ausgezogen war, sich verzehrt hatte und nicht mehr zureichte."[8] Der Krieg wurde zum Räderwerk der Macht und Technologie, in dem die Menschen die Verschleißteile dieses martialischen Mechanismus bildeten.

> „Im Stellungskrieg geht es nicht mehr um den einzelnen Menschen, um Tapferkeit und Strategie, sondern um die Menge des Kriegsmaterials und die Produktionskapazität der jeweiligen Industrie. Die heimischen Volkswirtschaften entwickeln sich daher zu gewaltigen Rüstungsanstalten, die Kriegsmaterial aller Art in riesigen Mengen erzeugen. [...] Die Materialschlacht gleicht einer gewaltigen Vernichtungsmaschine, die unaufhörlich Menschen und Material ansaugt."[9]

Angesichts dieser Vernichtungsmaschinerie sahen viele Soldaten früher oder später die Diskrepanz zwischen ihren Erwartungen und der Kriegsrealität ein. Die hohen Verluste durch Verwundung und Tod, die aufeinanderfolgenden Niederlagen sowie der immer brutaler werdende Kriegsalltag machten den zuversichtlichen Freiwilligen, der bereits im ersten Kriegsjahr die Teilnahme bedauerte und alle Hoffnungen aus der Zeit der Mobilmachung verloren hatte, zum Leidtragenden seiner eigenen Entscheidung.

Die zerstörerischen Kriegsfolgen wirkten sich auch auf die Heimat aus. Die allein zurückgebliebenen Frauen bangten einerseits um die einberufenen Männer, Väter oder Söhne und hatten andererseits Probleme mit der Versorgung der Familie. Erich Mühsam schrieb von einem sichtbaren „Männermangel", der sich bereits nach dem ersten Kriegsjahr insbesondere in Berlin gezeigt hatte: „Frauen als Briefträger, als Trambahnschaffner, Fensterputzer, Eisenbahnbeamte, Frauen sogar bei der Nachtarbeit an der Untergrundbahnstrecke Nord-Süd, wegen deren Anlegung die ganze Friedrichstraße aufgerissen ist, und an der Kanzler-Ecke ste-

---

[7] Vgl. Wiegand, Berthold: Der Erste Weltkrieg und der ihm folgende Friede. Frankfurt a. M. 1986, S. 39-41.
[8] Jünger, Ernst: Sämtliche Werke, 18 Bde. Bd. 1. Stuttgart 1978, S. 271.
[9] Hofbauer, Stefan u.a.: Vom Materialismus zum Krieg. München 1994, S. 53-56.

hen Frauen mit Spitzhacke und Schaufel in den Erdlöchern und bauen."[10] Zwar erhielten die Soldatenfamilien eine bestimmte staatliche Kriegsunterstützung, doch die labile Wirtschaft und der hohe Andrang auf die elementaren Nahrungsgüter verringerte die Kaufkraft Tag für Tag.[11] Als Maßnahme gegen die steigende Geldentwertung und das wachsenden Lebensmitteldefizit führte man bereits im Februar 1915 die Brotkarte ein, wobei bis Ende 1916 weitere Grundnahrungsmittel unter die Rationierung fielen.[12] Trotz behördlicher Regelungen lag die Lebensmittelversorgung weitgehend unter dem durchschnittlichen Bedarf, woraufhin die bereits psychisch belastete Bevölkerung auch in physischer Hinsicht Not litt. Angesichts dieser kritischen Lage wurde die Politik des Kaisers zunehmend von weiten Teilen der Bevölkerung in Frage gestellt. Exemplarisch ist vor allem eine Aktion der berufstätigen Frauen in der Munitionsindustrie, welche im September 1915 gemäß den Angaben eines Berliner Polizeibeamten in folgender Weise reagierten:

> „An den Verkaufsstellen der in den Arbeitervierteln gelegenen Markthallen und Lebensmittelgeschäften lassen sich mitunter Wahrnehmungen machen, die sehr zu denken geben. Sobald zum Beispiel irgend ein notwendiges Lebensmittel eine weitere, teilweise wucherische Preissteigerung erfahren hat, stehen die wartenden Arbeiterfrauen in kleineren und größeren Gruppen herum und geben ihrem Unwillen in lebhafter Weise untereinander Ausdruck. Es herrscht hierbei eine äußerst gereizte Stimmung unter diesen Proletarierfrauen und die Maßnahmen der Regierung erfahren häufig eine recht gehässige Kritik. Es [...] muß damit gerechnet werden, daß es gelegentlich solcher Vorkommnisse mal zu Tumulten kommt."[13]

Tatsächlich löste die Unzufriedenheit der Arbeiterinnen in den folgenden Kriegsjahren mehrere Massenkundgebungen aus, die sich gegen den Lebensmittelmangel, die hieraus resultierende Hungersnot und die harten Arbeitsbedingungen richteten. Der am 1. Mai 1916 vom Spartakus-

---

[10] Mühsam, Erich: Tagebücher 1910-1924. Hg. von Chris Hirte. München 1994, S. 162.
[11] Vgl. hierzu Ullrich, Volker: Kriegsalltag. Hamburg im Ersten Weltkrieg. Köln 1982.
[12] Vgl. Roerkohl, Anne: Hungerblockade und Heimatfront. Die Kommunale Lebensmittelversorgung in Westfalen während des Ersten Weltkrieges. Stuttgart 1991, S. 113.
[13] Ulrich, Volker: Kriegsalltag. Zur inneren Revolutionierung der Wilhelminischen Gesellschaft. In: Der Erste Weltkrieg. Wirkung, Wahrnehmung, Analyse. Hg. von Wolfgang Michalka. München 1994, S. 608.

bund organisierte Aufstand auf dem Potsdamer Platz in Berlin sowie die Februar- und Oktoberrevolution in Rußland sind zwei weitere wichtige Massenerhebungen, denen schließlich die dem Krieg ein definitives Ende setzende Novemberrevolution von 1918 folgte.

2.2. Begeisterung und Ablehnung des Krieges unter der deutschen Intelligenz

Die begeisterte Aufnahme der Mobilmachung in vielen Schichten der deutschen Gesellschaft resultierte vorwiegend aus der Hoffnung auf einen Neubeginn. Für den einfachen Bürger und insbesondere für die bis dahin im öffentlichen Leben unbedeutende Jugend galt der Krieg als Errettung aus gesellschaftlicher Herabwürdigung und Eintönigkeit.

> „Jeder einzelne erlebte eine Steigerung seines Ichs, er war nicht mehr der isolierte Mensch von früher, er war eingetan in eine Masse, er war Volk, und seine Person, seine sonst unbeachtete Person hatte einen Sinn bekommen. Der kleine Postbeamte, der sonst von früh bis nachts Briefe sortierte, immer wieder sortierte, der Schreiner, der Schuster hatte plötzlich eine andere, eine romantische Möglichkeit in seinem Leben: er konnte Held werden, und jeden, der Uniform trug, feierten schon die Frauen, grüßten ehrfürchtig, die Zurückgebliebenen im voraus mit diesem romantischen Namen."[14]

Analog zu dem weit verbreiteten Hurra-Patriotismus unter der Bevölkerung machte sich bei den Intellektuellen ebenfalls eine deutliche Kriegsbegeisterung bemerkbar, deren Hintergrund nicht nur kulturell beeinflußt war, sondern auch auf Emotionen beruhte. Denn von der Mehrzahl der gebildeten Schichten wurde vom Krieg „die Zerstörung des alten Staatensystems" erhofft, das „durch die Errungenschaften der französischen Revolution geprägt" war und somit in kultureller wie auch intellektueller Hinsicht unter fremdem Einfluß stand.[15] Ausgehend von dieser Grundhaltung kritisierte man insbesondere die Begriffe „Zivilisation" und „Frieden", so auch Thomas Mann, der dies bereits einen Monat nach Kriegsausbruch folgendermaßen zusammengefaßt hatte:

---

[14] Zweig, Stefan: Die Welt von Gestern. Erinnerungen eines Europäers. Frankfurt a. M. 1953, S. 207.

[15] Rürup, Reinhard: Der Geist von 1914 in Deutschland. Kriegsbegeisterung und Ideologisierung des Krieges im Ersten Weltkrieg. In: Bernd Hüppauf, Ansichten vom Krieg. Vergleichende Studien zum Ersten Weltkrieg in Literatur und Gesellschaft. Hanstein 1984, S. 15.

„Gräßliche Welt, die nun nicht mehr ist - oder doch nicht mehr sein wird, wenn das groß Wetter vorüberzog! Wimmelte sie nicht von dem Ungeziefer des Geistes wie von Maden? Gor und stank sie nicht von den Zersetzungsstoffen der Zivilisation? [...] Wie hätte der Künstler nicht Gott loben sollen für den Zusammenbruch einer Friedenswelt, die er so satt, so überaus satt hatte! - Krieg! Es war Reinigung, Befreiung, was wir empfanden, und eine ungeheure Hoffnung."[16]

Inspiriert vom Glauben an die befreiende Wirkung des Krieges erschienen in Deutschland bereits im ersten Monat der Mobilmachung nahezu 1,5 Millionen Gedichte, in denen sowohl Intellektuelle als auch einfache Bürger die Unumgänglichkeit des Krieges begründeten.[17] Die deutschen Schriftsteller definierten den Ersten Weltkrieg als geistigen Kampf zwischen deutscher Kultur und westlicher Zivilisation.[18] Bestärkt wurde diese Geisteshaltung durch das Manifest *Aufruf an die Kulturwelt*, welches die Unterschrift von 93 deutschen Wissenschaftlern und Literaten trug.[19] Sosehr die Initiative der Kriegsbefürworter als Verteidigung der deutschen Kulturwerte präsentiert wurde, gab es eine kleine Gruppe von Schriftstellern, die sich von Anfang an gegen den Krieg und seine poetische Rechtfertigung stellte und an dieser Entscheidung trotz aller Vorwürfe unbeirrt festhielt. Diese Kriegsgegnerschaft beruhte zunächst auf „moralisch-ethischen Motiven"[20] und gewann im Verlaufe des Krieges eine politische Komponente. Auslöser dieser antimilitaristischen Reaktion war der *Aufruf der 93* und dessen chauvinistischen Hetzkampagnen. Doch die nationale Stimmung in Deutschland war zu Beginn des Kriegs auf dem Höchststand, so daß der geistige Kampf gegen die chauvinistischen Tendenzen zunächst unbeachtet blieb. Beispielhaft für die anfangs

---

[16] Mann, Thomas: Aufsätze - Reden - Essays 1914-1918. Berlin - Weimar 1983, 16-17.
[17] Vgl. Busse, Carl: Deutsche Kriegslieder 1914/16. Bielefeld - Leipzig 1916, S. 6.
[18] Vgl. Koester, Eckart: Literatur und Weltkriegsideologie. Positionen und Begründungszusammenhänge des publizistischen Engagements deutscher Schriftsteller im Ersten Weltkrieg. Kronberg/Ts. 1977, S. 109-255.
[19] Unterzeichnet wurde dieses Manifest von Schriftstellern wie Arno Holz, Thomas Mann, Alfred Döblin, Gerhart Hauptmann, Rudolf Leonhard, Arnold Zweig, Robert Musil und Fritz von Unruh. Allerdings sollte darauf hingewiesen werden, daß diese Schriftsteller ihre nationalistische Ansicht nachträglich korrigierten. Siehe dazu: Ungern-Sternberg, Jürgen von: Der Aufruf 'An die Kulturwelt!' das Manifest der 93 und die Anfänge der Kriegspropaganda im Ersten Weltkrieg. Stuttgart 1996.
[20] Fries, Helmut: Deutsche Schriftsteller im Ersten Weltkrieg. In: Der Erste Weltkrieg. Wirkung, Wahrnehmung, Analyse. Hg. von Wolfgang Michalka. München 1994, S. 586.

aussichtslose Kriegsgegnerschaft ist Franz Bleis Brief an Annette Kolb vom 27. September 1914:

> „Offen gestanden, liebe Freundin, mir kommt vor, als ob die kleine Minorität, die wir schon vor dem Krieg waren, alle Denkenden, Dichtenden und Malenden Menschen, Reste einer Vergangenheit waren, die utopisch in einer ganz anders tendierenden Gegenwart lebten, und das wird nach dem Krieg noch deutlicher werden."[21]

Die Wirkungslosigkeit dieser kleinen Minderheit war allerdings sehr kurz. Schon nach der ersten Konfrontation mit der grausamen Realität der Front interessierten sich viele Soldaten für die Ambitionen kriegskritischer Gruppen.[22] Schriftsteller, Künstler und Wissenschaftler, die den Kriegsausbruch freudig begrüßt hatten, erkannten im nachhinein ihre Leichtgläubigkeit und entschieden sich für eine Kehrtwende. Der am 12. September 1914 verfaßte Brief von Franz Marc zeigt ganz deutlich, wie stark die Identität der Kriegsteilnehmer unter der bestialischen Fronterfahrung gelitten hatte.

> „Ich denke so viel über diesen Krieg nach und komme zu keinem Resultat; wahrscheinlich, weil die 'Ereignisse' mir den Horizont versperren. [...] Jedenfalls aber macht der Krieg aus mir keinen Naturalisten, - im Gegenteil: ich fühle den Geist, der hinter den Schlachten, hinter jeder Kugel schwebt, so stark, daß das Realistische, Materielle ganz verschwindet. [...] Es ist unglaublich, daß es Zeiten gab, in denen man den Krieg darstellte durch Malen von Lagerfeuern, brennenden Dörfern, jagenden Reitern, stürzenden Pferden und Patrouillenreitern u. dergl. Dieser Gedanke erscheint mir direkt komisch, selbst wenn ich an Delacroix denke, der's doch noch am besten gekonnt hat."[23]

Genau wie Franz Marc wandelte sich auch Fritz von Unruh, ein adliger Offizierssohn und anfangs Kriegsbegeisterter, wenige Monate nach Kriegsausbruch zum Kriegsgegner.[24] Innerhalb weniger Wochen sank die Zahl der Befürworter rasch, so daß die „Kriegsliteratur" allmählich an Bedeutung verlor und aufhörte, „als Thema einen besonderen Stil zu

---

[21] Blei, Franz an Kolb, Annette Br. v. 27.9.1914, Nr. 408/68 Monacensia.
[22] Vgl. Ulrich, Bernd u. Ziemann, Benjamin: Frontalltag im Ersten Weltkrieg. Wahn und Wirklichkeit. Frankfurt a. M. 1994.
[23] Marc, Franz: Briefe aus dem Feld 1914-1916. Berlin 1959, S. 8-9. Siehe hierzu: Bernd Ulrich: Die Augenzeugen. Deutsche Feldpostbriefe in Kriegs- und Nachkriegszeit 1914-1933. Tübingen 1977.
[24] Siehe dazu: Unruh, Fritz von: Sämtlich Werke. Bd. 17: Opfergang. Berlin 1979.

finden."²⁵ Die antimilitaristische Geisteshaltung wies - ähnlich wie die Begeisterung bei Kriegsbeginn - eine große Bandbreite auf und schwächte die Kräfte, welche bis dahin die *Ideen von 1914* trugen. Stark betroffen von dieser Wendung war vornehmlich die deutsche Kriegspropaganda, welche sich bis dahin auf die idealisierenden und übertriebenen Produkte der Kriegsapologeten stützen konnte. Das Aufkommen einer kleinen, aber entschiedenen Gegenkraft wurde als Gefahr für die deutsche Weltmachtpolitik interpretiert, so daß man deren Wirkungsfeld möglichst schnell einzudämmen beabsichtigte. Als Maßnahme gegen die Verbreitung kriegskritischer Ansichten zentralisierte man zunächst die bis dahin unregelmäßig durchgeführte Presseaufsicht und bildete im Februar 1915 eine Oberzensurstelle, die im Herbst des gleichen Jahres als Kriegspresseamt der Obersten Heeresleitung (OHL) zu arbeiten begann.²⁶ Neben der Einschränkung von kriegsfeindlichen Publikationen bemühte man sich um die Überwachung pazifistischer Aktivitäten und deren Verbindungen zum Ausland. Dieser vielseitig koordinierten Überwachungsapparatur fiel bereits am 11. September 1915 Wilhelm Herzogs Zeitschrift *Forum* zum Opfer. In einem Schreiben des bayerischen Kriegsministeriums wurde das Publikationsverbot wie folgt begründet:

> „Die an den Tatbestand des Landesverrates grenzende unheilvolle Wirkung dieser literarischen Unternehmung kann an der Hand von Äußerungen der Presse des feindlichen Auslandes nachgewiesen werden. Mit sichtbarer Genugtuung und Freude glaubt das feindliche Ausland aus den Veröffentlichungen des *Forum* auf eine Gesinnungsänderung, auf mangelndes Selbstvertrauen und schwächende Uneinigkeit der 'deutschen Intelligenz' schließen zu dürfen, wodurch der Wille und die Hoffnung unserer Gegner, Deutschland und seine Verbündeten niederzukämpfen, neu gestärkt wird."²⁷

Zur Unterdrückung der Kriegsgegnerschaft kamen Briefsperre und Reiseverbot, das über einzelne Personen wie Annette Kolb verhängt wurde, oder Veröffentlichungsverbote und Strafverfahren „wegen Pessimis-

---

²⁵ Holländer, Walter von: Die Entwicklung der Kriegsliteratur. In: Die neue Rundschau 1916, S. 1275.
²⁶ Vgl. Koszyk, Kurt: Deutsche Pressepolitik im Ersten Weltkrieg. Düsseldorf 1968, S. 68.
²⁷ Expressionismus. Manifeste und Dokumente zur deutschen Literatur 1910-1920. Hg. von Thomas Anz und Michael Stark. Stuttgart 1982, S. 319.

mus"²⁸ wie bei Fritz von Unruh. Aufgrund dieser organisatorischen und individuellen Einschränkungen blieb den Kriegsgegnern nichts anderes übrig, als sich für die wenigen Wege zu entscheiden, die ihnen bei der Gestaltung und Demonstration ihrer pazifistischen Ziele weiterhelfen konnten. Einer war der Anschluß an *Die Aktion* von Franz Pfemfert, der trotz der strengen Zensurmaßnahmen mitten im Kriegsdeutschland die Voraussetzung schuf, durch publizistische Strategien indirekte Kriegskritik zu üben. So gab er unter der Rubrik *Verse vom Schlachtfeld* die abschreckenden Kriegsgedichte von Wilhelm Klemm heraus und machte in der Spalte *Ich schneide die Zeit aus* auf provozierende Zeitungsauszüge aufmerksam, die den Lesern als Beleg für die weit verbreitete maßlose Kriegshysterie dienen sollten.²⁹

Ein anderer Weg zur Darstellung der Kriegskritik war „das demonstrative Verstummen und Schweigen" des Schriftstellers, indem er sich entweder von den gesellschaftlichen und politischen Vorgängen völlig isolierte oder nur noch zu speziellen Themen wie Kunst und Literatur Stellung nahm.³⁰

Neben diesen Ausweichmanövern kam eine weitere Möglichkeit in Frage, die sich als effektivster Weg, sich gegen Unterdrückung, Verfolgung und Publikationsverbot zu wehren, erwies: Die Emigration, und insbesondere die in die Schweiz, da dieses Land in jenen Jahren vorbildliche Voraussetzungen für das Exil bot und besonders deutschen Kriegsgegnern angenehmere Umstände als irgendwo sonst versprach. Schon die Tatsache, daß hier Deutsch gesprochen, geschrieben und gedruckt wurde, war eine ungeheurer Vorteil. Im weiteren wurden die Schweizer Zeitungen grundsätzlich frei vertrieben. Vor allem mußte man hier keine behördlichen Schikanen wegen einer zu weit gehenden Kriegsablehnung befürchten. Aufgrund dieser Freiheiten emigrierten während des Ersten Weltkrieges einige deutsche Literaten in die Schweiz, um von hier aus gegen den globalen Massenkampf zu agitieren. Unter den Emigranten, die in der Eidgenossenschaft Zuflucht suchten, finden sich die Schriftsteller Hugo Ball, Emmy Hennings, Ernst Bloch, Otto Flake, Leonhard

---

28 Daiber, Hans: Vor Deutschland wird gewarnt. 17 exemplarische Lebensläufe, Gütersloh 1967, S. 112.

29 Vgl. Kolinsky, Eva: Engagierter Expressionismus. Politik und Literatur zwischen Weltkrieg und Weimarer Republik. Eine Analyse expressionistischer Zeitschriften (1914-1920). Stuttgart 1970, S.9-10.

30 Vgl. Fries, Helmut: Die große Katharsis. Der Erste Weltkrieg in der Sicht deutscher Dichter und Gelehrter. Bd. 2. Konstanz 1995, S. 25.

Frank, Ferdinand Hardekopf, Ricarda Huch, Richard Huelsenbeck, Klabund, Annette Kolb, Else Lasker-Schüler, Ludwig Rubiner, René Schikkele, Margarete Susman und Fritz von Unruh, deren Exilleben und Produktion im Zentrum dieser Arbeit steht. Doch zunächst sollen die historischen, politischen und diplomatischen Verhältnisse der Schweiz, die im Krieg vorherrschten, geschildert werden.

3. ZUFLUCHTSORT SCHWEIZ

3.1. Die Schweizer Neutralität

Zu Beginn des Ersten Weltkrieges konnte die Schweiz auf eine knapp vierhundertjährige Geschichte ihrer Neutralität zurückblicken. Zum ersten Mal wurde sie bei der Schlacht von Marignano im Jahre 1515[1] bekundet und erhielt ab 1815 mit dem Wiener Kongreß[2] offiziellen und internationalen Status. Vom 16. bis zum 20. Jahrhundert hatte die Schweiz nicht nur um, sondern auch für die Neutralität permanent zu kämpfen. Angesichts dieser langjährig gepflegten Grundhaltung zeigte sich die Eidgenossenschaft auch während des Ersten Weltkrieges als überzeugte Fürsprecherin der Neutralität.

Die grundlegende Voraussetzung zur Aufrechterhaltung der Schweizer Neutralität bildete das Militär, welches in der Lage war, zu Lande, zu Wasser und in der Luft auf operativer und taktischer Stufe einen Abwehrkampf zu führen.[3] Dementsprechend riegelte die Schweizer Armee unmittelbar nach Kriegsausbruch die eidgenössischen Grenzen bis zum 8. August 1914 völlig ab. Hauptziel dieser Aktion war die absolute Isolierung der Schweiz vom Kriegsgeschehen, um einen Konflikt mit den umliegenden Kriegsmächten zu vermeiden und jede Art von Besetzung zu verhindern. Und um ihre Neutralität zu bewahren, lehnte die Eidgenossenschaft die Begünstigung einer der Kriegsparteien vehement ab. Die Entschiedenheit ihrer Überparteilichkeit bewies sie dadurch, daß sie ab der zweiten Hälfte des Krieges die Zahl ihrer Grenzwächter verdop-

---

[1] Die Schlacht fand am 13. und 14. September 1515 in der Nähe des Dorfes Marignano (heute: Melegnano) südlich von Mailand statt, bei der sich die Schweiz nach der Niederlage gegenüber den französisch-venezianischen Truppen zu einer Haltung des *Stillesitzens* bekannte.

[2] Der Wiener Kongreß dauerte vom September 1814 bis zum Juni 1815. Dort verhandelten die europäischen Herrscher hauptsächlich über die territoriale Neuordnung Europas. Zu den wichtigsten Beschlüssen dieser Versammlung gehört die Anerkennung der schweizerischen Neutralität, die im Anschluß an den Kongreß am 20. November 1815 zunächst von den fünf Großmächten Österreich, Frankreich, Großbritannien, Preußen sowie Russland und später auch noch von Schweden, Spanien und Portugal anerkannt wurde. Siehe dazu: Biaudet, Jean-Charles: Der modernen Schweiz entgegen. In: Handbuch der Schweizer Geschichte. Bd. 2. Hg. v. Hanno Helbling. Zürich 1977, S. 885-890.

[3] Vgl. Brunner, Hans-Peter: Neutralität und Unabhängigkeit der Schweiz im ausgehenden 20. Jahrhundert Bestandesaufnahme und Ausblick. Zürich 1989, S. 66.

pelte.[4] Im weiteren bemühte sich die Schweiz um die Vermittlung zwischen den Kriegsmächten. Letztendlich gelang es ihr, indirekten Einfluß auf das Ausmaß und die Dauer des Krieges zu gewinnen sowie alle Kriegsmächte darauf aufmerksam zu machen, daß Rüstung und Bewaffnung auch für friedliche Zwecke eingesetzt werden können.

Abgesehen von der bewaffneten Neutralität engagierte sich die Schweiz zugleich in behördlicher Hinsicht für die vorbehaltlose Wahrung der eidgenössischen Überparteilichkeit. Gemäß dieser Einstellung erließ der Bundesrat am 4. August 1914 eine offizielle Erklärung, in der man der nationalen und internationalen Öffentlichkeit mitteilte, trotz des Krieges mit allen Mitteln an der Neutralität festzuhalten.

> „Angesichts des zwischen mehreren europäischen Mächten ausgebrochenen Krieges hat die schweiz. Eidg., getreu ihrer Jahrhunderte alten Überlieferung, den festen Willen, von den Grundsätzen der Neutralität in keiner Weise abzuweichen, die dem Schweizervolke so teuer sind und so sehr seinen Bestrebungen, seiner inneren Einrichtung, seiner Stellung gegenüber den anderen Staaten entsprechen und die die Vertragsmächte vom Jahre 1815 ausdrücklich anerkannt haben."[5]

Die überparteiliche Einstellung der Schweiz, zu der sie sich bei Kriegsbeginn juristisch verpflichtete und deren Verteidigung sie staatlich zusicherte, geriet jedoch nach wenigen Kriegswochen ins Schwanken. Grund dafür war die Verletzung der belgischen Neutralität durch Deutschland, worauf die Schweizer unterschiedlich reagierten und sich somit in zwei Lager teilten. Zum einen waren es die Deutschschweizer, die dem deutschen Einmarsch nach Belgien zustimmten, zum anderen die Westschweizer, die gegen die Verletzung der belgischen Neutralität protestierten und auf der Seite Frankreichs standen. Als Folge dieser gesellschaftlichen Spaltung entstand der berühmte „Graben zwischen Welsch und Deutsch",[6] der die romanischen und deutschen Sprachgebiete zu entzweien drohte. Dementsprechend ergriff die Eidgenossenschaft die Initiative und versuchte, dem gestörten Neutralitätsbewußtsein ihrer Bevölkerung amtlich entgegenzuwirken. So appellierte der Bundesrat am 1. Oktober 1914 an eine „über Rassen und Sprachen stehende Kulturge-

---

[4] Bonjour, Edgar: Geschichte der schweizerischen Neutralität. Bd. 2. Basel 1975, S. 221.

[5] Burckhardt, Walther: Schweizerisches Bundesrecht. Staats- und verwaltungsrechtliche Praxis des Bundesrates und der Bundesversammlung seit 1903. Bd. 1. Frauenfeld 1930, S. 56.

[6] Im Hof, Ulrich: Geschichte der Schweiz. Stuttgart 1974, S. 131.

meinschaft", die „zur Mäßigung in den Sympathieäußerungen für die einzelnen Nationen führen sollte."[7]

Angesprochen von diesem Appell fühlten sich vor allem Schweizer Intellektuelle, die ebenfalls zur Wahrung des neutralen Standpunktes einen kräftigen Beitrag leisteten. Ernst Gagliardi galt als einer der frühesten Kämpfer für die Neutralität. Schon zu Kriegsbeginn hatte er die sozio-politische Spaltung unter den Schweizern vorausgesehen und nahm dazu in der *Neuen Zürcher Zeitung* umgehend Stellung. In seinem Artikel ging er davon aus, daß „die Nichtteilnahme an den europäischen Kämpfen für ein so mannigfach zusammengesetztes Ganzes überhaupt die einzige Möglichkeit des Daseins und der inneren Entwicklung" sei und forderte dazu auf, „soweit möglich zum Ausgleich der mächtig aufgepeitschten Gegensätze beizutragen", anstatt dem eidgenössischen Staatsgedanken zu schaden.[8] Weiterhin appellierte der Schriftsteller Carl Spitteler[9] in Zürich im Auftrag der *Neuen Helvetischen Gesellschaft* am 14. Dezember 1914 in seiner berühmten Rede „Unser Schweizer Standpunkt" an Überparteilichkeit und Gleichklang. Spitteler votierte darin für einen „dem Ausland gegenüber eine politische Einheit" darstellenden schweizerischen Staat. Zudem warnte er seine Mitbürger vor jeglichen Sympathieäußerungen und riet ihnen folgendes:

> „Den Westschweizern droht die Versuchung, sich zu nahe an Frankreich zu gesellen, bei uns ist es umgekehrt. Sowohl hier wie dort ist Mahnung, Warnung und Korrektur nötig. Die Korrektur aber muß in jedem Landesteil von sich aus, von innen heraus geschehen. Wir dürfen nicht dem Bruder seine Fehler vorhalten; das führt nur dazu, daß er uns mit andern Fehlern bedient, am liebsten mit Zinsen."[10]

Obwohl solche intellektuellen Aufrufe die Zustimmung für die eine oder andere Kriegspartei nicht völlig verhindern konnten, verstärkten sie unter den meisten Schweizern die überparteiische Haltung. Überdies ließen diese Neutralitätsreden die Eidgenossen zur Aufrechterhaltung „des Friedens und der Humanität" berufen erscheinen, um „die gemeinsame Sache Europas und seiner Gesamtkultur in eine bessere Zukunft hinüber

---

[7] Greyerz, Hans von: Der Bundesstaat seit 1848. In: Handbuch der Schweizer Geschichte. Zürich 1980, S. 1131.
[8] Gagliardi, Ernst: Neutralität und eidgenössischer Staatsgedanke. In: Wir Schweizer, unsere Neutralität und der Krieg. Zürich 1915, S. 76-77.
[9] Pseudonym Carl Felix Tandem (1845-1924), war in verschiedenen Schweizer Zeitungen als Journalist und Redakteur tätig.
[10] Faesi, Robert: Spittelers Weg und Werk. Leipzig 1933, S. 190.

zu retten."[11] Dementsprechend ergriff die Schweiz die Initiative und wurde zum Zentrum humanitärer Aktionen. Als Katalysator dieser Missionen galt das *Internationale Komitee vom Roten Kreuz (IKRK)* in Genf, welches sich einerseits auf die Versorgung der schwerverwundeten Soldaten der Kriegsparteien konzentrierte und andererseits für den Austausch von Kriegsgefangenen sorgte. Im weiteren verfügte dieses Komitee über eine internationale Zentralagentur, die mit den nationalen Auskunftsstellen für Kriegsgefangene und den Militärbehörden der kriegführenden Mächte zusammenarbeitete. Die Leistungen des *IKRK* umfaßten eine große Palette, vom Informationswechsel zwischen den Kriegsgefangenen und deren Angehörigen bis zur Vermittlung von Hilfssendungen.[12] Ähnlich engagiert war auch das *Internationale Friedens Bureau* in Bern, dessen humanitäre Tätigkeiten sich sogar auf die Briefvermittlung internierter Soldaten erstreckte. Neben diesen organisatorischen Hilfen für Kriegsgefangene leistete die Schweiz für Zivilpersonen, die während des Krieges in besetzten Gebieten verweilten und von seiten feindlicher Obrigkeiten mit Deportation oder Evakuierung bedroht wurden, ebenfalls Beistand, so daß von Oktober 1914 bis zum Kriegsende über fünfhunderttausend vom Feind zurückgehaltene Zivilisten die Rückreise in ihre Heimatländer durch die Schweiz machen konnten. Während dieser Phase der Rückreisen erwiesen sich die Schweizer als besonders hilfsbereit und sorgten vorbehaltlos für die seelische und körperliche Versorgung vieler Durchreisender.[13]

Angesichts der bisher erwähnten militärischen, administrativen, zivilen und humanitären Einsätze schien die Eidgenossenschaft entschlossen zu sein, mitten im Krieg absolut neutral zu bleiben. Doch dies war nicht immer ohne weiteres möglich und forderte meistens seinen Preis. Die größte Gefährdung resultierte aus der Nicht-Autarkie der Schweiz, die infolge von Rohstoff- und Lebensmittelmangels auf einen permanenten Kontakt mit dem Ausland angewiesen war. Als Effekt dieser wirtschaftlichen Abhängigkeit entstand während des Ersten Weltkrieges eine heikle Beziehung zwischen der Eidgenossenschaft und den Kriegslän-

---

[11] Schweizer, Peter: Die Schweiz. Neutralitätspolitik in privater Gesinnung und Meinungsänderung. In: Wir Schweizer, unsere Neutralität und der Krieg. Zürich 1915, S. 186.

[12] Vgl. Haug, Hans: Menschlichkeit für Alle. Die Weltbewegung des Roten Kreuzes und des Roten Halbmondes. Bern 1993, S. 57.

[13] Vgl. Bonjour, Edgar: Geschichte der schweizerischen Neutralität. Bd. 2. Basel 1975, S. 277.

dern, die dazu führte, den Schweizer Binnenhandel gemäß dem geltenden Völkerrecht unbeschränkt weiterlaufen zu lassen.[14] In dieser Hinsicht wandelten die Entente und die Mittelmächte den Schweizer Boden zur Zwischenstation um und belieferten ihre Länder von hier aus mit Material. Folglich geriet die Wirtschaft der Eidgenossenschaft in die Hände der Großmächte, „da beide Parteien sich dagegen sichern wollten, daß die eigenen Produkte über die Schweiz dem Gegner zugute kommen würden."[15] Überdies war die Schweiz für die Kriegsmächte ohnehin von großer Bedeutung, da sie die Erlangung von Nachrichten über den Gegner ermöglichte sowie Vermittlungs- und Friedensgespräche anbahnte. Vom industriell-wirtschaftlichen Gesichtspunkt aus interessierte man sich für die Schweiz, weil sie sich dicht am Rande des Kriegsschauplatzes befand und dank ihrer Maschinenindustrie den unvorhersehbaren Massenverbrauch von Munition und Kriegsgerät in großem Umfang kompensieren konnte.[16] Es ist zweifellos richtig, daß die kriegführenden Länder infolge der oben erwähnten Punkte vom eidgenössischen Neutralitätsprinzip wesentlich profitiert hatten, doch trotz allem kann man dies nicht als eine generelle Schwäche der Schweizer Überparteilichkeit bezeichnen. Die Gründe für solcherlei tendenziös wirkendes Verhalten resultierten eher aus internationalen Verpflichtungen als aus wirtschaftlichen oder politischen Interessen. Die Schweiz war durch das *Genfer Abkommen* und die *Haager-Konvention* dazu verpflichtet, in Krisensituationen ihre Grenzen zu öffnen und humanitäre Hilfe zu leisten. Insofern entstand durch die prinzipiell und international verankerte Sonderstellung der Schweiz eine frei zugängliche Region, so daß sich das Land mitten im Kriegsgeschehen teils in einen Sammelpunkt für Kriegsopfer und teils in ein Dorado für Spekulanten verwandelte. Der Staat selbst und die Mehrheit seiner Bürger arbeitete hauptsächlich an der Linderung der Kriegsleiden und der Einleitung des Friedens, doch abgesehen von dieser allgemeinen Einstellung hatte sich eine kleine Gruppe von Kriegsgewinnlern in der Eidgenossenschaft etabliert, die von hier aus den Waffenhandel mit den Kriegführenden betrieben und somit das neutrale Klima der Schweiz gefährdeten. Gewiß wurde diese Situation mit Sorge verfolgt, doch unter den schweren Folgen der Kriegswirtschaft blieb der Eidgenossenschaft nichts anderes übrig, als

---

14 Vgl. ebd., S. 227.
15 Wartburg, Wolfgang von: Geschichte der Schweiz. München 1951, S. 235.
16 Bonjour, Edgar: Geschichte der schweizerischen Neutralität. Bd. 2, S. 233.

diesem Handel bis zu einem gewissen Grad zuzustimmen. Denn letztendlich stand die Schweizer Wirtschaft kurz vor dem Kollaps, da sie bereits in den ersten Kriegswochen ziemlich stark gelitten hatte. Folglich wurde die Eidgenossenschaft zum Umschlagplatz von jeglichen Import- und Exportwaren, die sie teils im Inland verwertete und teils an die Kriegsparteien der Entente oder der Mittelmächte weitersandte. Somit hatte die Schweiz zwar die Vermittlung von diversen Kriegsrohstoffen übernommen; doch abgesehen hiervon gelang ihr zugleich die Lieferung von Millionen Tonnen Weizen und Roggen sowie von unterschiedlichen Lebensmittel- und Konsumgütern an die vom Krieg betroffene Zivilbevölkerung.

Im großen und ganzen stand die Schweiz von 1914 bis 1918 großen Herausforderungen gegenüber, die sie in erster Linie durch den neutralen und humanitären Geist ihrer Bevölkerung zu meistern wußte. Als direkte Folge dieser unparteiischen Aufgeschlossenheit und Hilfsbereitschaft wurde die Schweiz während des Ersten Weltkrieges von vielen Menschen als Hort des Friedens und der Harmonie angesehen.

3.2. Eidgenössische Pressefreiheit zur Kriegszeit

An der Bevölkerungszahl gemessen war die Schweiz kurz vor Kriegsausbruch „das zeitungsreichste Land der Welt", welches damals einer statistischen Untersuchung zufolge über 418 Zeitungen und 105 periodisch erscheinende Fachzeitschriften verfügte.[17] In einem freisinnig geprägten Staat wie der Eidgenossenschaft war es selbstverständlich, daß das Zeitungswesen eine solch bedeutende Stellung besaß. Denn zum einen gehörte dies zur Grundvoraussetzung der Neutralität und zum anderen war es das Hauptelement der direkten Demokratie. Darüber hinaus galt die Schweizer Presse als sehr vertrauenswürdig und informativ und zeichnete sich auch auf internationaler Ebene als politische, wirtschaftliche und geistige Macht aus. Deshalb konnte die Schweiz während des Ersten Weltkrieges zur „Weltstation für Vermittlungs- und Propagandadienste" werden, in der sich über 40 Presse und Propagandastellen ansiedelten, „um von hier aus nach allen Richtungen ihren Informations- und Werbedienst — was zumeist dasselbe war — spielen zu lassen."[18] Die Schweiz hatte speziell mit ausländischen Zeitungen zu

---

[17] Vgl. Padrutt, Christian: Zur Lage der Schweizer Presse. Zürich 1975, S. 17.
[18] Weber, Karl: Die Entwicklung der politischen Presse in der Schweiz. In: Die Schweizer Presse. Festschrift zum 50 jährigen Jubiläum des Vereins der Schweizer Presse. Luzern 1933, S. 97

kämpfen, die die militärischen Aktionen ihrer Parteien zu legitimieren und den patriotischen Rausch der Massen zu stärken versuchten.[19] Angesichts der weitverbreiteten Kriegspropaganda in der Publizistik spaltete sich auch die Schweizer Presse in zwei Lager. Ein nicht geringer Teil beteiligte sich an der Propaganda, wohingegen der Rest als Medium der Verständigung zwischen den verfeindeten Mächten zu wirken versuchte.

Die täglich dreimal erscheinende *Neue Zürcher Zeitung* ist das wichtigste Beispiel für die Haltung einer neutral orientierten liberalen Presse, die ihre Überparteilichkeit gegenüber beiden Lagern schon am 16. August 1914 deutlich zum Ausdruck brachte: „Zu den Pflichten einer neutralen Presse gegen ihre eigenen Landsleute wie gegenüber verständigen und gebildeten ausländischen Lesern rechnen wir auch das, daß wir aus den verschiedenen Staaten authentische Berichte über dortige Stimmungen und Erklärungen für das Verhalten ihrer Völker und Regierungen aufnehmen. Wir wissen uns frei von jeder andern Tendenz, als unserem Lande zu dienen."[20] In Anlehnung an diese Mitteilung nahm die *N.Z.Z.* die Position einer Informationsquelle ein, deren Aufgabe hauptsächlich in der direkten Weiterleitung von Nachrichten bestand. Den Interessen bestimmter Machtgruppen wollte man nicht nachgeben. Gemäß dieser Einstellung stand sie den Kriegsgegnern ebenfalls neutral gegenüber und öffnete ihnen mehrmals die Spalten.[21] Hermann Hesse, Annette Kolb, Klabund und Romain Rolland sind einige berühmte Pazifisten, die in der *N.Z.Z.* Artikel gegen den Krieg veröffentlichen durften.

Die redaktionelle Haltung des Blattes — weder Kriegspartner noch Kriegsgegner — wurde nicht immer ohne Kritik aufgenommen. Soweit über den Niedergang der Gegenseite berichtet wurde, stieß man auf große Zustimmung, doch wenn auch mal die Verluste und Schwächen der anderen Seite thematisiert wurden, diffamierte man die Zeitung als parteilich. Die Antwort der *N.Z.Z.* auf solcherlei Beschuldigung fiel allerdings stets diplomatisch aus, indem sie die Öffentlichkeit auf ihre politische Unabhängigkeit aufmerksam machte und sich somit als unbeein-

---

[19] Vgl. Hänggi, Karl: Die deutsche Propaganda in der Schweizer Presse. Bern 1918, S. 5.
[20] N.Z.Z., Nr. 1227, 16.8.1914: Wer am Wege baut, hat viele Meister.
[21] Vgl.: Lang, Gustav A.: Kampfplatz der Meinungen. Die Kontroverse um Kriegsursachen und Friedensmöglichkeiten 1914-1919 im Rahmen der *Neuen Zürcher Zeitung*. Zürich 1968, S. 23.

flußbar zeigte.²² Die finanzielle Unabhängigkeit überhob die Zeitung jeglicher Entstellung, Agitation sowie Verheimlichung der Realität; sie begnügte sich hauptsächlich mit der Aufgabe der freien Presse, die nur auf den tatsächlichen Zusammenhang der Ereignisse Bezug nimmt. Dank dieser publizistischen Prinzipien schenkten der *N.Z.Z.* viele Pazifisten ihr Interesse, so daß sie während des Krieges zu einem internationalen Sprachrohr der Völkerverständigung wurde und gleichzeitig den freien Einblick in den Hintergrund der Strategien beider Kriegsparteien lieferte.

Im Gegensatz zur *N.Z.Z.* wirkte die zweimal wöchentlich erscheinende *Freie Zeitung*²³ als Propagandaorgan der Entente, avancierte aber trotzdem zum Forum pazifistischer Ansichten. Emigrierte deutsche Schriftsteller wie Hugo Ball und Ernst Bloch oder bekannte Kriegsgegner wie Friedrich Wilhelm Foerster und Maximilian Harden zählten zu den eifrigsten Mitarbeitern dieser Zeitung. Sie befaßten sich in ihren Beiträgen insbesondere mit der Kriegsschuldfrage. Folglich galt das Hauptinteresse der *F.Z.* der Demokratisierung Europas und der Abschaffung elitärer Machtsysteme, wozu ihrer Meinung nach der Erste Weltkrieg beitragen könnte. Gemäß dieser Vorstellung sah der Grundsatz der *F.Z.* folgendermaßen aus:

> „Es sind die Prinzipien der demokratisch-republikanischen Völkerrechte, die von der großen französischen Revolution proklamiert [wurden]. Dieser Krieg wird um die Erreichung und Errichtung der demokratisch-republikanischen Staatsform in allen jenen Staaten geführt, die sie noch nicht besitzen. Es ist der Krieg gegen Autokratie und Despotismus, gegen Gottesgnadentum und dynastische Regierungsmethoden [...]."²⁴

So sehr die *F.Z.* den Krieg als Kampf für ein menschlicheres System betrachtete, gehörte doch die öffentliche Erörterung des Militarismus zum Hauptgegenstand ihrer publizistischen Aktivität, in der sie vorwiegend die chauvinistischen Ziele der kriegführenden Länder attackierte. Weiterhin machte sie Front gegen die deutschen Ideen und stellte Deutschland als den größten Kriegstreiber dar. Währenddessen stieg die Auflage der *F.Z.* innerhalb von wenigen Monaten rasch an — die Zahlen

---

22 Vgl. N.Z.Z., Nr.96, 19.1.1916, Friedensgedanken.
23 *Die Freie Zeitung. Unabhängiges Organ für Demokratische Politik* wurde ab April 1917 unter der Leitung des demissionierten deutschen Diplomaten Hans Schlieben gegründet. Die Zeitung zählte zu jenen Publikationen, deren Ausfuhr nach Deutschland verboten war.
24 Geleitwort. *Freie Zeitung* vom 14.4.1917.

schwankten zwischen 14.000 und 50.000 Exemplaren —[25] und sie gehörte somit „zu den meist gelesenen politischen Zeitschriften der Schweiz."[26] Sowohl die pazifistische Einstellung als auch der publizistische Erfolg des Berner Blattes fiel aber rasch der Staatsautorität zum Opfer. Die offene Kritik der F.Z. an der deutschen Kriegspolitik, die die Schweizer Beziehungen mit Deutschland zu belasten schien, wurde insbesondere von der eidgenössischen Pressekontrollkommission hart angegriffen. Sie warnte die F.Z. davor, sich als Propagandaorgan der Entente zu betätigen.[27] Doch trotz solcher Angriffe ließ sich das Blatt von seiner publizistischen und pazifistischen Entschlossenheit nicht abbringen und bemühte sich bis zum Kriegsende um „das Recht zur Kritik für alle und gegen alle".[28]

Angesichts der kurz erwähnten Aktivitäten der N.Z.Z. und der F.Z. läßt sich erkennen, wie stark die Schweizer Presse unter den Einfluß des weltweiten Konfliktes geraten war. Insbesondere die Entzweiung des Zeitungswesens, welche eine gefährliche Erregung unter der Bevölkerung verursachte und somit den Status der Neutralität bedrohte, wurde von den eidgenössischen Instanzen mit großer Sorge betrachtet. Die publizistischen Eingriffe in die innenpolitischen Zustände sowie das offene Interesse am Kriegsgeschehen zwangen die Eidgenossenschaft zur Restriktion ihres Pressewesens. So faßte der Bundesrat am 27. Juli 1915 einen Beschluß über die Pressekontrolle während der Kriegswirren, der gemäß dem Neutralitätsbericht von 1914 dazu dienen sollte, „die Presseorgane, welche die Pflichten einer patriotischen Presse nicht verstehen wollten, sondern die guten Beziehungen [der Schweiz] gefährdeten", durch „militärische" und „politische" Pressekontrollkommissionen exakt zu überwachen.[29] Zentrales Bestreben dieser Kommission war die Verhinderung parteilicher und einseitiger Berichterstattung, wobei sie den ordnungswidrig handelnden Organen mit einschränkenden Maßnahmen entgegentrat. Im zweiten Neutralitätsbericht vom 19. Februar 1916 defi-

---

[25] Vgl. Korol, Martin (Hg.): Ernst Bloch. Kampf, nicht Krieg. Politische Schriften 1917-1919. Frankfurt a. M. 1985, S. 39.
[26] Almanach der Freien Zeitung 1917-1918, S.7.
[27] Vgl. Riesenberger, Dieter: Deutsche Emigration und Schweizer Neutralität im Ersten Weltkrieg. In: Schweizer Zeitschrift für Geschichte 38 (1988), S. 127-150.
[28] Almanach der Freien Zeitung 1917-1918, S. 29.
[29] Burckhardt, Walther: Schweizerisches Bundesrecht. Staats- und verwaltungsrechtliche Praxis des Bundesrates und der Bundesversammlung seit 1903. Bd. 2. Frauenfeld 1930 S. 283-284.

nierte man die Kompetenz der Pressekontrolle so, daß sie sowohl schweizerischen als auch vom Ausland her in die Schweiz eingeführten neutralitätswidrigen Presseerzeugnissen mit dem Ausstellungsverbot, dem Vertriebsverbot, der Einziehung, dem Verbot der offenen Postbeförderung sowie dem Verbot der Ein- und Ausfuhr drohen durfte, wobei die gleiche Kommission bei Vergehen der inländischen Presseorgane an den Bundesrat einen Antrag auf Verwarnung oder Suspendierung zu richten hatte. Letzten Endes dehnten sich die Maßnahmen durch den Beschluß des Bundesrates vom 22. Januar 1918 dahingehend aus, daß von sämtlichen Veröffentlichungen auf Schweizer Boden ein an die eidgenössische Pressekontrollkommission in Bern zu schickendes Exemplar verlangt wurde.[30]

Diese Maßnahmen schienen sehr radikal zu sein, doch gab es Möglichkeiten, sie zu umgehen, außerdem konnten sie nicht vollständig durchgeführt werden. Denn zum einen wurde die Funktion der Pressekontrollkommission „durch das in einzelnen Landesteilen sozusagen vollständige Versagen der kantonalen Polizeiorgane" erheblich beeinträchtigt und zum anderen bestanden noch einige „Lücken und Ungleichheiten" in ihrem strafrechtlichen Wirkungsbereich.[31] Wegen dieser behördlichen und funktionellen Schwächen befanden es die meisten Verleger für überflüssig, ihre Sprache zu mäßigen oder Zurückhaltung zu üben. Manchmal wurde sogar die Kritik am Krieg verschärft, wobei man allerlei publizistische Finten und Tricks anwendete, um die Beobachtungsstellen zu täuschen oder zu umgehen. In diesem Kontroll-Durcheinander konnten „pazifistische Zeitschriften",[32] abgesehen von ein paar „Verwarnungen"[33] bis zum Kriegsende nahezu ungehindert weiterhin ihre Kriegskritik verbreiten.

---

[30] Vgl. Burckhardt, Walther: Schweizerisches Bundesrecht. Staats- und verwaltungsrechtliche Praxis des Bundesrates und der Bundesversammlung seit 1903. Bd. 2. Frauenfeld 1930 S. 285.

[31] Weber, Karl: Die Entwicklung der politischen Presse in der Schweiz. Luzern 1933, S. 141.

[32] Gemeint sind vor allem die deutschen Zeitschriften *Das Zeit-Echo, Die Friedenswarte und Die Weißen Blätter*.

[33] Entgegen den strengen Maßnahmen hatte aber die Kommission bis zur Aufhebung der Preßkontrolle am 2. Dezember 1918 nur 16 Anträge auf Verwarnung und 3 Anträge auf Suspendierung gestellt, woraufhin der Bundesrat 14 Verwarnungen und 7 Suspendierungen erließ. Im Verlaufe ihrer gesamten Tätigkeit traf die Kommission 2674 Verfügungen. Siehe hierzu: Burckhardt, Walther: Schweizerisches Bundesrecht, Bd. 2, S. 286.

3.3. Einwanderungsregelung

Abgesehen von der Helvetik[34] und der Meditation[35] bekam die Schweizer Einwanderungspolitik erst durch die Bundesverfassung vom 12. September 1848 ein im wesentlichen liberales Gesicht, da man in dieser zum ersten Mal von einer Aufhebung der interkantonalen Auslieferung für politische und publizistische Vergehen sprach.[36] Im Anschluß an diese rechtliche Lockerung beauftragte man den Bund mit der Ausarbeitung von Regeln für internationale Niederlassungsverhältnisse, so daß die Schweiz bis 1914 mit 23 Staaten, darunter auch Deutschland, neue Niederlassungsverträge abschließen konnte.[37] Um die Schweizer Einreise- und Aufenthaltsgesetze, auf die die deutschen Emigranten während des Ersten Weltkrieges angewiesen waren, näher kennenzulernen, werden im nächsten Abschnitt der Niederlassungsvertrag zwischen der Eidgenossenschaft und dem Deutschen Reich sowie einige Verordnungen des Bundesrates näher beleuchtet.

An erster Stelle sei hier der Grenzübertritt in die Schweiz erwähnt, der bis zum dritten Kriegsjahr für jeden Staatsangehörigen ohne Paß und Visum möglich war. Am 21. November 1917 hob allerdings der Bundesrat diese Regelung zugunsten der inneren Sicherheit auf und entschied sich für die Grenzkontrolle bei der Einreise in die Schweiz sowie für die Vorweisungspflicht von Pässen oder Legitimationspapieren.[38] Durch diese Verordnung wurde es für jeden Emigrant unerläßlich, im Besitz eines „Leumundszeugnisses" zu sein, das von der zuständigen Behörde des letzten Wohnortes innerhalb der letzen drei Monate ausgestellt wor-

---

[34] Dies ist die helvetische Verfassung von 1798, durch die die kantonalen Grenzen der Eidgenossenschaft grundsätzlich aufgehoben wurden und den Fremden die problemlose Erwerbstätigkeit und Niederlassung in der Schweiz gewährt wurde. Siehe hierzu: Langhard, Johann: Das Niederlassungsrecht der Ausländer in der Schweiz. Zürich 1913.

[35] Im Jahre 1803 kam diese Meditationsakte zustande, welche die Kantonsverfassungen wiederherstellte und den Föderalismus zum leitenden Grundsatz erhob. Weiterhin billigte sie den Schweizerbürgern die freie Niederlassung in einem anderen Kanton sowie die Erwerbung von politischen und gewerblichen Rechten zu. Vgl. Langhard, Johann: Das Niederlassungsrecht der Ausländer in der Schweiz. Zürich 1913.

[36] Vgl. Aubert, Jean-François: Kommentar zur Bundesverfassung der Schweizerischen Eidgenossenschaft vom 29. Mai 1874. Basel u.a. 1991.

[37] Vgl. Müller, Albert: Das Niederlassungsrecht der Ausländer in der Schweiz. Triengen 1925, S. 13.

[38] Vgl. Kammermann, Iwan Walter: Die fremdenpolizeiliche Ausweisung von Ausländern aus der Schweiz. Diss. 1948 Lungern, S. 36.

den sein mußte. Weiterhin mußte der Einwanderer „den Zweck des beabsichtigten Aufenthaltes" und die dafür „nötigen Geldmittel" nachweisen sowie sich „innerhalb 24 Stunden nach der Ankunft am neuen Aufenthaltsorte bei der Polizeibehörde" anmelden.[39] Die ursprünglich relativ liberale Emigrantenpolitik der Schweiz veränderte sich somit zum Schlechten für politisch Verfolgte. Da auch die Asylgewährung durch die Verordnung von 1917 wesentlich eingeschränkt wurde, mußten die in der Schweiz lebenden Flüchtlinge auf eine drohende Ausweisung gefaßt sein. Betroffen von dieser Regelung waren vor allem Refraktäre und Deserteure, darunter aber keine deutschen Schriftsteller, die sich schwerer Verbrechen schuldig gemacht hatten oder an anarchistischen und antimilitaristischen Umtrieben beteiligt waren.[40]

Unabhängig von der schweizerischen Ausweisungsregelung bestand zugleich ein Niederlassungsvertrag zwischen der Eidgenossenschaft und Deutschland, der die gegenseitige legale Ansiedlung im anderen Vertragsstaat ermöglichte.[41] Als grundlegende Voraussetzung für den Anspruch auf ein Niederlassungsrecht galt jedoch die Vorlage eines Heimatscheines, der dessen Besitzer sowohl den dauernden oder den zeitweiligen Aufenthalt zusicherte. Die vordergründig sehr praktisch scheinende Regelung war aber mit einigen Sonderregelungen verknüpft, so daß eine Niederlassung meist von der offiziellen Zustimmung des Heimatlandes abhängig war. Denn in Artikel 2 und 3 dieses Vertrages war die Rede von einer Untersagung der Niederlassung, wenn die Antragsteller in ihrem Herkunftsland „infolge eines strafgerichtlichen Urteils" gesucht wurden oder sie „die Staatsangehörigkeit vor Erfüllung ihrer militärischen Pflichten verloren" hatten.[42] Insofern konnten vor allem diejenigen keinen Antrag auf Niederlassung stellen, die entweder politisch verfolgt wurden oder aus pazifistischen Gründen den Kriegsdienst verweigert hatten. Da ein Teil der deutschen Schriftsteller wegen ihrer in Deutschland strafbaren Ansichten oder auch wegen ihrer pazifistischen Einstellung in die Schweiz emigriert war, kann man diese Re-

---

[39] Vgl. Burckhardt, Walther: Schweizerisches Bundesrecht. Staats- und verwaltungsrechtliche Praxis des Bundesrates und der Bundesversammlung seit 1903. Bd. 4. Frauenfeld 1930, S. 452.
[40] Vgl. Kammermann, Iwan Walter: Die fremdenpolizeiliche Ausweisung von Ausländern aus der Schweiz, Diss. Lungern 1948, S. 59.
[41] Die Ratifizierung dieses Vertrages erfolgte zwischen dem 26. und 29. Juli 1911.
[42] Langhard, Johann: Das Niederlassungsrecht der Ausländer in der Schweiz, S. 138.

gelung als eine Falle für diesen Personenkreis bezeichnen. Doch die Tatsache, daß solche Verträge zwar theoretisch eine „völkerrechtliche Sanktion" besaßen, praktisch aber „unter die Autonomie der Kantone" fielen, bewahrte viele deutsche Flüchtlinge vor der Ausweisung ins Heimatland.[43]

Neben dem von vielerlei bürokratischen Hürden geprägten Niederlassungsvertrag bestand ein weiteres Abkommen zwischen der Schweiz und Deutschland, das darauf abzielte, die Arbeitserlaubnis der jeweils anderen Staatsangehörigen zu regeln. Demgemäß konnte sowohl ein Schweizer als auch ein Deutscher „in gleicher Weise und unter denselben Bedingungen und Voraussetzungen wie die Inländer jede Art von Gewerbe und Handel [ausüben], ohne anderen oder höheren Auflagen, Abgaben, Steuern oder Gebühren irgend welcher Art unterworfen zu sein."[44] So sehr das Hauptinteresse dieser Abmachung der Bewirtschaftung landwirtschaftlicher Besitzungen galt, wurde es doch auch in weiteren Bereichen wie z.B. in der Publizistik als Grundsatz akzeptiert. Erinnert sei hier an die deutschen Autoren Ludwig Rubiner und René Schikkele, die während des Krieges in die Schweiz auswanderten, um ihre publizistische Tätigkeit fortzusetzen und dank dieser Regelung sowohl für sich als auch für andere Schriftsteller einen Freiraum für die literarische Produktion schufen. Ferner kam diese Regelung sogar der inneren Sicherheit der Schweiz zugute, da durch die publizistisch-literarische Beschäftigung der meisten Emigranten illegale Beschäftigungsverhältnisse verhindert werden konnten.

Als beispielloses Zufluchtsland war die Schweiz durch die bisherigen Richtlinien zum Grenzübertritt, zum Niederlassungsrecht und zur Arbeitsannahme geradezu prädestiniert und verfügte zusätzlich in sprachlicher, kultureller und diplomatischer Hinsicht über eine Fülle von Gemeinsamkeiten mit seinen Nachbarländern. Gerade diese Gemeinsamkeiten begünstigten eine Einwanderung, die vereinzelt durch politische Gründe ausgelöst wurde, aber auch ganz allgemein mit der Attraktivität des eidgenössischen Gemeinwesens zusammenhing. Die stärkste Einwanderung lag in der Zeit zwischen 1850 und 1914, wodurch der Ausländeranteil von 3 % auf ca. 15 % anstieg. Vor allem in den Großstädten sammelten sich die Ausländer. In Bern machten sie bis zum Ersten Weltkrieg ein Neuntel der Bevölkerung aus, in Lausanne ein Viertel, in Zü-

---

[43] Müller, Albert: Das Niederlassungsrecht der Ausländer in der Schweiz. S. 15.
[44] Langhard, Johann: Das Niederlassungsrecht der Ausländer in der Schweiz, S. 143.

rich und St. Gallen ein Drittel, in Basel fast und in Genf mehr als zwei Fünftel, in Lugano über die Hälfte. Insgesamt wohnten 52 % aller Ausländer in diesen Städten.[45]

Zum bevorzugten Ziel gehörte die Schweiz insbesondere unter den Deutschen, die zu Beginn des 20. Jahrhunderts zahlenmäßig die bedeutendste Ausländergruppe auf eidgenössischem Boden waren.[46] Doch mit dem Ausbruch des Ersten Weltkrieges sank sowohl die Zahl der Deutschen als auch die der anderen Nationen, da jeder in sein Heimatland zurückkehren mußte, um Militärdienst zu leisten. Wegen des Hurra-Patriotismus in ganz Europa wurde die Schweiz bis zum Ende des ersten Kriegsjahres von vielen freiwillig verlassen. Bald jedoch - infolge der grausamen Kriegserlebnisse und der schweren Leiden - kehrten viele zurück. Im Gegensatz zur Vorkriegszeit wanderten die Menschen diesmal nicht aus geschäftlichen Gründen oder zur reinen Erholung in die Schweiz ein, sondern vielmehr wegen ihrer ablehnenden Haltung zum Krieg, die ihnen im Heimatland zum Verhängnis geworden war oder zu werden drohte. Dementsprechend wird im folgenden Kapitel vor allem die Flucht und der Schweizer Aufenthalt der deutschen Schriftsteller beschrieben, die neben wichtigen Politikern und leidenschaftlichen Pazifisten ebenfalls das Gastrecht der Helvetik in Anspruch nahmen.

---

[45] Vgl. Bickel, Wilhelm: Bevölkerungsgeschichte und Bevölkerungspolitik der Schweiz. Zürich 1947, S. 166-167.
[46] Vgl. ebd., S. 169.

4. Das Exil der deutschen Schriftsteller in der Schweiz

4.1. Existenzsicherung auf neutralem Boden

Schon seit den Religionskriegen galt die Schweiz „als das klassische Land des Asyls"[1] und zählte auch am Anfang des zwanzigsten Jahrhunderts zu den begehrtesten Zufluchtsorten in Europa. Ausschlaggebend für die Entwicklung der Schweiz zu einem internationalen Einwanderungsstaat war deren traditionell-liberale Flüchtlingspolitik und humanitäre Grundhaltung. Entsprechend war in der Schweiz ab der zweiten Hälfte des neunzehnten Jahrhunderts ein permanent steigender Ausländeranteil festzustellen, der bis zum Kriegsausbruch circa ein Sechstel der Schweizer Bevölkerung ausmachte.[2] Bereits im Jahre 1914 lebten hier 15,4 % Ausländer, die meisten in den Städten Zürich, Basel, Genf und Lugano.[3] Aufgrund ihrer Neutralität und Aufgeschlossenheit bot die Schweiz Fremden außergewöhnliche politische und kommerzielle Freiheit. Sogar die weltanschauliche Lage des Landes war von einer großzügigen Zwanglosigkeit geprägt, so daß sich einige Schweizer Intellektuelle kurz vor dem Krieg über diese tolerante Situation beklagten und vor einer kulturellen Überfremdung des Vaterlandes warnten.

> „Das waren eben die Kehrseiten einer Zeit, die keinen Paßzwang kannte und jedem Schweizer und Ausländer dort die Arbeitsannahme unkontrolliert erlaubte, wo er sie finden wollte, und in der deutsche und französische Zeitschriften die massgebende Lektüre der gebildeten Schichten der Schweiz ausmachten."[4]

Sowohl die unkomplizierte Aufenthalts- und Arbeitsmöglichkeiten als auch die Zugehörigkeit zum deutschen wie zum französischen Kulturkreis qualifizierte dieses „freie und demokratische Land"[5] zu einem internationalen Asylort, an dem viele „Kriegsausländer"[6] problemlos Fuß

---

[1] Bonjour, Edgar: Geschichte der schweizerischen Neutralität. Bd. 2, S. 299.
[2] Die Zahl der Ausländer betrug im Jahre 1860: 114.983, im Jahre 1910: 552.011. Siehe dazu: Bickel, Wilhelm: Bevölkerungsgeschichte und Bevölkerungspolitik der Schweiz. Zürich 1947, S.167.
[3] Vgl.: Reck, Oskar: Ist die Schweiz überfremdet? Frauenfeld 1969, S. 11.
[4] Dürrenmatt, Peter: Schweizer Geschichte. Zürich 1963, S. 600-601.
[5] Masaryk, T. G.: Die Weltrevolution. Erinnerungen und Betrachtungen 1914-1918. Berlin 1925, S. 71.
[6] Vgl. Bickel, Wilhelm: Bevölkerungsgeschichte und Bevölkerungspolitik der Schweiz. S. 213.

fassen konnten. Zürich war damals „von einer Armee von internationalen Revolutionären, Reformatoren, Dichtern, Malern, Neutönern, Philosophen, Politikern und Friedensaposteln besetzt",[7] die hier „entweder studierten oder in grossstädtischen Kaffeehäusern sassen und politisierten".[8] Neben der Aufnahme von politisch und militärisch verfolgten Flüchtlingen brachte die Schweiz zum einen viele Schwerverwundete unter und errichtete zum anderen mehrere Nachrichtenbüros für Hunderttausende von Kriegsgefangenen.[9] Gleichzeitig entwickelte sich dieses Terrain zum „Hauptarbeitsgebiet" der deutschen Propaganda, auf dem sich die deutschen Gesandtschaften um die politische Unterstützung der Schweizer Bevölkerung bemühten.[10] Abgesehen davon fungierte die Schweiz zugleich als Stützpunkt unterschiedlicher Gruppierungen, die hier in politischer und künstlerischer Hinsicht nach neuen Wirkungs- und Entwicklungsmöglichkeiten suchten.

An erster Stelle ist die Gruppe der bürgerlichen Friedensbewegungen zu erwähnen, die sich auf die Kriegsschuldfrage konzentrierte. Die Anhänger dieser Richtung sammelten sich um den österreichischen Pazifisten Alfred Hermann Fried[11], der in der Schweiz ab März 1915 die *Friedenswarte* herausgab. Gemeinsam mit Prinz Alexander von Hohenlohe[12], General Graf Montgelas[13] und Leonhard Frank strebte er liberal-demokratische Ideale an, die darauf abzielten, die Politik Europas zu verbessern und der „zwischenstaatlichen Anarchie"[14] ein Ende zu setzen. Eine wei-

---

[7] Arp, Hans: Unsern täglichen Traum. Erinnerungen, Dichtungen und Betrachtungen aus den Jahren 1914-1954. Zürich 1955, S. 59.

[8] Dürrenmatt, Peter: Schweizer Geschichte. Zürich 1963, S. 614.

[9] Vgl. Gagliardi, Ernst: Geschichte der Schweiz. Bd. 2, S. 1682.

[10] Wiehler, R.: Deutsche Wirtschaftspropaganda im Weltkrieg. Berlin 1922, S. 30.

[11] Alfred Hermann Fried (1864-1921), Buchhändler und Journalist, Begründer der *Deutschen Friedensgesellschaft* (1892), Vertreter des sogenannten *Wissenschaftlichen Pazifismus* und Friedensnobelpreisträger des Jahres 1911.

[12] Alexander von Hohenlohe-Schillingsfürst (1862-1924), ab 1895 Legationsrat im Auswärtigen Amt, von 1893 bis 1903 Mitglied des Reichstages, zwischen 1899 und 1906 Bezirks-Präfekt von Ober-Elsaß in Colmar. Fiel durch die Herausgabe der Denkwürdigkeiten seines Vaters (2 Bde. 1906/1907) beim Kaiser in Ungnade und wurde von seiner Position abberufen. H.-S. lebte im Ersten Weltkrieg als pazifistischer Publizist in der Schweiz.

[13] General Maximilian Graf Montgelas (1860-1938), General und Publizist, begab sich nach der Verletzung der belgischen Neutralität in die Schweiz.

[14] Fried, Alfred Hermann: Die Grundlagen des ursächlichen Pazifismus. Zürich 1916, S. 14.

tere pazifistische Gruppe äußerte sich über die *Freie Zeitung*, die ab April 1917 zweimal wöchentlich in deutscher Sprache erschien. Hermann Rösemeier, Richard Grelling[15] und Ernst Bloch waren die entscheidenden Vertreter dieser Gruppe, deren Publizistik sich hauptsächlich auf die Demokratisierung der Regierungssysteme bezog.

Zu den politisch engagierten Gruppen gehörte der Kreis um den Schweizer Arbeiterarzt Fritz Brupbacher, der jeden Montagabend im Zürcher Restaurant *Weisses Schwänli* mit circa vierzig Arbeitern und Intellektuellen „über alles zwischen Himmel und Erde" diskutierte.[16] Für die Verbreitung der Ideen dieses linken Diskussionszirkels sorgte der vom Januar 1915 bis August 1916 herausgegebene *Revoluzzer*, in dem Brupbacher u.a. mit Hugo Ball und Emmy Hennings anarchistische und sozialistische Tendenzen propagierte. Eine weitere politische Fraktion bildeten die von Lenin geleiteten *Zimmerwalder Linken* in Bern, die darauf abzielten, den imperialistischen Krieg in einen revolutionären umzuwandeln.[17] Als inoffizielles Sprachrohr dieser Vereinigung fungierte *Das Zeit-Echo*, worin sogar das von Lenin und Grigorij Jewsejewitsch Sinowjew*[18] für die *Erste Zimmerwalder Konferenz*[19] zusammengefaßte Heft *Sozialismus und Krieg*[20] erschien.

Eine bedeutende Rolle bei der Organisierung politischer Ziele spielte auch die deutschsprachige Literatenszene, deren Mitglieder vorwiegend im Café *Odeon*, dem Refugium für Kriegsgegner, Revolutionäre oder po-

---

[15] Richard Grelling (1853-1929), Schriftsteller und Rechtsanwalt, der mit seinem in Deutschland illegal verbreiteten Werk „J'accuse" die deutsche Vorkriegs- und Kriegspropaganda eindeutig kritisierte.

[16] Brupbacher, Fritz: Zürich während Krieg und Landesstreik. Zürich 1928, S. 30. Fritz Brupbacher (1874-1945) war Arzt, Publizist und Schriftsteller.

[17] Vgl. Gautschi, Willi: Lenin als Emigrant in der Schweiz. Köln 1973.

[18] Eigentlich G. J. Radomylski (1883-1936), sowjetischer Politiker, nach dem Tod Wladimir I. Lenins einer der Gegenspieler von Jossif W. Stalin.

[19] Die auf Initiative der sozialistischen Partei Italiens zustande gekommene Zimmerwalderkonferenz, an der 38 Delegierte linkssozialistischer Gruppierungen aus zwölf europäischen Ländern teilnahmen, fand vom 5. bis 8. September 1915 im schweizerischen Zimmerwald im Kanton Bern statt. Vgl. dazu: Humbert-Droz, Jules: Der Krieg und die Internationale. Die Konferenzen von Zimmerwald und Kienthal. Wien 1964, S. 140-156.

[20] Vgl. Helfenstein, Josef: Chronologie. In: Der sanfte Trug des Berner Milieus. Künstler und Emigranten 1910-1920. Hg. v. Josef Helfenstein u. Hans Christian v. Tavel. Bern 1988, S. 43.

litisch Verfolgte, zusammenkamen.[21] Das Café *Terrasse*, der *Hottinger Lesezirkel* und das *Cabaret Voltaire* galten als weitere wichtige Treffpunkte, wo man weitgehend nach einer neuen Basis für künstlerische Auffassungen suchte. Hans Arp, ein Poet des Dadaismus, der 1915 nach Zürich übersiedelte, erinnert sich an die damalige Zeit folgendermaßen:

> „Angeekelt von den Schlächtereien des Weltkrieges 1914, gaben wir uns in Zürich den schönen Künsten hin. Während in der Ferne der Donner der Geschütze grollte, sangen, malten, klebten, dichteten wir aus Leibeskräften. Wir suchten eine elementare Kunst, die den Menschen vom Wahnsinn der Zeit heilen und eine neu Ordnung, die das Gleichgewicht zwischen Himmel und Hölle herstellen sollte."[22]

Zweifelsohne befaßten sich die Emigranten vorwiegend mit den Auswirkungen des Ersten Weltkrieges und brachten ihre Meinungen insbesondere durch das Zeitungswesen an die Öffentlichkeit. Ludwig Rubiners *Zeit-Echo* und René Schickeles *Weiße Blätter*, Henri Guilbeauxs *Demian*[23] sowie Frans Maseereels und Claude Salives *Les Tablettes*[24] bildeten die Zentren zur Verbreitung revolutionärer, pazifistischer und sozialistischer Auffassungen. In diesen Presseorganen wurde zu den Problemen der Kriegszeit Stellung genommen und dementsprechend nach gesellschaftspolitischen Lösungen gesucht. Überdies bestand die Aufgabe dieser Organe darin, einen internationalen Kontakt unter den Kriegsgegnern aufzubauen, der den Meinungsaustausch fördern und zum anderen die Handlungen der Kriegsführenden in Frage stellen sollte. So setzte man sich z.B. im *Zeit-Echo* für die „Fortsetzung und Erweiterung der menschlichen Glieder"[25] ein und appellierte in Anbetracht der schlimmen Kriegsbedingungen an die „Aufweckung der Gemeinschaft".[26]
In gleicher Weise plädierten Autoren in den *Weißen Blättern* für die Neugestaltung der bürgerlichen Gesellschaft und wollten den „Geist zur Herrschaft [...] bringen"[27] beziehungsweise die Literatur mit der Politik vereinigen. Basierend auf solcherlei revolutionären Grundtendenzen

---

[21] Vgl. Sommer-Bammel, Rose Marie: Europäische Caféhäuser. Geschichte und Geschichten. Berlin 1988, S. 85-86.
[22] Arp, Hans: Unsern täglichen Traum. S. 51.
[23] Pazifistische Zeitschrift, die in Genf von Januar 1916 bis Oktober 1918 erschien.
[24] Erschien in Genf vom Oktober 1916 bis Januar 1919 mit insgesamt 27 Nummern.
[25] Rubiner, Ludwig: *Organ*. In: *Zeit-Echo* 3 (1917), 1. u. 2. Maiheft, S. 1.
[26] Rubiner, Ludwig: *Neuer Inhalt*. In: *Zeit-Echo*, 3 (1917), 1. u. 2. Maiheft, S. 4.
[27] Schickele, René: *Zürcher Tagebuch*. In: Weiße Blätter April 1916, H. 5, S. 177.

traten auch der *Demian*[28] und *Les Tabletts*[29] für den Pazifismus ein, so daß die Schweiz zum Sammelbecken kriegskritischer Pressestimmen wurde. Ferner trugen auch die Genfer Tageszeitung *Journal de Genève*, der *Berner Bund*, die *Neue Zürcher Zeitung* und *Die Freie Zeitung* zur Kriegsgegnerschaft bei, indem sie ihre Spalten häufig für pazifistische Stellungnahmen zur Verfügung stellten.

Durch die vielfältigen Aktivitäten der Emigranten wurde der Schweizer Boden zum Ausgangspunkt politischer und künstlerischer Agitationen, so daß sich „diese Insel im Chaos"[30] unversehens zum Zentrum unterdrückter Meinungen verwandelte. Beigetragen dazu hatten Persönlichkeiten wie z.B. Wladimir Iljitsch Lenin, der hier die Revolution in Rußland vorbereitete, oder auch Tristan Tzara und seine Gesinnungsfreunde, die in Zürich den Dadaismus entwickelten. Doch den größten Effekt in der Schweizer Emigrantenszene erreichten jene deutschen Schriftsteller, die hier zwischen 1915-1918 sowohl im publizistischen als auch im literarischen Bereich wertvolle Produktionen hervorbrachten. Die Lebensumstände und Aktivitäten dieser Avantgardisten werden im folgenden Abschnitt aus praktischen Gründen in alphabetischer Reihenfolge dargestellt.

4.1.1 Hugo Ball und Emmy Hennings

Der von Theaterleidenschaft besessene Ball, welcher sich im Anschluß an ein abgebrochenes Philosophie- und Soziologiestudium ab 1910 bei Max Reinhardt in Berlin zum Dramaturgen ausbilden ließ, war zu Beginn des Ersten Weltkrieges an den Münchener Kammerspielen tätig. Doch knapp eine Woche nach der Mobilmachung wurden die Theater „polizeilich geschlossen",[31] so daß für ihn die Hoffnung auf eine lang ersehnte künstlerische Karriere plötzlich zusammenbrach. Betroffen und verwirrt von diesem Schicksalsschlag, begann Ball, nach einem Ausweg zu suchen und fand ihn zunächst in der allgemeinen Kriegsstimmung. Er meldete sich in den ersten Augusttagen „als Kriegsfreiwilliger beim 1. Schweren

---

[28] In der Zürcher Wochenzeitschrift *Die Ähre* wird *Demian* als „tapfere, von europäischem Geist beseelte Monatsschrift" gelobt. *Die Ähre* 4 (1916), H. 11 v. 10.3. 1916, S. 216.

[29] Ludwig Rubiner betrachtet die Mitarbeiter des *Les Tablettes* als Gemeinschaft der „Reinen, [...] die unter dem Opfer ihrer Scham und ihres persönlichen Friedens wirklich helfen wollen." In: *Zeit-Echo*, 3 (1917), 1. u. 2. Juliheft, S. 22.

[30] Cysarz, Herbert: Zur Geistesgeschichte des Weltkrieges. Die Dichterischen Wandlungen des Deutschen Kriegsbilds 1910-1930. Halle/Saale 1931, S. 110.

[31] Ball, Hugo: Briefe 1911-1927. Einsiedeln 1957, S. 34.

Reiterregiment".[32] Aus seiner Dienstbereitschaft wurde jedoch nichts, da man ihn schon vor Kriegsausbruch für dienstuntauglich erklärt hatte und auch diesmal das gleiche tat.[33] Trotz der Ablehnung wollte es sich Ball nicht nehmen lassen, unmittelbar am Kampfplatz zu sein, so daß er nach einem kurzen Aufenthalt bei seinen Eltern in Pirmasens an die belgische Front in Dieuze ging. Seine spätere Feststellung über diese Erfahrung lautet:

> „Vierzehn Tage bin ich an der Grenze gewesen. In Dieuze sah ich die ersten Soldatengräber. Im eben beschossenen Fort Manonvillers fand ich im Schutt einen zerfetzten Rabelais. Dann fuhr ich nach Berlin. Man möchte doch gerne verstehen, begreifen. Was jetzt losgebrochen ist, das ist die gesamte Maschinerie und der Teufel selber. Die Ideale sind nur aufgesteckte Etikettchen. Bis in die letzte Grundfeste ist alles ins Wanken geraten."[34]

Der bei Kriegsbeginn einigermaßen patriotisch gestimmte Ball, welcher ab Herbst 1914 in Berlin lebte und für die Wochenzeitschrift *Zeit im Bild* arbeitete, dachte nun völlig anders über den Krieg. Verbunden mit dem plötzlichen Tod von Tausenden Menschen, darunter auch seines engen Freundes Hans Leybold[35], fing er an, nach den Verantwortlichen für dieses Massensterben zu suchen. Als Hauptschuldige sah er die Avantgardisten des deutschen Geistes an. „Was soll und sollte der Geist? Welche Macht besass er, da ein solches Blutbad entstehen konnte? Wie war es möglich, dass der Geist nicht das Massensterben und die Not verhindert hat?"[36] Bei der Erörterung der Kriegsschuldfrage zielte er insbesondere auf Kant, Fichte und Marx, zumal sie die Metaphysik durchaus mißbraucht hatten, „um die Kaserne mundgerecht zu machen", „das ICH über alle Welt zu erheben" sowie „den Profit auszurechnen."[37] Die sowohl aus Verantwortung als auch aus Hilflosigkeit resultierende Kritik von Ball blieb zu jener Zeit unausgesprochen, das einzige, was er öffentlich auszusprechen wagte, war sein steigendes Interesse an der Politik. Bei passender Gelegenheit wollte er seine neuen Ideen ausführlich aus-

---

[32] Ebd.
[33] Vgl. Hofmann, August: Erinnerungen an Hugo Ball. Hg. v. der Stadt Pirmasens, bearbeitet v. Ernst Teubner. In: Hugo-Ball-Almanach 1997/98, Pirmasens, S. 107.
[34] Ball, Hugo: Die Flucht aus der Zeit. Luzern 1946, S. 14.
[35] Hans Leybold (1893-1914), deutscher Publizist und Lyriker, der bis zu seiner Einberufung an der *Zeit im Bild* arbeitete und im Herbst 1914 den Folgen einer Verwundung erlag.
[36] Hennings-Ball, Emmy: Hugo Balls Weg zu Gott. München 1931, S.48.
[37] Ball, Hugo: Die Flucht aus der Zeit. S. 16.

arbeiten, doch die rigiden Umstände im Kriegsdeutschland ließen dies als unwahrscheinlich erscheinen. Deshalb die Klage an August Hoffman vom 2. Februar 1915: „Es macht mir kein rechtes Vergnügen. Ich weiß nicht, ob es mich noch lange hier halten wird. Man verfault und geht in Verwesung über."[38]

Als ehemaliger Direktor der Münchener Kammerspiele könnte Ball die Absicht gehabt haben, über das Theater an die Öffentlichkeit zu gehen. Allerdings waren diese im wesentlichen stillgelegt und der restliche Teil davon diente ausschließlich der Kriegspropaganda. Deshalb griff er zur Alternative „Vortragsabende", während deren er zu Themen wie „Rußlands revolutionäre Idee" Stellung nehmen konnte.[39] Doch diese Aktion stieß nur auf sehr geringe Resonanz. Schuld daran war die strenge Überwachung von jeglicher Kulturaktivität, worauf Ball in einer Mitteilung an Käthe Brodnitz[40] vom 9. April 1915 einging: „Man darf heute in Deutschland nur sprechen nach Maassgabe der Zensur und der Bourgeoisie und einer fettstrotzenden Presse. Und deshalb kommen die fortschrittlichsten Dinge nach einiger Zeit ins öligste Fahrwasser. Einfach weil kein Publikum dafür da ist."[41]

Entgegen dem immer stärker werdenden Druck auf das Theater- und Pressewesen gab Ball keineswegs sein sukzessiv wachsendes Interesse an der Politik auf. Im Gegenteil, er wollte sich sogar viel intensiver mit den Zeitereignissen auseinandersetzen, jedoch nicht mehr in Berlin. Ein neues Ziel stand zwar nicht fest, aber die Emigration, welche Eugen Egger in seiner Hugo-Ball-Biographie als „Distanz" und „Abstand", Flucht vor der „Kriegspsychose", Hilferuf „gegen das Zerstören und Morden" nannte, sollte bald angetreten werden.[42] In einem Brief vom 15. März 1915 teilt er seiner Schwester Maria Hildebrand-Ball mit: „Ich sehne mich sehr hinaus, aus Deutschland, nach der Schweiz, nach Rußland, von dort nach Frankreich. Ich entwerfe die abenteuerlichsten Pläne, wie ich dort hinkommen kann. Aber es wird wohl erst nach dem Kriege möglich

---

[38] Ball, Hugo: Briefe 1911-1927. S. 37.
[39] Hugo Ball an Käthe Brodnitz. Bisher unveröffentlichte Briefe und Kurzmitteilungen aus den Dada-Jahren. Hg. v. Richard W. Sheppard. In: Jahrbuch der Deutschen Schillergesellschaft 16 (1972), S. 38.
[40] Käthe Brodnitz-Fröhlich (1884-1971) Schriftstellerin, Sprachlehrerin.
[41] Hugo Ball an Käthe Brodnitz. Bisher unveröffentlichte Briefe und Kurzmitteilungen aus den Dada-Jahren. Hg. v. Richard W. Sheppard. In: Jahrbuch der Deutschen Schillergesellschaft 16 (1972), S. 41.
[42] Egger, Eugen: Hugo Ball. Ein Weg aus dem Chaos. Olten 1951, S. 41.

sein."[43] Bis zum Kriegsende waren es noch über dreieinhalb Jahre, was Ball sicherlich nicht voraussehen konnte. Doch die Tatsache, daß sich das Kriegsende entgegen den Erwartungen kontinuierlich hinauszögerte, zwang Ball zu einer baldigen Entscheidung. Und bereits am 9. April 1915 entschloß er sich zur Flucht nach Zürich:

> "In Zürich scheint neuerdings viel Leben zu sein. Vor einiger Zeit erhalte ich ganz überraschend von dort eine neue Zeitschrift Mistral [...], neuerdings erhalte ich eine Aufforderung zur Mitarbeit, unterzeichnet von Dr. Walter Serner. [...] Mich zieht es auch dorthin. Leben, Bewegung, Wille muss sein. (hier ist nichts nichts nichts von alledem. Nur gegenseitige Beargwohnung, gegenseitiges Beschnüffeln.) Ich habe folgenden Plan: Am 1. Mai hier bei Zeit im Bild zu kündigen. 1. Juni von Berlin abzureisen. Zunächst nach Zürich. Von dort aus will ich weiterreisen."[44]

Womöglich begann die Reise ein wenig früher als angekündigt, so daß Ball laut Tagebucheintrag schon am 29. Mai 1915 in Zürich eintreffen konnte.[45] Begleitet wurde er von der berühmten Vortragskünstlerin Emmy Hennings, die seit Pfingsten 1915 in der Berliner Künstlerszene als Schauspielerin und Sängerin verkehrte und die er bereits in München kennengelernt hatte.[46] Zuvor war sie als Kabarettistin beschäftigt gewesen und kam mehrmals in Untersuchungshaft, u.a. wegen Diebstahl sowie Unterstützung einer Deserteurfamilie.[47] Wie bereits erwähnt, kamen Hennings und Ball ab Mitte April 1915 in Berlin zusammen und entschlossen sich kurz danach für die Emigration in die Schweiz. Bereits Ende Mai 1915 gelangten sie nach Zürich. Hier logierten sie zunächst im Hotel „Weißes Kreuz"[48] und zogen wenige Tage später in die „Seefeldstrasse 5"[49] um. Im Vergleich zu der engen Atmosphäre Berlins

---

[43] Ball, Hugo: Briefe 1911-1927. S. 41.
[44] Hugo Ball an Käthe Brodnitz. Unveröffentlichte Briefe. S. 41-42.
[45] Siehe dazu: Hugo Ball, Die Flucht aus der Zeit. S. 23. Offiziell war Ball erst ab dem 30.7.1915 in Zürich angemeldet. Angabe aus der Einwohnerkontrolle des Stadtarchivs Zürich.
[46] Ball-Hennings, Emmy: Aus dem Leben Hugo Balls. In: Hugo-Ball-Almanach. Hg. v. der Stadt Pirmasens, bearbeitet v. Ernst Teubner. Pirmasens 1995, S. 1-3.
[47] Vgl. Ball-Hennings, Emmy: Das Haus im Schatten - eine Erzählung aus dem Gefängnis. In: Hugo-Ball-Almanach. Hg. v. der Stadt Pirmasens, bearbeitet v. Ernst Teubner. Pirmasens 1994, S. 120-121 u. Mühsam, Erich: Tagebücher 1910-1924. München 1994, S. 105-106. Werner-Birkenbach, U. Sabine: Emmy Hennings. Eine Frau schreibt Gefängnisliteratur. In: Hugo-Ball-Almanach. Hg. v. der Stadt Pirmasens, bearbeitet v. Ernst Teubner. Pirmasens 1996, S. 122-124
[48] Ball, Hugo: Briefe 1911-1927. S. 45.
[49] Siehe dazu Brief v. Hugo Ball an Kurt Wolff, v. 11.6.1916. In: Kurt Wolff: Briefwechsel eines Verlegers 1911-1963. Frankfurt a. M. 1966, S. 13.

wirkte Zürich ziemlich freundlich und ruhig. Insbesondere der alltägliche Tagesablauf hatte Ball stark beeindruckt und ließ ihn hoffen, hier auf verständige Menschen zu stoßen und ein ausgeglichenes Arbeitstempo zu erreichen. Schwarz auf weiß schlugen sich diese Erwartungen folgendermaßen nieder:

> „Die Stadt ist schön. Der Limmatquai besonders gefällt mir. Ich kann diesen Quai vielmals auf und abgehen, und immer wieder wird er mir gefallen. Die Möwen sind nicht künstlich oder ausgestopft, sie fliegen wirklich, mitten in der Stadt. Die großen Zifferblätter der Turmuhren am Wasser, die Schifflände mit ihren grüngestrichenen Fenstern -: das alles ist schön und gediegen. Hier muß es noch Menschen geben, die Zeit haben, die noch nicht zwangsläufig sind; die nicht aus Papier und aus Wind gemacht, die Konjunktur mit dem Leben, und ihre Interessen mit dem Schicksal verwechseln."[50]

Tatsächlich lebten hier einige Persönlichkeiten, die mit Balls Vorstellungen wesentlich übereinstimmten. Einer von ihnen war Dr. Fritz Brupbacher, der im Restaurant *Schwänli* Diskussionsabende für Arbeiter und Intellektuelle veranstaltete, um dabei radikale und sozialistische Themen zu behandeln.[51] Eine äußerst wünschenswerte Gelegenheit für einen Menschen wie Ball, der kurz vor seiner Emigration „ganz und ausschließlich in sozialistischer Natur"[52] lebte. Letztendlich kamen ihm die Diskussionsabende besonders in gesellschaftlicher Hinsicht zugute, da er hier „einen Kreis von so lieben und interessanten Menschen kennengelernt"[53] hatte, bei denen er sich im Juliheft der *Weißen Blätter* von 1915 bedankte:

> „[...] so kultiviert man hier in der Arbeiterschaft und unter Gebildeten: ganz ohne Lärm, ganz ohne Aufsehen. Der deutsche Literat, den ein Zufall in die Versammlung verschlägt, ganz ohne Kontakt, ganz voller Abneigung kommunistischen Dingen gegenüber, ist tief erstaunt und beschämt und dankt einem Kreise von Menschen, in dem sich Gelassenheit und Erfahrung das Rüstzeug schaffen für den sozialen Kampf der Zukunft."[54]

---

[50] Ball, Hugo: Die Flucht aus der Zeit. S. 24.
[51] Vgl. Brupbacher, Fritz: Zürich während Krieg und Landesstreik. Zürich 1928, S. 30 u. Lang, Karl: Kritiker, Ketzer, Kämpfer. Das Leben des Arbeiterarztes Fritz Brupbacher. Zürich 1983, S. 227.
[52] Ball, Hugo: Briefe 1911-1927. S. 40.
[53] Hugo-Ball-Almanach. Hg. v. der Stadt Pirmasens, bearbeitet v. Ernst Teubner. Pirmasens 1977, S. 1.
[54] *Die Weißen Blätter* 2 (1915) H. 7, S. 939.

Ebenfalls dankbar wäre Ball dem österreichischen Herausgeber Walter Serner gewesen, wenn er ihm die versprochene bzw. besprochene Mitarbeit am *Mistral* ermöglicht hätte. So lautet die Nachricht an Käthe Brodnitz vom 24. Juni 1915: „Ich hoffe hier den 'Mistral' mit zu übernehmen, hatte mich auch mit Dr. Serner arrangiert. Es ist aber nicht möglich."[55] Der aus ungeklärten Gründen gescheiterte Kooperationsversuch am „Mistral" hatte das Paar in finanzielle Bedrängnis gebracht. Denn das mitgebrachte Geld ging langsam zur Neige und das Ergattern einer Verdienstmöglichkeit auf dem Zürcher Arbeitsmarkt schien aussichtslos. Die Ungewißheit über das Schicksal, dem man hier ausgeliefert war, übte einen enormen Druck auf die beiden aus. Die Folgen stellt Hennings in ihren Erinnerungen deutlich dar:

> „Beide hatten wir Fieberanfälle und schmerzhafte Schwächezustände, waren aber sehr darauf bedacht, nur nicht vor Zeugen zusammenzubrechen und in ein Krankenhaus eingeliefert zu werden, da wir nach unserer Genesung nur die Ausweisung zu befürchten hatten."[56]

Darüber hinaus mußten sie die Ermittlung der Zürcher Behörden ertragen, da Balls Tarnung, sich als John Höxter[57] auszuweisen, bereits aufgeflogen war. Hals über Kopf flohen sie am 1. August 1915[58] nach Genf, nachdem sie, um zu überleben, „eine Zeitlang in der Schoffelgasse [...] hinter geschlossenen Türen Knöpfe auf Karton" [59] genäht hatten. Die Freude über die gelungene Flucht vor einer eventuellen Verhaftung hielt zwar nicht lange an, doch war der Ortswechsel in literarischer Hinsicht sehr fruchtbringend.[60] Denn neben vielen Notizen schrieb Ball in Genf den Aufsatz *Die junge Literatur in Deutschland*, in dem er die Intelligenz dazu aufforderte, „Opposition gegen die [...] allmächtige Bourgeoisie; Opposition gegen den krassen Materialismus in Leben, Kunst, Politik, Presse; Opposition gegen die offizielle Oppositionspartei (die Sozialde-

---

[55] Hugo Ball an Käthe Brodnitz. Unveröffentlichte Briefe. S.43.
[56] Ball, H. u. Hennings, E.: Damals in Zürich. Briefe aus den Jahren 1915-1917. Zürich 1978, S. 12.
[57] Gemäß den Angaben des Stadtarchivs Zürich hatte sich Ball als „John Höxter, geb. 21.01.1884 in Hannover, Kunstmaler" angemeldet.
[58] Gemäß Zürcher Einwohnerkontrolle ist Ball am „1./4. August 1915 ohne Abmeldung fort". Stadtarchiv Zürich.
[59] Ball-Hennings, Emmy: Ruf und Echo. Mein Leben mit Hugo Ball. Frankfurt a. M. 1990, S. 64. In der Zürcher Einwohnerkontrolle ist es die „Schoffelgasse 7". Stadtarchiv Zürich.
[60] Vgl. Ball, Hugo: Briefe 1911-1927. S. 45.

mokratie)"⁶¹ zu betreiben. Womöglich hätte er hier weitere Beiträge zustande gebracht, wenn er nicht wegen der finanziellen Ausweglosigkeit Mitte August 1915 notgedrungen nochmals nach Zürich zurückgekommen wäre. Allerdings ging es ihm hier auch nicht besser. Denn schon wenige Stunden nach der Ankunft im kurz zuvor verlassenen Domizil Schoffelgasse 5 wurde Ball „wegen wiederholtem wissentlichen Gebrauches eines auf einen anderen Namen lautenden Ausweispapieres zu einer Woche Gefängnis verurteilt."⁶² Schließlich erhöhte sich der Freiheitsentzug auf zwei Wochen, worunter vor allem Hennings litt.⁶³ Denn während der Haft erhielt Ball eine gewisse Verpflegung, seine Partnerin dagegen war wegen ihrer Mittellosigkeit dem unmittelbaren Elend ausgeliefert. Ihre Worte an Rudolf Reinhold Junghanns vom 21. August 1915, „ich bitte Dich ganz dringend, wenn es Dir irgendwie möglich ist, sende mir ein paar M, wenn es auch so wenig ist. ich wäre Dir sehr dankbar, lieber Junghans, denn ich habe gar nichts zum Essen momentan",⁶⁴ zeigen, in welch dramatischer Situation sie sich zu jener Zeit befand. Ob die Bitte erhört wurde, ist nicht nachzuweisen. Tatsache ist jedoch, daß sie diese Phase der Einsamkeit und Armut überstand.

Am 30. August 1915 wurde Ball auf freien Fuß gesetzt und am gleichen Tag mietete er sich „ein neues Zimmer" in der „Kirchgasse 21 im 5. Stock."⁶⁵ Nach wenigen Tagen ging es dann von hier weiter in die „Niederdorfstrasse 13"⁶⁶ zum *Varieté Hirschen*, wo Emmy Hennings mittlerweile als Diseuse angestellt war.⁶⁷ Inzwischen kam Ball in den Besitz eines am 7. August 1915 ausgestellten Heimatscheines gültig für fünf Jah-

---

61 Erschienen in: *Der Revoluzzer, Sozialistische Zeitung* 1 (1915) Nr.10, 14.8.1915.
62 Polizeiprotokoll v. 2.7.1919 an das Kriminalkommissariat Zürich, BArch B, E - 21 Nr. 10558.
63 Ball, Hugo: Briefe 1911-1927. S. 46.
64 Emmy Ball-Hennings 1885-1948. „Ich bin so vielfach...". Texte, Bilder, Dokumente. Zürich 1999, S. 101.
65 Ball, Hugo: Briefe 1911-1927. S. 46. Diese Adresse ist in der Zürcher Fremdenkontrolle nicht angegeben.
66 Bestätigt wird dieser Aufenthaltsort sowohl in Emmy Hennings als auch in Hugo Balls Meldekarten. Stadtarchiv Zürich.
67 Vgl. Ball-Hennings, Emmy: Ruf und Echo, S. 79-80. An Hennings Auftritt im *Hirschen* erinnert sich Christian Schad folgendermaßen: „Hier trat mit zwei oder drei anderen Mädchen Emmy Hennings [...] leichtgeschürzt als Soubrette auf und sang die abgedroschenen Schlager der Belle Epoque, auf einem schäbigen Piano, das ans Bühnenpodium gerückt und im Ton einer asthmatischen Ziehharmonika ähnlich war, begleitet von ihrem Freund Hugo Ball." Schad, Christian: Relative Realitäten. Erinnerungen an Walther Serner. Augsburg 1999, S. 20.

re, so daß er sich diesmal, ohne irgend welche Risiken einzugehen, am 17. September 1915 unter dem eigenen Namen offiziell anmelden konnte.[68] Die wegen der Inhaftierung besorgten Eltern in Pirmasens versuchte Ball mit folgenden Worten zu beruhigen: „Macht Euch um mich keine Sorge. Es ist alles in bester Ordnung. Ich habe Aufenthaltsbewilligung bis 1920."[69] Auch sein Arbeitsplatz war derweil gesichert, und zwar bei der sozialistischen Zeitung *Revoluzzer*, wo bis Frühling 1916 einige poetische Veröffentlichungen von ihm und Emmy Hennings erschienen.[70] Nebenbei arbeitete er an dem Wochenblatt *Die neue Tribüne*, in dem er gestützt auf die Antikriegsliteratur von André Suarès[71] erstmals Stellung zur Kriegsschuldfrage Deutschlands nahm.[72]

Selbstverständlich legte Ball großen Wert darauf, publizistisch tätig zu sein, doch für den Lebensunterhalt verdiente er damit meistens zu wenig. Auch die Gage Hennings im Varieté *Hirschen* konnte die finanzielle Not nicht beenden. Mitten im Krieg, da die Gesellschaft eher die physischen Bedürfnisse befriedigte als die geistigen, stellten Schriftstellerei und Singen allein keine ausreichende Erwerbstätigkeit dar. Aufgrund dieser Lage war Emmy Hennings gezwungen, sich eine Zeitlang durch Gelegenheitsprostitution zu ernähren. Bestätigt wird diese Art von Lebensunterhalt in einem späteren Polizeibericht des Agenten Wahl, worin es heißt: „Nach Beobachtungen des Hausmeisters, Wirt Schneider, lebten sie aus den Einkünften der Unzucht der Hennings, welche Ball begünstigte."[73] Zum Glück mußte sie dieser aus der Not resultierenden Beschäftigung nicht lange nachgehen. Denn „wenige Tage später" bekam Ball „ein Engagement bei einer Truppe, die sich 'Flamingo' nannte."[74] Die Empfindung über den neu angetretenen Job, den Ball auch während der Aufenthalte im Hirschengraben 74 sowie in der Schützengasse 33

---

[68] Zürcher Fremdenkontrolle. Stadtarchiv Zürich.
[69] Ball, Hugo an Hildebrand, Maria, uv. Br. v. 26.10.1915, HBS P, Nr.: 1915-77.
[70] Die von Hugo Ball veröffentlichten Beiträge im *Revoluzzer* sind: *Einer Verdammten* (Gedicht), Jg. 1, Nr. 12, 16.10.1915; *Totentanz* (Gedicht), Jg. 2, Nr.1, Januar 1916; *Die Ersten* (Gedicht), Jg. 2, Nr. 4/5, Mai 1916. Emmy Hennings Beiträge: *Hinrichtung* (Gedicht), Jg. 1, Nr. 9, 19.7.1915; *Im Gefängnis* (Gedicht), Jg. 1, Nr. 12, 16.10.1915.
[71] André Suarès, eig. Félix André Yves Scantrel (1868-1948), franz. Schriftsteller..
[72] Siehe dazu: *Die neue Tribüne. Die Klage von Reims*, Nr. 7 v. 29.10.1915 u. *Das wahre Gesicht*, Nr. 5 v. 5.11.1915
[73] Polizeiprotokoll v. 2.7.1919 an das Kriminalkommissariat Zürich, BArch B, E - 21 Nr. 10558.
[74] Ball-Hennings, Emmy: Hugo Balls Weg zu Gott. München 1931, S. 56.

fleißig nachgehen sollte,[75] legt er Anfang Oktober 1915 folgendermaßen dar: „Zwei Tage sind vorüber und die Welt hat einen anderen Aspekt. Ich wohne jetzt in der Grauen Gasse und heiße Gérry. Auf dem Theater nennt man das Verwandlung, Umbau. Der seltsame Vogel, dessen Nest mich aufgenommen hat, heißt Flamingo."[76] Im Anschluß an die zunächst nur als schlichte Einnahmequelle betrachtete Tätigkeit bei den *Flamingos* folgte die Mitarbeit im *Ensemble Maxim,* mit dem er vom 1. bis zum 30. November 1915 nach Basel verreiste und dort an einem Gastspiel in der *Konzerthalle Glock* teilnahm.[77] Über die Art seines künstlerischen Engagements in Basel berichtet Ball seiner Schwester Maria am 12. November 1915:

> „Momentan trete ich auf mit Emmy Hennings in einem kleinen Varieté. Das Leben ist so reich, wenn man arm wird. Ich bin Artist, Kapellmeister, Redakteur, alles mögliche zu gleicher Zeit. Ich will durch alle Möglichkeiten hindurch. Wir haben zu arbeiten von 8-½11 abends und bekomme eine gute Gage. Ich schreibe kleine Stücke für das Ensemble (eine Apachennummer, eine Haremsnummer)."[78]

Die als Apachen- und Haremsnummer bezeichneten Stücke, *Im Reich der Delawaren* sowie *Der Sultan von Marokko oder: Im Harem,* waren zwei wichtige Bühnenwerke, durch die Ball einen nicht geringen Anklang fand. Größeren Erfolg speziell unter den deutschen Emigranten errang Ball allerdings erst mit dem am 17. Dezember 1915 veranstalteten „1. Abend deutscher Autoren" im „Zunfthaus zur Zimmerleuten"[79] am Limmatquai 40, unweit von seiner und Emmy Hennings neuer Bleibe im „Hotel Hirschen" am „Predigerplatz".[80] Jene Unterkunft, in der die ersten Verbindungen zu Leonhard Frank, René Schickele und Eduard Korrodi geknüpft wurden.[81] Währenddessen erklärten die *Flamingos* ihren Bankrott und Ball gründete mit den ehemaligen Mitarbeitern des *Maxim-*

---

[75] Adressen stammen aus der Zürcher Fremdenkontrolle. Stadtarchiv Zürich.
[76] Ball, Hugo: Die Flucht aus der Zeit. S. 40.
[77] Vgl. Auszug aus der Artistenkontrolle des Basler Polizei. In: Teubner, Ernst. Hugo Ball (1886-1986) Leben und Werk. Ausstellungskatalog der Stadt Pirmasens. Berlin 1986, S. 131.
[78] Ball, Hugo: Briefe 1911-1927. S. 48.
[79] Zürcher Post, 16.12.1915, Nr. 508.
[80] Adresse stammt aus Balls uv. Br. an Hildebrand, Maria, v. 9.12.1915, HBS P, Nr.: 1915-80.
[81] Hugo Ball an Käthe Brodnitz. Unveröffentlichte Briefe. S. 48 u. Ball, Hugo: Briefe 1911-1927. S. 50.

Ensemble das *Arabella-Ensemble*.[82] Das zunächst scheinbar gelungene Unternehmen, welches gemäß der Aktenlage nur vom 8. bis zum 10. Januar 1916 im *Volksvarieté Biergarten* in Arbon aufgetreten war, scheiterte aber bereits Mitte Januar 1916.[83] Grund zur Sorge bestand allerdings nicht, da sich Ball durch ein „seltsames und entschiedenes Leben" beim *Maxim-Ensemble* „viel Staunen und Aufmerksamkeit" verschafft hatte.[84] Schließlich wurde er von „hiesigen und ausländischen Freunden" entdeckt und trat mit den „heterogensten Menschen" in Verbindung.[85] Viele schwärmten von Ball und boten ihm allerlei Unterstützung an. „Man ist fanatisch mit uns, will uns Toiletten kaufen, eine kleine Wohnung mieten, kurz: um jeden Preis der Gesellschaft wieder gewinnen".[86] Selbst die Eröffnung eines Kabaretts hatte man ihm angeboten. Allerdings traute Ball einem theatralischen Engagement nicht viel zu, da ihm „die beständige Unsicherheit, unter Apachen zu leben und den kleinen Verdienst zu verlieren",[87] zu aufreibend vorkam. Etwas anderes wagte er aber auch nicht, so daß Käthe Brodnitz am 27. Januar 1915 folgende Mitteilung erhielt:

> „Wir sind nun bereits seit 14 Tagen von unserem Ensemble weg, haben ein eigenes Ensemble gehabt und damit am Bodensee gastiert - hier können wir das natürlich nicht - und nun eröffnen wir - am 5. Februar eine - Künstlerkneipe: im Simplizissmus Stil, aber künstlerischer und mit mehr Absicht."[88]

Entsprechend der Voraussage wurde das *Cabaret Voltaire*, die sogenannte „Wiege des Dadaismus",[89] genau am 5. Februar 1916 in Betrieb genommen. Bewerkstelligt wurde dies an erster Stelle durch Jan Ephraim, welcher der sogenannten „Gesellschaft junger Künstler und Literaten" die

---

[82] Ball-Hennings, Emmy: Das Varieté. Die Zeit vor dem Cabaret Voltaire. In: Hugo-Ball-Almanach. Hg. v. Stadt Pirmasens, bearb. v. Ernst Teubner. Pirmasens 1984, S. 130.

[83] Mann, Phillip: Einige dokumentarische Randnotizen zur Entstehungsgeschichte des „Flametti". In: Hugo-Ball Almanach. Hg. v. Stadt Pirmasens, bearb. v. Ernst Teubner. Pirmasens 1982, S. 141-142.

[84] Ball, Hugo: Briefe 1911-1927. S. 50.

[85] Hugo Ball an Käthe Brodnitz. Unveröffentlichte Briefe. S.50.

[86] Ebd., S.48.

[87] Ebd., S. 47.

[88] Ebd., S. 50.

[89] Schad, Christian: Autobiographische Aufzeichnungen. In: Schadographien. Die Kraft des Lichts. Hg. v. Nikolaus Schad u. Anna Auer. Passau 1999, S. 12.

holländische Weinstube *Meierei* in der Spiegelgasse 1 als „Künstlerkneipe" zur Verfügung gestellt hatte.[90] In finanzieller Hinsicht war Käthe Brodnitz in dieser Angelegenheit entscheidend. Sie war eine „ganz besondere Mäzenatin", der „Zürich sein neues literarische Cabaret" zu verdanken habe.[91] Der Inneneinrichtung des Kabaretts kamen die Sachspenden aus Balls Bekanntenkreis zugute. Hauptattraktion der ersten Aufführung waren französische und dänische Chansons von Emmy Hennings und Madame Leconte sowie die rumänischen Verse von Tristan Tzara.[92]

Schon am ersten Tag wie auch in den nächsten Wochen gab es volles Programm im *Cabaret Voltaire*. Zu erwähnen sind hier Lesungen aus den Werken von Kandinsky, Lasker-Schüler, Cendrars, Bruant, van Hoddis, Werfel, Morgenstern, Mühsam, Heym, Huelsenbeck und Ball sowie die Musikvorträge des Balalaika-Orchesters.[93] Analog zu den vielfältigen Attraktionen ließ auch das Publikum nichts zu wünschen übrig. Die hohe Anzahl der Besucher und deren hohe Ansprüche zwangen die Künstler des Cabarets zu einem ständigen Suchen und Produzieren. So stellte Hugo Ball knapp einen Monat nach der Eröffnung fest, daß „es ist mit den Erwartungen des Publikums ein Wettlauf" ist, „der alle Kräfte der Erfindung und der Debatte in Anspruch nimmt."[94] Da „bei den täglichen Zusammenkünften musikalische und rezitatorische Vorträge der als Gäste verkehrenden Künstler" bedingungslos ins Cabaret-Programm hinzugefügt wurden, kostete die Arbeit viel Kraft und Inspiration.[95] Selbstverständlich wollte man sich die Möglichkeit nicht entgehen lassen, frei von jeglichen Einschränkungen aufzutreten, wobei dies das Arbeitstempo unheimlich erhöhte und zur Schwächung der Organisationskraft führte. „Das Kabarett bedarf einer Erholung. Das tägliche Auftreten bei dieser Spannung erschöpft nicht nur, es zermürbt. Inmitten des Trubels befällt mich ein Zittern am ganzen Körper. Ich kann dann einfach

---

[90] Ephraim, Jan an den Polizeivorstand der Stadt Zürich, Br. v. 19.1.1916, Stadtarchiv Zürich, Polizei-Akten, Vec Nr. 30.
[91] Hugo Ball an Käthe Brodnitz. Unveröffentlichte Briefe. S. 51.
[92] Vgl. Hugo Ball: Der Künstler und die Zeitkrankheit. Ausgewählte Schriften. Hg. v. Hans Burkhard Schlichting. Frankfurt a. M. 1984, S. 37.
[93] Siehe dazu: Ball, Hugo: Die Flucht aus der Zeit. S. 71-73 u. Ball, Hugo: Briefe 1911-1927. S. 51-52.
[94] Ball, Hugo: Die Flucht aus der Zeit. S. 75.
[95] Ebd., S. 71.

nicht mehr aufnehmen, lasse alles stehen und flüchte",[96] lauteten Balls Worte vom 15. März 1916. Doch schon nach wenigen Tagen Urlaub mußte sich Ball wieder in das Domizil Predigerplatz 44[97] begeben, nachdem Hennings am 20. März 1916 die Nachricht vom Tode ihrer Mutter erhalten hatte.

Emmy Hennings, die zu jener Zeit auf dem Zenit ihrer künstlerischen Karriere stand, war davon stark erschüttert, zumal sie wegen fehlender Papiere weder zur Trauerfeier nach Flensburg fahren noch die bis dahin bei der Mutter untergebrachte Tochter aus erster Ehe zu sich holen konnte.[98] Diese Ausweglosigkeit trübte zeitweilig die Stimmung im *Cabaret Voltaire*, doch konnte man das künstlerische Niveau durch Klabund und Leonhard Frank in kürzester Zeit wiederherstellen.[99] Schließlich sollte das Kind im Sommer 1916 in die Schweiz geholt werden, nachdem man eine Zeitlang mit Emmy Hennings' Verwandten korrespondiert hatte. Infolge all dieser positiven Entwicklungen nahm die Schaffenslust im *Cabaret Voltaire* deutlich zu. Ball und Tzara zum Beispiel faßten am 18. April 1916 den Plan, eine Zeitschrift namens *Dada* zu gründen, welche tatsächlich im Juli 1917 an die Öffentlichkeit kam.[100] Davor gab Ball am 15. Mai 1916 das Heft *Cabaret Voltaire* heraus, das im wesentlichen die Beiträge aus der vorausgegangen Kabarettszeit enthielt.[101] Interessant an diesem Heft ist die erstmalige Veröffentlichung des Wortes „Dada", das zwar in den Tagebuchaufzeichnungen von Ball einige Male erwähnt oder definiert wurde, wobei aber noch nichts auf die neue Kunstrichtung „Dadaismus" hindeutete. Ob Ball heimlich auf die Gründung des Dadaismus gezielt hatte, ist nicht festzustellen. Fest steht, daß sein Engagement im *Cabaret Voltaire* allmählich zu einer unerträglichen Last geworden war, die er lange Zeit trug, dann aber erstmals am 5. Mai 1916, während der Vorführung des Krippenspiels, deutlich zum Ausdruck brachte. „Ich empfand zum erstenmal mit Beschämung den Lärm unserer Sache, das Durcheinander der Stilarten und der Gesinnung, Dinge,

---

[96] Ebd., S. 79.
[97] Die Adresse stammt aus Balls Zürcher Meldeblatt, allerdings ist bei Emmy Hennings sowohl „Predigerstrasse 42" als auch „Predigerstrasse 44" aufgeführt. Balls Brief an Käthe Brodnitz v. 21.3.1916 ist mit „Predigerplatz 42" versehen, vgl. Hugo Ball an Käthe Brodnitz. Unveröffentlichte Briefe, S. 53.
[98] Vgl. ebd.
[99] Vgl. Ball, Hugo: Briefe 1911-1927. S. 54.
[100] Ball, Hugo: Die Flucht aus der Zeit. S. 88.
[101] Vgl. Hugo Ball an Käthe Brodnitz. Unveröffentlichte Briefe. S. 55.

die ich physisch schon seit Wochen nicht mehr ertrage",[102] lauteten Balls Worte, die die nahende Trennung vom *Cabaret Voltaire* ankündigten. Entsprechend der an Käthe Brodnitz gerichteten Mitteilung vom 3. Juni 1916 hatte Ball insbesondere „das allabendliche Auftreten" satt und wünschte sich, möglichst viel „zu schreiben und neue Sachen auszuprobieren."[103] Vor allem das Experimentieren mit Lautgedichten war ihm eine große Leidenschaft, die ihn seit langer Zeit intensiv beschäftigte. Bereits am 23. Juni 1916 äußerte Ball:

> „Ich habe eine neue Gattung von Versen erfunden, 'Verse ohne Worte' oder Lautgedichte, in denen das Balancement der Vokale nur nach dem Werte der Ansatzreihe erwogen und ausgeteilt wird. Die ersten dieser Verse habe ich heute abend vorgelesen."[104]

Dieser wenig später unter „Dadaismus" subsumierte schöpferische Einfall war gleichzeitig die letzte Attraktion des Ende Juni 1916 endgültig aufgegeben *Cabaret Voltaire*. Ähnlich wie zuvor führte aber Balls Trennung vom *Cabaret* zu keinem Ende, sondern implizierte einen schon seit langem geplanten Anfang. Auch diesmal intendierte er zunächst, eine kleinere Betätigung zu unternehmen, eine Gastspielreise „in einigen Hotels am Vierwaldstätter See"[105] gemeinsam mit Emmy Hennings. Doch bevor es dazu kam, reiste Hennings in diese Gegend, um das dortige Interesse an Literatur zu messen und die Aufmerksamkeit reicher Leute auf literarische Abende zu lenken. Über ihre Bemühungen berichtet sie Ball:

> „Auf Rigi-First, glaube ich, wohnen lauter Fürsten, so elegant ist's und Rigi-Kaltbad habe ich nur von draußen angesehen, daß ist auch ein größeres Anwesen. [...] Es wohnen ja gewiß viele Leute mit vielem Geld dort, aber ich bin doch nicht sicher, ob das Haus gerade für uns gebaut ist. Mal sehn, wie es mit meiner Courage steht. [...] In Weggis sind die Leut schon scharf auf uns."[106]

Während Hennings den Weg für die künftigen Literaturabende ebnete, bereitete Ball in Zürich das dafür nötige Repertoire und die Programme

---

[102] Ball, Hugo: Die Flucht aus der Zeit. S. 91.
[103] Hugo Ball an Käthe Brodnitz. Unveröffentlichte Briefe. S. 56.
[104] Ball, Hugo: Die Flucht aus der Zeit. S. 98.
[105] Ball, Hugo: Briefe 1911-1927. S. 70.
[106] Ball, Hugo u. Hennings, Emmy: Damals in Zürich. Briefe aus den Jahren 1915-1917. S. 64-65.

vor.[107] Bis zum definitiven Antritt dieser Abende wurde das „erste dadaistische Manifest" am 14. Juli 1916 beim „öffentlichen Dada-Abend (im Zunfthaus Waag)" als „eine kaum verhüllte Absage an die Freunde" bekanntgegeben.[108] Insbesondere die Absicht, „auf die konventionelle Sprache zu verzichten" und das Wort beliebig zu gestalten, sowie einen „eigenen Rhythmus und Vokale und Konsonanten" zu erfinden, sorgte zwar in literarischen Kreisen für einen großen Wirbel, doch die Dadaisten ließen sich von keiner Kritik abhalten.[109] Ball und Hennings gingen die Sache etwas lockerer an und verließen kurz nach dem Dada-Abend Zürich, um neue Kräfte zu sammeln und den Dadaismus als literarische Kunstrichtung zu vervollkommnen.[110] Ihren neuen Aufenthaltsort und die dortige Beschäftigung sind einer Kurzmitteilung an Hans Arp vom 31. Juli 1916 zu entnehmen: „Lieber Herr Arp, wir sind in Vira-Magadino. Das ist ein kleines Fischerdorf gegenüber von Locarno, sehr glücklich entronnen zu sein. Wir beschreiben alles verfügbare Papier."[111] Möglicherweise war es das Aufsehen um „Dada und alle verwandten Themata", das sie zu einem Asyl „in einer kleinen Kirche bei der Madonna del Sasso" zwang.[112] Doch lange hielten sie es in dieser frommen Umgebung nicht aus und zogen gemäß einem Schreiben an Tristan Tzara Anfang August 1916 nach „Vira-Gambarogno"[113] um. Als Hauptgrund für den Aufenthalt „in den Bergen" gibt Ball die Hoffnung auf „mehr arbeiten" an.[114] Gemeint ist natürlich nicht nur die eigene Arbeit, sondern auch die von Emmy Hennings, welche sich inzwischen kurzfristig nach Zürich begeben hatte, um einige geschäftliche Angelegenheiten mit Leonhard Frank und René Schickele abzuwickeln. Da sie aber die zu erfüllenden Aufgaben nur durch einige Korrespondenzen zu erledigen wünschte und dabei alles völlig durcheinander brachte, empfahl ihr Ball,

---

[107] Vgl. Ball, Hugo: Briefe 1911-1927. S. 59.
[108] Ball, Hugo: Die Flucht aus der Zeit. S. 103.
[109] Ball, Hugo: Der Künstler und die Zeitkrankheit. S. 39-40.
[110] Laut Zürcher Fremdenkontrolle war Emmy am „17. Juli / 7. August 1916 ohne Abmeldung fort". Ball dagegen meldete sich erst am 21. August 1916 nach Ascona ab.
[111] Hugo Ball (1886-1986) Leben und Werk. Hrsg. v. Ernst Teubner, Pirmasens 1986, S. 149.
[112] Ball, Hugo: Briefe 1911-1927. S. 60.
[113] Ball, Hugo an Tzara, Tristan, uv. Br. v. 4.8.1916, HBS P, Nr.: 1916-95.
[114] Ball, Hugo an Hennings, Emmy, uv. Br. v. 16.8.1916, HBS P, Nr.: 1916-98.

mit der am 19. August aus Deutschland eintreffenden Tochter Annemarie alsbald nach Vira zurückzukehren:

> „Es hat doch nicht den geringsten Sinn, wenn Du keine bestimmten Aussichten hast, die deine Anwesenheit erfordern, in Zürich sitzen zu bleiben. Ich zahle hier 15 Francs. Du dort 30. Die Verpflegung ist die doppelte: Wir kommen nicht weiter im Arbeiten - denn mit Briefen kann man nichts sagen. Wir werden das Geld aufbrauchen und nichts erreicht haben. Ich verstehe Dich gar nicht. Es ist doch keine Vergnügungsreise nach Zürich. [...] Ich erwarte unbedingt, dass Du kommst, sowie das Kind zurück ist."[115]

Daß Ball auf Hennings baldige Rückkehr drang, mag neben dem finanziellen auch an einem Aufenthaltsproblem mit den Tessiner Behörden gelegen haben. Deshalb die Bitte an die Lebensgefährtin vom 19. August 1916: „Und hier schicke ich Dir meinen Aufenthaltsschein. Man soll Dir den Heimatschein zurückgeben. Oder aber — wenn man das nicht tut — ihn mir schicken. Gib meine Adresse. Der Gendarm war nämlich wieder da und ich muß es ja doch regeln."[116] Und schon nach zwei Tagen geht dieser Wunsch in Erfüllung, so daß Ball laut Zürcher Fremdenkontrolle ab dem „21. August 1916 nach Ascona" abgemeldet wurde.[117] Anscheinend war er sich der Abmeldung durchaus sicher, da er bereits am 20. August 1916 Emmy und deren Tochter zuliebe eine neue Behausung in Ascona gemietet hatte:

> „Da ist ein kleines Haus am See, Garten bis runter ans Wasser, elektr. Licht etc. Gemietet habe ich: 1 großes Zimmer 2 Betten, kleiner Schlafdiwan auch dabei, Küche mit Wasserleitung, Klosett, Bad, alles für 30 Frs. Elektr. Licht kostet extra 1 Frs. Man bekommt Milch, jemand spricht deutsch, das Haus ist sauber, gehört einem Advokaten, neu eingerichtet zum vermieten etc. ich denke Du bist einverstanden."[118]

Im Verhältnis zu den bisherigen Unterkünften wirkte dieses Zuhause ziemlich luxuriös und schien bezahlbar zu sein. Das Erbe von Emmy Hennings verstorbener Mutter sowie die Lesereisen im Tessin, die ja überwiegend in vornehmen Hotels stattgefunden und angeblich viel Gewinn eingebracht hatten, taten bei der Auswahl dieser Unterkunft ein übriges. Darüber hinaus kam ihnen wohl die ruhige Lebensart in Ascona als reizvolle Abwechslung entgegen, wobei sie gegen die Asconeser Ge-

---

[115] Ball, Hugo an Hennings, Emmy, uv. Br. v. 17.8.1916, HBS P, Nr.: 1916-99.
[116] Ball, Hugo an Hennings, Emmy, uv. Br. v. 19.8.1916, HBS P, Nr.: 1916-101.
[117] Laut Angaben des Zürcher Stadtarchivs.
[118] Ball, Hugo: Briefe 1911-1927. S. 61.

seligkeit schon einiges einzuwenden hatten. In Balls Brief an Tristan Tzara vom 15. September 1916 heißt es diesbezüglich:

> „Sie fragen mich nach Ascona. Das ist ein Ort ohne jeden Komfort, wo man momentan kaum ein Zimmer mieten kann. Es gibt eine Menge schafblöder Naturmenschen, die in Sandalen und in römischer Tunica wandeln. Es gibt keine Unterhaltung, keine Bücher, keine Zeitungen. Es gibt nur schönes Wetter."[119]

Die fehlende Betriebsamkeit in Ascona war jedoch kein Grund für die Rückkehr nach Zürich. Denn die Ruhe dieser Gegend ließ trotz aller gesellschaftlichen Nachteile viel Muße für die geistige Produktivität. So schrieb Ball hier seinen Roman über die Varietézeit *Flametti oder vom Dandysmus der Armen* und den Einakter aus der Baslerzeit *Die Nacht*, Hennings begann mit der Arbeit an ihrem Buch *Gefängnis*.[120] Unterdessen erhielt Ball die Aufforderung, an einer pazifistischen Revue zu arbeiten, die die internationale Bourgeoisie als Kriegsschuldige bezeichnen und an eine übernationale Völkerverständigung appellieren sollte. Er sagte aber ab, verlangte, „zunächst gegen die falschen Meinungen der eigenen Volksgenossen Front zu machen", und behauptete, daß „ein neues Ideal der Verständigung [...] aus einer nur intensiven, nicht extensiven geistigen Arbeit" hervorgehen könne.[121] Balls mißbilligende Haltung beschränkte sich nicht auf die Mitarbeit an einer kriegskritischen Zeitschrift, sondern galt auch dem Dadaismus. Sein Brief an Käthe Brodnitz vom 6. Oktober 1916, in dem er ihr mitteilte, „[ich] bin selbst misstrauisch geworden, gegen alles, was von D.[adaismus] kommt. [...] mache keinen Dadaismus und keine Phantastik mehr, sondern versuche mit deskriptiven Methoden mich zu kurieren,"[122] belegt seine wachsende Distanz zu *Dada* sehr deutlich.

Die Zeit der Abkapselung in Ascona war eine Erneuerungsphase, in der man sich vom Dadaismus und dessen Anhängern endgültig zu trennen gedachte. Der Grund dafür lag hauptsächlich darin, sich diesmal ohne „Cabaret und Varieté" durchsetzen zu wollen.[123] Zum Ziel dieser neuen

---

[119] Ebd., S. 63.
[120] Vgl. Hugo Ball an Käthe Brodnitz. Unveröffentlichte Briefe. S.58-59. Hugo Balls Roman *Flametti oder vom Dandysmus der Armen* sowie Emmy Hennings' *Gefängnis* erschienen 1919 in Berlin.
[121] Ball, Hugo: Die Flucht aus der Zeit. S. 115-116.
[122] Hugo Ball an Käthe Brodnitz. Unveröffentlichte Briefe. S.58.
[123] Ball, Hugo: Briefe 1911-1927. S. 67.

Phase gehörte der literarische Durchbruch, den einige Literaturfreunde unübersehbar unterstützten:

> „[...] Schickele und Frank drängen mich zu schreiben. Emmys Roman ging an Frank ab, das 'Berliner Tageblatt' nahm Skizzen daraus an, und Frank schrieb, dass der Roman ihm gefällt, dass er ihn an Fischer geschickt hat und dass er bestimmt gedruckt wird. Schrieb, dass er auch für meinen Roman 'alles, was in seiner Kraft steht', unternehmen wird."[124]

Die „unentwegte Arbeit" in Ascona konnte aber nicht zu Ende geführt werden, da man Mitte Oktober 1916 kurz vor dem geistigen und materiellen Ruin stand. Über die immer schlechter werdende Situation beklagte sich Ball im gleichen Brief:

> „Aber gerade jetzt gingen und gehen uns alle Subsistenzmittel auf, die wir für unser ärmliches Leben brauchten. Und schlimmer: Emmy wurde müde, immer müder, hüstelte, schlief tagelang vor Ermattung und die Kleine konnte nicht mehr zur Schule gehen, weil sie - wie solche lächerliche Dinge oft passieren - keine heilen Sohlen mehr an den kleinen Füssen hatte."[125]

Während sie schon wieder mit der finanziellen Not zu kämpfen hatten, geriet ihr guter Freund Leonhard Frank in eine psychische Krise. Bewegt durch dessen „ängstlichen Brief"[126] reiste Ball Ende Oktober 1916 nach Zürich und schlug Frank vor, „irgendwo"[127] gemeinsam zu wohnen. Schließlich einigte man sich auf den Umzug nach Ermatingen, doch bevor diese Entscheidung in die Tat umgesetzt wurde, versuchte Ball das Einverständnis von Emmy Hennings einzuholen:

> „Und was machen wir, Liebling? Frank will übermorgen (also Dienstag) mit mir hinüberfahren nach Ermatingen, Zimmer suchen. Er ist sehr überzeugt, dass wir etwas hübsches finden. Er meint in einem Gasthaus, wo wir Pension haben, so dass Du nicht kochen brauchst. Schule ist ganz bequem, es gibt Bekannte mit großen Bibliotheken, Schickele ist 10 Minuten entfernt, er hat alle Zeitungen und Zeitschriften, Frank selbst hat alle möglichen Bücher. Man sieht über den Bodensee nach Konstanz hinüber."[128]

---

[124] Hugo Ball an Käthe Brodnitz. Unveröffentlichte Briefe. S.61.
[125] Hugo Ball an Käthe Brodnitz. Unveröffentlichte Briefe. S.61.
[126] Ball, Hugo: Die Flucht aus der Zeit. S. 119.
[127] Ball, Hugo an Hennings, Emmy, uv. Br. v. 28.10.1916, HBS P, Nr.: 1916-110.
[128] Ball, Hugo an Hennings, Emmy, uv. Br. v. 29.10.1916, HBS P, Nr.: 1916-112.

Die Worte wirkten plausibel und überzeugend, und schon in den ersten Novembertagen begab sich Emmy Hennings gemeinsam mit ihrer Tochter nach Ermatingen. Einquartiert hatten sie sich hier in einem märchenhaften Chalet, das einerseits über „Bedienungspersonal" verfügte und andererseits „mit Korbmöbeln, langen gelben Stores, epheu- und bänderverzierten Körben" dekoriert war.[129] Der von Leonhard Frank finanzierte exzellente Standard in diesem wunderbaren Ambiente stellte im ärmlichen Leben der Balls eine große Ausnahme dar. Allerdings war dieser angenehme Aufenthalt nur von kurzer Dauer, da er im Anschluß an „vierzehn sehr schöne und interessante Tage"[130] wegen Leonhard Franks plötzlicher Einlieferung ins Kreuzlinger Sanatorium abgebrochen werden mußte.

Nach der knapp viermonatigen Reise durch Vira-Magadino, Ascona und Ermatingen kehrte das Paar gegen Ende November 1916 wegen des „Broterwerbs"[131] wieder nach Zürich zurück.[132] Ball selbst wohnte hier in der „Hornbachstr. 68/III",[133] „ganz vor der Stadt in einem einfachen Häuschen, bei einfachen Leuten wie ein Mönch", Hennings wohnte „mit dem Kind in einem kleinen Hotel in der Stadt" und arbeitete „sehr fleißig an ihrem Roman".[134] Der Beweggrund für das getrennte Wohnen lag wohl vorwiegend darin, sich ungestört auf die eigenen Arbeiten konzentrieren zu können. Das erste, was Ball in Zürich zu unternehmen gedachte, war ein „Autorenabend" in der *Galerie Corray*, der jedoch nicht zustande kam.[135] Im Dezember 1916 folgte dann eine von Hennings arrangierte „Matinee" im Winterthurer Hotel *Goldener Stern*.[136] Inzwischen begann Ball im Auftrag von Schickele mit der Bakunin-Biographie, stieß aber während der Arbeit auf einen Widerspruch.[137] Als interdisziplinär arbeitender Schriftsteller stellte er unter dem Einfluß von Fritz Brupba-

---

[129] Ball, Hugo: Briefe 1911-1927. S. 68-69.
[130] Ebd., S. 68.
[131] Ball, Hugo an Hennings, Emmy, uv. Br. v. 28.11.1916, HBS P, Nr.: 1916-112.
[132] Vgl. Ball, Hugo: Die Flucht aus der Zeit. S. 129.
[133] Ball, Hugo an Hennings, Emmy, uv. Br. v. 28.11.1916, HBS P, Nr.: 1916-112. Laut Zürcher Fremdenkontrolle meldete sich Ball am 18. Dezember 1916 anmelden, Emmys Anmeldung erfolgte dagegen erst am 24. Februar 1917. Stadtarchiv Zürich.
[134] Ball, Hugo: Briefe 1911-1927. S. 69.
[135] Ebd., S. 71.
[136] Vgl. Ball, Hugo u. Hennings, Emmy: Damals in Zürich. S. 88-89.
[137] Vgl. Ball, Hugo: Die Flucht aus der Zeit. S. 132-140.

chers 1913 erschienenem Buch *Marx und Bakunin. Ein Beitrag zur Geschichte der Internationalen Arbeiterassoziation* eine ideologische Kluft zwischen dem Sozialismus und der Kunst fest:

> „Zwischen Sozialismus und Kunst kann ich keinen Ausgleich finden. [...] Meine artistischen und meine politischen Studien, sie scheinen einander zu widersprechen, und doch bin ich nur bemüht, die Brücke zu finden. Ich leide an einer Wesensspaltung, von der ich zwar immer noch glaube, daß sie ein einziger Blitz verschmelzen kann; aber die Sozietät wie ich sie sehe und wie ich sie glauben soll, kann ich nicht annehmen und eine andere ist nicht vorhanden."[138]

Der Versöhnungsversuch zwischen der sozialistischen Revolutionsideologie und der friedfertigen Kunstform, auf den Ball parallel zu seinem Bakunin-Brevier gelegentlich einging, war nicht seine einzige Beschäftigung. Darüber hinaus arbeitete er an mehreren Übersetzungen von Artikeln aus dem Französischen und korrigierte zugleich Emmy Hennings neue Novelle *Hans von Kalleby*.[139] Um sich auf die aktuellen Arbeiten zu konzentrieren bzw. „wieder Verse [zu] schreiben und [...] trockene Katechismen [zu] lesen"[140] reiste Ball am 15. Januar 1917 „für einige Monate ins Tessin".[141] Nachdem aber Hennings Anfang Februar 1917 einen Kollaps erlitt, brach er seinen Aufenthalt in Ascona ab und kam am 23. Februar 1917 wieder nach Zürich zurück.[142]

Als „Fortführung der Kabarett-Idee vom vorigen Jahr" eröffnete Ball am 17. März 1917 gemeinsam mit Tristan Tzara die *Galerie Dada* in der Zürcher Bahnhofstraße 19. Und bereits am 22. März 1917 schrieb er in sein Tagebuch, daß nun die „Barbarismen des Kabaretts" überwunden seien. Im weiteren heißt es: „Zwischen 'Voltaire' und Galerie Dada liegt eine Spanne Zeit, in der sich jeder nach Kräften umgetan und neue Eindrücke und Erfahrungen gesammelt hat."[143] Besonders die Vielfältigkeit an künstlerischen Aktionen unterschied die *Galerie Dada* von den bisherigen

---

[138] Vgl. Ball, Hugo: Die Flucht aus der Zeit. S. 142.
[139] Der Reihenfolge nach veröffentlichte Ball in den *Weißen Blättern* folgende Übersetzungen: Im Oktober 1916: *Suarès, Über Charles Péguy*, im Januar 1917: *Don Quichote*, im April und Mai 1917: *Barbusse und Le Feu*.
[140] Ball, Hugo an Hennings, Emmy, uv. Br. v. 28.1.1916, HBS P, Nr.: 1917-122.
[141] Ball, Hugo an Tzara, Tristan, uv. Br. v. 15.1.1917, HBS P, Nr.: 1917-121. Das Wegzugsdatum in das Tessin stammt aus der Zürcher Fremdenkontrolle.
[142] Vgl. Ball, Hugo: Die Flucht aus der Zeit. S. 136. Das Zuzugsdatum nach Zürich stammt aus der Zürcher Fremdenkontrolle.
[143] Ball, Hugo: Die Flucht aus der Zeit. S. 142-143.

Kabaretts sehr deutlich. In einer späteren Mitteilung an August Hofmann faßt Ball diesen Unterschied wie folgt zusammen:

> „Die Galerie war sehr interessant, oft grotesk, oft lustig. Wir hatten vier Räume in der Hauptstrasse Zürichs, im Hause des Schokoladenfabrikant Sprüngli. Wir stellten neueste Kunst aus, Dadaisten, Kubisten, Expressionisten, Futuristen und veranstalteten sechs Kunstabende, die vom Publikum überlaufen waren und zur Folge hatten, daß man auf der Straße mit den Fingern nach uns zeigte: 'Da kommen die Dadaisten!'"[144]

Sowohl die Kunstausstellungen als auch die bunten Dada-Soirées machten die Galerie alsbald zu einem beliebten Auftrittsort für jegliche Künstlergruppe. Wie er es bereits in seinem Kandinsky-Vortrag vom 7. April 1917 formuliert hatte, worin er die Bühnenkomposition unter den Punkten „1. musikalischer Ton und seine Bewegung, 2. Körperlich-seelischer Klang und seine Bewegung, durch Menschen und Gegenstände, 3. Farbiger Ton und seine Bewegung (eine spezielle Bühnenmöglichkeit)"[145] zusammenfasste, kam es hier zu unzähligen Auftritten verschiedenster Kunstrichtungen. Abstrakte Tänze, politisches Puppentheater, Maskenfeste, Klavier- und Violinkompositionen, psychoanalytische Debatten, Prosa- und Poesie-Vorträge sowie die Sturm-, Grafik-, Broderie- und Relief-Ausstellungen machten die Hauptbestandteile der Galerie-Programme aus. Die durchaus vielfältigen Angebote bewirkten aber zugleich eine Überforderung und erschwerten die Kontrolle des ganzen Unternehmens. Der Platzmangel tat ein übriges und führte zu banalen Diskussionen zwischen Besuchern und Künstlern sowie Künstlern und Organisatoren. Über diese geradezu heikle Situation notiert sich Ball am 14. April 1917 folgendes:

> „Die Galerie war für die vielen Besucher zu klein, obgleich die Eintrittspreise hoch sind. Ein deutscher Dichter beleidigt die Gäste, indem er sie 'Kamele' nennt. Ein anderer deutscher Dichter läßt anfragen, ob man nicht wisse, daß Herwart Walden begeisteter Patriot sei. Ein dritter deutscher Dichter findet, wir müßten in der Galerie doch 'horrentes Geld' verdienen und er könne sich nicht entschließen, seine Friedens-Novellette 'Der Vater' lesen zu lassen. In summa: man ist unzufrieden, teils aus Gründen der 'Radikalität', teils aus Gründen der Eifersucht."[146]

---

[144] Ball-Hennings, Emmy: Hugo Ball. Sein Leben in Briefen und Gedichten. Berlin 1930, S. 33.
[145] Hugo Ball: Der Künstler und die Zeitkrankheit. S. 53.
[146] Ball, Hugo: Die Flucht aus der Zeit. S. 151.

Unzufrieden war auch der Hausherr der *Galerie-Dada*, David Robert Sprüngli, welcher sich vor allem über den „des öfteren bis morgens 3h bis 4h" anhaltenden Lärm beklagte.¹⁴⁷ In finanzieller Hinsicht stand die Galerie ebenfalls nicht gut da und wies am 16. Mai 1917 eine Schuldenlast von 313 Franken auf.¹⁴⁸ Unter all diesen entmutigenden Umständen fiel es dem verantwortungsbewußten Ball recht schwer, mit vollen Einsatz weiterzuarbeiten.¹⁴⁹ So nahm er Ende Mai 1917 endgültig Abschied vom Dadaismus und begab sich zusammen mit Annemarie „ganz erschöpft und kraftlos"¹⁵⁰ zum zweiten Mal ins Tessin, diesmal nach Magadino ins Hotel „Suisse".¹⁵¹ Hennings blieb stellvertretend für Ball in Zürich und kümmerte sich trotz ihrer „Stadtverweisung"¹⁵² um die Auflösung der *Galerie-Dada*.¹⁵³ Erst Ende Juni 1917 folgte Hennings ihrer Tochter und Ball.¹⁵⁴

Schon wenige Tage nach ihrer Ankunft zogen sie gemeinsam auf die Brussada-Alp im Maggiatal.¹⁵⁵ „Ein wahres Inferno von Wasser, Schlucht und Getöse", wo sie in einer einfachen Hütte „zwischen blühenden Kirschbäumen, auf einer von tausend Zikaden bewohnten Wiese" einen neuen Lebensabschnitt antraten.¹⁵⁶ Sicherlich tat ihnen der Aufenthalt inmitten dieser abgelegenen Landschaft durchaus gut, aber als unregelmäßige Gehaltsempfänger standen sie hier schon nach wenigen Tagen wieder vor einer finanziellen Notlage. Der als Feriengast von Ball und Hennings ebenfalls auf die Brussada-Alp gestiegene Friedrich Glauser meinte diesbezüglich am 12. Juli 1917, daß „Ball nicht weiß, wie er sich

---

¹⁴⁷ Brief Sprünglis an Ball und Tzara v. 30.4.1917. In: Hans Bollinger u.a.: Dada in Zürich. Zürich 1985, S. 75.
¹⁴⁸ Vgl. Ball, Hugo: Die Flucht aus der Zeit. S. 161.
¹⁴⁹ Vgl. Ball-Hennings, Emmy: Hugo Balls Weg zu Gott. München 1931, S. 66.
¹⁵⁰ Ball, Hugo: Briefe 1911-1927. S. 77. Balls Aufenthalt in Magadino wird auch von dem Stadtarchiv Lugano bestätigt.
¹⁵¹ Hinweisend für den Aufenthalt im Hotel Suisse ist Balls uv. Br. an Leon von Meyenburg v. 14. Juni 1917, HBS P, Nr.: 1917-135.
¹⁵² Aus der Zürcher Fremdenkontrolle geht hervor, daß Emmy Hennings am 14.5.1917 wegen fehlender Dokumente eine Stadtverweisung erhalten hat. Stadtarchiv Zürich.
¹⁵³ Ball, Hugo u. Hennings, Emmy: Damals in Zürich. Zürich 1978, S. 143.
¹⁵⁴ Vgl. ebd., S. 132-142.
¹⁵⁵ Vgl. Strebel, Dominique: Dadas Flucht auf die Alpe Deva. Auf Hüttensuche mit Hugo Ball, Emmy Hennings und Friedrich Glauser. In: Beat Hächler (Hg.): Das Klappern der Zoccoli: Literarische Wanderungen im Tessin. Zürich 2000, S. 155-163.
¹⁵⁶ Ball, Hugo: Die Flucht aus der Zeit. S. 169.

und seine Familie weiterhin unterhalten soll, da erwartete Geldsendungen nicht eingetroffen sind."[157] Eingetroffen waren nur die „100 Franken"[158] von René Schickele, allerdings erst nach dem 21. Juli 1917, so daß sie sich, mit den Worten von Emmy Hennings, „genötigt sahen, die Alm zu verlassen und wieder talwärts zu wandern. Weil die Reise nicht weit war, zogen wir zunächst nach Ascona, wo wir uns in der Casa Poncini am See Zimmer mieteten."[159] Die finanzielle Lage der Balls war zwar immer noch miserabel, doch dank der hilfsbereiten Bewohner von Ascona ging es ihnen hier wesentlich besser.[160] Deutlich bemerkbar ist dies in Balls Zeilen an seine Schwester vom 7. August 1917, wo er freudig feststellt: „Hier ist es so unendlich schön und ich habe Emmy und das Kind sehr lieb und habe ein wenig Glück mit meinen Arbeiten."[161] Allerdings wollte er sein einigermaßen angenehmes Wohlbefinden nicht allzulang mit den Gnadengeschenken anderer Menschen fortsetzen und fuhr aus Gründen des Lebenserwerbs Anfang September 1917 nach Bern.[162] Emmy Hennings und Annemarie blieben währenddessen in Ascona.[163]

Schon wenige Stunden nach der Ankunft in Bern, höchstwahrscheinlich war es der 7. September 1917, suchte Ball Hans Schlieben auf und besprach mit ihm die Mitarbeit an der *Freien Zeitung*.[164] Zur definitiven Anstellung bei der *Freien Zeitung* kam es knapp zwei Wochen später, so daß er noch mehrere Tage mit dem schmalen Etat auskommen mußte. Ausgegeben wurde das Geld für eine „Mansarde"[165] in der „Laupenstraße 4a"[166] sowie für den minimalen Tagesbedarf an Lebensmitteln.[167] Die Exi-

---

[157] Echte, Bernhard u. Papst, Manfred (Hg.): Friedrich Glauser. Briefe I: 1911-1935. Zürich 1988, S. 16.
[158] Schickele, René an Ball, Hugo, Br. v. 21.7.1917. In: Teubner, Ernst (Hg.): Hugo Ball (1886-1986) Leben und Werk. Pirmasens 1986, S. 180.
[159] Ball-Hennings, Emmy: Ruf und Echo. S. 114.
[160] Ball-Hennings, Emmy: Aus dem Leben Hugo Balls: 1916-1920. Anmerkungen und editorisches Nachwort von Ernst Teubner, Hugo-Ball-Almanach 1991. Pirmasens 1991, S. 90.
[161] Ball, Hugo an Hildebrand, Maria, uv. Br. v. 7.8.1917, HBS P, Nr.: 1917-141.
[162] Balls Schriftenabgabe in Bern erfolgte erst am 1.10.1917. Stadtarchiv Bern.
[163] Vgl. Ball-Hennings, Emmy: Ruf und Echo. S. 114.
[164] Ball, Hugo: Die Flucht aus der Zeit. S. 185.
[165] Ball, Hugo an Hennings, Emmy, uv. Br. v. 7.9.1917, HBS P, Nr.: 1917-018.
[166] Ball, Hugo an Brupbacher, Fritz, uv. Br. v. 10.9.1917, HBS P, Nr.: 1917-019.
[167] Bezeichnend für Balls ärmlichen Lebensstandard in Bern sind Bemerkungen wie: „Ich habe seit Samstag nur meine Milch und ein paar Birnen." oder „Ich lebe seit drei Tagen von ein paar Birnen und hatte heute morgen kein Brot mehr." In: Ball, Hugo: Briefe 1911-1927, S. 88-89.

stenzdeckung mit wenig Geld stellte für Ball keine neue Situation dar, äußerst schwer fiel ihm dagegen die Gewöhnung an das politische Klima der eidgenössischen Hauptstadt: „Nun fühle ich mich in dieser mir fremden Stadt recht verlassen. In Zürich die ästhetische, hier die politische Hälfte; ich aber fühle mich in meinen Interessen so geteilt, daß ich eigentlich auf dem Punkte stehe, den Ästheten der Politik aufzuopfern."[168]

Balls Entscheidung, sich im Bereich der Politik zu betätigen, war durchaus angebracht, zumal er im Zusammenhang mit der seit langem währenden Arbeit am Bakunin-Manuskript ohnehin an vielerlei politischen Theorien und Fragen arbeitete und insofern über neue Einsichten im literarisch-politischen Betätigungsfeld verfügte. Doch bevor er auf diesem Gebiet mitarbeiten konnte, ging es ihm um die Veröffentlichung des mittlerweile an Erich Reiß verschickten Bakunin-Manuskriptes. Allerdings scheiterte dieser Wunsch an der in Deutschland grassierenden „Zensur",[169] wodurch nicht nur die erhoffte Publicity, sondern auch ein eventueller Vorschuß ausblieb. Gegen die vorläufig fehlgeschlagene Veröffentlichung war sicherlich nichts zu machen, doch die finanzielle Notlage ließ sich noch überwinden. In einer Mitteilung an Emmy Hennings heißt es diesbezüglich:

> „Daß ich Siegfried Flesch (Biograph Mazzinis und Korrespondent für Italien) im Café sehe, ist sehr wichtig. Wäre ich ihm nicht begegnet, befände ich mich irgendwo in einer Charité, denn ich kenne außer Flesch keinen Menschen hier. Es war eine Fügung, eine gute, daß ich ihn traf."[170]

Von Siegfried Flesch als einzigem Bekannten in Bern zu sprechen mag nur für die ersten Tage gültig gewesen sein, denn am 22. September 1917 notiert sich Ball in sein Tagebuch: „Pedroso hat mir sein Zimmer nebst einer hübschen internationalen Bibliothek überlassen. Er empfiehlt mir die Schriften seines Landsmannes Unamuno, insbesondere 'Le sentiment tragique de la vie'."[171] Parallel zu dem allmählich wachsenden Freundeskreis beauftragte ihn die *Freie Zeitung* damit, eine Abhandlung über die Biographie Thomas Münzers fertigzustellen. Daß ihm währenddessen die Bibliothek des Nachbarn Pedroso zur Verfügung stand, half ihm sehr. Doch ohne die von Emmy Hennings und Fritz Brupbacher einge-

---

[168] Ball, Hugo: Die Flucht aus der Zeit. S. 185.
[169] Ball, Hugo an Hennings, Emmy, uv. Br. v. 10.9.1917, HBS P, Nr.: 1917-019.
[170] Ball, Hugo: Briefe 1911-1927. S. 89.
[171] Ball, Hugo: Die Flucht aus der Zeit. S. 190.

reichten Lektüren wäre ihm das Zusammenfassen der Abhandlung nicht so schnell gelungen.[172] Veröffentlichen ließ er seinen Beitrag allerdings erst, nachdem er sich endgültig über das Blatt und dessen Mitarbeiter vergewissert hatte:

> „Das Blatt ist sympathisch, weil es klar und frisch und forsch ins Zeug geht. Brave Kerls, denen was Rechts aus den Augen schaut. Ich brachte also meine Artikelchen und sollte heute wiederkommen. Ging auch wieder hin, hatte mir aber vorgenommen, nicht zu signieren. Will doch die Leute sehn, die die Zeitung machen. [...] Nun war ich doch schon einmal dort und kann nicht gut verschwinden. Es ist eine heikle Geschichte, denn was ich geschrieben habe, ist auch 'heikel'. Werde mir's nochmal überlegen."[173]

Schließlich kam Balls Arbeit über die *Aufgabe für einen deutschen Philologen (Zur Reformationsfeier)* am 26. September 1917 an die Öffentlichkeit.[174] Die „in lesbarem Deutsch geschriebene, vollständige und genaue Biographie Thomas Münzers" lancierte in erster Linie den Hinweis auf die radikale Lösung politischer Probleme mittels der Erläuterung von religiösen Fragen.[175] Und schon bald errang dieser politisch-biographische Vorschlag die Aufmerksamkeit vieler Intellektuellen aus dem Berner Pressewesen, so daß der kurz zuvor über Einsamkeit klagende Ball den Vorschlag Emmys, gemeinsam nach Bellinzona zu ziehen, zuversichtlich ablehnte: „Ich halte das jetzt nicht für gut, so freundlich der Vorschlag ist. Aber was sollen wir dort. Ich gewinne hier jetzt Boden, und muss mir Erfolge machen. In Bellinzona bin ich begraben. Und Ihr beide mit. Das hat jetzt keinen Sinn."[176] In Bern hingegen hatte er mittlerweile den sizilianischen Prof. Borgese, den im italienischen Ministerium tätigen Dr. Bohn sowie Wilhelm Muehlon kennengelernt und verkehrte gelegentlich mit Ernst Bloch.[177] Am engsten von diesen vier Persönlichkeiten war er

---

[172] Bezeichnend für den vorläufigen Mangel an Informationsquellen ist Balls uv. Br. an Hennings, Emmy vom 15.9.1917, worin es heißt: „Bitte schick mir die beiden anderen (grünen) Hefte noch: 'Archiv für Geschichte des Sozialismus'. Die brauche ich auch sehr notwendig." Exemplarisch für die Versorgung mit Lesestoff sind die Zeilen aus dem uv. Br. an Brupbacher, Fritz v. 12.9.1917: „Sehr verehrter Herr Dr. Brupbacher, nach langer Katakombenarbeit tauche ich aus dem Bücherwust hervor, um Ihnen unendlich zu danken für das reiche Material, das Sie mit zur Verfügung stellten, insbesondere für den Nettlau."
[173] Ball, Hugo: Briefe 1911-1927. S. 90-91.
[174] *Freie Zeitung*, Jg. 1, 26.9.1917, Nr. 48.
[175] Vgl. ebd.
[176] Ball, Hugo an Hennings, Emmy, uv. Br. vor dem 15.11.1917, HBS P, Nr.: 1917-033.
[177] Vgl. Ball, Hugo: Briefe 1911-1927. S. 93-94.

mit dem damals politisch gleichgesinnten Bloch befreundet, der ihm schon seit Oktober 1917 einen gemeinsamen Umzug nach Interlaken nahelegte.[178] Doch bevor dieser Plan in die Realität umgesetzt werden konnte, mußte die Einwilligung der zwischenzeitlich in „Brissago"[179] wohnenden Emmy Hennings eingeholt werden, was Ball im folgenden Ton zu erreichen hoffte:

> „Heute ist Bloch wieder mal hier und wir saßen den ganzen Nachmittag im Café. Er erzählte mir, daß es in Interlaken (am Thunersee) ganz billige Wohnungen gibt und er will für den 1. Juni mieten und auch für uns sehen, ob er etwas findet. Das wäre gewiß sehr schön. Interlaken ist ja berühmt wegen seiner schönen Lage und jetzt ist dort alles verlassen, weil es keine Kurgäste gibt. Würde Dir das gefallen?"[180]

Die laut offizieller Angabe bereits am „17. Oktober 1917 von Ascona nach Zürich"[181] umgezogene Hennings, welche inzwischen eine recht gut bezahlte Stelle als Sängerin gefunden hatte, lehnte den Vorschlag ohne Zögern ab.[182] Anlaß für diese Entscheidung war neben der neuen Einstellung die kurz zuvor eingegangene Liebesbeziehung zu dem spanischen Journalisten Alvarez del Vayo.[183] Doch Ball ließ nicht nach und machte ihr einen erneuten Umzugsvorschlag: „Wenn es nicht geht dorten, dann mußt Du mit dem Kind hierherkommen. Ich denke mir dann so: Wenn ich samstags und sonntags mitspiele, dann sind das schon fast dreißig Franken. Außerdem kannst Du hier Arbeit bekommen."[184] Die abgebrochene Beziehung zwingt Emmy jedoch zur Distanz. Sie behauptet in einem Schreiben vom Frühling 1918: „Es ist ganz gut, daß ich eine Zeitlang allein lebe, denn ich sammle mich für Neues." Und im weiteren heißt es dann: „Denn ich weiß ja, daß Du viel zu tun hast und das

---

[178] Siehe bezüglich der politischen Einigkeit zwischen Hugo Ball und Ernst Bloch: Trautje, Franz: Revolutionäre Philosophie in Aktion. Ernst Blochs politischer Weg, genauer besehen. Hamburg 1985, S. 56.
[179] Ball, Hugo an Hennings, Emmy, uv. Br. 1917, HBS P, Nr.: 1917-035.
[180] Ball, Hugo: Briefe 1911-1927. S. 93.
[181] Gemäß der Angabe des Zürcher Stadtarchivs ist Emmy Hennings am 17.Oktober 1917 von Ascona nach Zürich gezogen.
[182] Vgl. Ball, Hugo u. Hennings, Emmy: Damals in Zürich. S. 155.
[183] Vgl. Reetz, Bärbel: Emmy Ball-Hennings. Leben im Vielleicht. Eine Biographie. Frankfurt a. M. 2001, S. 184-185. Julio Alvarez del Vayo (1891-1975) spanischer Politiker und Diplomat.
[184] Ball, Hugo: Briefe 1911-1927. S. 93.

Schreiben braucht Zeit."[185] Das bevorzugte getrennte Leben als Rücksicht auf die schriftstellerische Karriere des hintergangenen Lebensgefährten war, wenn man bedenkt, wie tief Ball zu jenem Zeitpunkt in Arbeiten steckte, nicht falsch.[186] Denn zum einen gab Ball an: „Bevor nicht das 'Bakunin-Brevier' erschienen ist, hat es keinen Sinn etwas neues zu machen" und zum anderen: „[...] ich muß am fünfzehnten einen Teil (die erste Hälfte) der 'Intelligenz' abliefern, schon wegen der Moneten."[187] Die Entscheidung zwischen zwei Arbeiten fiel ihm schwer. Es ähnelte einem Drama zwischen Leidenschaft und Pflicht, in dem Ball sowohl den Helden als auch das Opfer spielen mußte. Sein Interesse für die Bakunin-Arbeit, woran er schon seit November 1914 hing, und das Pressewesen, worin er seit kurzem seine Zukunft sah, waren zwei wichtige Beweggründe, die ihn zum Schreiben sowohl motivierten als auch provozierten. Die Zeilen an Emmy Hennings vom November 1917, kurz vor dem Umzug in die Victoriastr. 91,[188] lauten insofern: „Heute ist herrliches Wetter und ich bin doppelt glücklich, daß mein Buch so gut vorwärts geht. Ich schreibe täglich etwa zehn Seiten und es wird 'unglaublich' gut. [...] Es ist mir eine einzige Wollust."[189] Doch durch die Verpflichtungen für die *Freie Zeitung* entschied er sich wenig später anders und konzentrierte sich bis auf weiteres auf publizistische Aufträge. Die mittlerweile in „Casa Baggi"[190] weilende Emmy Hennings erfuhr von dieser Umstellung als erste: „Wenn die Kritik der Intelligenz fertig ist, möchte ich in Ascona den Bakunin beenden."[191] Das Projekt in naher Zukunft wieder in Gang zu setzen gelang ihm allerdings nicht, da Erich Reiß im März 1918 von der Verlegerschaft zurücktrat.[192] Mit einer derartigen Entschei-

---

[185] Emmy Ball-Hennings: Briefe an Hugo Ball. In: Hugo-Ball Almanach. Hg. v. Stadt Pirmasens, bearb. v. Ernst Teubner. Pirmasens 1984, S. 136-137.

[186] Bestätigen läßt sich diese Tatsache anhand der folgenden Zeilen aus dem uv. Br. v. ca. November 1917 von Ball an Hennings: „Ich engagiere mich zu sehr mit allerhand Arbeiten etc., wenn ich Bekannte treffe. Ich werde in Zürich Bovet sprechen und Frank. [...] Bei Fried werde ich auch nächstens sein und sehen, dass er etwas in der 'Friedenswarte' bringt." HBS P, Nr.: 1917-031.

[187] Ball, Hugo: Briefe 1911-1927. S. 96-97.

[188] Gemäß der Berner Einwohnerregister erfolgte Balls Umzug zu dieser Adresse am 1.12.1917. Stadtarchiv Bern.

[189] Ball, Hugo: Briefe 1911-1927. S. 98.

[190] Ball, Hugo an Hennings, Emmy, uv. Br. Anfang Januar 1918, HBS P, Nr.: 1918-026.

[191] Ball, Hugo: Briefe 1911-1927. S. 104.

[192] Vgl. ebd. S. 108.

dung hatte Ball sicherlich nicht gerechnet, fest steht jedoch, daß er sich vom *Reiß Verlag* nicht zuviel versprach.[193] Trotz allem empfand er Erich Reiß' hohle Empfehlung, das Buch „besser [...] in der Schweiz" veröffentlichen zu lassen, als einen impertinenten Vorschlag und war wegen der Hinhaltung, „10 Monate ungefähr um nichts und wieder nichts" erheblich demoralisiert:

> „Auch die Arbeit, mit der ich nun seit Monaten beschäftigt bin, geht nicht recht vorwärts. Ich bin müde und habe keine rechte Lust mehr. Ach wie ist das entsetzlich, mein Liebling. Ich habe den besten Willen zu arbeiten, aber die Fruchtlosigkeit dieser monatelangen Verhandlungen mit Reiß machte mich noch mehr müde als vordem."[194]

So verstimmt sich Ball auch anhörte, es blieb ihm nicht viel Zeit für die Überwindung der Übellaunigkeit. Denn die *Freie Zeitung* drängte wieder wegen des Artikels *Zur Kritik der deutschen Intelligenz*, der zum Zweck einer Teilveröffentlichung termingerecht abzuliefern war. Ball sah sich gezwungen, rasch an die Arbeit zu gehen:

> „Ich stecke bis an die Nase in Büchern. Zu vermelden hab ich: das erste Kapitel, 60 Seiten des Buches sind fertig und rein geschrieben. Vier solcher Kapitel werden es sein. Jetzt gehe ich an Nummer 2. Das soll fertig sein bis 8. April. Oh Gott, diese Parforcejagd!"[195]

Dem Stand der Dinge nach schien eine baldige Vollendung der Arbeit kaum in Sicht. Die vielversprechende Voraussage, „am 15. April muss ich aber 2/3 vom Buch fertig haben",[196] war zwar ein eindeutiger Hinweis für das erhöhte Arbeitstempo, doch letztendlich blieb alles beim alten, so daß die *Freie Zeitung* am 24. April 1918 zunächst einmal nur den Beitrag *Preußen und Kant* herausbringen konnte.[197] Behandelt hatte Ball darin die provozierende Wirkung der Kantschen Kriegsphilosophie sowie das In-

---

[193] „Zu Reiss rate ich Dir nicht mehr. Er soll auch mit seinen andern Autoren nicht besser stehen. Die Zensur ist jetzt wieder strenger geworden und die Gemüter in Deutschland sind ängstlich. Es wäre sehr gut, wenn Rascher das Buch bringt. Wir müssen uns daran gewöhnen, dass wir in der Schweiz sind und mit denen zusammenarbeiten, die in unserer Nähe sind." Ball an Hennings Anfang Januar 1918, HBS P, Nr.: 1918-026.

[194] Ball, Hugo: Briefe 1911-1927. S. 108.

[195] Ball, Hugo an Hennings, Emmy, uv. Br. v. März 1918, HBS P, Nr.: 1918-027.

[196] Ball, Hugo an Hennings, Emmy, uv. Br. v. Anfang April 1918, HBS P, Nr.: 1918-031.

[197] *Freie Zeitung*, Jg. 2, 24.4.1918, Nr. 33.

teresse weiterer deutscher Philosophen an der Gründung einer menschenfeindlichen Staatsregierung:

> „Kant, Fichte, Humboldt, Schelling, Hegel wollten nach macchiavellistischem Rezept den Staat auf die vorausgesetzte Bösartigkeit und Nichtigkeit der Untertanen errichtet wissen. Es ist im Absolutismus begründet, daß man den Untertanen en canaille behandelt, seine Moral bricht und ihn als willenloses Werkzeug nimmt."[198]

Daß man die unteren Gesellschaftsschichten wegen philosophischer Begründungen aufopferte und sich dadurch eine heile Welt zu schaffen hoffte, betrachtete Ball als einen unerklärlichen Widerspruch. Widersprüchlich fand er auch jene Reaktionen wie die in Rußland, zumal sie innerlich gegen die Ausbeutung bestimmter Bevölkerungsgruppen gerichtet waren, aber äußerlich zur Gewalt und somit zur Selbstvernichtung beitrugen.[199] Insofern appellierte er mit den Worten von Hermann Bahr an

> „[...] eine heilige, christliche Revolution und die Unio mystica der befreiten Welt, an eine neue Verbindung Deutschlands mit der alten Spiritualität Europas, an eine Rebellion, aber nicht eine Rebellion gegen die natürlichen Grundlagen der Gesellschaft und des Gewissens, sondern eine Rebellion für diese Grundlagen, aus universalem Gewissen, an eine soziale Civitas dei, an eine Wiedervereinigung der in Bereitschaft stehenden orientalischen Kirche mit der okzidentalen."[200]

Für Ball gab es keine individuellen Kriegsschuldigen. Schuldig waren die politischen Instanzen, die den einzelnen Menschen ins Gefecht gezogen und ausgemerzt hatten. Die Beendigung des Krieges lag aber nun in den Händen der als Untertanen betrachteten Kriegsteilnehmer. Doch um diesen Gegenschlag auszulösen, mußte den schon seit langem kämpfenden Völkern bewiesen werden, daß sie nicht die Hauptschuld am Krieg trugen. Die Einstellung Emmy Hennings' sowie vieler anderer, Deutschland habe mit dem Krieg begonnen und müsse als erster die Bereitschaft für den Frieden zeigen, wies Ball in einem Brief demzufolge zurück:

> „Wir sind nicht allesamt Mörder, Emmy. Zunächst sind es diejenigen, die uns gezwungen haben, es zu sein und uns mitschuldig machten. [...] Der

---

[198] Ball, Hugo: Die Flucht aus der Zeit. S. 216-217.
[199] Vgl. Ball, Hugo: Briefe 1911-1927. S. 113.
[200] Ball-Hennings, Emmy: Hugo Balls Weg zu Gott. S. 128.

Mensch ist gut! Aber: Man hat ihn verdorben. Und wer? Alle, die es direkt taten und alle, die nichts dagegen taten."[201]

Ungeachtet des indirekten Vorwurfs gegen die politischen Führungsmächte gab Ball zu erkennen, daß eine Vielzahl von Menschen, darunter auch er selbst, dem Krieg ohne jeglichen Widerstand zugesehen hatten. Und um diesen Fehler wiedergutzumachen, setzte er nun auf die „geheimen Kräfte der Nation", die seines Erachtens nach imstande waren, eine internationale „Civitas dei" zu erwirken.[202] Ball glaubte, diesem Ziel durch die Vollendung seines Werkes *Zur Kritik der deutschen Intelligenz* zu dienen, wobei er zugleich an einem Publikationsmodell für pazifistische Werke aus unterschiedlichen Ländern arbeitete: „Gestern war ich mit Dr. Bloch bei Muehlon. Muehlon übernimmt die Garantie bei Orell Füssli, dass wir alle 2 Monate einen Sammelband von 150 Seiten herausbringen können."[203] Gemeint war der im August 1918 gegründete *Freie Verlag*, in dem Ball am 17. Januar 1919 seine Arbeit *Zur Kritik der deutschen Intelligenz* veröffentlichen sollte. Doch zuvor ging es ihm um den *Almanach der Freien Zeitung*, den er schließlich Ende Oktober 1918 herausbrachte. In der Einleitung des Almanachs schilderte Ball den Entstehungsgrund einer derartigen Sammlung:

> „Der Almanach der 'Freien Zeitung' ist entstanden aus sehr praktischen Erwägungen. Die Deutschen im Auslande beginnen sich zu regen. Die Nachfragen nach älteren Einzelnummern der Zeitung, nach Abzügen von Aufrufen und Manifesten mehren sich. [...] So hat die Redaktion sich entschlossen, die prinzipiell wichtigsten Beiträge und Äußerungen zunächst, soweit sie den Umkreis der deutsch-demokratischen Interessen bezeichnen, zu sammeln und den ideellen Gesichtspunkten des deutschen Herausgebers dieses Almanachs insofern entgegenzukommen, als sie ihm die Auswahl und Anordnung des Materials durchaus freie Hand ließ."[204]

Daß die Einzelnummern der *Freien Zeitung* über die Schweizer Grenzen hinausgingen, empfand Ball als einen äußerst wichtigen Beitrag zur Verbreitung der demokratischen Ideen in Deutschland. Fortsetzen wollte er diese politische Leistung durch die „Konstituierung eines Deutschen

---

[201] Ball, Hugo: Briefe 1911-1927. S. 117-118.
[202] Ball, Hugo: Die Flucht aus der Zeit. S. 218.
[203] Ball, Hugo an Hennings, Emmy, uv. Br. v. Mitte Mai 1918, HBS P, Nr.: 1918-019.
[204] Almanach der Freien Zeitung 1917-1918, Hg. und eingeleitet v. Hugo Ball. Bern 1918, S. 7. Neben drei veröffentlichten Beiträgen von Ball, standen darin u.a. Artikel von Claire Goll, Hermann Rösemeier, Richard Grelling, Ernst Bloch, Friedrich Wilhelm Foerster, George D. Herron und Hans Schlieben.

republikanischen Komitees"[205] und er beabsichtigte diesbezüglich die sukzessive Trennung von der *Freien Zeitung*. Da die nötige Unterstützung nicht zustande kam, blieb es laut Mitteilung an Dr. Muehlon vom 21. November 1918 bei der bisherigen Methode:

> „Wir sind uns heute klar geworden, daß 'Die Freie Zeitung' zunächst noch bestehen muß. Ihre Aufgabe ist, die Herren in Deutschland auf die nationale Arbeit zu verweisen und sie von ihren internationalen leeren Hoffnungen abzubringen. [...] Wir haben begonnen, Literatur hinüber zu schicken, und jetzt ist die erste Annonce des 'Freien Verlags' im Vorwärts erschienen. Man depeschiert und schreibt uns. Die Aktion hat die Vertretung der 'Freien Zeitung' und des 'Freien Verlags' übernommen."[206]

Daß sich der Zugang zum deutschen Pressemarkt wegen des Kriegsendes erheblich erleichtert hatte, tat wohl bei Balls Entscheidung ein übriges. Als durchaus ungünstig erschien dagegen die Regelung für jene Emigranten, denen man aufgrund der Mitarbeit an irgendeiner kriegskritischen Zeitung keinen Zutritt nach Deutschland gewährte. Betroffen von dieser Bestimmung war u.a. Hugo Ball, der wegen seines Artikels *Walther Rathenau* bei der Kaiserlichen Deutschen Gesandtschaft in Bern in schlechtem Ruf stand.[207] In einer Resolution vom 21. November 1918 wehrte sich Hugo Ball gemeinsam mit Ernst Bloch, Karl Ludwig Krause und Hans Schlieben gegen diese Einreisebestimmung und bat den Volksbeauftragten des Auswärtigen Amtes in Berlin, Hugo Haase, „durch sofortige Abberufung des jetzigen imperialistischen Gesandtschaftspersonals diesem beunruhigenden Zustand ein Ende zu berei-

---

[205] Korrespondenz mit Johann Wilhelm Muehlon. In: Hugo-Ball Almanach. Hg. v. Stadt Pirmasens, bearb. v. Ernst Teubner. Pirmasens 1980, S. 67.

[206] Hugo-Ball-Almanach. Hg. v. Stadt Pirmasens, bearb. v. Ernst Teubner. Pirmasens 1980, S. 69-70.

[207] Im Schreiben der deutschen Gesandtschaft an das Schweizerische Politische Department v. 26.1.1918 steht: „Unter Überreichung der Nummer 4 der 'Freien Zeitung' vom 12. d.M. beehrt sich die Kaiserliche Deutsche Gesandtschaft, das Schweizerische Politische Departement auf den Leitartikel von Hugo Ball 'Walter Rathenau' aufmerksam zu machen und mit Rücksicht auf seine durchaus gefällige weitere Veranlassung anheimzustellen. Daß die Bezeichnung der Germania, die dem deutschen Volke das Symbol seines nationalen Lebens verkörpert, als einer 'drallen Kokotte mit Reformationsbusen' weit über den Rahmen einer bloßen Geschmacklosigkeit hinausgeht und ebenso wie die Wendung vom 'letzten Rest der Moralität, der den Deutschen geblieben ist' - geeignet ist, das deutsche Volk 'in der öffentlichen Meinung herabzuwürdigen und der Verachtung preiszugeben', bedarf nach Ansicht der Kaiserlichen Deutschen Gesandtschaft keiner weiteren Begründung." BArch B, E 2001 (B) Bd. 58.

ten."[208] Anscheinend stieß die Bitte auf Zustimmung, doch eine Reise nach Deutschland fand nicht statt, da sich Ball um die im Januar 1919 wegen einer schweren Lungenentzündung ins „Sanatorium Lindenhof"[209] eingelieferte Emmy Hennings kümmern mußte.
Die laut Zürcher Fremdenkontrolle am „15. Januar 1918 nach Bern"[210] verzogene, allerdings bis in den Sommer 1918 im Tessin verweilende Hennings, welche seit September 1917 nur brieflichen Kontakt zu ihrem Lebensgefährten pflegte und ihre Tochter Annemarie ab „Januar 1918"[211] bei „Frau Corray"[212] in Zürich untergebracht hatte, war in Bern erst ab dem 13. August 1918 angemeldet, und zwar in der Marzilistr. 23.[213] Ball wohnte zu jener Zeit in der Neubrückstr. 7a, von wo er am 17. Februar 1919 in die Schanzeneckstr. 19 und am 23. April 1919 in die Marzilistr. 30 umzog.[214] So fand das bedingt durch Balls Anstellung bei der *Freien Zeitung* schon seit mehreren Monaten getrennt lebende Paar ab Februar 1919 wieder zusammen und konnte laut Tagebucheintrag regelmäßig beieinander sein.[215]
In den folgenden Monaten kam es aber wieder zu einer Trennungsphase, weil Ball im Auftrag der *Freien Zeitung* nach München, Frankfurt, Mannheim und Berlin reisen und über die ersten Impressionen aus dem Nachkriegsdeutschland berichten mußte.[216] Dabei stellte er fest, „daß die politische Aktion in der Schweiz keinen Sinn mehr"[217] habe, und wendete sich infolgedessen der deutschen Philosophie zu. Sein Hauptinter-

---

[208] Resolution Balls, Blochs, Krauses und Schliebens an Muehlon, Hans v. 21.11.1918. In: Korol, Martin: Deutsches Präexil in der Schweiz 1916-1918. Hugo Balls Dadaismus und Ernst Blochs Opposition von außen gegen die deutsche Politik in der Schweiz während des Ersten Weltkrieges. Bremen - Tartu 1999, S. 505.

[209] Vgl. Ball, Hugo: Briefe 1911-1927. S. 121.

[210] Angaben aus der Zürcher Einwohnerkontrolle.

[211] Vgl. Hugo Balls unveröffentlichten Brief an Emmy Hennings v. 17.1.1918, worin es heißt: „Annemarie wird schon noch bleiben können. Lass mich das nur machen. Wenn Du gerne allein sein willst." HBS P, Nr.: 1918-003

[212] Ball, Hugo an Hennings, Emmy, uv. Br. v. März 1918. HBS P, Nr.: 1918-027.

[213] Stadtarchiv Bern.

[214] Adressen sowie Zuzugs- und Umzugsdaten stammen aus dem Berner Einwohnerregister. In der Personenliste des eidgenössischen Untersuchungsrichters Dr. Bickel bezüglich der revolutionären Umtriebe wird als Treffpunkt von Ball und Emmy „Marzilistrasse 13, Bern" angegeben. BArch B, E 21 Nr.10530.

[215] Vgl. Ball, Hugo: Die Flucht aus der Zeit. S. 225 u. 228.

[216] Vgl. Ball, Hugo: Briefe 1911-1927. S. 123-125.

[217] Ball, Hugo: Die Flucht aus der Zeit. S. 230.

esse galt den Ursachen des Ästhetizismus bei Schiller und Herder sowie den maurerischen Ideen und der Abhängigkeit Lessings, Herders und Goethes von Spinoza.[218] Die Einsicht, das sein politisches Engagement fruchtlos geblieben war, führte zu einer Umkehr und bewegte ihn schließlich vom Juli bis Anfang August zu einem kurzfristigen Rückzug nach „Melide (Lugano)".[219] Anscheinend schwand hier sein Interesse an der Tagespolitik weiter, so daß er bis zur Schließung der *Freien Zeitung* am 27. März 1920 in insgesamt sechs Monaten nur noch vier Artikel verfaßte.[220] Für einen leidenschaftlichen Zeitungsmann wie Ball, der in der *Freien Zeitung* bis zum 17. März 1920 insgesamt 33 Mal an die Öffentlichkeit ging,[221] wirkte dieses Schweigen sicherlich sehr merkwürdig, war aber keineswegs grundlos. Denn schon wenige Tage nach der Ankunft in Deutschland, im April 1920, zog er sich aus der Politik völlig zurück und bekannte sich zum Katholizismus, der ihn bis zu seinem Tod am 14. September 1927 ausgiebig beschäftigen sollte.[222]

4.1.2. Ernst Bloch

Bis zu seinem Wegzug in die Schweiz hatte der Ludwigshafener Beamtensohn Ernst Bloch mehrmals den Wohnsitz gewechselt. Dem 1905 zu Studienzwecken angetretene Aufenthalt in München folgte 1907 der Wechsel nach Würzburg, wo er über den Neukantianer Heinrich Rickert promovierte. Von 1908 bis 1911 hielt er sich für philosophische Studien in Berlin auf und machte hier Bekanntschaft mit bedeutenden Philoso-

---

[218] Vgl. ebd. S. 235.

[219] Richtungweisend für das ungefähre Reiseantrittsdatum nach Melide/Lugano ist Balls uv. Karte an Emmy Hennings v. 9.7.1919, worin es heißt: „Mein lieb Emmylein, diese Karte soll ein kleiner Vorgeschmack sein." HBS P, Nr.: 1919-012. Bezüglich der Rückkehr aus Lugano vgl. Ball, Hugo an Brupbacher, Fritz uv. Br. v. 1.8.1919, Original im Internationalen Institut für Sozialgeschichte, Amsterdam, Zitiert nach HBS P, Nr.: 1919-013: „[...] ich bin hier unten im Tessin, komme aber diesen Mittwoch wieder nach Bern." Der 1. August war ein Freitag. Der folgende Mittwoch war der 6. August.

[220] Clemenceaus Rede vor dem Senat v. 1.11.1919, Die Marxistische Intrige v. 3.12.1919, Ein Wendepunkt deutscher Geschichte v. 20.2.1920, Das wahre Gesicht v. 17.3.19120.

[221] Vgl. Monje, Dagmar: Chronologisches Register und Register nach Verfassern für *Die Freie Zeitung*.

[222] „Nun suche ich zurück zur Kirche, und ein Leben voller Verfehlungen liegt dazwischen." Ball, Hugo: Die Flucht aus der Zeit. S. 263.

phen wie Georg Simmel[223] und Georg Lukács[224]. Im Anschluß an die Zeit in Berlin verbrachte er die ersten zwei Kriegsjahre abwechselnd in Heidelberg und Garmisch. Erst im Frühling 1917, nach der Befreiung vom Kriegsdienst „wegen hochgradiger Kurzsichtigkeit"[225] begab er sich im Auftrag des *Heidelberger Archivs für Sozialwissenschaften* in die Eidgenossenschaft, um dort „eine Enquête über die pazifistischen Ideologien in der Schweiz [zu] machen."[226] Die wissenschaftlich klingende Tarnung für Blochs Flucht aus dem kriegführenden Deutschland war zugleich als „wirtschaftliche Lebensgrundlage in der Schweiz"[227] gedacht. Arrangiert wurde die ganze Angelegenheit von Georg Lukács, nachdem dieser im Februar 1917 Blochs folgende Bitte erhalten hatte:

> „[...] ich brauche, wie mir auf dem Paßbüro gesagt wurde, außer meinem Ausmusterungsschein nur noch den Nachweis einer Tätigkeit in der Schweiz, sowohl überhaupt wie aus Hilfsdienstgründen. [...] Würdest Du die Güte haben, [...] bei Herrn Redaktionssekretär Dr. Lederer anzufragen, ob er eventuell dem Verfasser des demnächst erscheinenden Werkes: 'Geist der Utopie' einen Auftrag zuerteilen könnte, als Korrespondent sowie zu Studienzwecken für das Archiv in der Schweiz zu wirken."[228]

Anscheinend wurde die Anfrage sofort in die Wege geleitet, da Bloch bereits ab dem „10. März 1917" über eine einjährige Reiseerlaubnis verfügte.[229] Bald gingen seine letzten Tage in Deutschland mit „Reisevorbereitung, Paß, M[anu]skriptzensur" zu Ende, so daß er in einem Schreiben vom 13. März 1917 seine am „Samstag" (den 17. März 1917) anzutretende Reise nach „Locarno" ankündigte.[230] Ihn begleitete seine Ehefrau Else

---

[223] Georg Simmel (1858-1918), gehört zu den Begründern der formalen Soziologie, Mitbegründer der Deutschen Gesellschaft für Soziologie (DGS; 1909).

[224] György (Georg) Lukács (1885-1971), Pseudonym *Blum*, ungarischer Philosoph, Literaturtheoretiker und Politiker.

[225] Traub, Rainer und Wieser, Harald: Gespräche mit Ernst Bloch. Frankfurt a. M. 1975, S. 34.

[226] Landmann, Michael: Gespräch mit Ernst Bloch in Tübingen am 22. Dezember 1967. In: Bloch-Almanach. Hg. v. Karl-Heinz Weigand. Ludwigshafen, 4. Folge 1984, S. 15-40.

[227] Palmier, Jean-Michel: Ein Marxist hat nicht das Recht, Pessimist zu sein (1976). In: Tagträume vom aufrechten Gang. Sechs Interviews mit Ernst Bloch. Hg. v. Arno Münster. Frankfurt a. M. 1978, S. 110.

[228] Bloch, Ernst: Briefe 1903-1975. Bd. 1. Frankfurt a. M. 1985, S. 187.

[229] Hinweisend für den Ausstellungstermin des Reisepasses ist das Berner Einwohnermelderegister. Stadtarchiv Bern.

[230] Vgl. Bloch, Ernst: Briefe 1903-1975. Bd. 1. S. 191.

von Stritzky, mit der er bis zum Sommerende 1917 in der Locarnoer „Villa Neugeboren" Unterkunft fand.[231] Wie sein Aufenthalt in Locarno verlief, ist unklar. Lediglich eine Karte vom 20. Juni 1917 weist darauf hin, daß er dort vorwiegend an der Artikelsammlung *Geist der Utopie* gearbeitet hat.[232] Bevor aber diese Beschäftigung zu einem eindeutigen Ergebnis führen konnte, zog er am „3. September 1917" nach Bern in die „Effingerstr. 58".[233] Den über drei Monate dauernden Aufenthalt in Bern nutzte Bloch für die Zusammenfassung von einigen „Aufsätze[n] (Konzept zur Güte der Seele, zum Hiobproblem, zum Münzer)"[234] für die *Freie Zeitung* und verbrachte die Zeit überwiegend mit dem Philosophen Max Scheler, der bei Kriegsbeginn durch sein Werk *Der Genius des Krieges und der Deutsche Krieg* am deutschen Hurra-Patriotismus ordentlich mitgewirkt hatte und ab 1917 als Sonderbeauftragter des Auswärtigen Amtes nach Bern entsandt worden war. Mittlerweile hatte Scheler allerdings seinen nationalistischen Standpunkt aufgegeben und „in mehreren Aufsätzen, sodann in seinem Buch *Krieg und Abbau*, und jetzt in der kleinen, keineswegs mehr deutschfreundlichen, sondern gegen das jetzige Preußen-Deutschland höchst kritischen Schrift *Über die Ursachen des Deutschenhasses* seine geistige Wende dargelegt, worauf Bloch noch im Oktober 1917 aufmerksam machte.[235] In politischer Hinsicht bestanden zwar zwischen beiden keine große Übereinstimmungen, doch das philosophische Interesse bot ihnen den Anlaß zu häufigen Zusammenkünften. So erinnert sich Bloch an die zumeist von Scheler geleiteten Konversationen:

> „Mit Scheler war ich in Bern 1917 drei Monate lang in fast täglicher und nächtlicher Symbiose zusammen, es waren schöne Gespräche im Dählhölzli, denn wir waren als Philosophen in Bern sehr einsam. [...] Scheler redete endlos. Wollte man selbst etwas vorbringen, mußte man ihm an den Ohren ziehen oder am Kopf schütteln. Dann sagte er 'Entschuldigen Sie' und wachte aus seiner Trance auf."[236]

---

[231] Ebd., Bd. 2, S. 209.
[232] Bloch, Ernst: Briefe 1903-1975. Bd. 1. S. 192.
[233] Adresse und Zuzugsdatum stammen aus dem Einwohnerregister der Stadt Bern. Stadtarchiv Bern.
[234] Bloch, Ernst: Tendenz, Latenz, Utopie. Frankfurt a. M. 1978, S. 21.
[235] Bloch, Ernst: Der Weg Schelers. In: *Die Friedenswarte*, 19 (1919), Nr. 9.
[236] Landmann, Michael: Gespräch mit Ernst Bloch in Tübingen am 22. Dezember 1967, S. 33.

Schließlich meldete sich Bloch am „20. Dezember 1917"[237] von Bern nach Thun ab, in jenes kleine Dachzimmer im „Burgegg 24",[238] wo er seine Mitarbeit an der *Freien Zeitung* deutlich ausbaute.[239] Trotz der intensiven Beschäftigung als Journalist kam es auch hier, ähnlich wie in Bern, zur „Darlegung seiner großartigen metaphysischen Gedanken", denen diesmal die in unmittelbarer Nähe wohnende Margarete Susman Aufmerksamkeit schenkte.[240] Wesentlich distanzierter war Blochs Beziehung zu Johann Wilhelm Muehlon, dem ehemaligen Krupp-Direktor, den er im Mai 1918 durch Annette Kolb kennengelernt hatte.[241] Denn dieser habe „einsam und großkapitalistisch in einer großen Villa in Bern gelebt, was schon keine Empfehlung war. Zu uns kam er überhaupt nicht. Er hat mal Geld gepumpt und war sehr eilig im Eintreiben",[242] heißt es in einem Gespräch von 1976. Bezüglich der finanziellen Unterstützung spricht Bloch über einen monatlichen Betrag von 200 Franken, die er wahrscheinlich nicht die ganze Zeit im Exil erhalten hat.[243] Gleichwohl hielt diese distanzierte sowie meist über Briefe geführte Freundschaft auch in „Interlaken" an, wo sich Bloch ab Juni 1918 in der „Jungfraustraße 70" einquartierte.[244] Auch hier war er der akuten Mittellosigkeit ausgesetzt, die an die Grenze des Unerträglichen ging. Fühlbar dargestellt wurde diese permanente Armut in Alfred Hermann Frieds Schreiben an Muehlon vom 17. August 1918:

> „Die beiden Leutchen haben buchstäblich nichts zum Leben. Haben seit Monaten keine Miete mehr bezahlen können, können nur dann etwas kochen, wenn sie es von den Händlern geborgt bekommen. Die Rechnungen türmen sich, und die Geduld der Borger bricht allmählich zusammen."[245]

---

[237] Laut Einwohnerregister der Stadt Bern. Stadtarchiv Bern.

[238] Bloch, Ernst: Briefe 1903-1975. Bd. 2. S. 215.

[239] Siehe zu Blochs Mitarbeit an der *Freien Zeitung* die einschlägige Dissertation von Martin Korol: Deutsches Präexil in der Schweiz 1916-1918.

[240] Susman, Margarete: Ich habe viele Leben gelebt. Erinnerungen. Stuttgart 1964, S. 86.

[241] Vgl. Bloch, Ernst: Briefe 1903-1975. Bd. 2. S. 215-217.

[242] Korol, Martin: Gespräch mir Ernst Bloch im Beisein von Karola Bloch und Burghart Schmidt, Tübingen 25. Juni 1976. Unveröffentlichte Materialsammlung aus dem Ernst-Bloch-Archiv in Ludwigshafen.

[243] Vgl. Bloch, Ernst: Briefe 1903-1975. Bd. 2. S. 244.

[244] Bezüglich des Umzugs nach Interlaken sowie der dortigen Adresse siehe Blochs Brief an Muehlon v. 13.6.1918: Bloch, Ernst: Briefe 1903-1975. Bd. 2. S. 219.

[245] Fried, Alfred Hermann an Muehlon, Wilhelm Br. v. 17.8.1918. In: Korol, Martin: Deutsches Präexil in der Schweiz 1916-1918, S. 153.

Geholfen wurde den Blochs in dieser Notsituation von einigen Ententefreunden, die sie durch den Interlakener Architekten und Bürgermeister Herrn Wiedemann kennengelernt hatten.[246] Für Bloch stellte diese Hilfsbereitschaft eine seltsame Erfahrung dar, an die er sich sogar in einem Interview von 1974 mit Dankbarkeit erinnert:

> „Dann gab es Schweizer aus altem Schrot und Korn, prachtvolle Gestalten aus Interlaken, mit denen mich eine herzliche Freundschaft verbunden hat, die gegen Ludendorff und gegen Wilhelm opponierten bis zum Exzeß. Sie verkörperten die gute alte schweizerische Tradition aus dem Blut von Wilhelm Tell und Stauffacher. Mit denen stand ich sehr gut, sie haben mich über Wasser gehalten, haben mich mit Geld unterstützt [...]. Es war schon so weit gewesen, daß meine Freunde [...] mich zum Interlakener Ehrenbürger machen wollten; so hätte ich nämlich in kürzester Zeit die schweizerische Staatsangehörigkeit erwerben können, denn einen Ehrenbürger kann man weder ausweisen noch ins Lager schicken."[247]

Die Einbürgerung blieb aus und der Abschiebung in ein Internierungslager entkam er durch Wilhelm Muehlons Rückendeckung. Insofern waren es die Hilfen aus dem Freundes- und Bekanntenkreis, die Bloch nicht nur den Aufenthalt in der Schweiz einigermaßen erträglich machten, sondern auch dessen publizistische Tätigkeit bei der *Freien Zeitung* unterstützten. Allerdings hatte Bloch gewisse Bedenken gegenüber seinem Mitarbeiterkreis:

> „In unserem Anti-Wilhelm und Anti-Ludendorff-Kreis waren aber neben der anima candissima Hugo Ball, Hermann Hesse und Annette Kolb auch kleine Journalisten, einer namens Stilgebauer, der 'Götz Kraff' geschrieben hat, das Urbild eines präfaschistischen Romans, und ein geschätzter deutscher Reichskonsul, der im Reichstag gegen Krupp aufgetreten war und engste Beziehungen mit dem französischen Gesandten unterhielt."[248]

Doch ungeachtet der unterschiedlichen Richtungen wirkte Bloch an diesem Organ mit über hundert Artikeln mit und warf in seinen Schriften grundsätzliche Fragen über die Errichtung einer deutschen Demokratie

---

[246] Siehe hierzu: Häsler, Alfred: Enttäuschte Lieb zur Schweiz - Ein Gespräch mit Ernst Bloch, Schweizerische Radio- und Fernsehgesellschaft, Zürich, 1. Februar 1968. Unveröffentlichte Materialsammlung aus dem Ernst-Bloch-Archiv in Ludwigshafen.
[247] Marchand, José: Die Welt bis zur Kenntlichkeit verändern (1974). In: Tagträume vom aufrechten Gang. S. 20.
[248] Landmann, Michael: Gespräch mit Ernst Bloch. S. 40.

auf.²⁴⁹ Denn für ihn galt die *Freie Zeitung* in erster Linie als „Fahne der Menschlichkeit und des Rechtes", sie stand für „die Prinzipien einer deutschen Republik", die es ihm ermöglichten, seinen „Glauben an eine deutsche Wiedergeburt" aufrechtzuerhalten.²⁵⁰ Insofern konzentrierte er sich hauptsächlich auf die Systemkritik an Deutschland und leitete dabei eine besondere Art der Kriegsgegnerschaft ein, die auf politische und soziale Veränderungen in der Gesellschaft abzielte. Letztlich ging die Kritik so weit, daß man wegen seines Artikels *Schadet oder nützt Deutschland eine Niederlage seiner Militärs*²⁵¹ das Vertriebsverbot über die *Freie Zeitung* verhängte. Veranlaßt wurde dies durch den Hinweis der Kaiserlich Deutschen Gesandtschaft in Bern, die dem Schweizerischen Politischen Departement mitteilte:

> „Die Schrift enthält [...] zahlreiche schwere Beleidigungen des deutschen Volkes, der deutschen Regierung und der deutschen Armee. Ihre ganze Tendenz geht darauf aus, die Beseitigung der deutschen Regierung durch Erregung revolutionärer Stimmung in Deutschland herbeizuführen und hierbei gleichzeitig Volk und Regierung Deutschlands in der öffentlichen Meinung der Schweiz herabzuwürdigen und dem Hass und der Verachtung preiszugeben."²⁵²

Blochs Nachdenken über die Verbesserung des deutschen Staatswesens schien tatsächlich radikal zu sein, war er doch unter den deutschen Schriftstellern des Schweizer Exils der einzige, der mit einem Publikationsverbot konfrontiert wurde. Doch dies hing nicht mit seinem Entlarven der wilhelminischen Mißverhältnisse zusammen, sondern hatte mit seinen internationalen Beziehungen zur deutschfeindlichen Propaganda zu tun. Hauptsächlich unterstützte Bloch die Konferenzen der französischen Propaganda, „in denen vor allem die Art und Weise der revolutionären Propaganda nach Deutschland besprochen wird, insbesondere wie der Flugschriftenschmuggel am besten ausgeführt werden könne."²⁵³ Dadurch bedrohte er zum einen die politische Lage in Deutschland und

---

[249] Vgl. Trautje, Franz: Revolutionäre Philosophie in Aktion. S. 58.
[250] Bloch, Ernst: Briefe 1903-1975. Bd. 2. S. 230.
[251] Die mit dem Pseudonym Dr. Fritz May gezeichnete Artikelserie erschien zunächst in der *Freien Zeitung* vom 20. bis zum 31. Oktober 1917 und wurde 1918 im *Almanach der Freien Zeitung* in gekürzter Form nochmals publiziert.
[252] Schreiben der Kaiserlich Deutschen Gesandtschaft in Bern v. 9.10. 1918, BArch, E 2001 (B), Bd. 58.
[253] Schreiben des Stellv. Generalstab der Armee Abteilung III.b v. 13.10.1918. In: „Revolutionäre Propaganda der Entente", PA AA, Nr. 854.

gefährdete zum anderen das neutrale Image der Schweiz. Anläßlich dieser doppelten Gefahr sah sich die Eidgenössische Pressekontrollkommission dazu gezwungen, Blochs schriftstellerisches Engagement nicht aus den Augen lassen:

> „Der Verfasser hat das Talent einer raffinierten, ja perfiden Maskierung seiner Gedanken, doch vermag seine Darstellung bei näherer Prüfung über das wirkliche Ziel der scheinbar lediglich gegen Junker und Militärs gerichteten Angriffe nicht hinwegzutäuschen."[254]

Passend zu der obigen Beschreibung engagierte sich Bloch 14 Monate lang bei der *Freien Zeitung*, von der er allerdings Ende 1918 aufgrund einer Meinungsverschiedenheit mit Schlieben, dem Herausgeber, Abschied nahm. So teilt er Muehlon am 16.12.1918 mit: „Seit gestern bin ich mit Schlieben und der F.Z. entzwei, aus einem für Schlieben nicht schönen Grund; weitere Mitarbeit ist mir nun in jeder Beziehung durchaus unmöglich."[255] Nach der Trennung von der Zeitung sah Bloch keinen Grund mehr, in der Schweiz zu bleiben, und beantragte bei der deutschen Gesandtschaft in Bern schon am 22. Dezember 1918 einen Paß für die Reise nach Deutschland.[256] Wegen des schlechten Zustandes seiner Frau schob sich aber die Rückkehr bis zum September 1919 hinaus, so daß die Blochs noch mehrere Monate im Exil ausharren mußten. Im Anschluß an den in wirtschaftlicher Hinsicht ärmlich, in literarisch-publizistischer Hinsicht ergiebig verlaufenen Schweizer Aufenthalt lebte Bloch bis zur nationalsozialistischen Machtübernahme vorwiegend in Berlin. Die am 6. März 1933 angetretene Emigration endete erst nach fünfzehn Jahren, während der er abgesehen von den Stationen in Zürich, Paris und Prag größtenteils in den USA (1938-1949) verweilte.

4.1.3. Otto Flake

Als Schriftsteller hatte sich der am 29.Oktober 1880 in Metz geborene deutsche Erzähler Otto Flake die ersten zehn Jahre seines Werdegangs hauptsächlich mit dem elsässischen Problem befaßt.[257] Von 1912 bis 1913 war er als Korrespondent der *Neuen Rundschau* in Konstantinopel tätig.

---

[254] Schreiben der Eidgenössischen Pressekontrollkommission in Bern v. 24.10. 1918, BArch B, E 2001 (B), Bd. 58.
[255] Bloch, Ernst: Briefe 1903-1975. Bd. 2. S. 246.
[256] Ebd., S. 234.
[257] Siehe hierzu Otto Flakes Werke: Straßenburg und das Elsaß (1908) und Rund um die elsässische Frage (1911).

Wenige Tage nach der Mobilmachung kam der zuvor vom Militärdienst befreite Flake von Straßburg nach Berlin und wurde im November 1915 an die Front herangezogen. Im Anschluß an einen knapp viermonatigen Einsatz in Jüterborg und Wittenberg gelang ihm mit Hilfe der Freundin Erna Bruhn die Versetzung zur politischen Abteilung nach Brüssel. Den mühsam erlangten Posten als Theaterzensor legte er allerdings im Januar 1918 nieder und ging nach Berlin, um dort aus der *Norddeutschen Allgemeinen Zeitung* „eine demokratische Zeitung im Format der *Times*" zu machen.[258] Kurz nach dem Antritt der neuen Aufgabe bürdete man Flake erneut den Kriegsdienst auf, so daß er sich gezwungen sah, sich von Reimar Hobbing, dem Herausgeber der *Norddeutschen Allgemeinen Zeitung*, als Auslandskorrespondent in die Schweiz entsenden zu lassen. Hobbing stimmte zwar zu, aber als Wehrpflichtiger benötigte Flake trotzdem das Einverständnis der Militärbehörden. Überwunden wurde diese bürokratische Hürde durch Erna Bruhns Verbindung zur Berliner Militärbehörde, die von Flake als Gegenleistung zu seiner bewilligten Auslandsreise eine Spionagetätigkeit für die militärischen Dienststellen verlangte.[259]

Flake stimmte diesem Angebot unter innerem Vorbehalt zu und traf laut Tagebuchaufzeichnung am „25. März 1918" in Zürich ein. Und schon am Tag seiner Ankunft ließ er sich auch unter der Adresse Pension Tiefenau Steinwiesstraße 8 offiziell anmelden.[260] Sein neues Domizil, in dem er von seinem Freund Ernesto de Fiori[261] erwartet wurde, wies eine durchaus günstige Lage auf. Denn einerseits verfügte die Steinwiesstraße über eine äußerst praktische Verkehrsverbindung, da sie auf beiden Seiten auf eine Straßenbahnlinie stieß; einmal an der Einmündung in die Hottinger Straße und einmal an der Einmündung in den Zeltweg. Und andererseits war sie von kunstsinnigen Einrichtungen wie dem damaligen *Pfauen Theater* sowie dem Kunsthaus umgeben, die von dem musisch interessierten Literaten Flake gelegentlich besucht wurden.

---

[258] Flake, Otto: Es wird Abend. Bericht aus einem langen Leben. Mit einem Nachwort von Peter de Mendelssohn. Frankfurt a. M. 1980. S. 235.
[259] Ebda., S. 236-240.
[260] Flake, Otto: Es wird Abend. S. 240 u. Mitteilung des Zürcher Stadtarchivs.
[261] Ernest de Fiori (13.12.1884-25.4.1945) italienisch-deutscher Bildhauer, Maler und Zeichner. Flake behauptet in seinen Tagebuchaufzeichnungen, daß er sich hauptsächlich wegen Fiori für die Schweiz entschieden habe.

An und für sich verbrachte Flake seine Zürcher Zeit ohnehin mit Besuchen und Bekanntschaften, wobei er von Ernesto de Fiori in unterschiedliche Gruppen eingeführt wurde. Einen seiner Besuche, schon einen Tag nach der Ankunft, stattete „der teutonisch-schöne, baumlange Otto Flake"[262] dem Café *Odeon* ab, wo er mit den ehemaligen Freunden Hans Arp und H. L. Neitzel zusammentraf und auch die Bekanntschaft mit den dadaistischen Künstlern Alexander Archipenko,[263] Tristan Tzara, Marcel Janco und Waldemar Jollos machte. Wenige Stunden nach dem Besuch im *Odeon* lernte er als ersten Schweizer den damals an der *Zürcher Post* tätigen Pressemann David Steinberg kennen.[264] In den darauffolgenden Tagen kam es zu einem engen Kontakt mit der *Laban-Gruppe*, darunter Rudolf von Laban, Marry Wigmann, Marianne von Werefkin und Alexej von Jawlenskij.[265] Umgeben von vielen Freunden bekam Flake binnen kürzester Zeit einen wirklich einfachen Zugang zu einem großen Intellektuellenkreis, so daß er seine Anwesenheit in Zürich nicht mehr als einen erzwungenen Auslandsaufenthalt sondern eher als einen Besuch im *Café des Westens* bewertete.[266]

Die Tatsache, daß er binnen kurzem einen großen Freundeskreis aufgebaut hatte, ist zugleich ein wichtiger Hinweis für Flakes aufgeschlossene Lebensart. D.h. er führte einerseits ein finanziell unabhängiges Leben und pflegte andererseits gute Beziehungen zu dem größtenteils ärmlichen Freundes- und Bekanntenkreis. Ermöglicht wurde ihm diese Position durch nicht geringe Ersparnisse, die er sich kurz nach seinem Wegzug in die Schweiz von Berlin aus nachkommen ließ.[267] Allerdings nahm

---

[262] Richter, Hans: Dada Profile. Zürich 1961, S. 90.
[263] Alexander Archipenko (30.5.1887-15.3.1941) russischer Maler.
[264] Flake, Otto: S. D. Steinberg. In: *Das literarische Echo* 21 (1918/1919), Sp. 1351-1353.
[265] Vgl. Flake, Otto: Es wird Abend. S. 240-242. Die im Frühjahr 1916 gegründete *Laban-Gruppe* nannte sich die „Schule des freien Tanzes" und wirkte in Zürich erst in der Oetenbachgasse 24, dann in der Seegartenstraße 2 und schließlich in der Mainaustrasse 32. Leiter dieser Gruppe war der Tanzlehrer Rudolf Laban von Váraljas (15.12.1879-1.7.1958). Zu den Mitarbeitern gehörten Marry Wigmann (13.11.1886-18.9.1973), Marianne Wladimirowna von Werefkin (11.9.1860-6.21938), russ. Malerin, Vertreterin d. dt. Expressionismus, und Alexej von Jawlenskj (25.3.1864-15.31941) russischer Maler.
[266] Vgl. seinen Artikel „Schweizer Reise", In: *Norddeutsche Allgemeine Zeitung*, Berlin 7.4.1918, Nr.176.
[267] Laut Tagebucheintrag betrug das Ersparte 24.000 Mark und wurde von Fioris Vater, den Flake mit einer Vollmacht ausgestattet hatte, von einer Berliner Bank abgehoben und in die Schweiz gebracht. Vgl. Flake, Otto: Es wird Abend. S. 243.

er den wirtschaftlichen Wohlstand keineswegs zum Anlaß, sich aus dem literarischen Leben zurückzuziehen, so daß er gelegentlich Übersetzungsaufträge annahm oder Feuilletons für die *Vossische Zeitung* und das *Berliner Tageblatt* schrieb.[268]
Die Schriftstellerei, zu der Flake während der Tätigkeit in Brüssel sehr selten gekommen war, ließ sich nun wesentlich intensiver ausüben. Allerdings mußte er seine literarischen Arbeiten wegen unterschiedlicher Angelegenheiten immer wieder beiseite legen. Anfangs war es der Druck von seiten der Berliner Militärbehörden, die Flake immer wieder zu der in Berlin versprochenen Agententätigkeit anhielten. Als er aber die unter Vorbehalt zugesagte Spionage Anfang April 1918 offen ablehnte, kam es sofort zu einer Gegenreaktion, und man drohte ihm mit einer Einberufung für den 1. Juli 1918.[269] Sicherlich war dies eine nervenaufreibende Angelegenheit, die seine Konzentration auf die literarische Arbeit eine Zeit lang beeinträchtigte. Gleichermaßen ablenkend waren wohl die unregelmäßigen Abstecher in verschiedene Schweizer Städte. So zum Beispiel die gegen Mitte April 1918 angetretene Reise nach Bern oder die Anfang Mai unternommene Fahrt nach Ascona.[270]
Als besonders belastende Aufgabe galten ihm aber die mit vielerlei Aufforderungen verbundenen Tagesbesprechungen mit unterschiedlichen Pressemännern. Sicherlich kam Flake nicht allen Bitten nach, sondern nahm nur diejenigen Aufträge an, die ihm freie Äußerung zu seinen

---

[268] Bei den Übersetzungen handelt es sich um die *Kameliendame* für den Piper-Verlag und um die *Contes à Ninon* für den Insel-Verlag. Siehe dazu: Flake, Otto: Es wird Abend. S. 245. In der *Vossischen Zeitung* veröffentlichte Flake im letzten Kriegsjahr folgende Artikel: *Ironischer Vorfall*, 25.5.1918, *Melancholie*, 28.5.1918, *Sommernächte*, 30.6.1918 und *Anmerkungen*, 19.10.1918. Im *Berliner Tageblatt* dagegen brachte er bis Ende 1918 nur zwei Artikel unter, einen bereits vor dem Wegzug in die Schweiz, *In den Bergen*, 28.21918 und *Arosa*, 10.12.1918. Vgl. dazu: Graf, Sabine: Als Schriftsteller leben. Das publizistische Werk Otto Flakes der Jahre 1900 bis 1933 zwischen Selbstverständigung und Selbstinszenierung. Diss. St. Ingbert 1992.

[269] Flake, Otto: Es wird Abend. S. 246.

[270] Die Reise nach Bern unternahm Flake wegen einer Einladung von Harry Graf Kessler. Er nutzte sie zugleich für eine Zusammenkunft mit Alfred Hermann Fried und Walter Weichardt. Bei dem Treffen mit dem letzteren kam es auch zu einer flüchtigen Begegnung mit Annette Kolb, Hugo Ball und Salomon Grumbach. Während des Aufenthalts im Tessin logierte er gemeinsam mit Fiori in einen Pavillon am Monte Verità in unmittelbarer Nähe von Marianne von Werefkin und Alexej von Jawlenskij. Vgl. ebd., S. 247-248.

Lieblingsthemen ermöglichten. Eduard Korrodi war einer von vielen, der Flake einige Male für die *Neue Zürcher Zeitung* gewinnen konnte.[271] Hugo Balls Vorschlag einer Mitarbeit an der *Freien Zeitung* lehnte er dagegen direkt ab, um sich von einem „mit Ententegeld unterhalten[en]" Blatt nicht kompromittieren zu lassen.[272] Flake bevorzugte eher neutral wirkende Organe wie die Basler *National-Zeitung*, worin er am 17. Mai 1918 in Anlehnung an das künftige Ende von „geschlossen[en] Staaten" die „Autonomie Elsaß-Lothringens wieder auf der Tagesordnung" sehen wollte.[273] Sein Aufruf rief schnell Anerkennung hervor, und schon stand er im Mittelpunkt der internationalen Publizistik.[274] Besonders angesprochen fühlte er sich jedoch von dem Herausgeber der pazifistischen *Friedenswarte*, Alfred Hermann Fried, der ihn um einen Artikel über Muehlons Werk *Die Verheerung Europas* gebeten hatte. In einem Schreiben vom 15. Juni 1918 antwortet Flake folgendermaßen:

> „Von der Möglichkeit, über Muehlons Buch im Septemberheft zu schreiben, würde ich gern Gebrauch machen. Ich bin Ihnen sehr dankbar dafür - überhaupt lassen Sie mich Ihnen bei dieser Gelegenheit Dank dafür sagen, dass Sie mir so schnell und vertrauensvoll Aufnahme gewährt haben."[275]

Dem Ton der Mitteilung nach scheint Flake einen kurz zuvor erhaltenen Vorschlag bezüglich der Mitarbeit in der *Friedenswarte* hiermit endgültig zu bestätigen. Verdient hatte er sich diese Position wohl durch den am 6. Juni 1918 veröffentlichten Artikel über *Die Aufgabe der deutschen Intellektuellen*. Den Schwerpunkt des vierseitigen Aufrufes bildete die Forde-

---

[271] Vgl. ebd., S. 248. Laut Tagebuch ermöglicht Korrodi sogar einen späteren Auftritt im *Hottinger Lesezirkel*. Bestätigt ist dies in den Protokollen des *Hottinger Lesezirkels*, worin es heißt: „Vierte Wintersitzung 22.11.1919 8½ im Zunfthaus zur Zimmerleuten Otto Flake aus eigenen Werken. Lesezirkel Hottingen, Sitzungen des Geschäftsführ. Ausschusses 1913-1940, StaArch Zürich, W 30.

[272] Flake, Otto: Es wird Abend. S. 250.

[273] Flake, Otto: Ein Leben am Oberrhein. Essays und Reiseskizzen aus dem Elsaß und aus Baden. Frankfurt a. M. 1987, S. 165-169. Ursprünglich sollte der Artikel in der *Glocke* erscheinen, so die Mitteilung vom 13.6.1918 an den zuständigen Redakteur Konrad Haenisch: „Übrigens der Artikel, den Sie noch von mir haben, ist inzwischen hier erschienen, in der 'Nationalzeitung', bitte nehmen Sie davon Kenntnis." SAPMO BArch., N 2104 Nr. 91.

[274] „Mitte Mai brachte die *Nationalzeitung* in Basel einen Artikel von mir, der sich mit diesem Ausgang des Krieges befaßte; ich überschritt den Rubikon damit." Flake, Otto: Es wird Abend. S. 251.

[275] Flake, Otto an Fried, Alfred Hermann, Br. v. 15.6.1918, Fried Collection, Box 3, HInst. S.

rung nach einer „Konstituierung der Intellektuellen", die letztendlich „eine wirkliche Philosophie der Demokratie" bewirken und somit „die Idee des preußischen Militärstaates" beenden sollte. Für die Verwirklichung einer solchen Aufgabe sprach Flake insbesondere die deutschsprachigen Intellektuellen in der Schweiz an und schlug ihnen vor, „zum 5. Jahrestag des Kriegsbeginns, dem 1. August 1918, einen Konvent" einzuberufen:

> „Man muß einen Mittelpunkt schaffen, sichtbar werden, anderen Mut machen, da sein und durch diese Existenz wirken. Man muß so zahlreich werden, daß man nicht übersehen oder als 'Vaterlandsverräter' mit einem Wort abgetan werden kann. Man soll nicht mit Haß von seinem Land sprechen, auch nicht seine Eigenschaft als Deutscher abwerfen; man soll nur zu erkennen geben, daß man keiner Regierung das Recht zuerkennt, das Bekenntnis von Überzeugungen, die aus der Not erwachsen, zu verbieten und zu ächten. Man soll das Recht in Anspruch nehmen, die Vorgänge in der Heimat einer Kritik zu unterziehen, zu mahnen, zu verwerfen. Man soll dem Frieden dienen, der nicht durch die Einnahme von Calais, nicht einmal durch die von Paris zu erreichen ist, sondern nur durch eine grundsätzliche Abkehr von veralteten Methoden."[276]

Die äußerst einfach dargelegte Idee, welche Flake ein Jahr zuvor „mit Sozialisten" umsetzen wollte, hatte er nun „auf dem entgegengesetzten Flügel" und zwar in der *Friedenswarte* an die Öffentlichkeit gebracht.[277] Selbstverständlich sollte der Konvent sofort in die Praxis umgesetzt werden, aber wie und wo er am effektivsten zu ermöglichen wäre, stand zu jenem Zeitpunkt noch nicht fest. Währenddessen meldete sich Schlieben zu Wort und schlug vor, die geplante Aktion mittels der *Freien Zeitung* durchzuführen. Zwar hatte Flake seine Bedenken gegenüber diesem Organ, aber eine einfache Besprechung wollte er nicht ausschlagen und begab sich deshalb unverzüglich nach Bern.[278] Jedoch scheiterte eine Kooperation mit der *Freien Zeitung*, was Flake in einem Schreiben an Fried vom 23. Juni 1918 so begründet:

> „Ich kann mit der *Fr. Ztg.* in allem gehen, was Opposition gegen Deutschland heißt, aber ich finde nie ein Wort der Kritik darin gegenüber intransigenten Vorkommnissen in der Entente. Für uns darf der Kriegswille der Entente nur ein Mittel sein, um die Demokratisierung Deutschlands herbeizuführen, aber nicht nostra causa. Das wird meine Mitarbeit an der *Fr.*

---

[276] *Friedenswarte* Jg. 20, 6.6.1918, Nr. 6.
[277] Flake, Otto an Haenisch, Konrad, Br. v. 13.6.1918, SAPMO BArch, N 2104 Nr. 91.
[278] Flake, Otto: Es wird Abend. S. 255.

Ztg. unmöglich machen und auch die Auslieferung der Idee eines Konvents an die Leute der *Fr. Ztg*."²⁷⁹

Überwiegend aus prinzipiellen Gründen brach Flake den Kontakt mit der *Freien Zeitung* ab und schlug im gleichen Brief vor, „eine neue Zeitschrift oder Wochenzeitung zu gründen, in der eine Gruppe deutscher Intellektueller zu allen wichtigen Phasen der Dinge in der Heimat und in der Friedensentwicklung Stellung" nehmen sollte. Angeregt durch diese methodische Offerte wurde das Juli/August-Heft 1918 der *Friedenswarte* zu einer Sondernummer umgewandelt, in der es gelang, „die in der Schweiz lebenden, deutsch schreibenden Intellektuellen aus dem Reich und Österreich-Ungarn wie einige deutsche Männer der Schweiz [...] zu vereinigen".²⁸⁰

Flakes lang gehegter Traum ging somit teilweise in Erfüllung, doch als geistiger Initiator dieser einmaligen Aktion war ihm die Teilnahme an diesem Ereignis nicht gewährt. Denn schließlich rückte der Gestellungstermin immer näher, so daß er sich, um einer eventuellen Zwangseinberufung zu entgehen, knapp zwei Wochen vor der Herausgabe der Sondernummer ins Kreuzlinger Sanatorium begab. Wenn es nach Flake gegangen wäre, hätte er sich sogar ab dem 12. Juni 1918 in Behandlung begeben, da es aber mehr um die Wehrdienstverweigerung ging als um die angebliche „Herzneurose", bewilligte man ihm die Einlieferung erst kurz vor dem Gestellungstermin.²⁸¹ Gemäß dem Zürcher Meldeblatt zog Flake am „24. Juni 1918 nach Kreuzlingen"²⁸² um, wobei er den Sanatoriums-

---

[279] Flake, Otto an Fried, Alfred Hermann, Br. v. 23.6.1918, Fried Collection, Box 3, HInst. S.

[280] Einleitung zur *Friedenswarte* von Alfred Hermann Fried zu dem Juli/August-Heft 1918, Jg. 20, (Juli/August 1918) Nr. 7/8. Ein Blick auf die Namenliste der in dieser Sondernummer vertretenen Schriftsteller zeigt, daß man bei dieser Aktion die Anhänger unterschiedlicher Richtungen tatsächlich zusammengebracht hatte. Darunter Ernst Bloch, Albert Ehrenstein, Jacob Feldner, Hermann Fernau, Eduard de Fiori, Otto Flake, Leonhard Frank, Alfred Hermann Fried, Yvan Goll, Hermann Hesse, Prinz Alexander zu Hohenlohe-Schillingfürst, Richard Grelling, Annette Kolb, Andreas Latzko, Paul de Mathies, Wilhelm Muehlon, Leonhard Ragaz, R. Romane, Ludwig Rubiner, Nationalrat Scherer-Füllemann, Edward Stilgebauer, Claire Studer, Margarete Susman, Samuel Zurlinden und Stefan Zweig.

[281] Flake, Otto an Binswanger, Otto, Br. v. 1.6.1918. In: Michael Farin/Raoul Schrott: Otto Flake und Dada. Siegen 1992, S. 25.

[282] Mitteilung des Zürcher Stadtarchivs.

Aufenthalt laut Mitteilung des *Binswanger-Archivs* erst am 27. Juni 1918[283] antrat. Selbstverständlich konnte die *Binswanger Heilstätte* keine endgültige Befreiung von der Einberufung bewirken, allerdings war sie hiermit vorläufig unwirksam. Womöglich löste diese Gegebenheit ein gewisses Gefühl von Geborgenheit aus, die Flake wieder zur Beschäftigung mit seinem historischen Roman *Die Stadt des Hirns*[284] motivierte. Darüber hinaus war er von der neuen Umgebung äußerst angetan. Es folgten tägliche Ausflüge zunächst entlang des Bodensees nach Landschlacht, Arenenberg und Romanshorn, die sich später bis nach Mannenbach, Eugensberg, Steckborn, Gladisegg und Salenstein ausdehnten. Währenddessen erhielt Flake den zweiten Gestellungsbefehl, der seinen Aufenthalt in Kreuzlingen beträchtlich erschwerte. Sowohl der bürokratische Kampf mit den deutschen Militärbehörden als auch die Angst vor der neulich ausgebrochenen Verbreitung der Spanischen Grippe zwangen ihn schließlich in das südliche Alpengebiet, genauer gesagt nach Locarno-Monti.[285] Wie man seinem Brief an Dr. Binswanger vom 9. August 1918 entnehmen kann, handelte es sich hierbei um eine spontane Entscheidung:

> „Sehr geehrter Herr Binswanger, Ich möchte Ihnen vertraulich mitteilen, daß ich einer Aufforderung, mich in *Konstanz* zur Untersuchung zu stellen, zuvorkommen will, indem ich mich rechtzeitig in ein Tessiner Sanatorium begebe und zwar nach Locarno-Monti in die Anstalt des Dr. Betz. Diese Lösung wird auch Ihnen am willkommensten sein. Wäre es Ihnen möglich, an das Locarnoer Sanatorium ein kurzes Empfehlungsschreiben zu richten mit der Angabe, daß ich bei Ihnen in Behandlung war, daß aber der Wunsch vorliegt, ein heiteres Klima aufzusuchen, das Depressionen weniger aufkommen läßt? Ich würde zugleich bitten, durch das Mädchen meinen 2. Koffer packen zu lassen (der Schlüssel zum Schrank liegt im Schreibtisch) und beide Koffer nach Locarno aufzugeben; es genügt dann, mir den Gepäckschein eingeschrieben an das Sanatorium zu senden. Nur wäre ich dankbar, wenn das alles recht bald geschehen könnte."[286]

---

[283] Laut Krankenakten des *Binswanger Sanatoriums* im *Binswanger-Archiv* der Eberhard-Karls-Universität Tübingen.

[284] Einen ergiebigen Einblick in diesen Roman ermöglicht die Dissertation von Gerd Stockebrand: Otto Flake und der Expressionismus. Essen 1986, S. 104-145.

[285] Vgl. Flake, Otto: Es wird Abend. S. 256-259.

[286] Flake, Otto an Binswanger, Otto, Br. v. 9.8.1918. In: Farin, Michael/ Schrott, Raoul: Otto Flake und Dada. S. 26.

Die Flucht Hals über Kopf wurde durch eine kurzfristige Rast in Lenzerheide unterbrochen. Deshalb liegen zwischen dem Auszugstermin vom Kreuzlinger Sanatorium, dem 5. August 1918[287], und dem wenige Stunden vor der Fahrt nach Locarno-Monti verfaßten Brief vier Tage. Flakes neue Bleibe, „ein von Baedeker empfohlenes Sanatorium, das sich als Villa erwies, geleitet von einem vegetarischen alten Eigenbrötler, als ein Traktätchenmilieu",[288] scheint seinen Erwartungen nicht entsprochen zu haben. So trat er wieder die typischen Wanderungen an, diesmal über Ascona ins Ober-Engadin, wo er das Dreieck St. Moritz, Bernardinopaß und Pontresina bis Anfang September durchreiste.[289] Nach offiziellen Angaben kehrte Flake am 9. September 1918 wieder nach Zürich zurück und zog erneut in die Pension Tiefenau ein.[290] Eben erst angekommen, erhielt er eine weitere Kriegsbeorderung für den 12. September. Daß die Militärbehörden nicht einlenken wollten, war Flake klar, doch seinem äußerst ideenreichen Freundeskreis, der ihm bis dahin mehrmals zu Auswegen verholfen hatte, gelang es auch jetzt, das Schlimmste zu verhindern. Üblicherweise wurde diese heikle Angelegenheit über einen neuen Krankenhausaufenthalt geregelt, diesmal in der Zürcher Privatklinik *Theodosianum*, wo er entgegen den bisherigen Sanatoriumsbesuchen einer merkwürdigen Behandlung unterzogen wurde.

> „Man ließ mich ein eiskaltes, dann ein heißes Bad nehmen, was mir schon am zweiten Tag nicht bekam. Am dritten trat der Doktor selbst auf und verordnete sechs Wochen Bett. Es stellte sich heraus, daß er mir allen Ernstes zu einer Herzschwäche verhelfen wollte, die ihm erlaubt hätte, mit gutem Gewissen zu sagen, ich sei ein kranker Mensch."[291]

Wie lang diese ausgefallene Behandlung dauerte, weiß man nicht. Sicher ist, daß sie ein überzeugendes Attest bewirkte, womit Flakes Einberufung wiederum rückgängig gemacht werden konnte. Somit kehrte er ins Zivilleben zurück, in dem es mittlerweile bedingt durch das Waffenstillstandsangebot an Wilson deutlich hektisch zuging. Für Flake bestand zwar kein Grund zur Unruhe, doch die Anspannung in seiner Umge-

---

[287] Nach den Krankenakten des Binswanger Sanatoriums im *Binswanger-Archiv* der Eberhard-Karls-Universität Tübingen brach Flakes Behandlung genau am 5.8.1918 ab.
[288] Flake, Otto: Es wird Abend. S. 259.
[289] Vgl. ebd., S. 260.
[290] Laut Zürcher Melde-Papier aus dem Zürcher Stadtarchiv.
[291] Flake, Otto: Es wird Abend. S. 261.

bung war so stark, daß er das politische Klima nur aus einer gewissen Distanz wahrnehmen wollte. Deshalb zog er sich am 3. Oktober 1918[292] in den Zürcher Stadtteil Zollikon zurück, in dem ihm auch tatsächlich der ruhige Tagesablauf einigermaßen gelang. In einer Tagebuchaufzeichnung bestätigt er dies:

> „Ende September mietete ich zwei Zimmer in Zollikon am Nordufer des Sees, in einer Villa bei zwei einheimischen Frauen, die mich aufs beste betreuten, morgens mit Müsli und Milch, soviel ich haben wollte. [...] Der Herbst war schön, die Fenster gingen auf den See. Ich schrieb oft durch bis vier oder fünf und ging dann zu Fuß nach Zürich, um im Café die Zeitungen zu lesen; die Nachrichten, die Extrablätter jagten sich. Reichskanzler war jetzt Prinz Max, der Wilson um Waffenstillstand bat."[293]

Gegen die Lage der neuen Bleibe schien Flake keine Einwände zu haben, dennoch blieb er in dieser idyllischen Umgebung nur einige Tage. Denn als Anhänger eines abwechslungsreichen Lebens war ihm jede Gelegenheit, die zu neuen Welten und Menschen führte, herzlich willkommen. So auch die Einladung von einer gewissen Frau Alma,[294] die Flake nach Graubünden, ins Kulm-Hotel mitten im berühmten Klimakur- und Wintersportort Arosa rief.[295] Ein verlockendes Angebot, worauf er sofort einging und so spätestens am 9. Oktober 1918[296] in Arosa ankam. Flakes Distanz zur Zürcher Politszene hatte sich somit um einige Kilometer vergrößert, aber wie stand es mit seinen Ansichten? Waren es immer noch die gleichen, oder hatte er seinen Standpunkt schon gewechselt? Von einer radikalen Wendung konnte zwar nicht die Rede sein, doch einiges war keineswegs mehr so wie früher. Am besten dargestellt ist dieser geistige Wandel in seinem Brief an A. H. Fried:

> „Ich stelle in mir fest, daß ich viel weniger ‚pazifistisch' bin, als ich vor Wochen glaubte, d.h., daß ich gar nicht wünsche, die Deutschen möchten sich schon jetzt aus der Affäre ziehen. Der Kaiser muß fort, die Nation als solche, nicht die Regierung muß Verhandlungen anbieten. Kurz, der Au-

---

[292] Laut Zürcher Melde-Papier aus dem Zürcher Stadtarchiv.
[293] Flake, Otto: Es wird Abend. S. 262-263.
[294] Die genaue Biographie von Frau Alma konnte nicht ermittelt werden. Fest steht, daß sie aus einem katholischen Milieu in Köln stammte.
[295] Flake, Otto: Es wird Abend. S. 262-263.
[296] Flakes Brief an A. H. Fried, geschrieben am 9.10.1918 und versehen mit der Ortsangabe Arosa Tanneck, war die akzeptabelste Informationsquelle für die Ermittlung eines annähernden Ankunftsdatums. Fried Collection, Box 3, HInst. S.

genblick für Pazifismus ist noch nicht da. Ich denke heute über die Schuldfrage anders: Unrecht muß anerkannt werden."[297]

Entgegen seinen Meinungen in dem Aufsatz *Wichtiger als die Schuldfrage*,[298] worin er die Beendigung des Krieges vorzugsweise in die Hände der ententefeindlichen Intellektuellen gab, setzte er nun auf das Volk, das sich bereits durch die letzten Hungerstreiks in Kiel, Hamburg und Berlin deutlich durchgesetzt hatte. Zwar konnte er es nicht nachvollziehen, wie sich der friedliche Machtanspruch der Proletarier binnen kurzem zu einem gewaltsamen Klassenkampf gegen das deutsche Bürgertum gewandelt hatte, hoffte aber, daß aus den emanzipatorischen Ereignissen in Deutschland eine starke Volksherrschaft hervorgehen würde. Ermuntert von revolutionären Gedanken kam er schließlich nach Zollikon, um die Entwicklung der politischen Ereignisse in Deutschland aus unmittelbarer Nähe mitverfolgen zu können.

Laut Tagebucheintrag fand Flakes Rückzug von Arosa nach Zürich Anfang November 1918 statt. Angaben über den Aufenthalt in Zollikon liegen nicht vor. Bekannt ist nur seine Begegnung mit Leonhard Frank, von dem er am 18. Dezember 1918 die in der Zeppelinstr. 34 liegende Wohnung erwarb.[299] Daß Flake sich kurz nach Kriegsende eine Bleibe zulegte, hatte seinen Grund. Er empfand die politische Lage in Europa immer noch als angespannt und beabsichtigte deshalb, „die Kräfte der internationalen Versöhnung mit Hilfe einer Zeitschrift"[300] von der Schweiz aus in Bewegung zu setzten. Da aber die Karriere als Herausgeber nicht in Erfüllung ging, kehrte er im Februar 1920 nach Deutschland zurück.[301] Abgesehen von seinen Reisen durch Rußland, England und Frankreich sowie dem Aufenthalt bei Bozen, von wo er 1927 wegen seiner großen Sympathie für die Deutschen in Südtirol auf Befehl Mussolinis ausgewiesen wurde, lebte er bis zu seinem Tod am 10. November 1963 in Deutschland.

---

[297] Flake, Otto an Fried, Alfred Hermann, Br. v. 9.10.1918, Fried Collection, Box 3, HInst. S.
[298] Erschienen in *Friedenswarte* Jg. 20, Juli/August 1918, Nr. 7/8.
[299] Vgl. Flake, Otto: Es wird Abend. S. 266.
[300] Flake, Otto an Prechtel, Robert, uv. Br. 3.5.1919, DLM Nr. 60.339.
[301] Vgl. Flake, Otto: Es wird Abend. S. 276.

4.1.4. Leonhard Frank

Bereits zu Beginn des Ersten Weltkrieges erwies sich der Maler Leonhard Frank, welcher seit 1910 als Schriftsteller in Berlin lebte und 1914 mit seinem ersten Roman *Die Räuberbande* einen literarischen Erfolg erzielt hatte, als einer der wenigen Kriegsgegner. Gemeinsam mit René Schickele, Otto Bruck, Max Brod und Julio Alvarez del Vayo befaßte er sich vergebens mit der Frage, „wie der Krieg beendet werden könnte, der durch Wort und Schrift nicht" zu beenden war.[302] Viel Zeit blieb ihm allerdings nicht, denn schon am 7. Mai 1915 mußte Frank, nachdem er mit dem Journalisten Felix Stössinger anläßlich der Versenkung der *Lusitania* in einen handgreiflichen Streit geraten war, die Flucht in die Schweiz antreten.[303] Bis es aber zum endgültigen Grenzübertritt kam, verging knapp ein Monat, den er teils in München für die Abwicklung geschäftlicher Angelegenheiten und teils für einen kurzen Besuch bei den Eltern in Würzburg nutzte.[304] Erst am 10. Juli 1915 teilt er seinem Freund Ernst Hardt[305] aus Kreuzlingen mit: „Ich bin seit 4 Wochen hier in einem Sanatorium (eingeladen)".[306] Wie bei vielen *Bellevue-Patienten* diente auch Leonhard Franks Aufenthalt im Kreuzlinger Sanatorium in erster Linie nur als Vorwand, dem Militärdienst zu entkommen. Seine erste angebliche Behandlungsphase erfolgte in der Zeit vom 10. Juni 1915 bis zum 29. August 1915.[307] Knapp zwei Monate später erfolgte ein erneuter Krankenhausaufenthalt, allerdings etwas kürzer, und zwar vom 5. bis zum

---

[302] Frank, Leonhard: Links wo das Herz ist. München 1952, S. 92. Julio Alvarez del Vayo (1891-1975) spanischer Politiker und Diplomat.

[303] Frank, Leonhard: Links wo das Herz ist. S. 93. Emil Szittya, der prädadaistische Mitherausgeber der Zeitschrift *Der Mistral*, äußert sich dazu folgendermaßen: „Als das englische Schiff 'Lusitania' mit 1198 Passagieren von Deutschen torpilliert und versenkt wurde, veröffentlichte ein bedeutender Journalist namens Stössinger, einen begeisterten Artikel darüber. Frank geriet in derartige Wut, dass er den Journalisten im Café des Westens vor allen Menschen ohrfeigte. Die Folge war eine Denonciation als 'Französischer Spion'. Frank hatte gerade noch Zeit, nach der Schweiz zu entfliehen." In: Szittya, Emil: Der Optimist Leonhard Frank. Konvolut Essays, S. 5-6, DLM 80.1823.

[304] Frank, Leonhard an Hardt, Ernst, Br. v. 5.6.1915. In: Briefe an Ernst Hardt. Eine Auswahl aus den Jahren 1898-1947. Hg. v. Jochen Meyer. Marbach 1975, S. 88-90.

[305] Ernst Hardt (1876-1947): Deutscher Schriftsteller, 1919-1924 Generalintendant des Deutschen Nationaltheaters in Berlin.

[306] Frank, Leonhard an Hardt, Ernst, Br. v. 10.7.1915. In: Briefe an Ernst Hardt. S. 92.

[307] Laut Mitteilung des *Binswanger-Archivs* der Eberhard-Karls-Universität Tübingen.

23. Dezember 1915.[308] Im Anschluß an diese Therapien wagte er einen Aufenthalt in Berlin, kam aber fast drei Monate später nach Zürich,[309] in jene eidgenössische Metropole, die ihm schon bei der Ankunft außergewöhnlich harmonisch vorkam:

> „Hier schien selbst in der Luft etwas zu sein, das es in Deutschland nicht gab, die Menschen in den Straßen hatten eine andere Haltung und blickten anders, und der Gesichtsausdruck war ruhig. Es schien, als hielten sie das Grundrecht, zu leben und zu sein, wie sie waren, für eine Selbstverständlichkeit. [...] Jedenfalls schienen hier, in der demokratischen Schweiz, die Menschen frei zu atmen."[310]

Im Gegensatz zu Berlin erschien Zürich als Idylle der Freiheit. Die Großzügigkeit im öffentlichen wie im privaten Leben riefen einen positiven Eindruck hervor, und die politische Atmosphäre erwies sich als der bestmögliche Nährboden für die Fortsetzung antimilitaristischer Aktionen. Weiterhin bestand hier eine humane Gesellschaftsordnung, die insbesondere den politischen Vorstellungen Franks vollkommen zu entsprechen schien. Überzeugt von diesen Konstellationen, ließ er sich als direkter Nachbar des Zürcher Konservatoriums in der „Pension Florhof, Florhoffgasse 4"[311] nieder. Für den ohne die nötigen Mittel eingereisten Leonhard Frank sicherlich eine leichtsinnige Entscheidung, die er in den kommenden Monaten bereuen sollte. Verantwortlich hierfür waren allerdings nicht nur die Geldsorgen, sondern der „durch plötzliche schicksalhafte Anhäufung psychischen Leides" entstandene extreme Arbeitseifer, der ihn aus dem sozialen Leben und immer tiefer ins „Einsame" drängte.[312] Diese nahezu selbstzerstörerische Daseinsform nahm Frank als Preis seines literarischen Schaffens in Kauf. Deshalb auch die Empfehlung an Hugo Ball, „man muß arbeiten bis zur Gehirnhautentzündung, bis man vom Schreibtisch fällt. Bis einen Ekel und Abscheu vor der Arbeit erfüllen. Dann ist die Arbeit fertig."[313] Nicht zuletzt aufgrund

---

[308] Ebd.

[309] Leonhard Franks genaues Abreisedatum aus Berlin konnte zwar nicht ermittelt werden, doch der Eintrag in Hugo Balls Tagebuch v. 2.4.1916 spricht für März 1916. Vgl. Hugo Ball: Flucht aus der Zeit. S. 80. Beleg für den Aufenthalt in Berlin ist Leonhard Franks Br. v. 21.2.1916 an Ernst Hardt. In: Briefe an Ernst Hardt. S. 96.

[310] Frank, Leonhard: Links wo das Herz ist. S. 95.

[311] Leonhard Frank an Ernst Hardt v. 13.4.1916. In: Briefe an Ernst Hardt. S. 96.

[312] Ebd., S. 97.

[313] Ball, Hugo: Die Flucht aus der Zeit. S. 109.

Zwar ist es Frank nicht gelungen, an der Abschaffung des wilhelminischen Systems direkt beteiligt zu sein, doch gehörte er zu jenen Schriftstellern, die aus dem Schweizer Exil an der geistigen Vorbereitung einer politischen Emanzipation in Deutschland durch literarische Beiträge mitwirkten. Seine Feststellung in einem Schreiben an die Redaktion der *Leipziger Volkszeitung* vom 27.Oktober 1918, daß „in den noch bevorstehenden Zeiten die Haltung des Bürgertums von einschneidender Bedeutung" sei, und die Aufforderung, „man sollte Widerstände *beseitigen, soviel wie nur möglich*" waren kluge Voraussagen, die sich kurz darauf bestätigten.[352]

Der Kieler Matrosenaufstand vom 3. November 1918 und die folgenden Massendemonstrationen in vielen Städten Deutschlands signalisierten das Ende der wilhelminischen Ära, wovon Frank stets überzeugt war und worauf er im Exil ununterbrochen gewartet hatte. Die ausgelöste Revolution galt ihm folglich als Grund für die Rückkehr ins Heimatland, da es endlich von der unterdrückenden Kaiserherrschaft befreit war und Kurs auf eine antiautoritäre Gesellschaftsordnung genommen hatte. Allerdings erfolgte die Ausreise aus der Schweiz, wie Frank in seiner Autobiographie angibt, nicht sofort im Anschluß an die Nachricht „Revolution in Deutschland", also schon am 9. November 1918,[353] sondern erst am „20. Dezember 1918".[354] Während der Nachkriegszeit lebte er hauptsächlich in Berlin, mußte aber 1933 zum zweiten Mal in die Schweiz emigrieren, von wo es dann via London, Paris und Lissabon in die Vereinigten Staaten ging. Erst 1950 begab sich Frank zurück nach Deutschland und wohnte bis zu seinem Lebensende am 18. August 1961 in München.

4.1.5. Ferdinand Hardekopf

Ferdinand Hardekopf, bekannt als einer der führenden Köpfe des Berliner Frühexpressionismus, der seit 1911 bei Franz Pfemferts *Aktion* tätig

---

[352] Frank, Leonhard an Hardt, Ernst, Br. v. 27. Oktober 1918, SAdK, Leonhard Frank Archiv, Kopien von Materialien aus der Münchener Sammlung, Sig. 261.
[353] Frank, Leonhard: Links wo das Herz ist. S. 109-110.
[354] Laut Angabe des Zürcher Stadtarchivs ließ sich L. Frank bereits am 14.12.1918 nach Würzburg abmelden. Doch der am 6. Dezember 1918 vom Deutschen Generalkonsulat in Zürich ausgestellte Paß, „gültig zur Einreise vom 10.12.1918 bis zum 16.12.1918", der am Ablauftag der Einreisebewilligung „bis zum 20. Dezember 1918 verlängert" wurde, zeigt, daß Franks Grenzüberschritt erst am 20.12.1918 erfolgte. SAdK, Leonhard Frank Archiv, Kopien von Materialien aus der Münchener Sammlung, Sig. 261.

war, begegnete der im August 1914 herrschenden Kriegshysterie innerhalb der Berliner Intellektuellenszene eher mit Niedergeschlagenheit als mit einem übertriebenen Nationalgefühl. Seine Hoffnungslosigkeit war sogar dermaßen stark, daß er kurz nach Kriegsbeginn „in einer dem Selbstmord nahen Verzweiflung"[355] schwebte. Er überwand die selbstzerstörerische Depressionsphase sehr schnell und widmete sich der Kriegsablehnung. Beispielhaft hierfür ist seine Kritik an der philosophischen Kriegsbejahung von Thomas Mann, der im *Zeit-Echo* den Geist als Anlaß zum Krieg erklärt hatte.[356]

> „Man proklamiert, unter Fieberschauern des schlechten Gewissens, eine geistige Zukunft. Wäre Geistes-Gegenwart nicht hübscher? Die wird als vorhanden empfunden nur von der Frohnatur Thomas Manns, der triumphiert: literarischer Geist habe Anteil gehabt an der 'Wirklichkeit dieses Krieges'. Hier ist nicht mehr gut weilen."[357]

Derartig pazifistische Texte, in denen Hardekopf der Kriegsbejahung rigoros entgegentrat, sind allerdings sehr selten. Genaue Gründe für die geringe Produktion seiner kriegskritischen Stellungnahmen sind unklar. Vermutlich lag es vorwiegend an der politischen Vereinsamung, da die Mehrzahl seiner Freunde, darunter René Schickele, Ludwig Rubiner und Hugo Ball, schon im ersten Kriegsjahr in die Schweiz gegangen waren. Darüber hinaus war Hardekopf als Reichstagsstenograf tätig, was wohl, bedingt durch die amtliche Verpflichtung gegenüber dem Staat, eine gewisse Zurückhaltung erforderte. So erlebte er einerseits die ungewollt unterdrückte Aufforderung zur Menschlichkeit und andererseits hatte er auf parlamentarischer Ebene direkten Einblick in die bestialische Kriegsmaschinerie; ein mühsames Zerren zwischen Gut und Böse, dem er mittels der Emigration in die Schweiz erst im Sommer 1916 entkommen konnte. Äußerlich gesehen basierte zwar der Weggang aus Deutschland auf einer zu Kriegsbeginn getroffenen Abmachung mit Hans Richter und Albert Ehrenstein, sich „am 15. September 1916 um 3 Uhr nachmittags im Café de la Terasse in Zürich"[358] zu treffen, doch sein fast ein Leben lang anhaltender Aufenthalt in der Schweiz belegt, daß dies eine bewußte Entscheidung für das Exil war.

---

[355] Mühsam, Erich: Tagebücher 1910-1924. München 1994, S. 122.
[356] Vgl. Mann, Thomas: *Gute Feldpost*. In: Zeit-Echo, 1(1914/1915), H. 1, S. 14-15.
[357] Hardekopf, Ferdinand: *Das Zeit-Echo*. In: *Die Weißen Blätter*, Juli-September Heft 1915, S. 931-932.
[358] Richter, Hans: DADA - Kunst und Antikunst. Der Beitrag Dadas zur Kunst des 20. Jahrhunderts. Mit einem Nachwort hg. v. Werner Haftmann. Köln 1978, S. 25.

Wie und wann der bereits am „18. September 1915"[359] ausgemusterte Hardekopf die Reise ins Exil antrat, ist unbekannt. Das einzig vorhandene Dokument aus dieser Zeit ist der am 17. August 1916 in Mannenbach geschriebene Brief an die Freundin Olly Jacques:

> „Sehr liebe Olly, sei viele Male bedankt für Deinen interessanten Brief, mit der überraschenden Mitteilung von Emmy's und Herr Ball's Erscheinen im Tessin. Du fragst, ob ich auch käme. Ich glaube nicht so bald. Zwar hat mich auch Dr. R. (freundlich) aufgefordert, zu kommen; und er scheint anzudeuten, dass ich vielleicht bei ihm wohnen könnte. Doch habe ich zunächst nicht den Elan zu solcher Reise."[360]

Der angeblich fehlende Elan für die Reise ins Tessin scheint nicht der eigentliche Grund für Hardekopfs Aufenthalt in Mannenbach gewesen zu sein. Seine Entscheidung resultierte vielmehr aus der Suche nach einer psychologischen Behandlung, die er schließlich in der Zeit vom 31. August 1916 bis zum 16. September 1916 im Kreuzlinger Sanatorium in Anspruch nahm.[361] Wegen der bald ablaufenden „Controllkarte"[362] kam er aber zeitweilig nach Zürich, so zum Beispiel am 16. September 1916, um sich der üblichen Kontrolle des Kaiserlichen Generalkonsulats zu unterziehen.[363] Währenddessen genoß er das städtische Ambiente und kam mit alten Freunden aus der Berliner Intellektuellenszene zusammen. Bestätigt wird diese Annahme in der Mitteilung an die Freundin Olly: „Zürich bietet ein bißchen städtischen Reiz, aber er ist eingedrängt für den, der wirklich (katholische) Städte liebt. – Ich sah Rubiner's, Richter's und Frank's [...]."[364] So sehr Hardekopf Zürich vorwiegend negativ empfand, strebte er „im Glücksfalle sehr guter Wohn-Möglichkeiten"[365] doch den Zuzug in diese Stadt an. Bis dahin hielt er sich vorwiegend in Mannenbach auf, wobei es laut Mitteilung vom 2. November 1916 zu einem

---

[359] Vgl. Landsturmschein Ferdinand Hardekopf, DLM Nr. 71.1531.
[360] Hardekopf, Ferdinand an Jacques Olly, uv. Br. v. 17.8.1916, DLM Nr. 71.1471/1. Olga, gen. Olly, Jacques (1877-1949), Freundin Hardekopfs, geschiedene Frau des luxemburgischen Schriftstellers Norbert Jacques.
[361] Mitteilung des *Binswanger-Archivs* der Eberhard-Karls-Universität Tübingen.
[362] Hardekopf, Ferdinand an Jacques, Olly, uv. Br. v. Herbst 1916, DLM Nr. 71.1471/2.
[363] Landsturmschein Ferdinand Hardekopf, DLM Nr. 71.1531.
[364] Hardekopf, Ferdinand an Jacques, Olly, uv. Br. v. Herbst 1916, DLM Nr. 71.1471/3.
[365] Hardekopf, Ferdinand an Jacques, Olly, uv. Br. v. Herbst 1916, DLM Nr. 71.1471/2.

kurzfristigen Aufenthalt in Locarno kam, jener Stadt, die seinen Erwartungen ebenfalls wenig entsprach:

> „Ich glaube nicht, dass ich lange in Locarno bleiben werde, obgleich es mir hier gut gefällt. Aber es ist ein Provisorium. So abenteuerlich, wie Du Dir vorstellst, ist diese Stadt nicht, es herrscht hier ein subalternes deutsches Kleinbürgertum, das 6 Francs täglich für seine Erhaltung ausgeben kann. [...] In den Dörfern der Umgebung ist etwas mehr Italien; dafür sind sie besetzt von deutsch-schweizerischem Militär."[366]

Wohl keine eidgenössische Stadt genügte seinen Ansprüchen vollkommen, aber spätestens Anfang Januar 1917 kam Hardekopf nach Zürich.[367] Der äußere Anlaß für diesen Ortswechsel war möglicherweise die spontane Teilnahme an der ersten Dada-Ausstellung in der Galerie Corray, wo u. a. sein enger Freund Hans Richter einige Ölbilder zeigte.[368] Im übrigen traf er während dieses Besuches Leonhard Frank, Albert Ehrenstein, Tristan Tzara, Marcel Janco und Emmy Hennings.[369] So ergiebig diese Begegnungen auch verliefen, verließ er doch Zürich und das *Hotel Pelikan*[370] schon nach wenigen Tagen und ging nach Bern. Hardekopfs Ankunft im Berner *Hotel Jura* erfolgte laut der Mitteilung an Olly Jacques bereits am 19. Januar 1917.[371] Auch hier ging es ihm hauptsächlich um den Austausch mit Gleichgesinnten wie Salomon Grumbach und René Schickele; wobei unbekannt ist, wie lange er mit ihnen Kontakt gehalten hat. Sicher ist allerdings, daß er die Bleibe mitten in der Schweizer Hauptstadt schon nach kaum einem Monat aufgab. Die nächste Station hieß *Davos-Platz* am *Hotel Merkur*, wohin er sich laut der Mitteilung vom 11. Februar 1917 vorwiegend zur Verlängerung des bald ablaufenden Urlaubes begeben hatte:

---

[366] Hardekopf, Ferdinand an Jacques, Olly, uv. Br. v. 2.11.1916, DLM Nr. 71.1471/4.

[367] Hardekopfs Zuzug nach Zürich könnte auch gegen Ende November 1916 stattgefunden haben, falls der vom Jahrgang her ungenau datierte Brief an Olly Jacques nicht am 21.11.1917 sondern genau ein Jahr früher geschrieben worden ist. DLM Nr. 71.1471/5.

[368] Vgl. Ferdinand Hardekopf und Dada. Hg. v. Richard W. Sheppard. In: Jahrbuch der Deutschen Schillergesellschaft 20 (1976), S. 133.

[369] Vgl. ebd., S. 133-134.

[370] Vgl. Hardekopf, Ferdinand an Jacques, Olly, uv. Br. v. 16.1.1917, DLM Nr. 71.1471/12.

[371] Vgl. Hardekopf, Ferdinand an Jacques, Olly, uv. Br. v. 19.1.1917, DLM Nr. 71.1471/13.

"Ich wohne in einem einfachen Hotel, das aber sauber ist, Centralheizung hat und für 6 Francs eine gut bürgerliche Pension bietet. Ich begab mich zu dem hiesigen deutschen Konsulararzt, Prof. Jessen. Dieser Herr selbst war nicht anwesend. Aber sein erster Assistent untersuchte mich und stellte mir ein Attest aus, das ich nach Berlin gesandt und auf Grund dessen ich eine Verlängerung meines Urlaubs bis zum 15. Mai erbeten habe. Der Attest lautet: 'tuberkulöse Erkrankung beider Spitzen und der rechten Lungenwurzel.'"[372]

Dank dieser äußerst bedrohlich klingenden Diagnose wurde Hardekopf weiterhin vom Militärdienst freigestellt, wobei man ihn bis zum Jahresende noch dreimal zur Untersuchung in das Kaiserliche Deutsche Generalkonsulat nach Zürich bestellte.[373] Seine Kriegsuntauglichkeit erschien den deutschen Musterungsinstanzen keineswegs eindeutig, doch gegen eine ärztliche Bescheinigung war nichts Konkretes einzuwenden. Als ehemaliger Beamter kannte sich Hardekopf mit dieser gesetzlichen Lücke aus, so daß er den Attest-Beistand auch im November 1917 in Anspruch nahm.[374] Ansonsten sind während der Kriegsjahre keine weiteren Aufenthalte in Davos nachzuweisen, wobei er an diesem Kurort bedingt durch unersättliches Verlangen nach politischem Wissen ohnehin kein großes Interesse fand: „Meine politische Bildungsstätte ist das Café Kurhaus; aber es gibt zu wenig Zeitungen für meinen Appetit."[375]
Nicht zuletzt das dürftige Zeitungsangebot in Davos bewog Hardekopf im Frühling 1917 zum Umzug nach Zürich. Sein bevorzugter Aufenthaltsort war hier die mit internationalen Blättern ausgestattete Museumsgesellschaft an der Limmatquai 62, „deren Zeitungen und Revuen" er „mit erregter Pedanterie" studierte.[376] Dabei traf er viele Journalisten aus Deutschland, wobei sich diese eher für den Zürcher Alltag interessierten. „Zürich wimmelt vor deutschen Journalisten. Sie revidieren, wie alles, so auch diese Marienstadt (ein wenig)."[377] Daß Hardekopf inmitten

---

[372] Hardekopf, Ferdinand an Jacques, Olly, uv. Br. v. 11.2.1917, DLM Nr. 71.1471/17.
[373] Laut dem Landsturmschein von Ferdinand Hardekopf erfolgten diese Kontrollen am 27. April 1917, 6. September 1917 und 6. Dezember 1917, DLM Nr. 71.1531.
[374] Vgl. Hardekopf, Ferdinand an Jacques, Olly, uv. Kr. v. 9.11.1917, DLM Nr. 71.1471/16.
[375] Hardekopf, Ferdinand an Jacques, Olly, uv. Br. v. 11.2.1917, DLM Nr. 71.1471/17.
[376] Hardekopf, Ferdinand an Jacques, Olly, uv. Br. v. 21.11.1916/17, DLM Nr. 71.1471/5.
[377] Hardekopf, Ferdinand an Jacques, Olly, uv. Br. v. 11.5.1916/17, DLM Nr. 71.1471/23.

dieser Metropole vorwiegend in der Museumsgesellschaft verkehrte, scheint durchaus möglich gewesen zu sein, sollte aber nicht als Hauptbestandteil seines damaligen Tagesablaufes bewertet werden. Denn entgegen der Behauptung von Richard Huelsenbeck — bezogen auf das Jahr 1917 —, Hardekopf „habe sich von der Welt bis zu vollständiger Beziehungslosigkeit"[378] abgekapselt, gibt es mehrere Belege dafür, daß er zu jenem Zeitpunkt einen durchaus lebendigen Kontakt zu seinem Umfeld pflegte. Zu erwähnen wäre an dieser Stelle die enge Beziehung zu Hans Richter, bei dem er neben vielen deutschen Schriftstellern auch den „Sohn der Else Lasker-Schüler"[379] traf. Ebenfalls bezeichnend für Hardekopfs soziale Kontakte sind seine Briefe vom Mai 1917, die den emphatischen Anschluß an den Zürcher Dadaisten-Kreis erkennen lassen. Angedeutet wird darin sowohl der Besuch einer „literarhistorisch-sanften Soirée" in der *Galerie Dada* als auch die Lesung aus dem kurz zuvor fertiggestellten Detektiv-Roman *Manon*.[380]

Hardekopfs Mitarbeit in der Zürcher Dadaistengruppe war jedoch nur sehr kurz, da sich die *Galerie Dada* wegen einer Unstimmigkeit zwischen Tristan Tzara und Hugo Ball gegen Ende Mai 1917 plötzlich auflöste. Die Freude, wieder unter ehemaligen Verbündeten aus dem Berliner *Café des Westens* zu sein, nahm somit ein rasches Ende. Als Folge der allmählich wachsenden Vereinsamung hielt sich Hardekopf von Mitte Juni 1917 bis Februar 1918 außerhalb von Zürich auf. Anzunehmen ist, daß er diese Zeit, abgesehen von dem kurzen Davoser Aufenthalt,[381] größtenteils bei der Freundin Olly Jacques in Mannenbach verbrachte. Laut amtlichen Angaben kam er erst am 6. Februar 1918 wieder nach Zürich.[382] Womöglich wäre er hier überhaupt nicht aufgetaucht, wenn man ihn in einem Inserat der *Vossischen Zeitung* vom 27. Januar 1918 nicht als Mitglied des *Berliner Dada-Clubs* bezeichnet hätte.[383] Hardekopf hegte zwar keine An-

---

[378] Huelsenbeck, Richard: Mit Witz, Licht und Grütze. Auf den Spuren des Dadaismus. Wiesbaden 1957, S. 49.

[379] Hardekopf, Ferdinand an Jacques, Olly, uv. Br. v. Frühling/Sommer 1917, DLM Nr. 71.1471/20.

[380] Vgl. Ferdinand Hardekopf und Dada. S. 161.

[381] „Ich habe doch erst den zweiten Zug (ab Zürich ½ 12) genommen, und wohne deshalb zunächst in einem kleinen, primitiven Hotel. Meine Adresse also vorläufig: Davos-Platz, Postlagernd." Hardekopf, Ferdinand an Jacques, Olly, uv. Kr. v. 9.11.1917, DLM Nr. 71.1471/16.

[382] Angabe stammt aus der Zürcher Fremdenkontrolle. Stadtarchiv Zürich.

[383] Vgl. Ferdinand Hardekopf und Dada. S. 137.

tipathie gegen die Berliner Dadaisten, doch durch den Mißbrauch seines Namens fühlte er sich außerordentlich ausgenutzt und wollte demzufolge ein Dementi gegen diese Nachricht erwirken. Letztendlich ohne wirksame Folgen, so daß sich die ganze Aufregung als erfolglos erwies. Der einzige Trost beim Umzug nach Zürich lag insofern darin, daß Hardekopf nach der Begegnung mit René Schickele den Übersetzungsauftrag für die *Beaumarchais-Ausgabe* erhielt.[384] Kurz danach, am 21. Februar 1918, nahm er erneut Abschied von Zürich, um diesmal nach Lugano zu gehen.[385]

Die Aktenlage bezüglich der Zeit in Lugano ist sehr schlecht. Vorhanden sind nur ein paar Briefe. Darüber hinaus gibt es noch den Hinweis von Hugo Ball auf Hardekopfs Luganer Domizil „Pension Induna, Villa Daheim".[386] Wie lange er hier genau gewohnt hat, ist ungewiß, doch anhand der Korrespondenz läßt sich vermuten, daß er im Tessin mindestens bis Mitte August 1918 lebte.[387] Also mehr als sieben Monate, während deren Hardekopf genug Zeit hatte, sich mit seinen Übersetzungen zu beschäftigen. Nebenbei verfolgte er aber auch den „Streik aller Arbeiter- und Handwerkerberufe" im sonst friedlich ablaufenden Luganer Alltag mit großer Aufmerksamkeit:

> „Mir ist dieser soziale Vorgang doch interessant. Lugano ist aus einem Tango-Edel plötzlich ein Schauplatz proletarischer Kämpfe geworden. - Man sagt, der Generalstreik sei nur auf 3 Tage berechnet. Jedenfalls ist er bisher radikal gelungen."[388]

Abgesehen von dem überraschenden Interesse an den Luganer Tageserlebnissen pflegte Hardekopf einen engen Kontakt zu Zürich und Bern. Ein ausschlaggebendes Indiz dafür ist der mit der Lebensgefährtin Olly Jacques geführte Schriftwechsel vom 21. Juli 1918, aus dem hervorgeht, wie eifrig er den neuesten Produktionen seiner Schriftstellerkollegen hinterherjagte:

> „Das Literaten-Heft der *Friedenswarte* hat mir Richter aus Zürich geschickt. Es hat mir, abgesehen von wenigen Beiträgen (wie des Dr. Ernst Bloch),

---

[384] Vgl. Schickele, René: Werke in drei Bänden. Bd. 3. Köln u. Berlin 1959, S. 1024. Pierre Augustin Caron de Beaumarchais (1732-1799), französischer Dramatiker und Schriftsteller.
[385] Laut Zürcher Fremdenkontrolle. Stadtarchiv Zürich.
[386] Ball, Hugo an Hennings, Emmy, uv. Br. v. 30.3.1918, HBS P, Nr. 1918-011.
[387] Vgl. Ferdinand Hardekopf und Dada. S. 138.
[388] Hardekopf, Ferdinand an Jacques, Olly, uv. Br. v. 1918, DLM Nr. 71.1475/5.

einen sehr peinlichen Eindruck gemacht. [...] Die *Weißen Blätter* (die in einer Park-Abteilung des Zimmerwalds rauschen) erhielt ich vom Orte ihres Drucks. Ball's Roman habe ich, leihweise, gehabt und gelesen: ein mir, leider, völlig unerträgliches Buch, dem ich aufs äusserste widerstrebe."[389]

Als Kriegsgegner der ersten Stunde war es für Hardekopf eine Selbstverständlichkeit, an der bedeutungsvollen Aktion der *Friedenswarte*, die wie bereits erwähnt im Juli/August Heft 1918 rund 20 pazifistischen Schriftstellern ihre Spalten zur Verfügung gestellt hatte, Anteil zu nehmen. Volles Lob wollte er aber dieser Kampagne nicht spenden, da sie seiner Meinung nach „auf die Initiative des deutschen Nationalisten O[tto] Flake zu Stande gekommen war."[390] Ebenfalls kritisch interpretierte er Hugo Balls Roman *Flametti*[391]. Die einzige Anerkennung unter allen nach Lugano bestellten Lektüren zollte er „Tzaras neue[n] Dada-Gedichte[n]", welche Hardekopf laut dem Schreiben vom 14. August 1918 „mit großem Interesse" gelesen hatte.[392] Seine Äußerungen bezüglich Tzaras schriftstellerischer Leistung resultierten zwar vorwiegend aus der Sympathie mit dem Zürcher Dadaismus, doch die Absicht, sich in unmittelbare Nähe dieser Strömung zu begeben, hegte er in jenen Tagen nicht. Hardekopf wollte weiterhin Distanz zum Kreis der Dadaisten wahren, so daß er sich im Anschluß an den Wegzug von Lugano ab Mitte August 1918 knapp vier Monate lang teils in Mannenbach und teils in Genf aufhielt.[393] Wo genau er in den jeweiligen Städten seinen Wohnsitz hatte, geht aus den amtlichen Einwohnerkontrollen nicht hervor. Höchstwahrscheinlich ließ Hardekopf seine Aufenthaltsorte absichtlich unangemeldet, um die Musterungsaufforderungen des Zürcher Generalkonsulats möglichst hinauszuzögern.[394] Letztendlich zahlte sich diese Taktik auch

---

[389] Ferdinand Hardekopf und Dada. S. 138-139.
[390] Ferdinand Hardekopf und Dada. S. 138-139.
[391] Ball, Hugo: Flametti oder vom Dandysmus der Armen. Berlin 1919.
[392] Ferdinand Hardekopf und Dada, S. 140. Gemeint waren die *Manifeste Dada 1918*, welche Tzara am 23. Juli 1918 beim 7. Dada-Soirée vorgetragen hatte. Vgl. Bolliger, Hans u.a.: Dada in Zürich, S. 92.
[393] Vgl. Ferdinand Hardekopf und Dada. S. 140-141.
[394] Hardekopf, Ferdinand an Jacques, Olly, uv. Br. v. 14.8.o.J, DLM Nr. 71.1472/13. „Gestern erhielt ich, ganz verspätet, vom Consulat die Aufforderung zu einer ärztlichen (Militär-) Untersuchung in Lugano am 9. August, also zu einem verflossenen Termin, und zwar bei dem jüngeren Dr. Zbinden. Ich schreibe sofort Briefe an die Consulate Lugano, Zürich und an Dr. Zurlinden hin - und werde nun wohl bald nach Zürich zur Musterung aufgefordert werden. Was ist das widerwärtige Belästigung."

aus, zumal man ihn erst am 10. Oktober 1918,[395] also unmittelbar vor Kriegsende, zur Kontrolle bestellt hatte. Als der Krieg, den Hardekopf von Anfang an energisch abgelehnt hatte, nach über vier Jahren ein Ende nahm, eilten viele Gleichgesinnte in der Hoffnung auf den künftigen Frieden nach Deutschland zurück. Er dagegen blieb aus zweierlei Gründen in der Schweiz. Zum einen zur Erholung nach den während der Kriegszeit erlebten psychischen und physischen Überbelastungen.[396] Zum anderen wegen seiner Sympathie zum Zürcher Dadaismus, die nun ausgelebt werden sollte. Letztendlich konnte beides verwirklicht werden, doch das Interesse am Dadaismus ließ bereits nach wenigen Monaten nach. Unübersehbar wird dies in Hardekopfs Briefen von April und Mai 1919 deutlich: „[...] es wird mir etwas viel der Dada-Plauderei". Und: „Von den Dada-Herren bin ich ganz abgerückt", mit ihnen „mag ich nicht mehr gern sprechen. Diese Eitelkeit ist nicht hübsch."[397] Angesichts der endgültigen Trennung vom Kreis der Dadaisten hätte sich Hardekopf vielleicht noch im Sommer 1919 ins Heimatland begeben, wenn ihm die politischen Unruhen im ehemaligen Kaiserreich nicht zu große Angst eingejagt hätten. So zog er es vor, erst im Jahre 1921 nach Deutschland zurückzukehren. Da aber sein Aufenthalt in Berlin bedingt durch die erfolglose Gründung des Kabaretts *Größenwahn* äußerst negativ verlief, wanderte er noch im gleichen Jahr ein für allemal aus und lebte bis zu seinem Tod am 24. März 1954 in der Schweiz.

4.1.6. Ricarda Huch

In Anlehnung an den Plan vom 6. Januar 1916, „ein halbes Jahr, vom Frühling bis Herbst [...] ein paar Monate nach Wien und ein paar Monate nach Bern"[398] zu gehen, machte sich Ricarda Huch gemeinsam mit der Tochter Marietta mitten im „Großen Krieg" auf den Weg in die Schweiz, wo sie knapp 28 Jahre zuvor an der Universität Zürich das Geschichtsstudium angetreten und im Anschluß an die Promotion fast vier Jahre

---

[395] Vgl. Landsturmschein von Ferdinand Hardekopf, DLM Nr. 71.1531.
[396] Hardekopf, Ferdinand an Jacques, Olly, uv. Br. v. 14.8.o.J, DLM Nr. 71.1472/19. „Ich bin am Rande eines großen Nervenzusammenbruchs. Vielleicht bewahrt einzig meine 'Einsicht' mich noch davor. Ich bin hier sehr allein, und das ist auch das beste."
[397] Ferdinand Hardekopf und Dada. S. 148-149.
[398] Huch, Ricarda an Hirt, Hans, uv. Br. v. 6.1.1916, DLM Nr. 69.59/14.

lang in der Zürcher Stadtbibliothek als Sekretärin gearbeitet hatte.[399] Ein genaues Datum bezüglich der durch „eine ärztliche Befürwortung"[400] veranlaßten Einreise liegt zwar nicht vor, doch anhand des Tagebucheintrages vom 20. August 1916, worin es heißt: „[h]eute vor vier Wochen war unser erster Reisetag in Winterthur", ist zu vermuten, daß die Ankunft in die Schweiz erst nach dem 20. Juni 1916 stattgefunden hat.[401] Der Aufenthalt in Winterthur dauerte aber nicht länger als eine Woche, da Huch laut Mitteilung an Dr. Hermann Escher[402] bereits am 30. Juli 1916 in „Aeschi oberhalb Spiez am Thunersee" angelangt war.[403] Einlogiert hatte sie sich hier in das „bequem gelegene Gasthaus Blümlisalp", welches in unmittelbarer Nähe zur Schweizer Familie Behrens lag, die sie zuvor in München kennengelernt hatte.[404]

> „Es ist hier wundervoll und ganz was ich suchte. Eine Landschaft, die einen wohltuend umgiebt, und auch da wo sie etwa prächtiger und aufdringlicher ist, verschleiert die Hitze jetzt alles weißlich blau. Gestern Abend haben wir eidgenössisch gefeiert."[405]

Die obigen Zeilen vom 2. August 1916, ebenfalls an Dr. Hermann Escher gerichtet, zeigen, daß Huch mit dem neuen Umfeld durchaus zufrieden war. Nicht nur weil man hier einfach „das Gefühl des Zuhauseseins"[406]

---

[399] Das an der Universität Zürich am 21. April 1888 begonnene Studium der Fächer Geschichte, Philologie und Philosophie absolvierte Ricarda Huch am 18. Juli 1891 mit einer Dissertation über *Die Neutralität der Eidgenossenschaft besonders der Orte Zürich und Bern während des spanischen Erbfolgekrieges*. Die Tätigkeit in der Stadtbibliothek Zürich dauerte von Ende 1891 bis Ende 1894. Vgl. Huch, Ricarda: Frühling in der Schweiz. Gesammelte Werke Bd. 11. Köln 1974, S. 163-203 u. Ricarda Huch 1864-1947. Eine Ausstellung des Deutschen Literaturarchivs im Schiller-Nationalmuseum Marbach am Neckar. Hg. v. Ulrich Ott und Friedrich Pfäfflin. Stuttgart 1994, S. 44-60.

[400] Huch, Ricarda: Unser Mannochen. Gesammelte Werke. Bd. 11. Köln 1974, S. 325.

[401] Huch, Ricarda: Kunterbunt. Gesammelte Werke Bd. 11. S. 419.

[402] Hermann Escher (27.8.1857-3.4.1938), arbeitete ab 1881 als Bibliothekar in der Stadtbibliothek Zürich und war u.a. 1897 Mitbegründer der Vereinigung Schweiz. Bibliothekare, seit 1912 führender Kopf in der Schweiz. Bibliothekskommission.

[403] Huch, Ricarda an Escher, Hermann, uv. Br. v. 30.7.1916, ZBZ, FA Escher v.G. 210b.121 I 12.

[404] Ricarda Huch: Unser Mannochen. Gesammelte Werke. Bd. 11. S. 326.

[405] Huch, Ricarda an Escher, Hermann, uv. Br. v. 2.8.1916, ZBZ, FA Escher v.G. 210b.121 I 12.

[406] Huch, Ricarda an Hirt, Hans, Br. v. 8.8.1916, DLM Nr. 64.2053. Vgl. Baum, Marie: Leuchtende Spur. Das Leben Ricarda Huchs. Tübingen 1950, S. 217.

empfand, sondern auch aus gesundheitlichen Gründen. Auf neutralem Boden hatte sie es wegen der chronischen Erkrankung ihrer „Esswerkzeuge"[407] wesentlich besser als in Deutschland, da in der Schweiz keine große Lebensmittelknappheit bestand und demzufolge jegliche Art von Heilkost wesentlich einfacher zu bekommen war. Darüber hinaus bot der Ortswechsel die Gelegenheit, in den Kreis von gleichgesinnten Intellektuellen und Freunden zu kommen, was damals in München, das „Künstlerstadt sein will, und tatsächlich bloß materiell ist",[408] nicht mehr der Fall zu sein schien: „Ich glaube, in Deutschland gibt es nur noch ganz weltliche Menschen, für die ich eine unverständliche Sprache spreche."[409] In der Schweiz dagegen hatte sie ihr schriftstellerisches Talent schon in den Studienjahren unter Beweis gestellt und fand deswegen leichten Zugang zur eidgenössischen Intellektuellenszene. Allein die aus dieser Zeit herrührende Bekanntschaft mit Hans Bodmer, genügte für Ricarda Huch, um sich wenige Tage nach der Ankunft in literarische Aktionen zu stürzen.[410] Ersichtlich wird dies in ihrem Schreiben vom 29. August 1916, worin sie von der Vorbereitung eines Vortrages für den Hottinger Lesezirkel *Über Dichtermütter mit Beziehung auf die Mutter Theodor Fontanes*[411] berichtet. Die schnelle und äußerst einfach zustandegekommene Auftrittsgelegenheit gab nicht nur dem Umzug in die Schweiz einen Sinn, sondern galt auch als Vorzeichen einer indirekten, aber warmen Aufnahme im Gastland. Allerdings drohte der Auftritt wegen Huchs ablaufendem Ausweis zu platzen:

> „Mein Wunsch und Idee ist in der Schweiz zu bleiben, mindestens über den Winter, aber mein Pass geht nur bis zum 1. Okt., und ich weiss nicht, ob es mir gelingen wird, ihn verlängern zu lassen. In den nächsten Tagen will ich nach Bern fahren, um mich dort zu erkundigen, was ich dazu tun kann, meine Ideen auszuführen. Falls ich nun am 1. Okt. wieder nach Deutschland reisen müsste, so könnte ich keine Vorlesung auf mich neh-

---

[407] Huch, Ricarda an Bodmer, Hans, uv. Br. v. 9.9.1916, StArchZ W30 16.
[408] Ricarda Huch 1864-1947. S. 206.
[409] Zitiert nach Baum, Marie: Leuchtende Spur. S. 207.
[410] Huchs Bekanntschaft mit Bodmer kam im Anschluß an das Studium während der Vorbereitung eines Singspiels für den *Hottinger Lesezirkel* zustande und hielt lange Jahre an. Vgl. Huch, Ricarda: Frühling in der Schweiz. Gesammelte Werke Bd. 11. S. 210 u. Huch, Ricarda: Dornröschen. Ein Märchenspiel. Mit Buchschmuck v. Heinrich Vogeler. Leipzig 1902.
[411] Vgl. Huch, Ricarda an Bodmer, Hans, uv. Br. v. 29.8.1916, StArchZ W30 16.

men, sondern müsste die kurze, mir noch bleibende Zeit zu Erholung ausnutzen."⁴¹²

So bedrohlich sich die Mitteilung an Bodmer auch anhörte, konnte die ungewollte Rückkehr nach Deutschland wenig später umgangen werden, nachdem Huch in Erfahrung gebracht hatte, daß man selbst ohne „Passverlängerung [...] mit einem Heimatschein als niedergelassen hier bleiben"⁴¹³ durfte. Das Verbleiben auf neutralem Boden war somit gesichert, fraglich blieb aber, ob eine der mittlerweile durchreisten Städte, darunter Aeschi, Winterthur, Heustrich-Bad, Luzern, Thun, Wimmis, für die nächsten Monate als Aufenthaltsort geeignet war.⁴¹⁴ Anscheinend nicht, da sich Huch, um bis zum „1. Okt. [...] in Bern unter Dach zu sein", mittlerweile auf die Suche nach „einem Privathause, womöglich mit Pension" gemacht hatte.⁴¹⁵ Ein recht einfacher Wunsch, der abgesehen von Huchs hohen Ansprüchen, wie „2 oder 3 Zimmer, möglichst nah dem Zentrum, möglichst mit Pension, aber in einem Privathaus, möglichst nicht zu teuer, möglichst solid und nicht so schäbig",⁴¹⁶ vor allem wegen der dicht besetzten Berner Pensionen lange unerfüllt blieb.⁴¹⁷ Glücklicherweise zahlte sich aber die langwierige Suche, an der auch Harry Maync und Hans Bodmer eifrig beteiligt waren, aus:

> „Wir waren schon fast unterwegs nach Zürich, willens das undankbare Bern von uns zu stoßen, wo es für uns kein Asyl gab; da im letzten Augenblick fanden wir etwas Herrliches, ein Häuschen, das wir ganz für uns allein bewohnen werden. Wir könnten es aber erst Mitte Okt. beziehen und ziehen bis dahin noch einmal aufs Land, noch unbestimmt wohin."⁴¹⁸

---

[412] Huch, Ricarda an Bodmer, Hans, uv. Br. v. 16.8.1916, StArchZ W30 16.
[413] Huch, Ricarda an Bodmer, Hans, uv. Br. v. 29.8.1916, StArchZ W30 16.
[414] Vgl. Ricarda Huch: Kunterbunt. Gesammelte Werke. Bd. 11, S. 401-420.
[415] Huch, Ricarda an Maync, Harry, uv. Br. v. 17.9.1916, DLM Nr. 56.1364.
[416] Huch, Ricarda an Bodmer, Hans, uv. Br. v. 17.9.1916, StArchZ W30 16.
[417] Exemplarisch für die überfüllten Pensionen in Bern sind Huchs folgende Zeilen an Hans Bodmer aus dem uv. Br. v. 14.9.1916: „Bis jetzt haben wir noch nichts Passendes gefunden, in einigen hübschen ruhigen Pensionen war alles schon für den ganzen Winter besetzt und wo etwas frei war hat es uns nicht gefallen. Wir hatten eine Annonce aufgegeben, wo wir Zimmer in einem Privathaus suchten. Bei einer Frau, die darauf geantwortet hatte, sahen wir uns die Wohnung an und nachher fragte meine Minna, ob wir hier auch allein seien, weil es uns schien als ginge da soviel vor sich. Die Frau sagte, ach es seien nur 10 Herren von der Insel da, sonst niemand." StArchZ W30 16.
[418] Huch, Ricarda an Bodmer, Hans, uv. Br. v. 25.9.1916, StArchZ W30 16.

Im Anschluß an einen kurzen Landaufenthalt zog Huch Mitte Oktober 1916 nach Bern, wo sie durch die Münchener Freundin Emmi von Egidy eine enge Bekanntschaft mit dem Regierungsrat Leo Merz und dessen Familie schloß.[419] Wie Huchs erstes Berner Domizil hieß und wo es sich genau befand, ist unbekannt. Fest steht nur, daß sie diesen Wohnsitz, der sich „als Luftschloß erwiesen"[420] hatte, schon am gleichen Tag aufgab und in die Pension Bois Fleury Riedeweg 17[421] zog. Die zweite Bleibe war zwar nicht besser als die erste, doch angesichts des immer näher rückenden Vortragstermines im *Hottinger Lesezirkel* ließ sie sich hier bis auf weiteres nieder, um in den nächsten Tagen ihr Augenmerk auf die Vorträge zu richten, anstatt die Zeit mit einer erneuten Wohnungssuche zu vergeuden. Geplant waren zwei Auftritte, einmal am 4. Dezember 1916 in Zürich und einmal am 8. Dezember in St. Gallen.[422] Für die Vorbereitung der Vorträge hatte Ricarda Huch also nur noch einen knappen Monat, den sie mit einer intensiven Lesearbeit deutscher Geschichtswerke verbrachte.[423] Der Vortrag sollte anfangs nur auf Theodor Fontane bezogen sein, aber sie weitete ihr Sujet aus, so daß er schließlich den Titel *Über den Begriff des Helden*[424] trug. Problematisch war der nun mit martialisch nationalistischen Motiven gezierte Vortragsinhalt, für den Huch unverzüglich nach den Auftritten in Zürich und St. Gallen harsche Kritik erfuhr. Ihre Idee, „dem zahlreich herbeigeströmten Publikum die Generäle Blücher und York, dann Bismarck und nebenbei auch noch Wilhelm Tell als die Inbegriffe des Helden"[425] vorzustellen, hatte wohl „zu kriegerisch"[426] gewirkt und fand demzufolge sehr geringe Anerkennung.

---

[419] Vgl. Ricarda Huch: Unser Mannochen. Gesammelte Werke. Bd. 11. S. 328.
[420] Vgl. Huch, Ricarda an Maync, Harry, uv. Br. v. 22.10.1916, DLM Nr. 56.1364.
[421] Huch, Ricarda an Bodmer, Hans, uv. Br. v. 22.10.1916, StArchZ W30 16.
[422] Vgl. Huch, Ricarda an Bodmer, Hans, uv. Br. v. 9.9.1916, StArchZ W30 16.
[423] Gemäß der an die Cottasche Buchhandlung in Stuttgart gesendeten uv. Kr. v. 7.11.1916 dienten ihr zu jener Zeit als bevorzugter Lesestoff u.a. folgende Werke: Bruns, Ivo: Die Persönlichkeit in der Geschichte der Alten, Curtius, Ernst: Alterth. und Gegenwart 1. Band, Jastrow: Deutsche Geschichte im Zeitalter d. Hohenstaufen, Manutius: Deutsche Gesch. unter den säch. und sal. Kaisern, DLM Nr 8/11.16.
[424] Im zwanzigsten Zyklus des *Lesezirkel Hottingen Zürich, Abende für Literatur und Kunst* wird Huchs Vortrag folgendermaßen angekündigt: „Dritter Abend, Montag den 4. Dezember 1916 (kleiner Saal) Ricarda Huch (München) über den Begriff des Helden". Literarische Abende 1886-1933, Drucksachen, StArchZ W30 20.
[425] *Volksrecht*, 7.12.1916.
[426] Baum, Marie: Leuchtende Spur. S. 219.

Angesichts des Fehlschlages kehrte Huch schon am 12. Dezember 1916 nach Bern zurück.[427] Offenbar befürchtete sie, die aus dem Vortrag resultierende Unbeliebtheit auch im Berner Freundeskreis zu erleben und entschloß sich im „Frühling [...] auf eine Zeit lang nach Basel"[428] zu gehen. Doch in der eidgenössischen Hauptstadt bestand für Huch kein Grund zur Besorgnis, denn Freunde wie Hanns Hirt und Harry Maync standen weiterhin hinter ihr und ermunterten sie zur Auseinandersetzung mit dem persönlichen Fehler:

> „Ich würde übrigens meine eigenen Ansichten schlecht vertreten, wenn ich nicht Widerstände zu schätzen wüsste. Wenn ich auch an meinen Ansichten nicht irre geworden bin, so ist mir doch handgreiflich klar geworden, dass ich sie klarer und schöner bringen müsste. Nicht, dass sie dann nicht auch Widerspruch finden werden, aber auf der anderen Seite auch mehr Beifall."[429]

Eine ausgesprochen gute Alternative zur Verbesserung des verschlechterten Rufes stellte in diesem Fall die seit dem Sommer 1916 bestehende Sympathie für Jeremias Gotthelf dar, den sie aufgrund von Parallelen zu Martin Luther besonders verehrte.[430] So hielt sie bereits am 27. Februar 1917 in Winterthur einen Vortrag über Jeremias Gotthelfs Weltanschauung.[431] Der Auftritt an sich verlief — abgesehen von der heiseren Stimme — relativ unkompliziert, doch wegen der geringen Zustimmung des Publikums glaubte Huch wieder, „vollständig in die Luft" gesprochen zu haben, und gab somit die Vortragsarbeit bis auf weiteres auf.[432]

Nach dem Rückzug aus der Schweizer Öffentlichkeit war Huch ab März 1917 auf sich selbst angewiesen. Um das beste aus dieser Situation zu machen, trat sie nun neue Beschäftigungen an. Eine davon war die gekürzte Neuausgabe des 1912 veröffentlichten Werkes *Der Dreißigjährige Krieg*, das diesmal aus Absatzgründen in einem Band veröffentlicht werden sollte. „Ich glaube ja, dass ein einzelner Band Erfolg haben würde, es

---

[427] Vgl. Huch, Ricarda an Maync, Harry, uv. Br. v. 12.12.1916, DLM Nr. 56.1364.
[428] Huch, Ricarda an Kippenberg, Katharina, uv. Br. v. 30.12.1916, DLM Nr. 64.2062/8.
[429] Huch, Ricarda an Bodmer, Hans, uv. Br. v. 17.1.1917, StArchZ W30 16.
[430] Ein Hinweis für Huchs steigendes Interesse für Jeremias Gotthelf ist der uv. Br. v. 9.9.1916 an Bodmer: „Ich habe täglich mehr Genuss am Gotthelf; er erinnert sehr an Luther, das hatte ich gar nicht erwartet." StArchZ W30 16.
[431] Vgl. Ricarda Huch: Jeremias Gotthelfs Weltanschauung. Gesammelte Werke. Bd. 5. Köln 1974.
[432] Zitiert nach Baum, Marie: Leuchtende Spur. S. 219-220.

erschien mir von Anfang an als ein Fehler, dass ich es nicht mehr zusammengedrängt hatte."[433] Eine erneute Herausgabe bzw. einen Auszug aus dem bereits 1916 veröffentlichten Werk *Luthers Glaube* sowie die Veröffentlichung des Romans *Der Fall Deruga* veranlaßte sie im Jahre 1917.[434] Nebenbei nahm Huch mit Alfred Hermann Fried sowie den Mitarbeitern der *Friedenswarte* Kontakt auf.[435] Allerdings sollte hier erwähnt werden, daß dieser indirekte Kontakt zur Berner Pazifistenszene Ende Mai 1917 wegen „sklerose multiplex" sowie der immer schmerzhafter werdenden Darmerkrankung vorübergehend ruhen mußte.[436] Erholt hatte sich Huch von dieser Erkrankung erst einen Monat später, nachdem sie sich auf Drängen der Basler Freundin Elisabeth Wölfflin in einem Berner Spital 8 Tage lang ärztlich behandeln ließ.[437]

Im Anschluß an die „unerwünschte Liegekur"[438] ging es Huch ab Anfang Juli 1917 wieder besser. Um aber die Rolle des „Menschen von Kontinuität"[439] wieder völlig ausfüllen zu können, entschied sie sich auf die Empfehlung ihres Berner Vertrauensarztes Adolf von Salis für eine Kur außerhalb Berns, und zwar im unteren Engadin, genauer gesagt in Schuls Pension Villa Filli.[440] Die Erholungszeit in diesem Graubündener Kur- und Badegebiet bis ungefähr Mitte August 1917 verbrachte Huch meistens mit Adolf von Salis' Tochter Helene, die damals unweit von Schuls in Fetan[441] weilte. Als Ausgangspunkt für die gelegentlichen Zusammenkünfte fungierte entweder ein gemeinsamer Ausflug[442] in die nahe Umgebung oder gegenseitige Einladungen zum Mittagessen[443] oder

---

[433] Huch, Ricarda an Kippenberg, Anton, uv. Br. v. 9.4.1917, DLM Nr. 64.1264/8.
[434] Vgl. Luthers Glaube, 19. Kapitel. In: Insel-Almanach auf das Jahr 1917, S. 17 ff.
[435] Vgl. Velde, Henry van de: Geschichte meines Lebens. S. 401.
[436] Mosaikbild einer Freundschaft. Ricarda Huchs Briefwechsel mit Elisabeth und Heinrich Wölfflin. Hg. v. Heidy Müller: München 1994, S. 52.
[437] Vgl. ebd., S. 53-54.
[438] Huch, Ricarda an Kronau-Meyer, Gerold von, uv. Br. v. 27.6.1917, ZBZ, FA Meyer v. Kronau 34 y.
[439] Huch, Ricarda an Empfänger unbekannt, uv. Br. v. 11.7.1917, DLM Nr. 64.2069/1.
[440] Vgl. Huch, Ricarda an Salis, Helene von, uv. Br. v. 25.7.1917, StB B PK 1, Nachlaß Baumgarten.
[441] Vgl. Huch, Ricarda an Salis, Helene von, uv. Br. v. 29.7.1917, StB B PK 1, Nachlaß Baumgarten.
[442] Vgl. Huch, Ricarda an Salis, Helene von, uv. Br. v. 3.8.1917, StB B PK 1, Nachlaß Baumgarten.
[443] Vgl. Huch, Ricarda an Salis, Helene von, uv. Br. Poststempel v. 3.8.1917, StB B PK 1, Nachlaß Baumgarten.

zum Tee.[444] Huchs Freude an dieser harmonischen Geselligkeit war sicherlich sehr groß, doch sie hatte hier noch einen anderen Grund zum Glücksgefühl, und zwar die unmittelbare Nähe zur Engadiner Landschaft. „Obwohl ich hier Brunnen trinke, was man doch prinzipiell nicht gern tut, ist es sehr schön, die Berge sind ein bisschen nah und grün wie auf einem Bilderbogen, aber eigentlich tut es gerade wohl, das alles so richtig und unbezweifelbar ist."[445]

So angenehm die Verhältnisse in Schuls auch waren, Huch scheint spätestens ab Mitte August mit der Suche nach einem neuen Aufenthaltsort begonnen zu haben. Laut der Mitteilung vom 24. August 1917 fiel wohl die erste Wahl auf Hertenstein am Vierwaldstätter See,[446] von wo es wenige Tage später nach Heiden[447] am Bodensee ging. Anschließend an diese abwechslungsreichen Vergnügungsfahrten kehrte Huch entsprechend der Planung vom 7. August 1917 etwa Mitte September[448] nach Bern zurück, „um wieder ein geregeltes Leben anzufangen."[449] Ausgangspunkt für die Wiederaufnahme eines sogenannten geregelten Lebens war wie zuvor die Pension Bois-Fleury, welche Huch trotz ihrer zweimonatigen Abwesenheit sicherheitshalber nicht aufgegeben hatte.[450] Zwar fühlte sie sich in dem schlecht beheizten Nordzimmer, das keine „Nachfuhr an Wärme von aussen"[451] empfing, äußerst unwohl, doch die überfüllten Pensionen Berns ließen ihr keine andere Wahl. Trotz der Kälte scheint Huch die ersten vier Monate bis Januar sehr produktiv gewesen zu sein. Belegt wird dies durch das Schreiben vom 8. März 1918 an Marie Baum, worin es heißt: „Ich habe soviel gelitten in diesem Winter durch Frieren, aber auch viel gearbeitet."[452] Gemäß der Mitteilung an Elisabeth Wölfflin vom 6. Februar 1918 kommt es allerdings kurz vor Beginn der Frühlingszeit zu einer Stagnation:

---

[444] Vgl. Huch, Ricarda an Salis, Helene von, uv. Br. v. 5.8.1917, StB B PK 1, Nachlaß Baumgarten.
[445] Huch, Ricarda an Hirt, Hanns, uv. Br. v. 7.8.1917, DLM Nr. 69.59/19.
[446] Huch, Ricarda an Janssen, Magda, uv. Br. v. 24.8.1917, Monacensia, 1892/76.
[447] Huch, Ricarda an Salis, Helene von, uv. Br. v. 29.8.1917, StB B PK 1, Nachlaß Baumgarten.
[448] Siehe Brief v. 7.8.1917 an Hirt, Hanns.
[449] Siehe Brief v. 24.81917 an Janssen Magda.
[450] Vgl. Huch, Ricarda. Einnahmen und Ausgaben 1916-1917-1918, DLM Nr. 68.1336.
[451] Huch, Ricarda an Salzer, Fritz, uv. Br. v. 28.10.1917, DLM Nr. 95.53.8
[452] Zitiert nach Baum, Marie: Leuchtende Spur. S. 222.

„Mir geht es insofern schlecht, als wir schon seit geraumer Zeit keine Kohlen mehr haben, und mich so friert, daß ich kaum die Feder führen kann. Und dabei soll man ein Buch schreiben! Ferner war Bussi wochenlang sehr elend, bis ich dahinter kam, daß wir seit es keine Butter mehr giebt, mit Oel kochen, was wir beide durchaus nicht vertragen können. Dann habe ich, seit es so kalt ist, zuweilen unwillkürlich meinen Kaffee oder Milch ziemlich warm getrunken, und das überreizte meine Nerven und ich komme dadurch wieder in einen Zustand wie voriges Frühjahr."[453]

Huchs Klage über den Kohle- und Buttermangel war keineswegs die direkte Folge einer finanziellen Notlage. Denn schließlich hatte sie den Schweizer Aufenthalt mittels der Mieteinnahmen von der Münchener Wohnung sowie der Verlagshonorare problemlos begleichen können. Ihre Sorge resultierte eher aus der allgemein immer knapper werdenden Lebensmittel- und Rohstoffration sowie aus dem kontinuierlichen Wertverlustes der deutschen Währung.[454]

So belastend die wirtschaftliche Auflösungsphase auch wirkte, begann Huch ab April 1918 doch erneut an „dem Buche [*Der Sinn der Heiligenschrift*]" zu arbeiten.[455] Eine mühsame und langwierige Beschäftigung, die erst 1919 abgeschlossen werden konnte. Anders konnte es auch kaum kommen, da sie sich trotz der schriftstellerischen Arbeit mit dem Beginn des Sommers 1918 in einen weiten Aktionsbereich voller Termine stürzte. Gemeint ist das ständige hin und her zu Schweizer Freunden wie Helene von Salis, Eduard Behrens und Ernst Kreidolf.[456] Darüber hinaus mußte sie sich noch um die privaten Bitten der Schriftstellerkollegen kümmern, die entweder eine Anstellung im *Hottinger Lesezirkel* erhofften oder an einem Auftritt in Zürich interessiert waren.[457] Der an-

---

[453] Müller, Heidy Margrit (Hg.): Mosaikbild einer Freundschaft. S. 56.
[454] Vgl. dazu Huch, Ricarda: Einnahmen und Ausgaben. 1916-1917-1918, DLM Nr. 68.1336.
[455] Huch, Ricarda: Briefe an die Freunde. Zürich 1986, S. 76.
[456] Vgl.: Huch, Ricarda an Salis, Helene von uv. Br. v. 1.5.1918, StB B PK 1, Nachlaß Baumgarten.
[457] Vgl. Huch, Ricarda an Bodmer, Hans, uv. Br. v. 27.5.1918, StArchZ W30 16. „Diesmal empfehle ich Ihnen ein hübsches junges Mädchen, die bei einem Dr. Hoppeler [...] eine Kur macht. Es ist Frl. Gertrud Merz, Tochter vom hiesigen Regierungsrat Merz, sehr hübsch und niedlich, und ich möchte gern, dass falls der Hott. Lesezirkel in den nächsten 3 Monaten ein Fest veranstaltet, sie es mitmachen könnte. Wollen Sie so gut sein und daran denken. [...] dass ein Stück von Behrens hier aufgeführt wurde, etwas so gutes, wie ich mich nicht erinnere in den letzten Jahren gesehen zu haben. Sie haben so gute Beziehungen in Zürich und kennen gewiss auch den dortigen Theaterdirektor; könnten Sie nicht Ihren Einfluß dazu einsetzen, dass es auch in Zürich aufgeführt wird?"

scheinend restlos ausgebuchte Tagesablauf von Huch änderte sich allerdings Mitte Juni.[458] Und entsprechend dem Wunsch, „im Sommer wieder die Kur"[459] in Anspruch zu nehmen, ging es am 24. Juli 1918 weiter nach Schuls.[460] Gewohnt hat Huch hier wie im letzten Jahr in der „Pension Villa Filli", aus der sie ihrer Freundin Helene von Salis folgenden Lagebericht sendete:

> „Liebes Lenerl, da sind wir wieder und es ist alles so wie damals, nur dass ein Jahr dazwischen liegt. D.h. es ist gar nicht so wie damals sondern alles ein bischen heruntergekommen, besonders das Wetter, Regen und Kälte (heute ist es wieder schön), die Musik miserable, die Hotels leer, mit Ausnahme des unsrigen. Das Essen ist noch beinah ebenso gut, und der Bundesrichter Merz ist auch wieder da und unser Begleiter, heute Nachmittag nach Schloss Tarasp. Fetan sahen wir weiß und lockend liegen hat aber natürlich seine Hauptanziehungskraft verloren. Grippe gibt es bis jetzt keine."[461]

Schon der erste Eindruck Huchs von dem Graubündner Kurort war zwar recht negativ, doch die chronische Darmerkrankung zwang sie, bis Ende August 1918 zu bleiben.[462] Die Rückkehr nach Bern erfolgte über Winterthur, wo sie vermutlich bis Anfang September eine kurzfristige Verschnaufpause einlegte.[463] Und schon wenige Tage nach der Ankunft im Berner Domizil begann sie die ersten Vorkehrungen für die Heimfahrt nach München zu treffen:

> „Mit den Reisevorbereitungen läßt es sich ganz glatt an, unsere Sachen werden bei uns verpackt und verzollt, und es scheint sogar, daß die Zollobersten meinen Namen kannten, was ich ihnen hoch anrechne. So schwer

---

[458] Vgl. Baum, Marie: Leuchtende Spur. S. 223.
[459] Müller, Heidy Margrit (Hg.): Mosaikbild einer Freundschaft. S. 56.
[460] Vgl. Huch, Ricarda an Salis, Helene von, uv. Br. v. 23.7.1918, worin es heißt: „Morgen reisen wir." StB B PK 1, Nachlaß Baumgarten.
[461] Huch, Ricarda an Salis, Helene von, uv. Br. v. 29.7.1918, StB B PK 1, Nachlaß Baumgarten.
[462] Ausschlaggebend für das ungefähre Abreisedatum aus Schuls ist Huchs Schreiben vom 16. August 1918: „Liebes Lenerl, wie ist es dürfen wir auf unserer Weiterreise einen kleinen Besuch machen? Es wird wahrscheinlich Ende nächster Woche sein." Huch, Ricarda an Salis, Helene von, uv. Br. v. 16.8.1918, StB B PK 1, Nachlaß Baumgarten.
[463] Vgl. Huchs uv. Br. an Helene von Salis v. 18.8.1918, in dem sie meint: „Wir hoffen auf Nachricht in Winterthur." StB B PK 1, Nachlaß Baumgarten.

uns der Abschied wird, habe doch diese Reisebestimmung und der Sprung ins Ungewisse auch etwas erregendes, was nicht übel ist."[464]

Die Absicht, sich im September 1918 auf den Weg zu machen, hatte Huch schon seit langem, aber weil das wilhelminische Reich mittlerweile zum Ausgangspunkt demonstrativer Friedenstöne geworden war, entwickelte sie Zweifel am Sinn einer Rückkehr. Doch trotz der Unsicherheit über „die Stimmung in Deutschland"[465] kehrte sie „nach mehr als zweijährigem Aufenthalt in der Schweiz"[466] am 5. Oktober 1918 nach München zurück,[467] um sich hier politischen Aufgaben zu widmen.[468] Parallel zu dem steigendem Interesse an der Politik wechselte Huch in den folgenden Jahren mehrmals den Wohnsitz. 1927 zog sie nach Berlin, 1932 nach Heidelberg, 1934 nach Freiburg i. Br. und schließlich 1936 nach Jena. Während der Ära des Nationalsozialismus harrte sie in Deutschland aus und schied im Anschluß an das Ende Hitler-Regimes am 17. November 1947 in Frankfurt aus dem Leben.

4.1.7. Richard Huelsenbeck

Tief beeindruckt von der allgemeinen Kriegsstimmung in Deutschland zog der damals zweiundzwanzigjährige Student Huelsenbeck schon in den ersten Tagen der Mobilmachung an die Front, um „Gewehre zu tragen, auf den Geschützen zu reiten und das Geknatter der Maschinengewehre [....] hinzunehmen."[469] Dem euphorisch-freiwilligen Dienstantritt am „10.8.14" „beim Feldart[illerie] Reg[iment] 58" in Minden und der etwas naiven Sichtweise über den Krieg folgte aber nach wenigen Wochen die vollkommene Enttäuschung.[470] Denn entgegen der heiteren

---

[464] Huch, Ricarda an Salis, Helene von, uv. Br. v. 12.9.1918, StB B PK 1, Nachlaß Baumgarten.
[465] Huch, Ricarda an Salis, Helene von, uv. Br. v. 29.9.1918, StB B PK 1, Nachlaß Baumgarten.
[466] Vgl. Huch, Ricarda an Bohne, Arthur, uv. Br. v. 17.10.1918, StB B PK 1, Autogr. I/1170.
[467] Vgl. Schreiben der Königlichen Polizei Direktion München v. 5.10.1918, DLM Nr. 95.53.8
[468] In dem uv. Br. an Magda Janssen v. 2.11.1918 meint Huch bezüglich ihres politischen Engagements: „Ich werde der deutschen Volkspartei beitreten, und nichtpolitischer Vereine mich gar nicht interessieren." Monacensia, 1892/76.
[469] Huelsenbeck, Richard: Reise bis ans Ende der Freiheit. Autobiographische Fragmente. Heidelberg 1984, S. 68.
[470] Vgl. Dekret der Königlich Preußischen Ersatzkommission des Stadtkreises Bochum, DLM, Nr.84.615.

Kriegsvorstellung lebte Huelsenbeck „zwei Monate lang in Baracken, schlief auf Strohsäcken, betäubt von Urindunst und anderen Gerüchen des Patriotismus",[471] bis er erkrankte und kurzerhand entlassen wurde. Der Entlassungsgrund sei die infolge „einer intimen Bekanntschaft mit dem 'Kommiß'" aufgetauchte „Neuralgie"[472] gewesen, was eher ein Vorwand zur Befreiung vom Kriegsdienst war, als eine ernsthafte seelische oder körperliche Krankheit. Untermauert wird diese Annahme vor allem dadurch, daß Huelsenbeck im Anschluß an seinen knapp dreimonatigen Kriegsdienst wohlauf nach Berlin zog und sich dort für das Medizinstudium einschrieb.[473]

Der von 1911 bis August 1914 an Münchener, Pariser und zuletzt Berliner Universitäten mit dem Germanistikstudium beschäftigte Literaturbegeisterte hatte damit zwar einen neuen Weg eingeschlagen, doch sein ursprüngliches Interesse an der Schriftstellerei ging nicht verloren. Im Gegenteil, es wuchs sogar weiter, nachdem er mit Hugo Ball, den er bereits in München kennengelernt hatte, immer häufiger zusammentraf.[474] Ausdrücklich faszinierend war für ihn an dieser Beziehung die geistige Übereinstimmung im Weltbild, welche Huelsenbeck retrospektiv hoch einschätzte:

> „Meine Beziehungen zu Ball waren für mich viel wichtiger, als ich es mir selbst gegenüber hatte wahrhaben wollen. Hier hatte ich einen ungewöhnlichen Menschen getroffen, der alles das gefördert hatte, was in meiner Persönlichkeit wertvoll war. [...] Balls Haltung Deutschland gegenüber, seine Haltung der sozialen Ordnung gegenüber, sein Haß auf den 'Bürger' um uns und in uns - alles das war auch bei mir im Keim vorhanden und wartete darauf, geboren zu werden."[475]

---

[471] Huelsenbeck, Richard: Reise bis ans Ende der Freiheit. S. 68.

[472] Huelsenbeck, Richard: Erinnerungen. In: Limes-Lesebuch. Zehn Jahre Verlagsarbeit, Wiesbaden 1955, S. 53. In dem biographischen Text *Der Spiegel der Person* begründet er die Entlassung vom Kriegsdienst wie folgt: „Ich wurde eines Tages wegen einer Neuritis entlassen." DLM, Nr. 75.7645.

[473] Gemäß einer Immatrikulationsbescheinigung schrieb sich Huelsenbeck am 2. November 1914 für das Medizinstudium ein und belegte in diesem Wintersemester die Lehrveranstaltungen: *Präparierübungen* bei Heinrich Gottfried von Waldeyer-Hartz und *Physiologie des Menschen* bei Max Rubner, DLM, Nr. 84.620. Obwohl in Huelsenbecks Erinnerungen keine Angaben über den plötzlichen Studiengangwechsel gemacht werden, ist davon auszugehen, daß er sich vom Medizinstudium mehr Privilegien als in den Geisteswissenschaften erhofft hatte, um vor allem auch einer eventuellen Einberufung vorzubeugen.

[474] Vgl. Huelsenbeck, Richard: Reise bis ans Ende der Freiheit. S. 93.

[475] Huelsenbeck, Richard: Reise bis ans Ende der Freiheit. S. 101.

Es ist nicht zu übersehen, daß bei Huelsenbeck eine deutliche Abhängigkeit von Hugo Ball bestand. Besonders in politischer und literarischer Hinsicht wirkte Ball wie ein unentbehrlicher Motivator, so daß diese Freundschaft alsbald zu drei brisanten Aktionen führte. Das erste, was sie mitten im Kriegsdeutschland zu unternehmen wagten, war die *Gedächtnisfeier für gefallene Dichter* vom 12. Februar 1915.[476] Am 26. März 1915 folgte dann ein *Politischer Abend*, an dem Huelsenbeck über *Spaniens Politik* und Ball über *Rußlands revolutionäre Idee* sprach.[477] Beendet wurde diese gemeinsame Auftrittsphase mit dem *Expressionismusabend* am 12. Mai 1915.[478] Vielleicht hätten sie die prädadaistischen Aktionen ja fortgeführt, wenn sich Huelsenbeck dem gegen Ende Mai 1915 in die Schweiz gehenden Ball angeschlossen hätte. Doch aus unbekannten Gründen blieb er noch in Berlin.

Es ist eher auszuschließen, daß die Beibehaltung des Berliner Wohnsitzes mit der Sorge um sein Medizinstudium in Zusammenhang stand, zumal er sich kurz zuvor sowohl für das Sommer-Semester 1915 als auch für das Winter-Semester 1915/16 abmeldete.[479] Andererseits könnte das Verweilen in Berlin aus dem Interesse an einer Schriftstellerkarriere in der Berliner Literaturszene resultieren, allerdings fiel Huelsenbecks literarische Produktion nach der Trennung von Hugo Ball sehr gering aus.[480] Der wahrscheinlichste Anlaß für den Aufenthalt in der wilhelminischen Hauptstadt scheint die Beziehung zu der damaligen Freundin Resi Langer gewesen zu sein. Denn schließlich entschied sich Huelsenbeck erst dann zum Wegzug aus Deutschland, nachdem es zwischen ihm und der Freundin zu einem heftigen Streit gekommen war: „Berlin und die deut-

---

[476] Über Inhalt und Verlauf der Gedächtnisfeier siehe: Nenzel, Reinhard: Kleinkarierte Avantgarde. Zur Neubewertung des deutschen Dadaismus. Der frühe Richard Huelsenbeck. Sein Leben und sein Werk bis 1916 in Darstellung und Interpretation. Bonn 1994, S. 126-139 u. Huelsenbeck, Richard: Reise bis ans Ende der Freiheit. S. 69.

[477] Vgl. Ball, Hugo: Briefe 1911-1927. S. 38 u. Hugo Ball an Käthe Brodnitz. Unveröffentlichte Briefe, S. 38.

[478] Vgl. Füllner, Karin: Richard Huelsenbeck. Texte und Aktionen eines Dadaisten. Heidelberg 1983, S. 58-74.

[479] Abgangszeugnis der Königlich. Friedrich-Wilhelms-Universität v. 2. Mai 1916, DLM, Nr. 84.620.

[480] Glosse: *Telegramm*, erschienen in der Münchener Wochenschrift *März*, Jg. 9, 31.7.1915, H.30. Gedicht: *Letzte Nächte*, erschienen in der *Aktion*, Jg.5, 25.9.1915, Nr. 39/40.

sche Welt erschien mir unerträglich. [...] So entschloß ich mich, [...] R. L. zu verlassen, obwohl sie mir alles gab, was eine Frau einem Mann geben kann, Liebe, Wärme und Fürsorge."[481] Wann genau er sich den Wegzug aus Deutschland vorgenommen hatte, konnte anhand der Aktenlage nicht ermittelt werden, der neue Aufenthaltsort dagegen stand fest. Es war Zürich, das Domizil seines zuverlässigen Freunds Hugo Ball, zu dem er sich nach einer sowohl in literarischer als auch persönlicher Hinsicht unfruchtbaren Periode längst hingezogen fühlte. Huelsenbecks Worte, „[i]ch fühlte, daß ich ohne Ball nicht würde existieren können. Oder vielmehr, daß meine literarische und persönliche Entwicklung ohne Balls Hilfe auf das entscheidendste unterbrochen würde",[482] belegen nicht nur den einfachen Hintergrund des Ortwechsel, sondern deuten auch auf die Abhängigkeit von seinem früheren literarischen Mentor hin. Doch auch Ball legte auf die Zusammenarbeit mit Huelsenbeck großen Wert und lud ihn deshalb durch die Vermittlung seiner Mäzenatin Käthe Brodnitz folgendermaßen in das bereits eröffnete *Cabaret Voltaire* ein: „Schicken Sie mir doch bitte, wenn es möglich ist, Huelsenbeck. Ich hätte so gute Verwendung für ihn! Er kann sich doch einen Namen machen!"[483]

In Balls Bitte vom 27. Januar 1916, die durch etwas verspätete Absendung erst etwa Mitte Februar 1916 in Berlin ankam, sah Frau Brodnitz keinen Grund für eine große Suchaktion nach Huelsenbeck. Sie wäre auch erfolglos gewesen, da sich Huelsenbeck zu jener Zeit längst außerhalb Berlins befand.[484] Balls fürsorgliche Frage im gleichen Brief, „[i]st Huelsenbeck noch in Berlin? Der Junge ist ganz verschollen. Er ist gewiss halb irrsinnig und der Aufenthalt hier hätte ihm so gut getan! Jetzt höre ich kein Wort mehr von ihm",[485] ist insofern kein direkter Hinweis auf ein bestehendes Kommunikationsproblem. Er wollte eigentlich nur wissen, ob sich der über die Gründung und Eröffnung des *Cabaret Voltaires* gut informierte Huelsenbeck tatsächlich auf den Weg in die Schweiz ge-

---

[481] Huelsenbeck, Richard: Mit Witz, Licht und Grütze. Auf den Spuren des Dadaismus. 1957 Wiesbaden, S. 11.
[482] Huelsenbeck, Richard: Mit Witz, Licht und Grütze. S. 11.
[483] Hugo Ball an Käthe Brodnitz. Unveröffentlichte Briefe. S. 52.
[484] Reinhard Nenzel berechnet Huelsenbecks Ausreisedatum aus Berlin auf den 13.12.1915. Siehe dazu: Nenzel, Reinhard: Kleinkarierte Avantgarde. S. 171.
[485] Hugo Ball an Käthe Brodnitz. Unveröffentlichte Briefe, S. 50.

macht hatte.⁴⁸⁶ Denn „die Erlaubnis zum Verlassen des Landes" hatte er durch „mehrere Atteste" seines Freundes Dr. Klapper längst ergattert.⁴⁸⁷ Es bestand also kein bedeutendes Hindernis, außer der Beantragung eines Reisepasses.
Bevor er losfuhr, besuchte er noch seine Eltern in Dortmund.⁴⁸⁸ Sein Reiseziel begründete er mit einem Auslandsstudium, so daß die Eltern einverstanden waren und ihn sogar finanziell unterstützten.⁴⁸⁹ Daher beantragte Huelsenbeck von Dortmund aus den im westfälischen Regierungsbezirk Arnsberg ausgestellten Reisepaß, mit dem er sich dann nach offizieller Angabe am 29. Februar 1916 in Zürich anmeldete.⁴⁹⁰
Von Rechts wegen könnte man das Anmeldungsdatum gleichermaßen als Ankunftstermin bewerten, aber dies ist aufgrund der differierenden Äußerungen von Hugo Ball und Tristan Tzara zweifelhaft. In Balls Tagebuch ist Huelsenbecks Ankunft unter dem 11. Februar 1916⁴⁹¹ vermerkt, wohingegen Tzara im *Dada-Almanach* vom 26. Februar 1916⁴⁹² spricht. Es mag sein, daß sich Huelsenbeck nicht sofort nach seiner Einreise angemeldet hat, doch ob er es erst nach 18 Tagen tat oder vielleicht innerhalb von drei Tagen erledigte, steht nicht fest. Dem Stand der Dinge nach liegt es aber sehr nahe, daß zwischen dem Einreise- und Anmeldedatum keine Zeitspanne von über zwei Wochen liegen kann, zumal Huelsenbeck den mit Studienzwecken getarnten sechsmonatigen Schweizer Aufenthalt wegen einer Anmeldeverspätung wohl kaum im voraus hätte riskieren wollen. Insofern scheidet das von Hugo Ball angegebene Ankunftsdatum 11. Februar 1916 aus, was auch durch dessen

---

⁴⁸⁶ Huelsenbeck selbst bestätigt den Informationstransfer aus der Schweiz: „Hugo Ball hatte mir nach Berlin geschrieben, daß er mit Emmy Hennings in Zürich in der Spiegelgasse ein Kabarett gegründet und mit dem Namen Voltaire belegt habe." *Erinnerung an die Spiegelgasse.* In: Neue Zürcher Zeitung, Jg. 152., 15.11.1931.
⁴⁸⁷ Huelsenbeck, Richard: Reise bis ans Ende der Freiheit. S. 97.
⁴⁸⁸ Vgl. Huelsenbeck, Richard: Mit Witz, Licht und Grütze. S. 15 u. Huelsenbeck, Richard: Reise bis ans Ende der Freiheit. S. 104.
⁴⁸⁹ Huelsenbeck bestätigt den finanziellen Beistand seiner Eltern folgendermaßen: „My kind parents send me a hundred marks a month (about twenty five dollars)." *Über die Zeit in Zürich ab 1916,* uv. Biographie, DLM, Nr. 75.7661.
⁴⁹⁰ Der originale Reisepaß liegt zwar nicht vor, doch das sog. Zürcher Melde-Papier informiert über Huelsenbecks Einreise in Zürich sowie über Beruf, ursprünglichen Wohnort und Paßstelle. Stadtarchiv Zürich.
⁴⁹¹ Ball, Hugo: Die Flucht aus der Zeit. S. 72.
⁴⁹² Tzara, Tristan: Chronique Zurichoise 1915-1919. In: Dada-Almanach. Hg. v. Richard Huelsenbeck. Hamburg 1980, S. 11.

Briefwechsel mit Käthe Brodnitz belegt werden kann.[493] Zu vermuten ist, daß Huelsenbecks Reise in die Schweiz erst Mitte Februar 1916 begann, wobei sie sich wegen eines kurzen Aufenthalts in München um einige Tage verlängerte.[494] Folgerichtig ist wohl Tzaras Angabe, die von Huelsenbeck mit den Worten „am 26. Februar kam ich selbst aus Deutschland" nachträglich ebenfalls bestätigt wird, als Ankunftsdatum anzusehen.[495]

Am 26. Februar 1916 passierte Huelsenbeck demnach die Schweizer Grenze und kam gegen Abend in Rorschach an, ein „kleines Städtchen [...] voll von Leben und Freundlichkeit", in dem zu seinem Erstaunen nicht die geringste Spur von „Krieg" und „Nahrungsmittelnot" wahrzunehmen war.[496] Von hier aus ging dann die Reise weiter und endete bei Nacht in der Zürcher Künstlerkneipe *Voltaire*. Zwar wurde er dort schon seit langem erwartet, doch da der genaue Ankunftstermin nicht im voraus angekündigt werden konnte, blieb eine Begrüßungszeremonie aus. Für den jungen und auslandserfahrenen Medizinstudenten aus Berlin, der zum ersten Mal in Zürich war, schien es kein Problem zu sein, sich ohne Hilfe auf den Weg zum gesuchten Haus zu machen, das vom Hauptbahnhof eine knappe halbe Stunde zu Fuß entfernt war. Den Aufzeichnungen nach scheint ihm der Stadtkern recht gefallen zu haben, die Niederstrasser Gegend dagegen, in der sich das *Voltaire* befand, klassifizierte er eher als veraltet und unterentwickelt:

> „Ich ging durch ein langes Gewölbe von gotischen Bogen, das nur gespenstisch vom Mondlicht erleuchtet war und landete schließlich in dem Stadtteil Niederstrass, in dem, wie ich wußte, das Cabaret Voltaire gelegen

---

[493] Der von Hugo Ball am 27. Januar 1916 verfaßte jedoch erst nach der am 5. Februar 1916 erfolgten Eröffnung des *Cabaret Voltaires* abgeschickte Brief an Käthe Brodnitz wäre aufgrund des damaligen Postverkehrs bestenfalls eine Woche später angekommen, so daß der 11. Februar 1916 als Ankunftsdatum Huelsenbecks längst überschritten gewesen wäre. In: Hugo Ball an Käthe Brodnitz. Unveröffentlichte Briefe, S. 50. Ferner sei an Balls Vorwort zum *Cabaret Voltaire* erinnert, worin er meint: „Am 26. Februar kam Richard Huelsenbeck aus Berlin [...]." In: Cabaret Voltaire. Eine Sammlung künstlerischer und literarischer Beiträge. Hg. v. Hugo Ball. Zürich 1916. Summa summarum führen die unterschiedlichen Zeitangaben zu dem Ergebnis, daß Ball die eigentliche Ankunftszeit Huelsenbecks absichtlich rückdatiert hatte, um ihn als Mitbegründer des Dadaismus gelten zu lassen.

[494] Laut dem Zürcher Melde-Papier trat Huelsenbeck die Reise in München an und gelangte über Kempten, Lindau und Rorschach in die Schweiz.

[495] Huelsenbeck, Richard: Dada siegt! Eine Bilanz des Dadaismus, Berlin 1920.

[496] Huelsenbeck, Richard: Reise bis ans Ende der Freiheit. S. 112.

war. Ich fand es schließlich in einer ärmlichen kleinen Seitenstrasse, die vom Limmatfluß aufstieg. Die Häuser waren hier so alt, daß sie sich unter der Zahl ihrer Jahre beugten. Hier herrschte keine Eleganz. Es roch nach Staub und ungelüfteten Wohnungen. Hin und wieder war ein Fenster erleuchtet, aber nicht mit strahlenden elektrischen Lampen sondern kleinen Kerzen."[497]

Die ein wenig abgelegene Künstlerkneipe, welche auch von der Einrichtung her deutliche Mankos aufwies, schloß Huelsenbeck dennoch ins Herz.[498] Und schon am Abend seiner Ankunft ergriff er die Initiative und machte mit den „selbst erfundenen Negergedichte[n]" den ersten Schritt zum Publikum.[499] Huelsenbecks Auftritt war in diesem Fall nicht nur Ausdruck des inneren Drangs nach literarischer Betätigung, sondern galt auch als herzliches Dankeschön für die freundliche Aufnahme im *Cabaret Voltaire*.[500] Der nette Empfang, mit dem er wohl wegen seiner späten Ankunft nicht gerechnet hatte, wurde noch durch die Bereitstellung einer Unterkunft gekrönt. Huelsenbeck bezog noch in der Nacht das ehemalige Zimmer Hugo Balls im Hirschgraben 74.[501] Eine sogenannte „Spitzwegkammer", in der der „weder an Wohnen noch an Essen" denkende Jüngling für die ersten zwei Wochen seines völlig unvorbereitet angetretenen Schweizer Aufenthalts vorübergehend Quartier fand.[502] Am 13. März 1916 zog er dann in die Wolfenbachstraße 1 um, wo er bis zu seiner Rückkehr nach Deutschland wohnen sollte.[503] Im Rückblick auf den Auf-

---

[497] Huelsenbeck, Richard: Reise bis ans Ende der Freiheit. S. 113.
[498] Bezüglich der kärglichen Einrichtung stellt Huelsenbeck fest: „Das Cabaret Voltaire [...] bestand nur aus einem einzigen Raum. Es hatte keine Kleiderablage und keine Toilette. Es war nichts als ein Raum, der früher zu Wohnzwecken gedient hatte und wo man nun die Fenster mit undurchsichtigem Papier beklebt hatte. Die Beleuchtung, die aus einer, in der Mitte des Zimmers hängenden Gaslampe bestand, war ausgesprochen dürftig." Ebd.
[499] Huelsenbeck, Richard: Mit Witz, Licht und Grütze. S. 20.
[500] Beispielhaft sind die folgenden Aussagen: „Man empfing mich wie einen verlorenen Sohn. Ball umarmte mich und ließ mir vom Wirt einen Teller Suppe geben. Ich saß hinter einem Tisch, auf dem eine rotgewürfelte Decke lag, und aß." Huelsenbeck, Richard: Reise bis ans Ende der Freiheit. S. 114.
[501] Adressenangabe stammt aus dem Zürcher Melde-Papier, Stadtarchiv Zürich.
[502] Huelsenbecks großes Selbstvertrauen verbunden mit jugendlicher Energie hatten wohl zum unbedachten Reiseantritt geführt: „Die Notwendigkeit, den alten Adam funktionieren zu lassen, spielte in meiner damaligen Philosophie überhaupt keine Rolle. Ich hätte auf Banken übernachtet. Ich hätte von trockenem Brot gelebt. Ich fühlte mich stark, jung und gesund." Huelsenbeck, Richard: Mit Witz, Licht und Grütze. S. 23-24.
[503] Angaben aus der Einwohner- und Fremdenkontrolle Zürich, Stadtarchiv Zürich.

enthalt in dem zweiten und letzten Domizil in Zürich beschreibt er allerdings die erhebliche Beeinträchtigung der Lebensqualität:

> „Ich lebte in einem uralten Haus in der Wolfbachgasse. Es gehoerte einem Mann, dessen Beruf es war, Reifen um Faesser zu schlagen, und das Gehaemmer ging Tag und Nacht. Mein Zimmer sah auf den Hof, wo der Fass- und Reifenmacher mit seinen Gesellen arbeitete, und die Schlaege der Haemmer schuetelten mich aus meinem Bett."[504]

Als eifriger Mitarbeiter des *Cabaret Voltaires*, in dem er vom Abend bis in die frühen Morgenstunden arbeitete und den folgenden Tag trotz der lauten Wohngegend komplett zur Erholung brauchte, zwang ihn tagsüber zu einem Rückzug aus der Gesellschaft. Er stand sicherlich nicht absolut abseits, aber der Kontakt zu einem Freundeskreis war sehr gering. Eine wirklich herzliche Beziehung bestand nur zu Hugo Ball und Emmy Hennings. Ansonsten ergaben sich seine Bekanntschaften eher aus künstlerischen Interessen als aus menschlichen Sympathien, so daß er während der Tätigkeit am *Cabaret Voltaire* nur mit wenigen Menschen zusammenkam. Erwähnenswert ist seine Freundschaft mit dem rumänischen Schriftsteller Tristan Tzara, den er aufgrund seiner „Verbindung mit den Futuristen in Italien und den Kubisten in Paris" besonders verehrte.[505] Der Maler und Graphiker Marcel Janco, welcher speziell für die Anfertigung von Plakaten und Masken zuständig war, gehörte ebenfalls zu Huelsenbecks nahen Kunstfreunden.[506] Am engsten befreundet war er jedoch mit dem deutschen Maler Hans Arp, der trotz seiner zurückgezogenen Lebensweise einen wichtigen Platz unter den Dadaisten einnahm:

> „Arp war das Gegenteil, er trat nicht auf, er verlangte keinen Lärm, aber er wirkte dennoch durch seine Persönlichkeit so stark, daß der Dadaismus vom ersten Augenblick an ohne ihn nicht möglich gewesen wäre."[507]

---

[504] Unveröffentlichter Teil aus dem Manuskript *Reise bis ans Ende der Freiheit*, S. 45, DLM, Nr. 75.7642.

[505] Huelsenbeck, Richard: Reise bis ans Ende der Freiheit. S. 123. Allerdings hielt die Verehrung nur während der Zürcher Jahren an, zumal es im nachhinein wegen des Urheberrechts am Dadaismus zu einem langjährigen Streit kam. Siehe dazu: Nenzel, Reinhard: Kleinkarierte Avantgarde. S. 191-212.

[506] Huelsenbeck, Richard: Reise bis ans Ende der Freiheit. S. 145. An einer weiteren Stelle in Huelsenbecks Tagebuchaufzeichnung erscheint Janco als „ein homme à femme, ein schöner großer Mann mit breiten Schultern und gewinnender Art, Eigenschaften, denen kein Mädchen auf die Dauer widerstehen kann", so daß nicht auszuschließen ist, daß ihn Huelsenbeck im Gegensatz zum künstlerischen Talent in Liebesangelegenheiten eher beneidete als bewunderte. Ebd. S. 110.

[507] Huelsenbeck, Richard: Mit Witz, Licht und Grütze. S. 28.

Obwohl Arp, wie Huelsenbeck richtig bemerkt, im gesellschaftlichen Umgang eher zurückhaltend war, unterhielt er zu dem jungen Studenten eine engere persönliche Beziehung, ging mit ihm „in der ersten Zeit des Kabaretts oft die Bahnhofstraße entlang" und sprach dabei „über Rimbaud, Baudelaire und andere" Themen.[508] Fortgesetzt wurden die unter freiem Himmel geführten Gespräche im Café *Bazerba*:

> „Bazerba war weit davon entfernt, ein elegantes Lokal zu sein. Es war eine Kneipe wie es viele in Zürich gab, aber groß, mit vielen Tischen und Kellern. Hier, inmitten der Stadt, weit nach Mitternacht, saßen viele Züricher und Fremde, die den Krieg und die Weltlage im allgemeinen diskutierten. Alle, die etwas Neues aus der Welt machen wollten, saßen hier. Hier war noch ein wenig von der demokratischen Redefreiheit der Schweiz zu fühlen."[509]

Das durchaus pazifistisch orientierte Publikum im *Café Bazerba* sowie die Gäste im *Bellevue* und im *Odeon* nutzten diese Lokalitäten nicht nur als einfache Treffpunkte, sondern auch um neue Freundschaften zu knüpfen. So pflegte Huelsenbeck eine lose Bekanntschaft mit dem sozialistischen Arzt Fritz Brupbacher und eine eher oberflächliche Beziehung zu den Tänzerinnen der *Laban Gruppe*.[510] Im allgemeinen vergingen aber die ersten drei Monate seines Zürcher Aufenthalts in einer äußerst engen Welt, vorwiegend mit Ball, Tzara, Janco und Arp. Erst nach der Aufnahme des Medizinstudiums, wodurch sein Engagement im *Voltaire* ein wenig nachließ, gelang ihm eine erfolgreiche Kontaktaufnahme zur Außenwelt. Doch zuvor sollte noch eine gewisse Zeit vergehen, die er hauptsächlich mit literarischen Projekten verbrachte. Gemeint ist das in Begleitung einer Kesselpauke vorgetragene *nordafrikanische Negerlied*[511] sowie die Gedichte aus den *Phantastischen Gebeten*,[512] welche beim Publi-

---

[508] Huelsenbeck, Richard: Mit Witz, Licht und Grütze. S. 29.
[509] Huelsenbeck, Richard: Reise bis ans Ende der Freiheit. S. 123.
[510] Huelsenbeck, Richard: Mit Witz, Licht und Grütze. S. 24 u. 44. Vgl. Huelsenbeck, Richard: Reise bis ans Ende der Freiheit. S. 146. Gründer der Laban-Gruppe war der Tanzlehrer Rudolf Laban (15.12.1879-1.7.1973).
[511] Das im Ton „Trabadja La Modschere/ Magamore Magagere/ Trabadscha Bono./Umba, umba" vorgetragene „Negergedicht" soll auf deutsch: „Wir wollen unsere Hammel über das Land treiben. Laßt uns der Hammel gedenken, ehe wir sterben. Wenn wir sterben, ist nur die große Trommel da. Umba! Umba!..." lauten. Das Cabaret Voltaire. In: Richard Huelsenbeck: Wozu Dada. Texte 1916-1936. 1994 Gießen, S. 46-47 u. Huelsenbeck, Richard: Mit Witz, Licht und Grütze. S. 20-21.
[512] Huelsenbeck, Richard: Phantastische Gebete. Mit 7 Holzschnitten von Hans Arp. Zürich 1916.

kum wegen der merkwürdigen Vortragsart große Aufmerksamkeit hervorriefen. Huelsenbeck selbst meint dazu:

> „Ich brüllte mit voller Lungenkraft, mehr Marktschreier als Vortragender, während ich mit einem Oxfordstöckchen in die Luft hieb. Ich machte auf die Zuhörenden den Eindruck eines anmaßenden und äußerst angriffslustigen jungen Menschen."[513]

Die eigenartig provokative Darbietung, auf die schon in der Sekundärliteratur ausführlich eingegangen worden ist, soll an dieser Stelle nicht nochmals beschrieben werden.[514] Wichtig ist jedoch der Hinweis auf Huelsenbecks Führerrolle bei dieser neuen Literaturdarbietung, die einen bedeutenden Teil des im April 1916 konstituierten Dadaismus ausmachte. Das Trommeln der „Literatur in Grund und Boden",[515] die „Simultangedichte"[516] sowie der permanente Griff nach dem „Bruitismus" als direkter „Hinweis auf Aktion";[517] diese Produkte der Huelsenbeckschen Gedanken entwickelten sich in der Zeit von Anfang März bis Ende April 1916 zu den wichtigsten Bestandteilen des *Cabaret Voltaire*. Zwar heißt es in einem knapp vier Jahre alten Rückblick auf diese Zeit, „unsere Energien suchten eine Spitze, unsere Lust war Kampflust, unser Ehrgeiz kannte keine Grenzen. Das Cabaret Voltaire, dieser kleine muffige Raum in Niederdorf, wurde ein Karneval phantastischer Experimente",[518] und letztendlich erwiesen sich diese einfachen und ziellos erscheinenden Versuche, zusammengefaßt unter dem zunächst berüchtigten Begriff Dada, als eigenwillige Gegenstimmen gegen den brutalen Waffenkampf. Bestätigt wird dies in Huelsenbecks Dada-Erklärung vom Frühjahr 1916: „Wir wollen die Welt mit Nichts ändern, wir wollen die Dichtung und Malerei mit Nichts ändern und wir wollen den Krieg mit Nichts zu Ende bringen."[519]

Huelsenbeck versprach sich von Dadaismus folglich positive Auswirkungen in vielerlei Sphären des menschlichen Lebens, wobei der Schwer-

---

[513] Huelsenbeck, Richard: Mit Witz, Licht und Grütze. S. 42.
[514] Siehe dazu: Füllner, Karin: Richard Huelsenbeck.
[515] Ball, Hugo: Die Flucht aus der Zeit. S. 72.
[516] Die Aufführung des ersten dadaistischen Simultangedichts von Huelsenbeck, Tzara und Janco fand am 30. März 1916 statt. Siehe zur Datierung: Hugo Ball: Die Flucht aus der Zeit. S. 79.
[517] Huelsenbeck, Richard: En avant Dada. Eine Geschichte des Dadaismus. Hamburg u.a. 1978, S. 7.
[518] Huelsenbeck, Richard: Dada siegt! S. 16.
[519] Huelsenbeck, Richard: Dada. Eine literarische Dokumentation. Hamburg 1964, S. 30.

punkt auf der Kriegsgegnerschaft lag. Als ehemaliger Soldat, der einen Teil der Grausamkeit an und hinter der Front miterlebt hatte, war dies für Huelsenbeck wohl zwangsläufig. Daß diese pazifistische Propaganda ausgerechnet in der Schweiz ihren Höhepunkt finden sollte, war ihm wohl anfangs nicht bewußt. Erst nach dem Grenzübertritt, in jenem Moment, als er „aus dem Blutozean, wenn auch nur für kurze Zeit, gerettet"[520] war und der Entwicklungsprozeß vom kriegsbereiten Bürger zum autonomen Intellektuellen begonnen hatte, stand seine Kriegsgegnerschaft fest:

> „Ich fuhr über den Bodensee, und als ich die deutschen Beamten hinter mir hatte, wurde mir plötzlich leicht. Es war, als hätte ich einen Käfig hinter mir gelassen. Dies Gefühl der Leichtigkeit hat mich dann in der Schweiz, in Zürich, nie mehr verlassen. [...] Es ist mir erst nach vielen Jahren klar geworden, was dies für eine Leichtigkeit ist. Es war die Abwesenheit der Bürde eines schweren Gewissens."[521]

Wegen der kurzfristigen Kriegsteilnahme litt Huelsenbeck unter großen Schuldgefühlen, die er in Deutschland nicht hatte verarbeiten können.[522] Auf neutralem Boden hingegen, „wo die Zeitungen sagen konnten, was sie wollten, wo man Zeitschriften gründete und Gedichte gegen den Krieg vortrug, hier, wo es keine Brotkarten und keinen 'Ersatz' gab", hatte er die Möglichkeit, „alles das hinauszuschreien, was einen bis zum Bersten erfüllte."[523] Zu dieser liberalen Atmosphäre kam noch die Unterstützung der gleichgesinnten Freunde, mit denn er sich Schritt für Schritt literarisch entfalten konnte. Parallel zu seinem schriftstellerischen Inter-

---

[520] Huelsenbeck, Richard: Dada in Zürich. In: *Die Weltbühne* 23. Jg., 2.8.1927, 172-174. Zitiert nach: Wozu Dada. Texte 1916-1936. Gießen 1994, S. 53.

[521] Huelsenbeck, Richard: Liebe zu Zürich. In: N.Z.Z., 180.Jg., Nr. 49 v. 19.2.1959.

[522] In einer späteren uv. Aufzeichnung deutet Huelsenbeck an, daß er nur wegen des sozialen Drucks in den Krieg gezogen war: „Ich hatte keinerlei politische oder patriotische Gefühle, aber erstens wollte ich nicht hinter den anderen zurückstehen, und zweitens hatte die Kriegsmoral sich schon soweit entwickelt, dass jeder, der sich nicht sofort freiwillig meldete, als 'Feigling' angesehen wurde. Selbst den Intelligentesten und Unabhaengigsten, wie das Beispiel Alfred Kerr zeigte, der hyperpatriotische Kitschverse schrieb, konnten sich der Kriegsatmosphaere und ihrer diskriminatorischen Moral nicht entziehen." *Der Spiegel der Person*, DLM, Nr. 75.7645.

[523] Huelsenbeck, Richard: Mit Witz, Licht und Grütze. S. 28. Die Bezeichnung „Ersatz" bezog sich auf den großen Rohstoffmangel im blockierten Deutschland, den man damals durch noch vorhandene Mittel auszugleichen versuchte. Beispielhaft hierfür ist der Eichelkaffee, die Krautsuppe, das Kartoffelschalenbrot und der Brennnesselstoff. Siehe dazu: Otto Zierer: Das Bild unserer Zeit. Vom Ersten Weltkrieg bis ins Jahr 1933. Gütersloh, S. 10.

esse mußte er sich allerdings auch um andere Angelegenheiten kümmern. An erster Stelle um seinen Lebensunterhalt, denn da die elterliche Unterstützung nicht ausreichte, erteilte er gelegentlich Französischunterricht.[524] Hinzu kam die Aufenthaltserlaubnis. Der Universitätsbesuch stellte in diesem Fall die beste Lösung dar, zumal Huelsenbeck nach offiziellen Angaben zu Studienzwecken in die Schweiz eingereist war und so einen legalen Status erhalten konnte. Demzufolge schrieb er sich mit ein wenig Verspätung am 9. Mai 1916 für das Sommersemester ein und belegte laut Vorlesungsverzeichnis unter der Matrikel Nummer 24363 fünf Lehrveranstaltungen, vier davon an der Philosophischen Fakultät II und eine an der Medizinischen Fakultät.[525]

Da seine Aufenthaltsgenehmigung fast abgelaufen war, bildete das Studium eine wichtige Grundlage für reibungslose Beziehungen zu den Schweizer Behörden. Vom Anmeldedatum an gerechnet, dem 29. Februar 1916, lebte Huelsenbeck zum Zeitpunkt der Immatrikulation erst seit zwei Monaten in der Schweiz, aber was zählte, war das Datum auf dem militärischen Befreiungsschein, der wie schon erwähnt Mitte Dezember 1915 ausgestellt wurde und deshalb nur eine Gültigkeit von etwas über einem Monat aufwies. Daher blieb Huelsenbeck nichts anderes übrig, als die Studentarnung beizubehalten, von der er dann auch tatsächlich reichlich Gebrauch machte. Allerdings berichtet er, „häufiger auf die Polizei zitiert" worden zu sein, um „bis zu einer gewissen Zeit ein gewisses

---

[524] Den Anlaß für die Annahme eines Nebenjobs sowie dessen Dauer stellt Huelsenbeck in einer uv. Aufzeichnung folgendermaßen dar: „My kind parents send me a hundred marks a month [...] and tough it was a lot of money for a student in Switzerland at that time I colud not get along on it. Through Emmy Hennings I go the address of a rich woman whom I was persuade that she was in need of French lessons. I felt terrible embarassed to got to this woman, but finally made up my mind to go. [...] Yes, indeed, she did want to have French lessons from me. And I did give her some, but later on I had no time for her as we were to much occupied with our artistic affairs at the Cabaret." Über die Zeit in Zürich ab 1916, DLM, Nr. 75.7661.

[525] Verantwortlich für die etwas verspätete Einschreibung scheint die erst am „2. Mai 1916" ausgestellte „Immatrikulations-Bescheinigung" der Königlichen Friedrich-Wilhelms-Universität zu sein, welche wohl Huelsenbeck von Zürich aus rechtzeitig beantragt hatte, aber leider unpünktlich erhielt. Konv. Bestätigungen, Zeugnisse und Vorlesebescheinigungen verschiedener Universitäten, DLM, Nr. 84.620. Gemäß Vorlesungsbescheinigung für das Sommer-Semester 1916 hatte Huelsenbeck in der Zeit vom 25. April bis zum 5. August 1916 an folgenden Lehrveranstaltungen teilgenommen: *Chemisches Praktikum für Mediziner und Veterinäre, Zoologie, Botanik II. Teil, Organische Experimentalchemie* und *Osteologie, Syndesmologie*. DLM, Nr. 84.620.

Papier" vorzulegen.[526] Gemeint ist natürlich der „Heimatschein",[527] wobei ihm der Aufenthalt in der Schweiz auch ohne dessen Vorlegung weitere Monate gewährt wurde.
So sehr Huelsenbeck das Studium als Mittel zum Zweck diente, er mußte doch wegen der strengen Anwesenheitspflicht bei den medizinischen Vorlesungen notgedrungen den kleinen Kreis des *Cabaret Voltaire* ab und zu zum „studieren" verlassen, und so kam es auch zu einem kleinen Liebesabenteuer. Es ging um eine gewisse L., „eine Schweizerin mit durchschnittlicher Herkunft [...], nicht hübsch aber reizvoll",[528] die Huelsenbeck während des Pendelns zwischen Heim und Universität kennengelernt hatte. Schon innerhalb weniger Tage wurde die spontane Bekanntschaft zu einer engen Beziehung. Man traf sich, ging aus, diskutierte über persönliche Interessen und stellte schließlich fest, daß man zu ganz unterschiedlichen Welten gehörte. Auf der einen Seite der überzeugte Dadaist und auf der anderen die vehemente Dadaismusgegnerin. Anfangs lag es Huelsenbeck fern, seine dadaistische Vorliebe zugunsten einer besseren Beziehung aufs Spiel zu setzen, darüber hinaus lastete „die Doppeltätigkeit als Student der Medizin, dann als Kabarettist und Dadaist" schwer auf ihm, so daß er sich manchmal „eine Auflösung des Kabaretts herbeiwünschte."[529] Ende Juni 1916 ging dieser Wunsch auch tatsächlich in Erfüllung.[530] Aber aus der Liebesbeziehung wurde trotzdem nichts, und mit großer Wahrscheinlichkeit kam es schon vor der Schließung des *Cabaret Voltaires* zu einer endgültigen Trennung. Huelsenbeck erinnerte sich noch ganz genau an das letzte Treffen vor dem merkwürdigen Auseinandergehen. Es geschah in einem der damals noch äußerst kleinen Zürcher Kinos, wo es infolge eines grotesken Stöhnlauts aus der hintersten Reihe zu einer plötzlichen Paniksituation kam, während der dann L. die Flucht ergriff und sich danach niemals wieder blicken ließ.[531] Betroffen von diesem unerwarteten Ende begann für Huel-

---

[526] Huelsenbeck, Richard: Reise bis ans Ende der Freiheit. S. 118.
[527] Aus dem Zürcher Melde-Papier über Huelsenbeck geht hervor, daß er über keinen Heimatschein verfügte. Stadtarchiv Zürich.
[528] Huelsenbeck, Richard: Reise bis ans Ende der Freiheit. S. 142 u. Huelsenbeck, Richard: Mit Witz, Licht und Grütze. S. 39. Der hinter der Abkürzung L. versteckte Name war nicht zu ermitteln.
[529] Huelsenbeck, Richard: Reise bis ans Ende der Freiheit. S. 143.
[530] Vgl. Bollinger, H.: Magnaguagno, G. u. Meyer, R.: Dada in Zürich. S. 88.
[531] Vgl. Huelsenbeck, Richard: Reise bis ans Ende der Freiheit. S. 149.

senbeck eine weitaus schwierige Phase, geprägt von psychischen und physischen Störungen. Er selbst meinte dazu:

> „Nach diesem Erlebnis hatte ich einen nervösen Zusammenbruch. Ich konnte weder schlafen noch essen. [...] ich übergab mich, ich verlor Gewicht, meine Ratlosigkeit jagte mich in der Stadt herum. Ich ging die Bahnhofstrasse hinauf und hinunter, ein Tier im Käfig. Ich überlegte mir, ob ich nach Deutschland zurückkehren solle, und schrieb meinen Eltern; aber mein Widerstand gegen Deutschland war groß. Das war die Zeit, als ich auch eine komische Abneigung gegen die Schweiz hatte, weil sie, wie ich sagte, ein Sanatorium sei. Und ich wollte lieber auf dem Schlachtfeld als in einem Sanatorium leben."[532]

Es ist unübersehbar, daß Huelsenbeck erst im Anschluß an diese Beziehung eine ablehnende Haltung gegenüber der Schweiz entwickelte. Sie fungierte als eine Art symbolische Rache am Heimatland der ehemaligen Freundin L. Doch dieser Versuch wurde zum Fehlschlag und führte nur zu einem komplizierten Dilemma zwischen dem Bleiben in der Schweiz oder einer Ausreise nach Deutschland. Verwirrt und unentschlossen, begab sich Huelsenbeck in die psychologische Praxis der „Familie Strasser, einem Ärztepaar, das sich der Emigranten der ganzen Welt annahm."[533] Wer zu diesem Zeitpunkt außerdem bei den Strassers in Behandlung war, ist unbekannt, fest steht aber, daß sie abgesehen von der psychologischen Betreuung sogar „Atteste für Militärbehörden" ausstellten.[534] Sicherlich kam diese doppelte Funktion der klinischen Praxis auch Huelsenbeck zugute, wobei es ihm anfangs nur um die seelische Heilung ging. Betreut wurde er von Frau Dr. Vera Strasser-Äppelbaum, die es besonders liebte, die frühen Erfahrungen ihrer Patienten in kleine Stücke zu zerlegen, um daraus die Diagnose zu erschließen. Zu Beginn der wöchentlich stattfindenden Gespräche machte es Huelsenbeck angesichts der ihm dabei geschenkten Aufmerksamkeit noch Spaß, von sich zu erzählen. Aber mit der Zeit wurde ihm die immer ins Private gehende Behandlungsmethode zuviel, so daß er die Therapie abbrach. Die erhoffte Genesung blieb demzufolge aus, doch ein Attest, mit dem man sich vom Kriegsdienst freistellen lassen konnte, stand ihm in Aussicht.[535] Als Stu-

---

[532] Huelsenbeck, Richard: Mit Witz, Licht und Grütze. S. 48-49 u. Reise bis ans Ende der Freiheit. S. 149-150
[533] Ebd., S. 50 u. 150. Familie Strasser: Dr. med. Karl Ludwig Strasser (11.5.1884 - 4.2.1950) u. Dr. med. Vera Strasser-Äppelbaum (15.2.1885 - 1.6.1941).
[534] Huelsenbeck, Richard: *Liebe zu Zürich*. In: N.Z.Z., 180.Jg., Nr. 49 v. 19.2.1959.
[535] Vgl. Huelsenbeck, Richard: Reise bis ans Ende der Freiheit. S. 151-152.

dent der Medizin fühlte sich Huelsenbeck bis zum Ende des Sommersemesters, damals war es der 5. August 1916, gegen die plötzliche Einberufung relativ abgesichert. Erst nach der abgelaufenen Studienzeit fiel es ihm ziemlich schwer, dem deutschen Konsulat überzeugende Belege zu liefern. Schließlich ging ihm der bürokratische Druck in Militärverhältnissen so stark auf die Nerven, daß er die seines Erachtens nach „unvermeidliche Wiedereinstellung ins Heer"[536] schweren Herzens annahm. Und genau nach dieser Fehlentscheidung ergriff Dr. Strasser die Initiative und rief Huelsenbeck durch eine ärztliche Bescheinigung wieder ins zivile Leben. Der Alptraum, auf den Schlachtfeldern zu enden, ging somit zu Ende. Auch das häufige Zitieren in die deutsche Botschaft nahm ein Ende. Was als letzte bürokratische Hürde übrigblieb, war die Zürcher Ausländerbehörde, deren amtlichen Anforderungen nicht jeder genügen konnte. Huelsenbeck stellte in diesem Fall ein Gegenbeispiel dar, da er trotz fehlenden Heimatscheins eine Aufenthaltserlaubnis bis zum 1. November 1916 ergattert hatte.[537] Von Amts wegen ließ man ihm aber trotzdem keine Ruhe, so daß er ständig auf die Zürcher Anmeldestelle zitiert wurde. Laut Melde-Papier stattete er seinen letzten Amtsbesuch am 11. September 1916 ab, um möglicherweise die baldige Ausreise anzukündigen. Huelsenbecks genaues Wegzugsdatum aus der Schweiz kommt zwar in seinen biographischen Aufzeichnungen nicht vor, doch anhand der amtlichen Schriften des Zürcher Stadtarchivs läßt sich die Heimfahrt nach Berlin auf den 28. September 1916 datieren.[538]
Anschließend an den sechsmonatigen Aufenthalt in Zürich propagierte Huelsenbeck gemeinsam mit Raoul Hausmann[539] bis 1920 den Berliner

---

[536] Huelsenbeck, Richard: Reise bis ans Ende der Freiheit. S. 153.
[537] Zürcher Melde-Papier, Stadtarchiv Zürich.
[538] Bezüglich dem Wegzug aus der Schweiz befinden sich in Huelsenbecks biographischen Aufzeichnungen nur ungefähre Aussagen wie Huelsenbeck, Richard: Wozu Dada. S. 37 oder „ich selbst kehrte Ende 1916 nach Deutschland zurück." Ebd. S. 71. Bemerkungen wie „Ich kam im Januar 1917 nach Deutschland zurück." In: En avant Dada. S. 25, oder „Ich kam im Jahre 1917 nach Deutschland zurück." In: Erinnerungen. S. 58, sind als Hinweise dafür zu nehmen, daß er sich bis zum Jahresende 1916 in Dortmund aufgehalten hat und erst Anfang 1917 nach Berlin gekommen war.
[539] Hausmann, Raoul (1886-1971), österreichischer Künstler, eine der zentralen Gestalten des deutschen Dadaismus, war um 1918 an der Gründung des Berliner *Club Dada* beteiligt. Im gleichen Jahr entwickelte er die innovative Technik der Photomontage. Organisierte 1919 die erste Berliner Dada-Ausstellung, bis 1920 war er Mitherausgeber der Zeitschrift *Der Dada*. 1927 erfand Hausmann das Optophon, ein Gerät, mit dem man farbige Formen in Musik umsetzen kann und umgekehrt.

Dadaismus. Danach arbeitete er an einer Arztkarriere und bereiste von 1924 bis 1927 als Schiffsarzt der Hapag Ostasien und Afrika. Da seine Werke nach der Machtergreifung Hitlers nicht mehr gedruckt werden durften, ging er 1936 ins amerikanische Exil. 1970 kam Huelsenbeck zum zweiten Mal in die Schweiz und starb am 20. April 1970 in Minusio (Tessin).

4.1.8. Klabund

Zu den deutschen Schriftstellern, die während des Ersten Weltkrieges in die Schweiz gingen, gehört auch der seit 1913 an Alfred Kerrs Zeitschrift *Pan* mitwirkende Lyriker Klabund. Seine Einreise in die Schweiz erfolgte im Frühjahr 1916, nachdem er im Anschluß an mehrere Untersuchungen endgültig für kriegsuntauglich erklärt worden war. Abgesehen von den ersten zwei Kriegsjahren, während deren er sich mehrere Male zum freiwilligen Frontdienst gemeldet hatte, schien ihm die Anfang 1916 erhaltene Befreiung von der Wehrpflicht große Freude bereitet zu haben: „Vom Militär bin ich endlich freigekommen. Als einziger bei der letzten Musterung. (Nach der 9. Untersuchung.) Ich möchte oder vielmehr soll nach Davos."[540] Wie bei seinem Wegzug in die Schweiz neun Jahre zuvor, trat er auch diese Reise aus gesundheitlichen Gründen an. Wann genau er in Davos ankam, entzieht sich meiner genauen Kenntnis. Aufschlußreich ist jedoch der am 12. Februar 1916 an seinen Freund Walther Heinrich geschriebene Brief, der zum einen auf das ungefähre Einreisedatum hinweist und zum anderen Angaben über den ersten Aufenthaltsort enthält:

> „[...] da wären wir nun und fühlen uns vorläufig sehr wohl: ich scheine es mit der Pension gut getroffen zu haben. Südzimmer mit eigener Liegehalle. Ganze Pension (5! Mahlzeiten: mittag und abend große Dinge) nur 8,50 den Tag. Und das Essen vortrefflich. Über die Menschen wage ich noch nichts zu sagen. Sonst ist bedeutender Betrieb hier. Viel 'Welt'. Engländer, Griechen, Franzosen, Italiener, Deutsche, Amerikaner, Russen, alles durch- und übereinander. Dazu Fleisch jeden Tag. Sonntag Schlagrahm. Kurz: der zur Zeit nur irgend lieferbare 'Friede'."[541]

Trotz der guten Umstände in dem oben beschriebenen Waldsanatorium wechselte Klabund schon nach wenigen Tagen in die Pension Stolzenfels.[542] Dort erschien es ihm noch angenehmer, da er sich literarisch frei

---

[540] Klabund: Briefe an einen Freund. Hg. v. Ernst Heinrich. Köln, Berlin 1963, S. 109.
[541] Klabund: Briefe an einen Freund. Hg. v. Ernst Heinrich. Köln, Berlin 1963, S. 110.
[542] Vgl. uv. Karte Klabunds an Kurt Wolff v. 22.2.1916, KWArch Y, Box 7, Folder 141.

entfalten konnte und darüber hinaus regen Kontakt zu anderen pflegte.[543] So teilt er Walther Heinrich am 12. März 1916 mit:

> „Eine Erzählung hab' ich hier geschrieben: Die *Krankheit*, etwa ¾ so lang wie der *Moreau* und auch mal als kleines selbstständiges Buch herauszubringen. [...] Der Fasching ist vorbei. Hier haben wir ihn gefeiert: ich habe rasend getanzt. Ach man sah wieder rote und gelbe und violette Pierretten und hielt sie in seinen Armen. Es gab wieder spaßhaft ernste Faschingsabenteuer mit Tränen und Gelächter."[544]

Außer den überspitzten Feierlichkeiten holte er sich vielerlei Motive aus seiner Umgebung und nahm sie in die Erzählung *Die Krankheit* auf. Das Werk ist ein indirekter Einblick in die ruhige Atmosphäre dieses Kurortes und stellt zugleich den Alltag der Tuberkulose-Patienten dar, die einen chronischen Kampf zwischen Leben und Tod führen. In der Erzählung erscheint Davos „wie eine amerikanische Stadt am Rande der Rokky mountains [...], zum Ausbruch jederzeit bereit, waren die großen Sanatorien und Hotels [...] kreuz und quer im Tal und an den Berglehnen errichtet", wogegen die Patienten dieser Gegend als jene hilflosen Figuren dargestellt wurden, die „bei Gesundheit der einen Lunge, die zweite kranke Lunge zum Einschrumpfen und Absterben" verurteilten.[545] Die größtenteils tragische Erzählung stützt sich überwiegend auf Tatsachen, doch biographische Angaben zu Klabunds dortigem Lebensabschnitt enthält sie sehr wenig. Besonders vernachlässigt hat er darin seine drastischen Streitereien mit den Bewohnern der Pension Stolzenfels, obwohl er genau aus diesem Grund gegen Ende März 1916 ungewollt nach Zürich umzog. Klabunds Worte an Erwin Poeschel,[546] dem Inhaber der Pension Stolzenfels, geschrieben am 1. April 1916 im Zürcher Elite-Hotel, belegen, wie wütend er auf die Gesellschaft war, die ihn von der Davoser Heilstätte weggetrieben hatte: „Sehr verehrter Herr Poeschel, ich kehre vorläufig nicht nach Davos zurück. Vielleicht nie mehr. [...] Grüßen Sie um Gottes willen *niemand* in der Pension von mir."[547] Fast im gleichen Ton klingt auch der an Wilhelm Heinrich gerichtete Brief vom 3. April

---

[543] Vgl. Raabe, Paul: Klabund in Davos. Zürich 1990.
[544] Klabund: Briefe an einen Freund. S. 111. *Die Krankheit* ist eine Einzelerzählung aus dem Band *Romane der Sehnsucht*. Wien 1930. *Moreau. Roman eines Soldaten.* Berlin 1915.
[545] Klabund: Romane der Sehnsucht. Wien 1930, S. 86-90.
[546] Erwin Poeschel (1884-1965), von Beruf aus Rechtsanwalt, war wegen seiner Lungentuberkulose Pensionswirt geworden.
[547] Klabund an Poeschel, Erwin, v. 1.4.1916, StArchGR, XII 23c 2c1, Schachtel 9.

1916: „Sie sehen, ich bin nicht mehr in Davos. Schon seit 6 Tagen nicht mehr. Ich bin Hals über Kopf abgereist. Nach sehr schmerzlichen Erlebnissen."[548] In Zürich verkündet er in einem Brief an Erwin Poeschel vom 26. April 1916 sein wiedererstarktes Interesse an der Schriftstellerei:

> „Jetzt sitze ich hier und warte 'das weitere' ab. Ich bin beruhigt und besänftigt und milde gestimmt wie ein Kaninchen. Oder zeitgemäßer: wie der Osterhase. Ich beginne auch schon wieder, kleinere epische Eier zu legen. Die Davoser Erzählung wird nun, freilich ohne Ortsangabe, um niemanden zu kränken und niemanden zu schmeicheln, in der *Neuen Zürcher Zeitung* erscheinen."[549]

Unter „epische Eier" ist wohl an erster Stelle das sogenannte *Meiereilied* zu verstehen, welches Klabund für das *Cabaret Voltaire* dichtete.[550] Weitere Dichtungen liegen nicht vor, fest steht aber, daß er während seines Zürcher Aufenthalts vorwiegend im Kreis der Dadaisten verkehrte und dabei eine enge Beziehung zu Hugo Ball sowie Richard Huelsenbeck pflegte. Trotz der herzlichen Aufnahme im *Cabaret Voltaire* kehrte Klabund innerhalb weniger Wochen nach Deutschland zurück, um dem Verleger Albert Mundt einige Manuskripte abzuliefern. Der im wesentlichen geschäftlich bedingte Besuch in München konfrontierte ihn zugleich mit der brutalen Kriegsrealität. Hinweisend hierfür ist sein Brief vom 30. Mai 1916 an Ernst Heinrich:

> „Ich habe mich, entgegen meinem ersten Eindruck, wieder an München und Deutschland gewöhnt. Ich war zuerst sehr danieder; es ist doch keine Kleinigkeit aus dem Frieden in den Krieg zurückzukehren, und alle jene schmerzlichen und schmerzlichsten Assoziationen wieder auftauchen zu sehen, die man schon versunken glaubte."[551]

Obwohl es Klabund gelang, sich an die verschlechterten Verhältnisse Deutschlands zu gewöhnen, sah er keinen Anlaß, langfristig zu bleiben.

---

[548] Klabund: Briefe an einen Freund. S. 112.
[549] Klabund an Poeschel, Erwin, Br. v. 26.4.1916, StArchGR, XII 23c 2c1, Schachtel 9. Am Anfang dieses Briefes spricht Klabund von einem kurzen Abstecher nach Lugano, wobei er „diesen freundlichen Ort mangels weiterer Subsistenzmittel" nach drei Tagen verlassen mußte.
[550] Nach Angaben von Marietta di Monaco dichtete Klabund das folgende *Meiereilied*, welches dann von Emmy Hennings im *Cabaret Voltaire* gesungen wurde: „Wenn ich wandre nach Sibirien / Muß ich schwer in Ketten karren. Doch in holdesten Delirien / Will ich schuften für den Zaren.", Konv. Marietta di Monaco, MS. 18. Monacensia.
[551] Klabund: Briefe an einen Freund. S. 114.

Und bereits am 6. August 1916 kündigte er Poeschel die Rückkehr in die Schweiz an.[552] Unterstützt von einem Münchener Verleger, der ihm „eine monatliche Rente von circa 200 M"[553] zusprach, ließ er sich ab Anfang August 1916 wieder in der Davoser Pension Stolzenfels nieder, und zwar mit ganz anderen Gefühlen und Absichten als vorher. Seine neue Gemütslage faßt er in einem Brief vom 18. September 1916 folgendermaßen zusammen: „[...] fünf Wochen bin ich nun schon wieder in dieser abenteuerlichen Einöde und fühle mich unendlich wohl. Der Druck des 'Krieges' ist von mir genommen, und ich atme eine friedliche Luft."[554] Dank der beschaulichen Umgebung in Davos fand Klabund sehr rasch zu sich. Das einzige, was ihm hier noch Sorge bereitete, war die Sehnsucht nach den Eltern und dem Geburtsort. Deshalb auch die Mitteilung vom 28. September 1916, welche von einer starken Sensibilität geprägt ist:

> „[...] ich habe oft eine große Sehnsucht nach Euch und der kleinen Stadt da oben. Oft erinnere ich mich eines Ganges nach Güntersberg, und die Kirchenglocke von St. Marien schlägt in meine Stimmung. Das sind beinahe die Sentiments eines Greises, der sich nach seiner Kindheit sehnt. Aber: keine Furcht ich bin noch kein Greis, sondern im Gegenteil sehr lebendig. Wären nur erträgliche Zustände in der Welt, müßte man nicht immer Blut weinen! Wie gern käme ich auf einige Herbstwochen zu Euch."[555]

Das melancholische Heimweh, welches wohl aus dem Anpassungsproblem an die ungeliebte Gesellschaft in Davos resultierte, schien Klabund stark zu bedrücken. Als Folge dieser partiellen Isoliertheit fand er schließlich den Weg in die Zürcher Spielkasinos, um sich abzulenken und eventuell auch Geborgenheit zu verschaffen.[556] Es war eine durchaus kostspielige Angelegenheit, die ihm nur kurzfristig weiterhalf. Denn laut dem Brief an Felix Hollaender vom 27. Dezember 1916 schien seine

---

[552] Vgl. Klabund an Poeschel, Erwin, v. 6.8.1916, StArchGR, XII 23c 2c1, Schachtel 9. „Sehr verehrter Herr Poeschel, es kann sich nur noch um Tage handeln, die ich in Deutschland bleibe. (Wenn kein unerwünschter Zwischenfall eintritt.)"
[553] Klabund: Briefe an einen Freund. S. 115-116.
[554] Klabund: Briefe an einen Freund. S. 116.
[555] Unveröffentlichte Briefe Klabunds. Hg. v. Dr. Elfe Möbus. In: *Vorwärts*, 13.12.1931.
[556] Die ersten Angaben zu Klabunds fataler Spielsucht sind dem an Erwin Poeschel gesendeten Gedicht v. 5.10.1917 zu entnehmen, worin es sich hauptsächlich um Geldsorgen und um verlorenes Geld geht. *Geldsorge*: „Wo ist ein Gott, der mir zehn Franken leiht?", *Geldverlust*: „Ich habe gestern hundert Franken verloren." StArchGR, XII 23c 2c1, Schachtel 9.

Sehnsucht nach Deutschland trotz der Spielerei kaum abgeklungen zu sein:

> „Ich wäre Ihnen sehr verbunden, wenn Sie mir ein Passepartout erwirken könnten. Man bekommt eine fanatische Sehnsucht nach gutem Theater, wenn man monate- und monatelang hier oben eingesperrt ist. Als ich wegen hohen Fiebers einmal eine Hungerkur durchmachen mußte, träumte ich jede Nacht von belegten Broten. So träume ich jetzt nachts vom Sommernachtstraum und sehe am Tage Ferdinand und Luise umarmt in den Wolken schweben."[557]

In der Tat bedrückte ihn die Sehnsucht nach der Heimat sehr. Seine Niedergeschlagenheit wurde allerdings bald durch die Bekanntschaft mit der Tbc-Patientin Brunhild Heberle, in die er sich verliebte, gemildert und seine seit mehreren Wochen bestehende Unzufriedenheit ließ allmählich nach. Die blonde und schüchterne junge Passauerin schenkte ihm nicht nur Herzenswärme, sondern weckte eine gewisse Lebenslust, so daß sich das frisch verliebte Paar im Frühling 1917 von der Davoser Heilstätte verabschieden und nach Locarno in die Villa Berta begeben konnte.[558] „Ich fahre demnächst nach Locarno. Mit einem sehr, sehr schönen blonden Geschöpf. Ich schicke Dir ein Bild. Seit Jahren war ich nicht so hin. Irene - ist ihr Werk",[559] lautet Klabunds Brief an seinen Freund Fredy Kaufmann vom 20. März 1917. Sowohl das Glück mit der großen Liebe als auch die schöne Tessiner Umgebung am Lago Maggiore bringen Klabund wieder auf produktive Gedanken. Trotz der für alle Tbc-Patienten typischen „Schlafkrankheit" vollbringt er hier „den in Davos schon projektierten *Mohammed*, [...] der nun sofort, in Stil und Ausstattung genau wie der *Moreau*, erscheinen soll."[560] Darüber hinaus arbeitet er an dem Roman *Franziskus* sowie an den lyrischen Werken *Die Himmelsreiter, Der Leierkastenmann* und *Die Sinngedichte des persischen Zeltmachers*, welche noch im selben Jahr erscheinen.

Parallel zu der literarischen Produktivität zeigte Klabund eine allmählich wachsende Kritik an der deutschen Staatsführung. Gemäß der Mitteilung von Irene Heberle an Ernst Levy beteiligte er sich „innerlichs jetzt sehr an der Politik und wartet[e] auf Umwälzungen in Deutschland

---

[557] Klabund an Hollaender, Felix, uv. Br. v. 27.12.1916, DLM Nr. 65.501.
[558] Ortsangabe aus dem Brief von Klabund an Reiß, Erich, v. 14.3.1917, SAdK, Klabund Sammlung Sig. 419.
[559] Klabund an Kaufmann, Fredy, Br. v. 20.3.1917, DLM 56.833.
[560] Klabund an Poeschel, Erwin, v. 6.5.1917, StArchGR, XII 23c 2c1, Schachtel 9.

[...]."[561] Eine Februarrevolution wie in Rußland kam für Klabund nicht in Frage, er plädierte eher für eine friedliche und gewaltlose Vorgehensweise, so daß er diesbezüglich nur mit Menschen wie dem damals in Davos wirkenden Pazifisten Wilhelm Schmidtbonn[562] in Verbindung trat.[563] Ziel dieser Kooperation war die Verbreitung deutschfeindlicher Ansichten, an denen u.a. Schriftsteller wie Andreas Latzko, Albert Ehrenstein, Franz Werfel, Else Lasker-Schüler und Eduard Stilgebauer beteiligt waren.[564]

So sehr Klabund in den Organisationen der pazifistischen Front allmählich mitarbeitete, war es ihm doch immer noch nicht gelungen, seine Spielsucht völlig zu besiegen. So endete die äußerlich harmlos erscheinende Suche nach Glück mit hohen Finanzverlusten und wurde anschließend zum Auslöser von heftigen Beziehungskonflikten. Womöglich verlangte Irene Heberle einen konsequenten Abstand zu dieser verantwortungslosen Leidenschaft, wobei Klabund in unernster Weise nur eine kurzfristige Spielabstinenz in Aussicht stellte. „Liebling, nicht böse sein! Ich bin ein schwacher Mensch. Ich spiele gewiß nicht mehr — die nächsten 14 Tage. Sei wieder gut!"[565] Diesen Sätzen nach schien Klabund zu einem aussichtslosen Opfer der Spielbank geworden zu sein, doch in Wahrheit war er noch Herr über seine Neigungen, so daß ihm im April 1917, kurz nachdem er beim Hasardieren eine unglaublich hohe Summe verloren hatte, die absolute Abwendung von dieser beängstigenden Sucht gelang. Seine durch schmerzhafte Erfahrungen erlangte Erkenntnis teilte er der bis dahin mehrmals verärgerten Lebensgefährtin in überzeugenderem Ton als sonst mit:

„Der endesunterzeichnete Klabund bestätigt hierdurch an Eidesstatt, daß er vom 9. April ab weder in Locarno noch in Lugano oder irgendeinem

---

[561] Br. v. 6.4.1918, SAdK, Klabund Sammlung Sig. 71.

[562] Eig. Wilhelm Schmidt (1876-1952), Dramatiker und Romancier, war während des Ersten Wellkrieges als Korrespondent tätig.

[563] Hinweisend für die Verbindung zwischen Schmidtbonn und Klabund ist das Schreiben v. 5.4.1918: „Sehr geehrter Herr Klabund, ich werde mich sehr freuen, Sie zu sehen. Sie erreichen mich telef. Bestimmt zwischen ½1 u ½2. Wenn Sie mich nicht selbst am Tel. treffen, wollen Sie doch bitte Bescheid hinterlassen. Dann schlage ich auf jeden Fall Café Xiviera 4-6 vor. Schmidtbonn." SAdK, Klabund Sammlung Sig. 417.

[564] Vgl. anonymer Brief aus Davos an das Kriegspresseamt in Berlin. Zitiert nach: Stell. Gen. Kommando 1. Armee-Korps Nr. 1936, KAM.

[565] Klabund an Irene o.D., zitiert nach: Tatzel, Josef: Klabund. Leben und Werk Alfred Henschkes. Diss. Wien 1953, S. 28.

sonstigen Ort der Schweiz dem sogenannten Bank-, auch Petit Coreauxspiel huldigen wird. Die Versicherung gilt für das ganze Jahr 1917."[566]

Da das Versprechen nur bis Ende 1917 galt, wurde Irene Heberle skeptisch und kehrte Ende Mai 1917 nach Passau ins Elternhaus zurück.[567] Der unerwartete Abschied von der Lebensgefährtin nahm Klabund mit, doch durch die vor kurzem angetretene Beschäftigung scheint er den Verlust schnell überwunden zu haben. Sein Interesse galt nun der auf politischer Ebene fortzuführenden Kriegsgegnerschaft. Über den Inhalt dieses neuen Vorhabens gibt der an Thea Meinhardt geschriebene Brief vom 6. Mai 1917 Auskunft: „Ich bin zur Einsicht gekommen, daß es im inneren Deutschlands so nicht weiter geht. (Und im Aussen auch nicht.) Und daß jeder nach seinen Kräften etwas für die Demokratisierung Deutschlands: nicht nur denken, sondern *tun* muß."[568] Mit dem hervorgehobenen „tun" war der an Kaiser Wilhelm II. gerichtete offene Brief gemeint, welcher am 3. Juni 1917 in der *Neuen Zürcher Zeitung* erschien. Eine gewagte Botschaft „aus Devotion, sogar Zuneigung, Prophetie, Pathos und fast unverschämter Forderung und Belehrung",[569] die es in sich hatte. Die geradezu naive Empfehlung, „Geben Sie auf den Glauben an ein Gottesgnadentum und wandeln Sie menschlich unter Menschen. Dann werden Sie das Volkskönigtum der Hohenzollern auf Felsen gründen", rief ambivalente Kritik hervor. Schon nach wenigen Tagen folgte die erste Antwort auf Klabunds Mahnung, ebenfalls in Form eines offenen Briefes und zwar in der *Neuen Zürcher Zeitung*, worin es hieß: „Und es wäre uns allen besser gedient, wenn Männer vom Ansehen eines Klabunds nicht in die Tonart verfielen von Freiheit, Gleichheit, Brüderlichkeit - Redensarten, die noch nie größere Orgien feierten wie gegenwärtig."[570] Auf eine durchaus heftigere Kritik stieß der Klabundsche Aufruf

---

[566] Klabund an Irene, 8.4.1917, zitiert nach: Tatzel, Josef: Klabund. S. 28-29.

[567] Sicherlich wollte Klabund die Heimkehr seiner Lebensgefährtin verhindern, so daß er sie bis an die deutsche Grenze begleitete. In seinem Brief an Irene Heberle v. 26.5.1917 faßt er dies wie folgt zusammen: „[...] Sankt Gotthard hieß das Schiff und mit dem Namen des Namen des Schiffes fahre ich die lange Route zurück, die wir zusammen reisen durften: von Rorschach [...] über Zürich [...] den Gotthard nach Locarno." SAdK, Klabund Sammlung Sig. 433.

[568] Klabund an Meinhardt, Thea, Br. v. 6.5.1917, DLM 70.1025/2. [Hervorhebung von Klabund].

[569] Essig, Rolf-Bernhard: Der offene Brief. Geschichte und Funktion einer publizistischen Form von Isokrates bis Günter Grass. Diss. Würzburg 2000, S. 214.

[570] *Neue Zürcher Zeitung*, 9.6.1917, Nr. 1042.

unter den Pazifisten. Vor allem bei Ludwig Rubiner, der Klabund nur von seinem patriotischen Standpunkt her kannte, beschimpfte ihn als einen „Konjunkturbuben", der sich schlagartig für die „revolutionäre Phrase" entschieden habe: „Der Jobber, der Agent, der Bankier, der Zuhälter, der Leichenfledderer - sie, die Kriegsbegeisterung markierten, wagen es mit frechem Kopf, nun an unser Ohr mit der revolutionären Phrase zu treten."[571]

Wegen der scharfen Angriffe wurde Klabund unsicher. Er resignierte zwar nicht, aber in seiner Korrespondenz mit Irene tritt eine gewisse Reue bezüglich des offenen Briefes zutage. Beispielhaft sind die in Zürich zusammengefaßten Zeilen von Ende Juni 1917: „Ich bedaure jetzt, daß ich den Brief - nicht: geschrieben - aber jetzt veröffentlicht habe. Ich sehe ihn: falsch oder gar nicht wirken."[572] Tatsächlich hatte sich keiner bereit erklärt, für Klabunds Aufruf ein gutes Wort einzulegen, geschweige denn ihn ernstzunehmen. Sowohl der Zürcher Emigrantenkreis als auch die literarische Intelligenz in Deutschland übergingen ihn. Umgeben von einer gleichgültigen Schar sowie von streitlustigen Landsleuten wähnte sich Klabund von allen guten Geistern verlassen.[573] Das einzige was ihm unter diesen Umständen übrig blieb, war die Reise nach Deutschland, um zumindest bei Irene ein wenig Geborgenheit zu finden. Doch die Formalitäten beim Paßausstellen, die Gefahr, auf deutscher Seite in Schutzhaft genommen zu werden, machten diese Intention bis auf weiteres unmöglich.[574] Als persona nongrata entzog man Klabund auch die Publikationsmöglichkeit, so daß ihm kein Zugang mehr zum deutschen Publikum gewährt wurde. Die eingeengte Erwerbstätigkeit auf deutschem Boden schränkte Klabunds Existenzgrundlage deutlich ein und zwang ihn zu neuen Projekten. Sein folgendes Auftrittsgesuch beim *Hottinger Lesezirkel* vom 5. Juli 1917 ist insofern als ein Annäherungsversuch an die deutschsprachige Öffentlichkeit der Schweiz zu interpretieren:

> „Ich gestatte mir im anfangen, ob ich im Rahmen Ihrer Gesellschaft im nächsten Herbst oder Winter einen Vortrag halten könnte. Eine Vorlesung mit meinen Themen Lyrik, Roman, Groteske: Gedrucktes und Unge-

---

[571] Rubiner, Ludwig: *Konjunkturbuben*. In: Zeit-*Echo*, 3 (1917), 1. u. 2. Juniheft, S. 32.
[572] Klabund an Heberle, Irene, v. Juni 1917, zitiert nach: Josef Tatzel, Klabund. Leben und Werk Alfred Henschkes. S. 34.
[573] Vgl. Klabund an Heberle, Irene, v. 22. Juni 1917, zitiert nach: Tatzel, Josef: Klabund. S. 33.
[574] Klabund an Meinhardt, Thea, Br. v. 6.5.1917, DLM 70.1025/2.

drucktes, oder einer grob abendfüllenden geistig aktuellen Legende *Mohammed*, die bisherum gedruckt ist und deren Lesung von 1½ Stunden erfordern würde."[575]

Das Vorhaben, welches Klabund bereits am 23. Juli 1917 auszuführen hoffte,[576] scheint allerdings recht spät Erfolg gehabt zu haben, da Klabund laut einer gedruckten Einladungskarte erst am 23. März 1918 vor dem *Literarischen Club* des Lesezirkels „[a]us eigener Dichtung" vortragen konnte.[577] Obwohl keine konkreten Gründe für den späten Auftritt vorliegen, ist anzunehmen, daß das Vorlesungsprogramm des *Hottinger Lesezirkels* zu jenem Zeitpunkt über mehrere Monate ausgebucht war. Ein anderes Motiv des späten Auftritts mag Klabunds häufiger Ortswechsel zwischen Zürich und Locarno gewesen sein, so daß er sich eine frühere Vortragseinladung von Dr. Bodmer eventuell entgehen ließ. Der Brief an die Eltern vom 23. August 1917 ist ein Zeugnis für Klabunds nicht seltene Abwesenheit:

> „Ich bin heute (23. August) von meiner etwa zehntägigen Reise in die hohen Berge zurückgekehrt. Sie hat mir seelisch und leiblich gut getan. Ich bin jeden Tag durchschnittlich drei bis vier Stunden gewandert, das übrige per Post und Eisenbahn und Schiff. Es war besonders schön, weil die üblichen Touristen fehlten."[578]

Der Ausflug war eigentlich die Folge eines erwünschten Außenseitertums, durch das Klabund sowohl die Trennung von Irene als auch den Fehlschlag des offenen Briefes zu verarbeiten hoffte. Die anfangs einigermaßen effektive Isolation führte aber zu keiner endgültigen Problembewältigung, so daß er als Alternativlösung immer wieder auf die Rückkehr nach Deutschland zurückkam. Schon im Juli 1917 wollte er „die Grenze passieren", wenn man ihn nicht „zur militärischen Untersuchung" vorgeladen hätte.[579] Womöglich handelte es sich hier um ein

---

[575] Klabund an Bodmer, Hans, Br. v. 5.7. 1917, StArchZ, Lesezirkel Hottingen, Korrespondenzen, W 30, Schachtel 18.

[576] In Klabunds Mitteilung an Irene vom 23. Juli 1917 heißt es: „Ich wollte dir nur sagen, daß ich am 23'ten noch in Zürich vorlese, und zwar, so ist's mir auch am liebsten, im Literarischen Club des Lesezirkels Hottingen." SAdK, Klabund Sammlung Sig. 435.

[577] Mitteilung des Staatsarchivs des Kantons Zürich vom 2. Februar 2001.

[578] Unveröffentlichte Briefe Klabunds. Herausgegeben von Dr. Elfe Möbus. In: *Vorwärts*, 13.12.1931.

[579] Klabund an Heberle, Irene, v. 22. Juni 1917, zitiert nach: Tatzel, Josef: Klabund. S. 33.

Ablenkungsmanöver der deutschen Behörden, um Klabund möglichst lange aufzuhalten, bis sein zu jener Zeit noch gültiger Paß ablaufen würde. Letztendlich scheint diese Schikane Wirkung gezeigt zu haben, da Klabund knapp einen Monat später, am 23. August 1917, in einem völlig anderen Ton sprach.

> „Es ist jetzt keine so einfache Sache mehr mit den Pässen wie noch voriges Jahr. Und der Uebergang wird erschwert werden, je länger der unselige Krieg dauert. - daß meine der Regierung wohlbekannte politische Meinung, die ihr nicht genehm sein mag - aber was tuts?, ich halte mich für so deutsch wie irgendeinen - den Paß erschwert, scheint mir jetzt festzustehen. Ich versuche alles, was in meiner Kraft steht, um bald in Deutschland zu sein."[580]

Den Briefen nach zu schließen, bekam Klabund Mitte September 1917 einen neuen Pass und fuhr sofort nach Deutschland. Die meiste Zeit der knapp dreiwöchigen Reise verbrachte er in Passau bei seiner Lebensgefährtin Irene.[581] Der „nur fünf Tage"[582] anhaltende Aufenthalt in München dagegen war von vielerlei Enttäuschungen gekennzeichnet. Die einst lebendige Metropole mit ihren herrlichen Theatern, Cafés und Bibliotheken, in denen Klabund Anerkennung, Unterhaltung und Wissen genossen hatte, hatte sich vollkommen verändert. Er empfand München als eine endlose von Leid und Not getrübte Verwesung, die uneingeschränkt nach Banalität stank.[583] Ähnlich dem Umland erschien ihm auch die Gesellschaft restlos verformt.

Bevor Klabund von seinem ehemaligen Aufenthaltsort und Arbeitsplatz Abschied nahm, unternahm er noch den Versuch, die Beschimpfung Ludwig Rubiners in einem offenen Brief vom September 1917 zurückzuweisen: „Legen Sie ab den unerträglichen geistigen Hochmut, als hätten Sie und Ihresgleichen die Gesinnung gepachtet. Als sei es Konjunkturphilosophie, sich im Laufe von drei Jahren zu entwickeln und viel-

---

[580] Unveröffentlichte Briefe Klabunds. Hg. v. Dr. Elfe Möbus. In: *Vorwärts*, 13.12.1931.

[581] Aufschlußreich für Klabunds Aufenthalt in Passau ist Irenes Mitteilung an Doktor Levy vom 22.10.1917: „Wie Sie wahrscheinlich schon wissen, war vorigen Monat Klabund bei uns, die Tage waren sehr schön, aber leider ebenso kurz, besonders bei dem Gedanken, daß sie sich in Kriegszeit nicht mehr wiederholen lassen." SAdK, Klabund Sammlung Sig. 71.

[582] Klabund an Kutscher, Arthur uv. Br. v. 10.1.1917 (Poststempel Basel), DLM 57.4695.

[583] Vgl. Klabund an Heberle, Irene, September 1917, zitiert nach: Tatzel, Josef: Klabund. S. 35

leicht gar ähnlicher Meinung zu werden wie Sie."[584] Die Einstellung, den Pazifismus als Eigentum bestimmter Persönlichkeiten oder Gruppen zu betrachten, lehnte Klabund eindeutig ab und verglich den aus „Gefühlsmomenten" bestehenden Artikel mit einer „Perfidie". Im Anschluß an diese halb drohende halb beschuldigende Antwort, in der seine nachträgliche Kriegsgegnerschaft auch auf deutschem Boden endgültig zum Ausdruck kam, machte er sich Anfang Oktober 1917 wieder auf den Weg in die Schweiz.

Den Grenzübertritt verdankte er einer glücklichen Fügung. In einem Brief an die Eltern vom 11. Oktober 1917 steht: „Eine halbe Stunde, nachdem ich in Lindau die Grenze passiert hatte, traf dort der Befehl ein, mir die Ausreise zu verweigern und mich unter militärischer Bedeckung in die Festung Küstrin zu verbringen."[585] Die Tatsache, bis auf weiteres nicht mehr in die Heimat zurückkehren zu können, führte binnen kurzem zu einer erneuten Krise wegen Heimwehs. Verstärkt wurde das Sehnsuchtsgefühl durch den Fehler, sich während des Deutschlandaufenthalts bei den Eltern nicht gemeldet zu haben, die er in einem Schreiben vom 11. Oktober 1917 folgendermaßen zu beschwichtigen versuchte: „Wie gern sähe ich Euch einmal wieder! Ich bitte Euch, bei der nächst passenden Gelegenheit mich hier zu besuchen. Entscheidet Euch bald."[586] Allerdings blieb dieser Wunsch unerfüllt. Womöglich fehlte ihnen die Zeit und der Mut, sich zwecks eines Visums für die Schweiz mit den behördlichen Schikanen auseinanderzusetzen, so daß Klabunds Schuldgefühl und Einsamkeit anhielten. Verbunden mit der Vereinsamung kam es schließlich zu einer finanziellen Bedürftigkeit, der er ohne den Beistand aus dem Freundeskreis nicht standhalten konnte. Darunter Ernst Levy, den er am 22. November 1917 telegraphisch um einen Vorschuß von hundert Franken bat.[587]

Alleingelassen, verarmt und heimatvertrieben, schloß er sich bald der Schweizer Schauspielerin Anny Rog an, die ihn mit der in Basel wohnenden Freundin Denny Visscher-van Gaasbeck bekannt machte. Kla-

---

[584] In: *Menschen. Buchfolge Neuer Kunst*, 2 (1919), 13.7.1919, Nr. 46/49, S. 21.

[585] Unveröffentlichte Briefe Klabunds. Hg. v. Dr. Elfe Möbus, In: *Vorwärts*, 13.12.1931. Klabunds knapp gelungene Einreise in die Schweiz wird zugleich in dem chinesischem Märchen *Der Dichter und der Kaiser* wiedergegeben. In: *Das junge Deutschland*, Jg. 1, Nr..3, 1918, S. 79.

[586] Unveröffentlichte Briefe Klabunds. Hg. v. Dr. Elfe Möbus. In: *Vorwärts*, 13.12.1931

[587] Vgl. Telegramm v. 22.11.1917 von Klabund an Levy, Ernst. SAdK, Klabund Sammlung Sig. 36. Eine ähnlich Bitte an Ernst Levy sendete er auch am 8.1.1918. SAdK, Klabund Sammlung Sig. 34.

bund fand Interesse an dieser neuen Bekanntschaft und zog bald nach Basel um, wo es ihn von seinem Quartier im Hotel Krafft am Rhein aus regelmäßig zu der Familie Visscher-van Gaasbeck hinzog.[588] Denn dort fühlte er sich gut aufgehoben und schöpfte aus den angenehmen Zusammenkünften Vitalität und Inspiration. In dem Maße, wie die Sehnsucht schwand, wuchs das schriftstellerische Vermögen, so daß bald der Eulenspiegelroman *Bracke* entstand.[589] Der produktive Aufenthalt in Basel kam ihm trotzdem nutzlos vor, zumal sich seine Beziehung zu Irene aufgrund des Verhältnisses mit Anny Rog mittlerweile deutlich verschlechtert hatte. Klabund wollte kaum wahrhaben, daß Irene ihn verlassen hatte und sendete ihr, die mittlerweile in der Pension Stolzenfels eingetroffen war, ein vorsichtiges Wiederannäherungs- und Versöhnungsgesuch, in dem er reumütig schrieb: „Uns allen steht die Demut besser als der Stolz, darum schreib ich dir diesen Brief: am letzten Tag eines Jahres, das unseren Herzen so viel Glück und soviel Schmerz bereitete."[590] Dies blieb nicht ohne Wirkung auf Irene, da ihre aggressive Einstellung gegenüber dem kurz zuvor noch gehaßten Geliebten ab Anfang Januar 1918 eine mildere Form annahm. Deutlich niedergelegt ist diese Gemütsänderung in einem Schreiben vom 8. Januar 1918, worin sie Klabunds Basler Aufenthalt neuerdings als Folge einer gesundheitlichen Gegebenheit darstellt und dabei keinen Hinweis auf irgendeine Liebesaffäre macht.[591] Daß dieser Brief aus der Pension Stolzenfels geschrieben wurde, war sicherlich kein Zeichen der völligen Versöhnung, doch die räumlich verkürzte Distanz schien das verkrachte Paar zumindest auf geistiger Ebene nun deutlich näher gebracht zu haben. Klabund wollte zwar nicht penetrant wirken, aber die Tatsache, in unmittelbarer Nähe von Irene zu sein, gab ihm den Mut, wenigstens um ein eintägiges Treffen unter vier Augen zu bitten:

> „Ich gebe nun eine Frage an dich, Bitte möchte ich es nicht nennen, kann ich dich nicht, ehe ich wieder in den Tessin gehe sprechen? Ich glaube es wäre für uns beide *gut*, wenn wir uns mündlich aussprechen könnten. Ich

---

[588] Kaulla, Guido von: Brennendes Herz Klabund. Legende und Wirklichkeit. Zürich 1971, S. 108-109.
[589] Ebd., S. 122-127.
[590] Klabund an Heberle, Irene, Br. v. 31.12.1917, SAdK, Klabund Sammlung Sig. 440.
[591] In einem Brief vom 8.1.1918 begründet Irene Heberle Klabunds Basler Aufenthalt wie folgt: „Klabund läßt sich in Basel ein neu erfundenes Serum einspritzen und hofft davon gesund zu werden." Heberle, Irene an Kubin, Alfred, Br., SAdK, Klabund Sammlung Sig. 423.

käme, wohin du wolltest nach Davos oder Klosters; du könntest früh nach Klosters fahren und abends wieder in Davos sein. Zürich ist dir zu weit, nicht wahr?"[592]

So flexibel sich das Angebot auch anhörte, konnte Irene aufgrund ihres schlechten Zustandes nicht zusagen. Klabund dagegen wollte das Wiedersehen keineswegs aufs Spiel setzen und meinte diesbezüglich am 16. Januar 1918: „Da Du eben bei Ruedi warst, bist Du gewiß noch angegriffen - es ist wohl am besten, Du erholst dich erst ein paar Tage und wir treffen uns dann in Klosters."[593] Doch ähnlich wie bei dem ersten Angebot blieb auch dieser Wunsch unerfüllt, woraufhin Klabund selbst die Initiative ergriff und sich in den folgenden Wochen ein paar Mal nach Davos begab.[594] Allerdings fielen diese einzelnen Besuche kurz aus, da Klabund in einem undatierten Brief an Irene meinte: „Es ist so schlimm, daß wir soweit voneinander entfernt sind. Ich fürchte das wird noch wochenlang so gehen, denn wenn ich auch nicht besonders krank bin, so muß ich doch sehr vorsichtig sein, daß ich dich nicht anstecke."[595]

Immerhin wurde so die durchaus schmerzhafte Vereinsamung einigermaßen gelindert, und Klabund konnte sich wieder den Tagesereignissen widmen. Was ihn darin besonders erregte, waren die Vorwürfe gegen seinen offenen Brief. Klabunds Zeilen an Ernst Heinrich vom 22. Januar 1918 bezeugen den von deutscher Seite ausgehenden kontinuierlichen Druck, dem er sowohl durch einen Aufklärungsabend als auch mittels der Anweisungen von Wilhelm Schmidtbonn möglichst konstruktiv entgegenzuwirken versuchte.[596] „Eine Wolke von Haß schwebt immer über meinem Haupte. Ich würde mein Privatleben nicht halb so wichtig nehmen - zwänge mich nicht die Außenwelt dazu."[597] Doch das negative

---

[592] Klabund an Heberle, Irene, Br. v. 12.1.1918, SAdK, Klabund Sammlung Sig. 445.
[593] Klabund an Heberle, Irene, Br. v. 16.1.1918, SAdK, Klabund Sammlung Sig. 446.
[594] Aus Klabunds Korrespondenz geht hervor, daß er einmal am 2.2.1918 und ein weiteres Mal am 3.3.1918 in Davos gewesen war. Siehe dazu: SAdK, Klabund Sammlung Sig. 218 u. 447.
[595] Klabund an Heberle, Irene, Br. ohne Datum, SAdK, Klabund Sammlung Sig. 445.
[596] Hinweisend für den Aufklärungsabend sowie für die Beratungshilfe ist Schmidtbonns Mitteilung v. 14.3.1918: „Sehr geehrter Herr Klabund, durch Erkrankung unserer Lola konnten wir leider ihren Abend nicht besuchen. Gerne stehe ich Ihnen zu der gewünschten Zeit zur Verfügung." SAdK, Klabund Sammlung Sig. 418.
[597] Klabund: Briefe an einen Freund, S. 127.

Urteil über ihn war längst gefällt, wie es sich auch aus einem wenige Wochen später veröffentlichten Artikel in der *Donau Zeitung* zeigte.[598] Klabunds Kampf um sein Schriftstellerimage in Deutschland war somit verloren. Von nun blieb ihm als Leserkreis hauptsächlich das Schweizer Publikum. Irene schien mit ihrem plötzlichen Rückzugswunsch nach Passau auch nicht mehr auf Klabunds Seite zu stehen. Da sie die Irritationen in ihrer Beziehung gerade überwunden hatten, wirkte diese Entscheidung wie der zweite Teil einer doppelten Unglücksserie, die Klabund nicht hinnehmen wollte. Deshalb auch *Die kleinen Verse für Irene*, geschrieben „in der Nacht vom 8. auf 9. Februar 1918 im Sanatorium Davos-Dorf",[599] worin er immer wieder auf Irenes vorausgesehene Heimkehr nach Passau zurückkommt sowie an eine endgültige Versöhnung in Freundschaft appelliert.[600] Die Gedichte allein hatten zwar nichts bewirken können, aber verbunden mit Klabunds Heiratsantrag vom März 1918, entschied sich Irene, entgegen dem Wunsch ihrer Eltern, weiterhin in der Schweiz zu bleiben.

Frisch verlobt, siedelten Irene und Klabund Ende März 1918 bereits zum dritten Mal nach Locarno-Monti um. Untergekommen waren sie zunächst im Lausanner Hotel de la Gare,[601] von wo es wenig später weiter zur Villa Neugeboren[602] ging. Hier begann nun für Klabund ein von vielseitigen Erlebnissen geprägter Lebensabschnitt.

---

[598] In der *Donau Zeitung* v. 18.5.1918 (Nr.226) erschien der Artikel *Deutsche Drückeberger in der Schweiz*, in dem u.a. gegen Klabund folgendermaßen gehetzt wird: „Er hat aber nur von seinem kugelsicheren Schweizer Aufenthalt aus einen frechen, anmaßenden *Offenen Brief* an den deutschen Kaiser gerichtet. Henschke scheut sich wohlweislich, deutschen Boden zu betreten. Er ist Refraktär (d.h. einer, der sich seiner militaristischen Stellungspflicht durch den Aufenthalt im neutralen Ausland entzogen hat, während der Deserteur der Fahneneidbrüchige ist)." Zitiert nach: Stell. Gen. Kommando 1. Armee-Korps Nr. 1715, KAM.

[599] Das als einmaliger Privatdruck in 50 numerierten Exemplaren erschienene Werk wurde u.a. an Erwin Poeschel gesendet; sein Exemplar trägt die Nummer 47, StArchGR, XII 23c 2c1, Schachtel 9.

[600] Gerade mit dem Ton von ursprünglicher Zusammengehörigkeit wird wie im folgenden eine emotionale Beeinflussung Irenes beabsichtigt: „Gott hat uns leicht und schwer gemacht./Du hast geweint. Ich hab gelacht./Du hast gelacht. Ich hab geweint./So Sonn und Mond am Himmel scheint./ [...] Warum will die kleine Schwalbe/ Wieder in die Wildnis fliegen?/Sich erheben in das Halbe?/Sich Gaukelgiebel biegen." Zitiert nach: Raabe, Paul: Klabund in Davos. S. 89

[601] Die Adressenangabe stammt aus Klabunds Telegramm an Ernst Levy v. 20.3.1918. SAdK, Klabund Sammlung Sig. 37.

[602] Laut Klabunds Telegramm an Ernst Levy v. 6.4.1918 ist „neue adresse Locarno Monti Villa Neugeboren". SAdK, Klabund Sammlung Sig. 38.

Dargestellt werden soll an dieser Stelle vor allem die Erfahrung im politischen Bereich, zumal sie zu jener Zeit eine äußerst konkrete Gestalt annahm. Beispielhaft hierfür ist Klabunds Teilnahme an „einer Vereinigung der politisch gerichteten deutschen Geister", welche er in einem Schreiben an Alfred Hermann Fried vom 25. März 1918 von folgenden Voraussetzungen abhängig macht:

> „Die beste Methode, die Tendenzen der Vereinigung zu propagieren, wäre wohl ein nach Bedarf und Gebot der Stunde zu publizierendes Flugblatt, dessen Artikel den deutschen, österreichischen und neutralen Zeitungen zum kostenlosen Nachdruck anzubieten wäre. Es müßte versucht werden, besondere Aufrufe in den deutschen Städten und auf dem Land zu plakatieren. [...] Der Anschluß an die in Deutschland und Österreich bestehende Vereinigungen ähnlicher Tendenzen (Bund der Geistigen, Bund Neues Vaterland, Bund der Kriegsverletzten, Friedensgesellschaft usw.) ist zu erstreben."[603]

Die teils naiven und teils eingebildeten Ratschläge Klabunds, welche eher emotionale Reaktionen auf persönlichen Ärger zu sein schienen, fanden jedoch keine Anerkennung. Ob man ihn aufgrund seiner unerfahrenen Kriegsgegnerschaft ignorierte, ist schwer zu beurteilen. Sicher ist, daß seine Ideen nirgends auf fruchtbaren Boden fielen. Klabund zog hieraus Konsequenzen und verfolgte demzufolge die Politik ausschließlich aus der Distanz. Statt dessen wendete er sich seinem eigentlichen Metier, der Literatur zu. In dieser produktiven Schaffensperiode schuf er Werke wie *Der Feueranbeter, Die gefiederte Welt* sowie *Der himmlische Vagant*. Letzteres, ein lyrisches Porträt François Villons, bot er vergeblich am 11. Mai 1918 dem *Jüngsten Tag* an.[604] Das einzige, was Klabund im Jahr 1918 veröffentlichen konnte, war die japanische Nachdichtung *Geisha Osen* im Roland-Verlag. Seine übrigen Werke kamen erst nach Kriegsende in Umlauf, nachdem der ihm inoffiziell verweigerte Zugang zum deutschen Buchmarkt stufenweise wieder ermöglicht worden war. Auch wenn es eine Zeitlang zu keinen Publikationen kam, hatte Klabund grundsätzlich keine Probleme, zumal er von seinem Verleger und Mäzen Erich Reiß weiterhin finanzielle Zuwendungen erhielt. Außerdem galt Klabund als ein fanatischer Naturmensch, der sowieso in bescheidenen Verhältnissen lebte und diese Eigenschaft in seinem Brief vom 30. Juni 1918 an Wilhelm Heinrich zu erkennen gab:

---

[603] Klabund an Fried, A.H., v. 25.3.1918, Fried Collection, Box 3, HInst. S.
[604] Vgl. Klabund an Wolff, Kurt, Br. v. 11.5.1918, KWArch Y, Box 7, Folder 141.

> „Wie geht es Ihnen? Ich lebe noch immer im Tessin, oberhalb von Locarno, in einer Tier- und Gartenidylle. Schlangen (an einem Tag fing ich einmal elf - mit der Hand), Rieseneidechsen und tropische Schmetterlinge sind meine Genossen. (Ein Kapitel meines nächsten Versbuches wird der *Tierkreis* heißen.)"⁶⁰⁵

Am 8. Juni 1918 gab die mittlerweile schwangere Irene Klabund das Jawort.⁶⁰⁶ Als künftiger Vater stand Klabund nun vor einem Bündel von Aufgaben, und er mußte Prioritäten setzen, um diese neuen Verantwortungen zu bewältigen. Was aber hatte Vorrang? Die Versorgung der Familie, die Verbesserung seines schlechten Image als opportunistischer Kriegsgegner, die leidenschaftliche Verbundenheit mit der Literatur oder die Sorge um den immer noch fehlenden Bund der Intellektuellen? Die Antwort lautete: alles. Um all diese Anforderungen zu erfüllen, griff er zu einem einzigen Instrument, der politischen Publizistik. Seine erste Anlaufstelle war *Die Friedenswarte*, der er vergeblich die Veröffentlichung eines Aufrufes anbot.⁶⁰⁷ Erfolg hatte er dagegen bei den *Weißen Blättern*, worin er im August 1918 die sogenannte *Bußpredigt* publizierte:

> „Die Desorganisation der Geistigen ist mit an diesem Krieg schuld. Wir alle sind an diesem Krieg schuld, weil wir ihn kommen sahen und nichts dagegen taten und, als er ausbrach, uns über seine wahren Wege täuschen ließen. Ein rasender Protest gegen den kriegerischen Gedanken und das kriegerische System in der ganzen Welt tut not. Wir wollen nicht schweigen, nicht eines zweiten Weltkrieges schuldig werden. Erreichen wir unser Ziel nicht, so sind wir umsonst am Leben geblieben und lägen besser, geruhig gehütet, bei den Toten von Ypern und Kown, von Gallipoli und Görz." ⁶⁰⁸

Ohne auf seinen ehemaligen Kriegspatriotismus einzugehen, spricht Klabund direkt von einer allgemeinen Kriegsschuld des Bildungsbürgertums und ruft zu einem dringlichen Kriegsprotest auf. Es ist nicht zu übersehen, daß er jeden einzelnen, egal ob Pazifist der ersten Stunde oder nachträglicher Kriegsgegner, mit der Kriegsschuld in Berührung bringt.⁶⁰⁹ Klabund konnte allerdings nicht voraussehen, daß diese Einstellung von Anfang an zum Scheitern verurteilt war. Denn erstens hatte der Schweizer Emigrantenkreis kein Verlangen nach einer pazifistischen Dachorganisation und zweitens ging dieser Kreis eher von der Kriegs-

---

⁶⁰⁵ Klabund: Briefe an einen Freund. S. 128.
⁶⁰⁶ Kaulla, Guido von: Brennendes Herz Klabund. S. 111.
⁶⁰⁷ Klabund an Fried, A.H., v. 5.7.1918, Fried Collection, Box 3, HInst. S.
⁶⁰⁸ *Die Weißen Blätter*, 5 (1918), Quartal Juli-September, S. 106-108.
⁶⁰⁹ Fortdauernd verwendet Klabund die Personalpronomen „wir", „uns" und „unser"

schuld politischer Instanzen aus, anstatt die einzelnen Individuen zu bezichtigen. Bei Klabund fehlte demnach die Machtkritik, was seinen Aufruf als weltfremd erscheinen ließ. Die Erkenntnis, auf die Öffentlichkeit keinen Einfluß genommen zu haben, zeigte schließlich Wirkung, und Klabund änderte seine Handlungsstrategie:

> „Die Schuld liegt *nicht nur* bei den Alldeutschen. Wie die jetzige Regierung es hinzustellen beliebt. Die *genaue gleiche* Schuld trägt die Reichtagsmehrheit, die sich niemals zu einer entschlossenen Aktion aufgerafft hat, sondern im Gefolge der obersten Heeresleitung [...] den Opportunisten gemacht hat, statt *zu handeln*, als noch Zeit war."[610]

Mit dem nahenden Kriegsende wurde Klabund zunehmend politisiert. Anstelle eines intellektuellen Konvents sprach er nun über Themen wie „Amnestie, Verfassungsveränderung, Neuwahl des Reichstages".[611] Auch auf internationaler Ebene ergriff er die Initiative und erklärte in einem offenen Appell an den Präsidenten der Vereinigten Staaten von Nordamerika, Woodrow Wilson, den „Entente-Imperialismus" und die „Clemencisten" zu Feinden der deutschen Demokratie.[612] Drei Tage zuvor sprach er seine Freude über die verschwundene „Seuche der Gewaltanwendung" aus, welche bis dahin „tief in die Knochen des deutscher Volkes" gedrungen war.[613]

Die unübersehbare Forcierung seiner publizistisch-kritischen Attacken gegen das militaristische System Deutschlands hätte sicherlich noch an weiteren Aspekten gewonnen, wenn seine Ehefrau Irene kurz nach der Geburt eines Siebenmonatskindes am 30. Oktober 1918 nicht so unerwartet aus dem Leben geschieden wäre.[614] Durch diesen traurigen Zwi-

---

[610] Klabund an Meinhardt, Thea, Br. v. 11.10.1918, DLM 79.1025/3. [Hervorhebung von Klabund].

[611] Klabund: Briefe an einen Freund, S. 129. In einem Brief an Irene v. 16.10.1918 äußert sich Klabund zu Wilsons Friedensplan im folgenden Ton: „Die Antwort Wilsons hab ich dann gelesen. Sie ist in der Tat, wie die heutigen Zeitungen schreiben: terrible: furchtbar." SAdK, Klabund Sammlung Sig. 453.

[612] Dieser Appell erschien am 23.10.1918 in N. Z. Z.

[613] *Das Neue Deutschland*, 20.10.1918, Nr. 1391.

[614] Die Todesnachricht seiner Ehefrau verkündete Klabund in einem Telegramm an Ernst Levy v. 30.10.1918 wie folgt: „Der liebste Mensch den ich auf den Erden hatte, Irene ist heute Nacht sanft entschlafen. In namenlosem Schmerz. Villa Maria Locarno Muralto." SAdK, Klabund Sammlung Sig. 31. Aufschlußreich für das Geburtsdatum des Kindes ist Klabunds Telegramm an die Schwiegereltern v. 17.10.1918: „irene in der nacht zum siebzehnten ploetzlich operiert und mit gesunder kleiner irene erwacht befinden ausgezeichnet die glücklichen eltern" SAdK, Klabund Sammlung Sig. 467.

schenfall begann für Klabund eine von massiven Schuldgefühlen geprägte Lebensphase: „Und bitter bereue ich es, daß ich ihr, wie ich's zuerst wollte, das Kind nicht im ersten Monat nehmen ließ",[615] lautete sein Vorwurf gegen sich selbst. Die plötzliche Konfrontation mit dem bis dahin niemals ernst genommenen Tod interpretierte er dagegen als göttliche Rache:

> „Ich habe nicht an den Tod geglaubt, immer nur an das Leben, an die Sonne, an die Blondheit. Jetzt werde ich bitter gegeißelt für meinen Unglauben. Irene war mir mehr als eine oder meine Frau. Sie war *mein Friede*. Der ist nun dahin. Der Morgen- und Abendstern ist mit ihr erloschen. Ich sage so oft die letzten Worte Hölderlins: April und Mai und Junius sind ferne. Ich bin nichts mehr. Ich lebe nicht mehr gerne." [616]

Wenngleich die Lebenslust schwand, konnte sich Klabund keine völlige Isolation vom Alltag erlauben, zumal er weiterhin die gegen ihn gerichtete Hetzkampagne in Deutschland zu bekämpfen hatte. Besonders angegriffen fühlte er sich dabei vom Feuilletonchef der *Leipziger Zeitung*, welcher Klabunds Artikel *Bußpredigt* als durchaus unangebracht und unglaubwürdig darstellte. Klabund hingegen versuchte, diese Sichtweise in einem Schreiben vom 6. Dezember 1918 zu widerlegen:

> „Wenn Sie den Artikel *unbefangen* lesen, so müssen Sie erkennen, daß er ein klares und offenes Schuldbekenntnis *von mir* persönlich darstellt wie ich es von anderer Seite leider noch nicht gelesen habe. [...] Meine rein äußerliche (nicht metaphysische) Schuld besteht darin, daß ich 1914 einige schlechte Soldatenlieder dichtete (im August). Ich bin einer der ersten gewesen, die 'umgelernt' haben, so früh wie Haase, der 1914 die Kriegskredite patriotisch motivierte oder Dittmann, der 1914 Kriegslieder dichtete und dennoch einer der tapfersten Vorkämpfer der Revolution geworden ist."[617]

Abgesehen von der obigen Erwiderung verfaßte Klabund zu jener Zeit einen Artikel über *Kurt Eisener*[618] und arbeitete zugleich an einem *Bücherkatalog*[619] für den Ringier & Cie. Verlag. Weitere Projekte blieben aller-

---

[615] Klabund: Briefe an einen Freund. S. 131.
[616] Klabund an Jung, Hilde, Br. v. 18.11.1918, DLM 65.436/4.
[617] Klabund an Feuilleton Chefredakteur der *Leipziger Zeitung*, uv. Br. v. 6.12.1918, DLM 92.51.394.
[618] Der Artikel über Kurt Eisener erschien in der N.Z.Z. am 8.12.1918.
[619] Klabund an Jung, Hilde, uv. Br. v. Januar 1918, DLM 65.436/6.

dings aus, nachdem am 17. Februar 1919[620] seine erst vier Monate alte Tochter Irene ebenfalls starb. Die wenige Wochen nach dem Tod seiner Frau noch vorhandene Kraft zum Schreiben war somit völlig verloren und wieder einmal zog es ihn ins Heimatland. Bis er aber die Reise nach Deutschland endgültig antreten konnte, vergingen noch mehrere Wochen, weil man zu jenem Zeitpunkt bei den Einreisebewilligungen ungeheuer vorsichtig vorging. Klabund zeigte sich über diese strenge Vorgehensweise sehr verärgert und meinte in einem an die Eltern gerichteten Brief vom 20. März 1919:

> „Liebe Eltern, ich warte und warte auf ein Visum: es ist so furchtbar umständlich jetzt, von der Schweiz aus die Erlaubnis zur Reise zu bekommen. (Den deutschen Paß hab ich schon.) Sie haben hier geradezu eine himmlische Bolschewikiangst: jeder Literat erscheint ihnen als zweiter Lenin oder Radek. Und jede Reise ins revolutionäre Deutschland verdächtig."[621]

Letzten Endes wurde ihm das lang ersehnte Visum ausgestellt, so daß er sich im Anschluß an den Grenzübertritt vom 9. April 1919 zunächst nach München und wenig später zu den Schwiegereltern nach Passau begab.[622] Die Hoffnung, im Heimatland der verstorbenen Ehefrau ein wenig Trost zu finden, erfüllte sich nicht, denn das Schicksal nahm einen anderen Verlauf. Denn wegen der Majestätsbeleidigung von 1917 kam Klabund vom 17. April 1919 bis zum 26. April 1919 neun Tage lang in Schutzhaft.[623] Unmittelbar nach seiner Freilassung kehrte er wieder in die Schweiz zurück, wo er sich in den folgenden Jahren bis zu seinem Tode am 14. August 1928 mehrmals aufhielt.

4.1.9. Annette Kolb

Die bei Kriegsbeginn in München ansässige 44 Jahre alte Schriftstellerin Annette Kolb, Tochter eines deutschen Gartenbauarchitekten und einer

---

[620] Vgl. dazu Klabunds Telegramm an Levy, Ernst, v. 18.2.1919, SAdK, Klabund Sammlung Sig. 32.

[621] Unveröffentlichte Briefe Klabunds. Hg. v. Dr. Elfe Möbus. In: *Vorwärts*, 13.12.1931.

[622] Aufschlußreich für Klabunds Ankunftsdatum in Deutschland ist seine Postkarte Herrn Heberle v. 9.4.1919: „[...] halb tot bin ich hier in Lindau angelangt. Ich habe mich auf der Reise fürchterlich erkältet und fühle mich gar nicht wohl. Ich bin heute Abend (hoffentlich!) Münchener Exelsiorhotel." SAdK, Klabund Sammlung Sig. 531.

[623] Siehe dazu: Klabund: Tagebuch im Gefängnis. Hg. v. Leopold Spitzegger. Wien 1946.

französischen Pianistin, besaß während der ersten zwei Jahrzehnte ihres Berufslebens kein großes Ansehen in deutschen Literaturkreisen. Erst nach Veröffentlichung ihres Liebesromans *Das Exemplar (1912)*, der 1913 mit dem Fontane-Preis ausgezeichnet wurde, begann sie sich zu etablieren. Parallel zu dem schriftstellerischen Durchbruch folgten Bekanntschaften mit René Schickele, Alfred Hermann Fried und Romain Rolland. Darüber hinaus erhielt Kolb im Juli 1914 die Einladung zu einem Vortrag in der *Dresdner Literatur Gesellschaft*, der sie nach längerem Warten schließlich am 15. Januar 1915 Folge leistete. Ihr erster öffentlicher Auftritt, bei dem sie die deutsche und französische Presse der Kriegshetzerei beschuldigte,[624] drängte jedoch den vor kurzem errungenen Ruhm unverzüglich in den Hintergrund.

Betroffen von dem unerwarteten Fiasko, entschloß sich Kolb, um zumindest außerhalb von Deutschland Anerkennung zu finden, sobald wie möglich in die Schweiz zu gehen. Im März 1915 besuchte Sie dann Romain Rolland in der Schweiz, der zu jener Zeit von Genf aus über das *Journal de Genève* für die deutsch-französische Verständigung plädierte.[625] Genau eine Woche später, am 7. April 1915, setzte sich Kolb mit Hermann Hesse schriftlich in Verbindung und dankte ihm aus Zürich für den wohl kurz zuvor stattgefundenen netten Empfang.[626] Im August 1915 kehrte sie dann nach Deutschland zurück und schrieb Hesse erneut, diesmal aus München.[627] Nach einem einjährigen Aufenthalt in Deutschland gelang es ihr mit großer Mühe, nochmals in die Schweiz zu kommen. Über die Einreise sowie ihren Aufenthalt ist in Romain Rollands Tagebuch folgendes vermerkt:

„Annette Kolb gelingt es endlich, Deutschland zu verlassen und in die Schweiz zu kommen, nachdem sie monatelang vergeblich versucht hatte, einen Paß zu erhalten. Sie hat nur eine dreiwöchige Aufenthaltserlaubnis. Eine Woche verbringt sie in Thun, um ihre Freunde, den General Grafen Montgelas und seine Frau, zu sehen. Sie vertraut mir mancherlei Interessantes an (30. August)."[628]

---

[624] Kolb, Annette: Ein Selbstporträt. In: Das Selbstporträt. Hg. v. Hannes Reinhardt. Hamburg 1967, S. 179.
[625] Vgl. Rolland, Romain: Zwischen den Völkern. Aufzeichnungen und Dokumente aus den Jahren 1914-1918. Bd.1, Stuttgart 1954, S. 288.
[626] Kolb, Annette an Hesse, Hermann, uv. Br. v. 7.4.1915, DLM. Zugangsnummer nicht vorhanden.
[627] Kolb, Annette an Hesse, Hermann, uv. Br. v. 10.8.1915, 2326/96 Monacensia.
[628] Rolland, Romain: Zwischen den Völkern. S. 39.

Sehr wahrscheinlich wurde diese kurzfristige Reiseerlaubnis durch den deutschen Diplomaten Richard von Kühlmann ermöglicht, welcher Kolb in einem Schreiben vom 12. Juli 1916 mitteilte: „Grüssen Sie Montgelas schön von mir. Hoffentlich haben Sie in der Schweiz einen angenehmen Aufenthalt."[629] Anlaß dieser Fahrt war eine Karte von Theodor Wolff an Professor Haguenin, der Chef des französischen Pressewesens in der Schweiz war.[630] Kolb sollte sie ihm persönlich überreichen. Nach Erfüllung dieses Auftrages kehrte sie im September 1916 via München nach Berlin zurück, um Theodor Wolff über die Zusammenkunft mit Haguenin in Lausanne zu berichten.[631]

Im allgemeinen ist nicht zu übersehen, daß Kolbs Reisen in die Schweiz auf die deutsch-französische Verständigung abzielten, jedoch in nationaler und in internationaler Hinsicht ohne klare Ergebnisse blieben. Gleichwohl bereitete sie den deutschen Behörden Kopfzerbrechen, so daß das Bayrische Kriegsministerium am 31. März 1916 eine Briefsperre über sie verhängte,[632] der dann am 9. Mai das Verbot jeglicher pazifistischen Tätigkeit und aller Auslandsreisen ohne vorherige Genehmigung folgte.[633] Demzufolge sah sich Kolb gezwungen, definitiv in die Schweiz zu emigrieren. Am 31. Januar 1917[634] überschritt sie dann die deutsch-schweizerische Grenze, um den intellektuellen Kampf gegen die immer strenger werdende Kriegsmonarchie auf neutralem Boden fortzuführen. Niedergelassen hatte sie sich in einer Berner Pension, „im zweiten Stock zwei kleine Zimmer mit einem Alkoven."[635] Laut Tagebucheintrag befand sich die neue Bleibe in der Kesserlerstraße,[636] also in unmittelbarer Nähe von René Schickele, der in der Junkernstraße 17 wohnte und Kolb knapp ein Jahr zuvor die Mitarbeit an den *Weißen Blättern* angeboten hatte. Das sicherlich nicht ohne Bedacht gewählte Domizil ermöglichte

---

[629] Kühlmann, Richard v. an Kolb, Annette, Br. v. 12.7.1916, 46/65 Monacensia.
[630] Vgl. Wolff, Theodor: Tagebücher 1914-1919. Bd.1. Boppard am Rhein 1984, S. 431.
[631] Vgl. Annette Kolb: Zarastro. Westliche Tage. Berlin 1921.
[632] Vgl. Internes Schreiben der Kaiserlichen Polizeidirektion a. d. K. Bayer. Kriegsministerium München v. 31. Mai 1916. Zitiert nach: Stell. Gen. Kommando 1. Armee-Korps Nr. 45598, KAM.
[633] Vgl. Mitteilung des Kriegsministeriums v. 9.5.1916 an Annette Kolb. Zitiert nach: Stell. Gen. Kommando 1. Armee-Korps Nr. 45598, KAM.
[634] Aus dem am 18.12.1916 in Bern ausgestellten Reisepaß geht hervor, daß Annette Kolb am 31.12.1917 über „Lindau Hafen" ausgereist ist, „Biographische Dokumente", Monacensia.
[635] Kolb, Annette: Zarastro. Westliche Tage. Berlin 1921, S. 11.
[636] Vgl. ebd., S. 49.

ihr somit den Zugang zu jenem Freundeskreis, in dem sie die zuletzt in Berlin und München stark eingeschränkte Kriegskritik wieder aufnehmen konnte. In ihrem Tagebucheintrag vom 27. März 1917 meint sie diesbezüglich:

> „Nicht nur in meinem, nein, ich darf es sagen: mehr noch im Namen der vielen in Deutschland (oder der wenigen, gleichviel), welche sich nicht äußern konnten, wollte ich gegen die neuste Kraftprobe der Herren Militärs protestieren und es dabei genauso halten wie die oberste Heeresleitung, nur umgekehrt: das heißt mit eben derselben Arroganz über militärische Notwendigkeiten hinwegsehen, wie sie über menschliche und moralische.[637]

Für Kolb sollte der Schweizer Aufenthalt keineswegs ein Neubeginn sein, sondern die konsequente Fortsetzung ihres pazifistischen Engagements. Zunächst holte sie zu einem polemischen Angriff aus und veröffentlichte am 5. April 1917 im *Journal de Genève* einen Beitrag gegen die französische und deutsche Presse. Der „unauffällig auf der zweiten Seite" plazierte französische Artikel war Romain Rollands Auffassung nach „ein edles Wort, das erste, das ein freies deutsches Gewissen außerhalb jeder politischen Partei" auszusprechen gewagt hatte.[638] Als Kern dieses mutigen Protestes könnte man folgende Sätze in Erwägung ziehen:

> „Ceux que les Fran÷ais appellent les 'boches' sont aujourd'hui à l'apogée de leur pouvoir et occupent si bien l'avant-scène en Allemagne qu'on n'aper÷oit plus qu'eux. Je vous les abandonne. [...] Ne craignez-vous pas d'etre confondus vaec ceux vous imposent ce joug infîme? Vous ℘tes sur le point non seulement de compromettre pour des generations à venir ce que vous avez de meilleur, vous ℘tes sur le point de le perdre. Et alors ce ne serait pas le régime allemand, ce serait l'Allemange qui serait vraiment perdue. Allemands! C'est à vous que j'en appelle levez-vous de la Bavière jusqu á lamer Baltique contre les 'boches'."[639]

Kolbs Aufruf an die Deutschen, sich von Bayern bis an die Ostsee gegen die „boches" zu erheben, stieß aber nicht überall auf positive Resonanz. Im Gegensatz zu Frankreich, wo dieser Aufruf sofort zu einem beliebten Zeitungs- und Vortragsobjekt wurde,[640] hetzte man in Deutschland ge-

---

[637] Kolb, Annette: Zarastro. Westliche Tage. S. 61.
[638] Rolland, Romain: Zwischen den Völkern, Bd. 2. S. 268.
[639] *Journal de Genève*, 5. April 1917.
[640] Vgl. Rolland, Romain an Kolb, Annette, Br. v. 11.6.1917. In: Anne-Marie Saint-Gille: La Vraie Patrie, C'est La Lumière! Correspondence entre Annette Kolb et Romain Rolland (1915-1936). Bern u.a. 1994, S. 103.

gen die „mit Herz und Sinn ganz auf dem Boden der französischen *Mentalität*" stehende Pazifistin.[641] Der Haß gegen Annette Kolb verstärkte sich insbesondere, nachdem ihr Aufruf am 14. April 1917 über die *Freie Zeitung* auch in deutscher Version, ohne Einwilligung der Verfasserin, publik gemacht wurde. So wuchs nicht nur die Protestwelle gegen Kolb von deutscher Seite, sondern Kolb mußte darüber hinaus feststellen, daß sie zum Opfer eines publizistischen Komplotts geworden war. Denn:

> „Alle Beiträge waren anonym. Nur mein fettgedruckter, im Reporterdeutsch übertragener Protest trug meinen Namen. Ich übergehe den Zorn, mit dem ich diese wüste Revolverprosa las, welche hier als meine eigene stand; wie vortrefflich war dabei ihre Wirkung auf mich selber berechnet!"[642]

Selbstverständlich ließ sich Kolb diese Art von Journalismus nicht gefallen. Bereits einen Tag später erhob sie im *Berner Bund* Einspruch gegen den Mißbrauch ihres Artikels. Doch anstatt ihren Fehler einzusehen, gab die *Freie Zeitung* in ihrer zweiten Ausgabe vom 18. April 1917 sowohl die französische als auch die deutsche Version des Kolbschen Protestes heraus. Durch diese Taktlosigkeit und Unverfrorenheit der publizistischen Organe begann Kolb an sich zu zweifeln:

> „Ich begriff es nicht. In meiner Unkenntnis alles dessen, was mit Partei- oder Parteiinteressen zusammenhing, wollte mir ein Überblick der besonderen Situation nicht gelingen. Ein paar Dinge sah und erkannte ich mit unbeeinflußbarer Sicherheit, gleichsam durch ein Brennglas, mußte aber jede Einsicht mit einer Unzulänglichkeit überzahlen, jedes Überbieten mit einem Versagen."[643]

Zum Glück war Kolb in politischen Fragen keineswegs hilflos. Besondere Unterstützung erhielt sie von dem seit Ende 1914 in Zürich verweilenden Herausgeber der *Friedenswarte*, Alfred Hermann Fried, für dessen Zeitschrift sie auch einige Beiträge geschrieben hatte.[644] Der zeitweilig in Zürich auftauchende Pazifist Friedrich Wilhelm Förster beurteilte Kolbs Aufklärungsaktion ebenfalls sehr positiv, wobei er im Detail anders vorzugehen wünschte. Försters auffordernde Mitteilung: „Vielleicht haben Sie von ihrem Standpunkt aus das Richtige getan, weil Sie in der

---

[641] Münchener Neueste Nachrichten, 5.5.1917.
[642] Kolb, Annette: Zarastro. Westliche Tage. S. 69.
[643] Ebd., S. 72.
[644] *Ausblick*, XIX. Jg., Nr. 5, Mai 1917; *Freiheit, Gleichheit und Brüderlichkeit*, XX. Jg. Nr. 3, März 1918; *Wiederholungen*, XX. Jg., Nr.7/8, Juli-August 1918.

Schweiz bleiben und dort wirken wollen, ich aber will den Kampf gegen das undeutsche Deutschland in *München* und *Berlin* führen",[645] erschien Kolb keineswegs überzeugend. Zwar war sie in der Schweiz auf keine große Anerkennung gestoßen, doch galt ihr dies nicht als Grund, sich nochmals den wilhelminischen Zensurmaßnahmen auszuliefern. Kolb wußte zu schätzen, wie frei das allgemeine Pressewesen in der Eidgenossenschaft gegliedert war. Ihre Feststellung, „solange Telramunds [Schliebens] im Hintergrunde säßen, sei jede Aktion, jeder Versuch, dem Haß entgegenzuwirken, im vornherein eine gescheiterte Sache",[646] galt insofern nicht nur als Kritik der *Freien Zeitung* sondern auch als Warnung vor der sinnlosen Feindschaft im pazifistischen Pressewesen. Deshalb die Frage: „Wie sollte ein Zusammenschluß zustande kommen, da noch ganz und gar kein Zusammenschluß gegen die Ungeistigen besteht?"[647]

Die fehlende Vereinigung unter den Intellektuellen sah Kolb als Ausgangspunkt unnötiger Reibereien und appellierte deshalb an eine mit Fingerspitzengefühl betriebene Zusammenarbeit. Kolbs Interesse an einer politischen Kooperation schien aber nicht bei jedem auf Anerkennung zu stoßen. Insbesondere Richard von Kühlmann beurteilte Annette Kolbs Engagement als sehr schwach und empfahl ihr in einem despektierlichen Brief vom 2. Juli 1917, gefälligst unpolitisch zu bleiben:

> „Ich höre, daß Sie in allerlei unerquickliche, politisch-literarische Fehden verstrikt sind, und daß man sehr böse auf Sie ist. Ich habe keine Zeit und bin auch zu müde, um auf Einzelheiten einzugehen, kann Ihnen aber im ganzen den oft gegeben Rat nur wiederholen: die Tagespolitik und vollends die gänzlich unfruchtbaren Gebiete der Polemik zwischen Nationen anderen zu überlassen und Ihr schönes Talent dem wirklich literarischen Schaffen wieder zuzuwenden."[648]

Den Ansichten und Empfehlungen Kühlmanns war Kolb gewohnt. Denn kurz nach ihrem Vortrag vor der *Dresdner Literatur Gesellschaft* am 15. Januar 1915 hatte sie bereits eine sehr ähnliche Mitteilung erhalten, in der es hieß: „Wie ich Ihnen sagte, wäre mein Rat, jetzt so lange der Krieg dauert und die Erbitterung stark ist, die Politik genug in Ruhe zu las-

---

[645] Foerster, Friedrich Wilhelm an Kolb, Annette, Br. v. 8.4.1917, Nr.448/68 Monacensia.
[646] Kolb, Annette: Zarastro. S. 79.
[647] Ebd., S. 80.
[648] Kühlmann, Richard von an Kolb, Annette, Br. v. 2.7.1917, Nr. 46/65 Monacensia.

sen."⁶⁴⁹ Obwohl zwischen dem ersten und dem zweiten Brief fast zweieinhalb Jahre lagen, war deren Inhalt sinngemäß gleich. Kolb hatte sich demzufolge zwischenzeitlich nicht einschüchtern lassen und ihre Betätigung im Bereich der Politik beharrlich fortgesetzt. Das einzige, was sich veränderte, war die Form ihrer Vorgehensweise. Aus Kolbs Tagebuchaufzeichnung von Mitte Mai 1917 geht hervor, welch radikale Einstellung sie inzwischen vertrat:

> „Ja, nicht die große Einigung, den großen Bruch gilt es zuerst zustande zu bringen: die herrische und heilige Offensive der menschenwürdigen Menschen, gegen jene 'Untermenschen', welche Villiers de l'Il Adam als erster mit so großem Nachdruck kennzeichnete. Erst gilt es, jenen allzulange geduldeten Elementen das Stimmrecht zu entreißen."⁶⁵⁰

Gewiß führte dies etwas zu weit, rief aber doch bei einigen Intellektuellen große Anerkennung hervor, darunter Romain Rolland, Alfred Hermann Fried, Hermann Hesse, René Schickele und Henry van de Velde. Theoretisch schien ein wichtiger Teil der Schweizer Emigrantenszene hinter Kolb zu stehen, aber in der Realität wollte keiner den Schritt ins Praktische wagen. So wurde sich Kolb langsam bewußt, daß sie in ihrer Angelegenheit alleine stand. Daher entschloß sie sich zum zeitweiligen Rückzug aus Bern. Passenderweise erhielt Kolb von Paul Cassirer zur selben Zeit eine Einladung nach Rheinfelden.⁶⁵¹ Erfreut über dieses unerwartete Angebot, vermerkt Kolb in ihrem Tagebuch:

> „Von den Ärzten ins Bad geschickt, depeschierte mir der Seidenaff [Cassierer] aus Rheinfelden, und nie kam eine Einladung gerufener. Ich suchte einen Mieter für meine Zimmer und hatte ihn schnell. Bern war mir verleidet, ich hatte dort vieles zu vergessen, Geldsorgen besaß ich auch."⁶⁵²

Es ist nicht zu übersehen, daß Kolb infolge der politischen Auseinandersetzungen, zu denen im Laufe der Zeit auch finanzielle hinzukamen, dringend einer Erholung bedurfte. In dieser Hinsicht stellte Rheinfelden eine gute Alternative zu Bern dar, um wieder in sich zu gehen und neue Kräfte zu sammeln. Trotz allem hielt aber die gegen Ende Juni 1917 begonnene Erholungspause nicht länger als einen Monat an, während der sich Kolb, abgesehen von einigen Wanderungen, gelegentlich mit dem

---

⁶⁴⁹ Kühlmann, Richard von an Kolb, Annette, Br. v. 24.2.1915, Nr. 46/65 Monacensia.
⁶⁵⁰ Kolb, Annette: Zarastro. S. 100.
⁶⁵¹ Vgl. Durieux, Tilla: Eine Tür steht offen. Erinnerungen. Berlin 1954, S. 201.
⁶⁵² Kolb, Annette: Zarastro. S. 103.

„Aufruf von Andreas Latzko" befaßte und in der sonstigen Zeit ausschließlich das „Karthäuserschweigen" pflegte.[653]
Im August 1917 wechselte Kolb nach Beatenberg. Als Bleibe diente ihr hier „ein kleines, verlassenes Blockhaus", in dessen Erdgeschoß sie „die Not der unterbrochenen Arbeit" aufzuholen versuchte.[654] Bedauerlicherweise stockte aber die geistige Tätigkeit, da sich Kolb vom plötzlichen Tod ihrer besten Freundin Marguerite von Kühlmann-Stumm ziemlich mitgenommen fühlte. Besonders die Beatenberger Gegend, in der Marguerite von Kühlmann-Stumm früher gelebt und gearbeitet hatte, erinnerte Kolb immer wieder an gemeinsame Erlebnisse, die sie dann ganz von Trauer erfüllt niederzuschreiben pflegte:

> „Doch jenseits der Vorberge, in einer versteinerten Welt, ganz klein und auf unwahrscheinlicher Höhe steht die Jagdhütte, an deren winzigen Fenstern sie die rot- und weißgewürfelten Gardinchen hing; sie liebte das Frohe. Ganz dem Schauen hingegeben, lief sie dort die Kanten der Berge entlang, denn das einzig Verweilende an ihr, von allem persönlichen unmittelbar Losgelöste war ihr Auge. Bald lockten sie die Höhen, bald die Weite und das Moor, oder sie stellte dort ihren Malstuhl auf, wo der kleine, von der Abendsonne warm getönte Fluß so rasch den gemiedenen und immer trauernden Hügel umfließt."[655]

Auch im weiteren sind die Tagebucheintragungen während des Beatenberger Aufenthalts hauptsächlich von Erinnerungen an die verstorbene Vertraute geprägt, wobei die Rede von geistiger Arbeit ab September 1917 allmählich wieder zunimmt. Sicherlich fiel es Kolb sehr schwer, sich wieder der Friedensarbeit zuzuwenden, zumal sie zuvor mit Marguerite von Kühlmann-Stumm einiges in die Wege geleitet hatte. Aber die Tatsache, daß noch vieles unerledigt geblieben war, galt ihr als Herausforderung, der sie unmöglich ausweichen konnte. Und da der Krieg einen schrecklichen Verlauf genommen hatte, sah sie für sich die unbedingte Notwendigkeit, Initiative zu ergreifen. „Todesurteile, Deportationen, versprengte französische und belgische Kinder"[656] gehörten mittlerweile zu den alltäglichen Hauptproblemen, denen unbedingt entgegengewirkt

---

[653] Ebd., S. 106-110. Der Aufruf bezieht sich auf die Erzählung *Der Abmarsch*, in der Latzko die Frauen als ein wichtiges Element der Kriegsbefürwortung darstellt. Sie erschien in der *Neuen Zürcher Zeitung* vom 2.5.1917 bis zum 5.5.1917 in drei Folgen und im Juni 1917 als Buch.
[654] Kolb, Annette: Zarastro. S. 111.
[655] Ebd., S. 118.
[656] Ebd., S. 121.

werden mußte. Kolbs Möglichkeiten, sich in dieser Angelegenheit einigermaßen nützlich zu machen, lagen zunächst darin, bestimmte Freunde aus dem politischen Wirkungskreis in Deutschland schriftlich um Hilfe zu bitten. In der Tat scheint dies auch keine schlechte Idee gewesen zu sein, da auf diese Weise einige erfolgreiche Hilfsaktionen zustande kamen. Dabei bekam Kolb inzwischen eine schikanierende Korrespondenzzensur zu spüren, so daß sie „die harmloseste Post aus Deutschland [...] in vier, Expreßbriefe erst in sechs Wochen" erhielt.[657]

Sicherlich wäre den deutschen Zensur-Behörden eine strikte Überwachung im Fall Kolb viel lieber gewesen, anstatt nur den einen oder anderen Brief zu kontrollieren. Faktisch war dies aber relativ schwer, da die zu beobachtende Person keinen konstanten Aufenthaltsort in der Schweiz hatte. Eine feste Wohnung in Bern war zwar vorhanden, doch Kolb zog von Stadt zu Stadt, ohne irgendwo lange Rast zu machen. Erst im Oktober 1917 kehrte sie in die bis dahin an einen Untermieter vergebene Berner Bleibe zurück, nachdem sie „bald in Zürich, bald in Luzern, in Montreux oder Genf"[658] herumgereist war. Wichtig war ihr die zu verrichtende Arbeit, welche sie vorwiegend außerhalb erledigte. Demzufolge zeichnete Kolb ein eigenartiges Exilantinnendasein aus, das dem seit 1917 in Bern wohnenden belgischen Architekten Henry van de Velde sehr merkwürdig vorkam:

> „Sie hatte kein Bedürfnis nach einem eigenen Heim oder auch nur nach einem Zimmer, um zu arbeiten und sich mit Büchern zu umgeben, die sie vor der Einsamkeit schützten. Sie schrieb keine Zeile ihrer Romane oder Essays an einem Schreibtisch, sondern arbeitete in den großen Cafés bei den Klängen von Zigeunermusik oder auf den Terrassen der großen Hotels."[659]

Dennoch verfügte Kolb in Bern über einen festen Wohnsitz, und zwar in der Kramgasse 5 bei der Pension Herter,[660] welche unweit vom berühmten Zeitglockenturm einerseits von dem Venner- und andererseits von dem Zähringerbrunnen umgrenzt war. Der äußerst bescheidene Wohnraum, den sie meistens für „eine Reihe von Unterredungen" in

---

[657] Ebd., S. 121-122.
[658] Ebd.
[659] Van de Velde, Henry: Geschichte meines Lebens. München, Zürich 1986. S. 395.
[660] Die größtenteils unveröffentlichte Korrespondenz zwischen Annette Kolb und Kurt Wolff aus dem Zeitraum 1917-1918 besagt, daß der Wohnsitz Pension Herter Kramgasse 5 von Anfang 1917 bis Ende 1918 beibehalten wurde. KWArch Y, Box 5, Folder 181-182.

Anspruch nahm, wies von der Ausstattung her einen klaren Einrichtungsgeschmack auf. So heißt es im Tagebucheintrag vom Oktober 1917:

> „[...] ein einziges großes, fast saalartiges Zimmer nach Norden, auf die Lauben hinaus. Schmuck, ja zierlich stand hier der Flügel im Raum. Die Wände hatten lichte Täfelungen, und der indische Schal mit dem weißen Feld fiel von der Decke bis zum Boden und schien eine Türe. Der Toilettentisch blitzte im Schatten auf: sein Hauptschmuck waren jetzt zwei silberne Renaissanceleuchter."[661]

Bezahlt hatte sie die Berner Wohnung vor allem durch den Verkauf ihrer *Dreizehn Briefe einer Deutsch-Französin*.[662] Auch die Hinterlassenschaft ihrer im Jahre 1915 verstorbenen Eltern diente ihr wohl als weitere Geldquelle.[663] Auch sonst wäre Kolb nicht der Mittellosigkeit ausgesetzt gewesen, da sie in der Schweiz über einen einflußreichen Freundeskreis verfügte, der nicht nur finanziellen, sondern sogar politischen Beistand leisten konnte. Fast überall Freunde zu haben machte aber nicht immer einen guten Eindruck. Vor allem die ständige Beziehung zu der französischen und deutschen Fraktion erweckte den Verdacht, daß sie „gleichzeitig in Diensten sämtlicher Regierungen" stand.[664] Mancher dagegen war ganz anderer Meinung und behauptete, Kolb sei „persönlich untadelig, habe sich aber ihrer Umgebung geistig derart angepaßt, daß sie Deutschland durch die Brille des feindlichen Auslandes"[665] sehe. Die Behauptung, Kolb habe sich an die Verhältnisse der neuen Umgebung äußerlich angepaßt, war richtig. Doch daß sie auf der Seite einer nichtdeutschen Gruppe stand, war völlig falsch. Als leidenschaftliche Deutsch-Französin wollte sie auch niemals nur einer Nation dienen. Die österreichische Theaterkritikerin Bertha Szeps Zuckerkandl[666] gehörte zu

---

[661] Kolb, Annette: Zarastro. S. 121.
[662] Aus den Verlagsverträgen von Annette Kolb geht hervor, daß die *Dreizehn Briefe einer Deutsch-Französin* am 30.9.1916 vom Erich Reiß Verlag und am 23.10.1917 vom Atar Verlag erworben wurden, in: „Verlagsverträge Annette Kolb", Nr. 663/68 Monacensia.
[663] Vgl. die Erklärung über die Familienverhältnisse mit ihrem Bruder Emil v. 11.12.1917, Nr. 637 Monacensia.
[664] Vgl. Kolb, Annette: Zarastro. S. 127.
[665] Tagesordnung der Besprechung des Stellvertretenden General Kommandos. v. 15.9.1917. Zitiert nach: Stell. Gen. Kom. 1. Armee-Korps Nr. 1715, KAM.
[666] Zuckerkandl, Bertha (1864-1945), Kunst- und Theaterkritikerin der *Wiener Allgemeinen Zeitung*.

den wenigen, die diese Besonderheit Kolbs sehr gut kannte. In ihren Erinnerungen erscheint Kolb als eine Heldin, die mit „zarter Einsicht nicht nur Seelen entschleiert, sondern auch jene Eigenheiten, die den Begriff 'Volk' prägen". Im weiteren heißt es: „Sie hat das Kriegsgesetz mit den Füßen getreten. Ihre Aufgabe ist vorgezeichnet. Während Deutsche und Franzosen einander töten, arbeitet sie schon an der Versöhnung der Völker."[667]

Kolbs konsequente Bemühungen um die Friedensverständigung, die viele nur vom publizistischen Inhalt her kannten, war auch in der Praxis ziemlich ausgeprägt. Denn während ihres Schweizer Aufenthalts betätigte sich Kolb gelegentlich auch als Flüchtlingsbetreuerin. Das Auffanglager in Bern gehörte zu ihrem wichtigsten Arbeitsplatz, wo sie für das Wohl vertriebener Menschen kämpfte. Den Umfang ihrer humanitären Aufgabe entnehmen wir der folgenden Aussage:

> „Mein Zimmer war so recht die Halle der Zusammenkünfte, und wenn ich doch keine einzige vom Zaune brach, schob ich doch auch keiner einzigen den Riegel vor, selbst als mir kein Zweifel über ihre Vergeblichkeiten blieb. Der 'Friede' ein Wort, das mich im Schlaf elektrisierte, war wie das große Los oder wie das Leben eines aufgegebenen Kranken immer eine Möglichkeit."[668]

Im Wettlauf gegen die Aushöhlung des Friedens war Kolb selbstverständlich nicht alleine. Der einflußreiche Harry Graf Kessler,[669] welcher „Schwung, eine künstlerische Ader, Sinn für Kameradschaft"[670] besaß, galt ihr als Instanz, bei der in Notfällen stets angeklopft werden konnte. Exemplarisch hierfür war die Kolbsche Aktion gegen die Deportation belgischer und französischer Frauen, die ihr ohne Kesslers Intervention bestimmt nicht gelungen wäre.[671] Abgesehen von solchen Extremfällen arbeitete Kolb vorwiegend an der deutsch-französischen Verständigung, was von Graf Kessler ebenfalls koordiniert und unterstützt wurde. Kolb

---

[667] Zuckerkandl, Bertha: Schweizer Tagebücher 1917/1918. In: Österreich intim - Erinnerungen 1892-1942. Frankfurt a. M. 1970. S. 129.
[668] Kolb, Annette: Zarastro. S. 127.
[669] Harry Graf Kessler (1868-1937): Bekannt als deutsch-demokratischer Kulturmäzen, der sich während des Ersten Weltkrieges als Adjutant Ludendorfs betätigte und ab 1916 zum Leiter der deutschen Kulturpropaganda in der Schweiz ernannt wurde.
[670] Zarastro. Westliche Tage. S. 48.
[671] Vgl. Lemp, Richard: Annette Kolb. Leben und Werk einer Europäerin. Mainz 1970, S. 16.

selbst setzte sich in dieser Angelegenheit für gleichgewichtige Beziehungen zwischen Frankreich und Deutschland ein, die sie besonders in den Zusammenkünften mit wichtigen Persönlichkeiten aus der französischen Politszene propagierte.[672] Von größter Bedeutung war ihr Treffen mit dem amerikanischen Publizisten und Professor George Davis Herron, der zu den wichtigsten Geldgebern der *Freien Zeitung* gehörte und ausdrücklich an der „Bekämpfung Deutschlands" arbeitete.[673] Das Gespräch zwischen Kolb und Herron in Genf stellte in diesem Sinne einen besonders wichtigen Schritt auf internationaler Ebene dar, da hier zum ersten Mal die „Friedensmöglichkeiten" zur Sprache kamen.[674]

In der Hoffnung auf einen internationalen Frieden, den Kolb mit intellektueller Unterstützung langfristig bewahren wollte, pflegte sie auch eine enge Beziehung zur Zürcher Künstlerszene. So fuhr sie wegen Aufführungen des italienischen Komponisten und Pianisten Ferruccio Busoni,[675] öfter nach Zürich.[676] Auch politisch motivierte Treffen mit Stefan Zweig fanden statt.[677] Zu Kolbs bekannten Stationen in der Limmatstadt gehörten die Unterkunft bei „Frau v. Martini in der Dolderstrasse 71"[678] sowie das Hotel Schwert[679] und Hotel Belvoir.[680] Diese diplomatisch geprägten Zürcher Aufenthalte waren meistens kurz und führten Kolb stets nach Bern zurück, in jenes „Zimmer der vergeblichen Zusammenkünfte",[681] das sie von Anfang an beibehalten hatte und immer dann aufsuchte, wenn es ihr irgendwo und irgendwann aus irgendeinem Grund unangenehm wurde. Aber dieses Domizil war immer nur der Ausgangspunkt für weitere Reisen.

---

[672] Vgl. Kolb, Annette an Kühlmann, Richard, Br. v. 30.12.1917, Nr. 150 / 65 Monacensia.
[673] Aktenzug der Kaiserlich Deutschen Gesandtschaft in Bern v. 28.9.1918, „Revolutionäre Propaganda der Entente", PA AA, Nr. 726.
[674] Vgl. Telegramm der Kaiserlich Deutschen Gesandtschaft in Bern v. 10.12.1917, „Revolutionäre Propaganda der Entente", PA AA, Nr. 726.
[675] Ferruccio Dante Michelangelo Benvenuto Busoni (1866-1924).
[676] Vgl. Kolb, Annette: Zarastro. S. 132.
[677] Romain Rolland - Stefan Zweig: Briefwechsel 1910-1940. Bd. 1. 1910-1923. Berlin 1987, S. 298 u. 324.
[678] Kolb, Annette an Kesser, Hermann, Br. v. 27.1.1918, Monacensia, ohne Zugangsnummer. Schreiben der Zürcher Stadtpolizei an die Schweiz. Bundesanwaltschaft in Bern v. 23.12.1921, BArch B, E -21 / Nr. 9517.
[679] Romain Rolland - Stefan Zweig: Briefwechsel 1910-1940. Bd 1. S. 298.
[680] Ebd., S. 324.
[681] Kolb, Annette: Zarastro. S. 140.

Bereits im Tagebucheintrag vom Februar 1918 ist die Rede von einem Genfer Aufenthalt, „in einem unheizbaren Studentenstübchen im fünften Stock des Hotel de Russie, wo man Kolb wegen ihrer Beziehung zu Harry Graf Kessler als „kompromittierte Person" betrachtete, die angeblich für die „deutsche Propaganda arbeite".[682] Mit solchen Bemerkungen war Kolb keineswegs abzuschrecken, sie wußte solchen Vorwürfen vorbildlich zu begegnen. Wichtig war, daß man sie im Zusammenhang mit dem Namen Kessler nannte, der ja bekanntermaßen ein außerordentlicher Spiritus rector der internationalen Friedensbemühungen war. Denn somit gewann ihr Engagement an Gewicht und rief bei vielen Schriftstellern Interesse hervor. Oscar Levy z. B. meinte in einem Brief an Kolb vom 17. März 1918: „Es ist etwas unschuldig- und natürlich Aristokratisches in Ihnen, das gut herauskommt, und das in unserer Zeit der triumphierenden demokratischen Bestie einen besonderen Reiz und Wert hat."[683] Das in prägnanter Weise zusammengefaßte Lob von Levy stellte keinen Einzelfall dar. Romain Rolland, Alfred Hermann Fried, René Schickele, Harry Graf Kessler, die Liste der Kolb-Verehrer ließe sich beliebig verlängern. Doch letztendlich ging es ihr nicht um Anerkennung. An erster Stelle stand für Kolb die Gründung einer Intellektuellenvereinigung zugunsten des ewigen Friedens. Deshalb die Warnung und Aufforderung an die Gleichgesinnten vom Juli 1918:

> „Sollte der Tag hereinbrechen, an dem es zu spät sein wird für unser Zusammengehen, so werden wir, die guten Willens sind, als die Schuldigen stehen, weil uns der Mut unseres besseren Wissens gebrach, dem Genius des Krieges, der alle Zeiten hindurch die Menschen betörte, die Siegermaske zu entreißen. [...] Denn es liegt in unserer Macht, das Elend des Weltkrieges zum Segen zu wenden, wenn wir aus den Trümmern, die er häufte, das Weltgericht mit letzter Anstrengung und letzter Entschlossenheit heben: mit ihm die große, reinliche Scheidung, das Ende der Verkehrtheit, der falschen Gleichstellungen und des Gewühls: der Anfang jener neuen Hierarchie, nach der wir lechzen."[684]

Hier artikuliert sie einerseits ihre positive Erwartung, andererseits klingen auch Zweifel an der Bereitschaft des Pazifismus, den Krieg in eine soziale Revolution zu verwandeln, an. Fertiggestellt hatte sie den obigen Artikel während ihres Aufenthalts in Montreux von April bis Ende Mai

---

[682] Ebd., S. 146 u. 149.
[683] Levy, Oscar an Kolb, Annette, Br. v.17.3.1918, Nr. 553/68 Monacensia.
[684] Kolb, Annette: *Wiederholungen*, In: *Friedenswarte*, 20 (1918), Nr.7/8.

1918.[685] Nach dessen Erscheinen kehrte sie kurzfristig in die eidgenössische Hauptstadt zurück, von wo aus es — der Einladung von Paul Cassirer folgend — ins Engadin ging.
Kolbs Hauptsitz in diesem beliebten Erholungsgebiet war das St. Moritzer Palace Hotel, mitten in den Gebirgszügen von Pontresina nicht weit vom tiefgrünen Bergsee, wo sie von Anfang August bis Ende September 1918 gelegentlich durch die herrlichen Landschaften in Sils-Maria und Maloja wanderte.[686] Zu ihrem bedeutendsten Begleiter während dieser entspannenden Spaziergänge gehörte René Schickele, der ohnehin eine permanente Verbindung zu Kolb pflegte. Die deutsch-französische Herkunft beider Schriftsteller und die daraus resultierende enge Freundschaft zeigte sich besonders in der Art der Kriegsgegnerschaft, welche während des Schweizer Exils bei beiden einen durchaus ähnlichen Verlauf nahm. Übereinstimmend mit Schickele, plädierte Kolb für den „Frieden um jeden Preis",[687] ohne jegliche Gewaltanwendung, doch die Wirkungslosigkeit dieser Parole zwang sie im Verlaufe der Zeit zu einer fast extremistischen Vorgehensweise. „Sie wurde radikal - la précieuse radicale nannte sie damals Schickele, aber nicht revolutionär."[688] Kolbs Anliegen für die sofortige Beendigung des Blutvergießens mündete in einen geistigen Aufstand. Als Erzfeindin der Gewalt, die sich bis dahin ausschließlich auf demokratischer Ebene ausgedrückt hatte, bildete diese Entscheidung einen starken Gegensatz zu ihrem vorausgegangenem Gedankensystem. Ausschlaggebend für eine derartige Wendung war, wie bei vielen Pazifisten, die russische Revolution von 1917, die Kolb nur teilweise guthieß.[689] Ihr Interesse galt eher dem ideologischen Inhalt der Revolution, dem Sozialismus, der die Welt von den gewalttätigen und kapitalistischen Tendenzen befreien sollte.[690] Wegen dieser neuen Vision blieb Kolb auch nach Kriegsende mehrere Monate in der Schweiz, zunächst in Montreux und dann in Uttwil, um gemeinsam mit Schickele die „kommunistische Propaganda" fortzusetzen.[691] Darüber hinaus nahm sie im Februar 1919 an dem *Internationalen Sozialistenkongreß* in

---

[685] Vgl. Kolb, Annette: Zarastro. S. 155.
[686] Ebd., S. 161-171.
[687] Ebd., S. 32.
[688] Blei, Franz: Erzählung eines Lebens. Leipzig 1930, S. 369.
[689] Vgl. Kolb, Annette: Zarastro. S. 181.
[690] Ebd., S. 197.
[691] Schreiben der Stadt-Polizei Zürich an die Schweizerische Bundesanwaltschaft in Bern v. 30. 12.1921, BArch B, E- 21, Nr. 9517.

Bern teil und kehrte im September des gleichen Jahres nach Deutschland zurück.[692]

Abgesehen von kurzen Aufenthalten in München, Rom, Paris und Berlin wohnte Kolb bis zur Machtübernahme Hitlers in Badenweiler. Im Februar 1933 emigrierte sie dann über die Schweiz nach Paris. Nach der deutschen Besetzung Frankreichs flüchtete Kolb 1941 nach New York. 1945 kehrte sie wieder nach Deutschland zurück und schied knapp 22 Jahre später, am 3. Dezember 1967 in München, aus dem Leben.

4.1.10. Else Lasker-Schüler

Als Else Lasker-Schüler wegen ihres Ehemannes, dem Berliner Arzt Jonathan Berthold Barnett Lasker, 1894 von ihrer Heimatstadt Wuppertal nach Berlin zog, schien sie das Interesse an einer Dichterexistenz in den Hintergrund gedrängt zu haben. Erst 1899, also kurz im Anschluß an die gescheiterte Ehe, trat sie dann mit einigen Gedichten zum ersten Mal an die Öffentlichkeit. 1901 ging sie die knapp elf Jahre anhaltende Lebensgemeinschaft mit Herwarth Walden[693] ein, dem künftigen Herausgeber der expressionistischen Zeitschrift *Der Sturm*, der sie sehr rasch in das Berliner Künstlerleben einführte und bis August 1914 mit den bedeutenden Blättern des Expressionismus bekannt machte. Den größten Teil der Kriegszeit verbrachte Else Lasker-Schüler in Deutschland und trat ihre mehrfachen Fluchten in die neutrale Schweiz erst ab dem dritten Kriegsjahr an. Im Gegensatz zu anderen Schriftstellern war ihr regelmäßiger Wegzug in das provisorische Exil keine Folge der politischen Verfolgung oder des Publikationsverbotes, sondern resultierte vielmehr aus ihrer Vereinsamung und den blasierten Haßtiraden in der deutschen Kulturszene. Demzufolge erhoffte sie sich in der friedlichen Atmosphäre der Eidgenossenschaft mehr Raum für ihr extravagantes Benehmen und wünschte zugleich, mit den wenigen alten Freunden aus Berlin wieder in Verbindung zu treten. Die anfangs als sogenannte Erholungsreisen gedachten Besuche entwickelten sich aber, da sie sich rege an der politischen und pazifistischen Diskussion beteiligte, zu provisorischen Exilphasen. Für die erste dieser Exilphasen entschied sie sich am 5. Oktober 1917 und teilte dies Adolf von Hetzfeld per Postkarte mit: „Die ganze Gesellschaft soll mir den Buckel raufklettern, so hab ich hier gelitten. [...]

---

[692] Kolb, Annette: Zarastro. S. 193.
[693] Eigentlich Georg Lewin (1878-1941), Schriftteller und Publizist.

Ich reise 14 tage Schweiz dann Berlin."[694] Schon knapp zwei Wochen danach stieg sie am 18. Oktober 1917 im Hotel Elite[695] ab, das mitten in der Bahnhofstrasse zwischen dem Nobelgeschäft Bergmann & Co. und der Galerie Tanner lag. Lasker-Schüler schien ihre Wahl mit dem neuen Domizil unweit vom Zürcher See gut getroffen zu haben, zumal es auch eine äußerst bequeme Straßenbahnverbindung zum Limmatquai gab: jene Umgebung der berühmten Zürcher Cafés, wo sie, als Ausgleich zur Einsamkeit in Deutschland, mit gleichgesinnten Schriftstellern wie Albert Ehrenstein oder René Schickele, mit der Schauspielerin Elisabeth Bergner oder dem Künstler Hans Richter zusammenkommen sowie die Tagesereignisse diskutieren konnte. Letzterer berichtet:

> „Als ich im August 1916 in Zürich ankam, war der Treffpunkt der Künstler und der Intellektuellen das Café Terrasse. Aber schon nach wenigen Monaten zogen wir alle ins Oden um. [...] Die einzige, die weiter im Terrasse Hof hielt, war Else Lasker-Schüler. Aber auch sie beehrte uns gelegentlich im Oden, um Erich Unger und Simon Guttmann ihre neuesten Gedichte vorzulesen und dann unweigerlich mit uns zu streiten."[696]

Zur Erholung von den literarischen Zusammenkünften, die von polemisch geführten Debatten geprägt waren, unternahm Lasker-Schüler romantische Wanderungen „in den kleinen Gassen und Winkeln" Zürichs, „über die hohlen, rissigen Wege, unter dem priesterlichen Wintermond [...] an niederen, bunten Häuschen" vorbei.[697] Weniger romantisch muß dagegen die Anfang November 1918 unternommene Reise nach Bern gewesen sein, worüber Hugo Ball in einem Schreiben an Emmy Hennings vom 9. November 1918 berichtet:

> „Else Lasker und Frau Moissi und Franz Werfel waren hier. Werfel sprach ich. Er weinte... hat geweint... Er fühlte sich nicht wohl in der Schweiz. [...]

---

[694] Unveröffentlichte Briefe und Postkarten von Else Lasker-Schüler in der Stadt- und Landesbibliothek Dortmund. In: Erika Klüsener: Bulletin des Leo Baeck Instituts Nr. 74, 1986, S. 57.

[695] Das Ankunftsdatum sowie der Name des Domizils stammt aus dem Bericht des Polizeikommandos Zürich vom 16.9.1919, BArch B, E-21, Nr. 10859. Laut amtlichen Eintragungen in der Zürcher Einwohnermeldekarte war Else Lasker-Schüler seit Mitte Oktober 1917 in Zürich angemeldet. Im weiteren verfügte sie über einen am 9. Okt 1917 in Köln ausgestellten Paß, der bis zum 8.10 1918 gültig war. Als Wohnadresse wird darin Bahnhofstr. 41 angegeben, also die Adresse des Hotels Elite meinte. Stadtarchiv Zürich, V.E.c.100. 1901-1933.

[696] Richter, Hans: Dada Profile. Zürich 1961. S. 85.

[697] Lasker-Schüler, Else: Werke und Briefe, Prosa 1903-1920, Bd. 3.1., Bearb. v. Ricarda Dick, Frankfurt a. M. 1998, S. 425.

Else Lasker-Schüler mit ihren melancholischen großen Augen saß da und knabberte Bonbons und die ganze Gesellschaft war etwas sehr traurig."[698]

Grund für den bedrückend verlaufenden Besuch bei Hugo Ball war der gegen Franz Werfel erhobene Spionagevorwurf,[699] den Else Lasker-Schüler ebenfalls befürchtete. Ein derartiger Vorwurf blieb zwar aus, doch aufgrund dieser stets präsenten Sorge hielt sie ihre engen Kontakte anonym und bevorzugte es, nur in sicheren Kreisen Stellung zur Tagespolitik zu nehmen. Ein konkretes Beispiel hierfür sind die „Nachmittagsthees" bei Wilhelm Schmidtbonn in Davos, wo sie gemeinsam mit Werfel, Ehrenstein und Strasser pazifistische Auffassungen gegen die deutsche Kriegspolitik entwickelte.[700] Als potentielle Teilnehmer sowohl an dieser als auch an anderen Versammlungen werden in einem nachträglichen Bericht des Zürcher Polizeikommandos vom 16. September 1919 neben Else Lasker-Schüler und Albert Ehrenstein auch Alexander Moissi-Urfuss, Marie Moissi und Elisabeth Bergner erwähnt.[701]

Soweit schien Lasker-Schülers Schweizer Aufenthalt vorwiegend politisch geprägt zu sein, doch auch in beruflicher Hinsicht hatte sie mittlerweile mancherlei Erfolge erzielt. Gemeint ist zum einen der mit Paul Cassirer abgeschlossene Verlagsvertrag, worüber sie ihrem „lieben Marielein" gegen Ende 1917 aus dem Zürcher Hotel Schweiz nur kurz berichtete: „Ich schließe mit Paul Cassirer ab, ich glaube sehr günstig".[702] Zum anderen erschien in der *Neuen Zürcher Zeitung* vom 29. November 1917 eine Rezension von Eduard Korrodi über ihre *Gesammelten Gedichte* und am 19. Dezember 1917 folgte ein Vortrag aus ihren Dichtungen.[703]

---

[698] Ball, Hugo: Briefe 1911-1927. S. 95.
[699] Vgl. Mahler-Werfel, Alma: Mein Leben. Frankfurt a. M. 1991, S. 121-124.
[700] Anonymer Brief aus Davos an das Kriegspresseamt in Berlin v. 2.12.1917. Zitiert nach: Stell. Gen. Kommando 1. Armee-Korps Nr. 1936, KAM. Wilhelm Schmidtbonn (6.2.1876-3.7.1952), Dramaturg und Erzähler. Albert Ehrenstein (23.12.1886-8.4.1950) Schriftsteller mit ungarisch-jüdischer Abstammung. Hinter dem Namen Dr. Strasser verbirgt sich der Schweizer Psychiater und Lyriker Karl Ludwig Strasser (11.5.1884-4.2.1950).
[701] Am Schluß dieses Berichtes heißt es: „Sämtliche in diesem Rapport genannten Personen sollen in Beziehung zu einander stehen. Tatsächlich seien diese auch in Verkehr mit den extremsten Führern der Sozialdemokratie. Es scheine, als diese namentlich den Verkehr mit den deutschen Spartakisten u. den hiesigen Genossen vermitteln." BArch B, E-21, Nr. 10859.
[702] Lasker-Schüler, Else an Marielein, Br. v. Weihnachten 1917, DLM 81.198/8.
[703] Siehe dazu: Die *Neue Zürcher Zeitung* vom 29. November 1917 (Nr. 2247) und deren Inseratenteil vom 18. Dezember 1917: „Else Lasker-Schüler wird Mittwoch am 19.Dezember 1917 im Schwurgerichtssaal aus ihren Dichtungen vortragen."

Als Schriftstellerin jüdischer Abstammung wurde sie auch vom *Israelitischen Wochenblatt für die Schweiz* angesprochen, das dann am 7. Dezember 1917 ebenfalls eine Besprechung zu ihren *Gesammelten Gedichten* herausbrachte.[704] Da Lasker-Schüler wegen dieser unterschiedlichen Aufträge tief in der Arbeit steckte, hatte sie wohl vergessen, sich anzumelden. Denn laut Meldeblatt erfolgte ihre erste offizielle Anmeldung in Zürich erst am 4. Januar 1918, bei der sie den Behörden ihre seit Mitte Oktober bestehende Anwesenheit nicht vorenthielt.[705] Selbstverständlich erweckte eine derartige Nachlässigkeit keinen guten Eindruck, doch letztendlich handelte es sich um eine Formalität, die sich auch knapp zweieinhalb Monate nach der Ankunft problemlos erledigen ließ.

Als durchaus schwierig erwies sich dagegen die Entfernung zum Freund Gottfried Benn, dem sie aus Zürich schrieb: „Wir wollen ganz weit fortfliegen, komm nach der Schweiz, da sind doch auch Lazarette. Ich reise dann manchmal eine Stunde zu Dir von Zürich aus über den Zürcher See mit den Möven."[706] Leider konnte Benn dieser Einladung nicht nachkommen, da er in einer Berliner Praxis für Haut- und Geschlechtskrankheiten als Militärarzt seinen Wehrdienst ableisten mußte. Lasker-Schüler wiederum reiste bereits am 20. März 1918 nach Locarno.[707] In einem nachträglichen Brief an Eduard Korrodi beschreibt sie die Faszination der Tessiner Umgebung folgendermaßen:

> „Bei einem Ausflug in den Tessin fuhr ich im Locarnos funicolare; Paole Pedrazzini hat sie gebaut, - ein schwindeliger Flug, eine, jedesmal wieder sicher verhinderte Luftkatastrophe, ein monumentaler abgeschlossener Pfeil über wild wachsendem Felsengrund, schaurig und süß an Goldbüschen, Quellgeriesel und hohen Kamelienköniginnen vorbei erreicht die genialste Bahn ihr Heligtum, den Gipfel des Klosters Madonna del Sasso, deren Mönche, Großgemsen, feierlich zur Maria emporkletterten, oder über des Erbauers heroischem Rücken die Himmelspforte erreichen."[708]

---

[704] Israelitisches Wochenblatt für die Schweiz, 17. Jg., 7. Dezember 1917, Nr. 49.
[705] Einwohnerkontrollkarte des Stadtarchivs Zürich.
[706] Lasker-Schüler, Else: Wo ist unser buntes Theben? Briefe Bd. 2. Hg. v. Margarete Kupper. München 1969, S. 70.
[707] Zeit- und Ortsangabe aus den Einwohnerkontrollkarten des Stadtarchivs Zürich.
[708] Lasker-Schüler, Else: Werke und Briefe, Prosa 1903-1920, Bd.3.1., S. 427. Geschrieben wurde dieser Brief am 10.1.1919 aus Berlin. Paole Pedrazzini (1889-1956), Locarnoer Kommunalrat und Silbenminenbetreiber. Der Begriff „funicolare" steht im italienischen für Zahnradbahn, die nicht wie behauptet, von Paole Pedrazzini, sondern von dessen Vater Giovanni (1852-1922) gebaut wurde. Die Wallfahrtskirche Madonna del Sasso wurde im späten 15. Jahrhundert von einem Franziskanermönch erbaut und später mit einem Kloster verbunden.

Wie lange Lasker-Schüler in Locarno genau gewohnt hat und wo sie dort ihren Wohnsitz hatte, ist nicht zu ermitteln. Fest steht jedoch, daß sie sich am 28. April 1918[709] wieder im Hotel Elite einquartierte und vom 29. April 1918 bis zum 16. Mai 1918 offiziell in Zürich angemeldet war.[710] Die Gewohnheit der Wuppertaler Dichterin, in teuren Etablissements abzusteigen, erforderte allerdings einen finanziellen Rückhalt. Einen Mäzen, der ihre Unkosten übernahm, hatte sie nicht. Auch die Vorschußsendungen ihres Verlegers Kurt Wolff hörten ab dem 29. November 1917 endgültig auf.[711] Zu dieser materiellen Unsicherheit kam noch Lasker-Schülers verschwenderischer Lebensstil, der ebenfalls Schwierigkeiten mit sich brachte. Zum Glück hatte sie aber einen wohlmeinenden Freundeskreis, der ihr durch vereinzelte Hilfsaktionen, darunter die des Schweizer Verlegers Max Rascher,[712] die Grundlage für eine minimale Existenzsicherung bot.[713] Vor allem wegen der finanziellen Notlage gab es auch bestimmte Momente, in denen Else Lasker-Schüler Freunde wie Tilla Durieux „mit ihrem unberechenbaren Benehmen unglücklich" machte.[714] Ihr exaltiertes Verhalten trat insbesondere in der Beziehung zu Franz Werfel hervor, nachdem sie für ihn entflammt war und als Zeichen ihrer Liebe auf dessen Türschwelle schlief.[715] Der Schweizer Schriftsteller Curt Riess berichtet von einem weiteren Vorfall, diesmal im Café *Odeon*, wo Lasker-Schüler Frau Rascher mit einem Regenschirm attackierte.[716] Abgesehen von solcherlei Merkwürdigkeiten zählte Lasker-Schüler zu den profiliertesten Persönlichkeiten der Schweizer Emigrantenszene, die wegen ihrer Bemühung um den *Frieden* von Harry Graf Kessler ausdrücklich respektiert wurde:

---

[709] Bericht des Polizeikommandos Zürich vom 16.9.1919, BArch B, E-21, Nr. 10859.
[710] Zeitangabe aus den Einwohnerkontrollkarten des Stadtarchivs Zürich.
[711] Aus einem undatierten „Rechnungsauszug für Frau Else Lasker-Schüler, z.Z. Zürich" geht hervor, daß sie von Kurt Wolff in der Zeit vom 11. Februar 1913 bis zum 29. November 1917 insgesamt 4400 Mark empfing, wobei sich ihr Gesamthonorar für die Bücher *Gedichte, Gesichte, Prinz von Theben* und *Mein Wunder* nur auf 1818,40 Mark belief. KWArch. Y Box. 5, Folder 199.
[712] Max Rascher (1883-1962), Schweizer Verleger, war von 1918-1924 Vorstandsmitglied des Schweizerischen Buchhändlervereins, 1920/1921 dessen Präsident.
[713] Durieux, Tilla: Eine Tür steht offen. Erinnerungen. Berlin-Grunewald 1954, S. 203.
[714] Vgl. ebd., S. 204.
[715] Vgl. Durieux, Tilla: Eine Tür steht offen. Erinnerungen. Berlin-Grunewald 1954, S. 201.
[716] Vgl. Riess, Curt: Café Odeon. Unsere Zeit ihre Hauptakteure und Betrachter. Zürich 1973, S. 81.

„Die Else Lasker-Schüler, die mit der Schellenkappe 'Jussuf, Prinz von Theben' herumläuft und den allgemeinen Frieden stiften will [...], ist in ihrer Winzigkeit und Narrheit doch ein organischer Teil des gewaltigen Ganzen."[717]

Selbstverständlich war Lasker-Schüler an den Aktivitäten der deutschen Friedensmission mittels literarischer Beiträge direkt beteiligt. Richtungsweisend hierfür ist der an Gottfried Benn gerichtete Brief: „Ich soll wahrscheinlich Propaganda lesen (meine Dichtungen) — ein Polizeirat hier kümmert sich darum und Graf Keßler; dann kann ich immer hin und her fahren".[718] So pendelte sie im letzten Kriegsjahr mehrmals zwischen Deutschland und der Schweiz und zeigte sich hauptsächlich als Vortragskünstlerin. Insofern verliefen diese Reisen sehr kurz und ohne echtes Ziel, was sich anhand zweier Beispiele näher belegen läßt: In einer Karte vom 9. Juni.1918 teilt sie ihrer Freundin Maren mit: „Meine teure Maren, war um ½ 11 abend gestern in München — sitze nun schon Zug nach Zürich 7.55 ich hätte Dich so gern gesehen, aber ich wollte Dich nicht stören für die paar Minuten."[719] Knapp zwei Wochen danach, am 25. Juni 1918, schreibt sie der Bekannten Elise Bambus, die in der Berliner Irrenanstalt in Behandlung war: „Ich bin schon lange hier [in Zürich], komme aber sehr bald wieder und besuche Sie dann."[720] Allerdings hielt sie sich erst seit dem 12. Juni 1918 in Zürich auf, und zwar wohnte sie am Weinplatz 10 direkt bei der Rathaus Brücke, die über den Limmat-Fluß linker Hand zu der Museumsgesellschaft führte und rechter Hand beim Rascher Verlag endete.[721] Letztendlich verweilte sie hier knapp einen Monat und zog am 17. Juli 1918 wieder nach Berlin.[722]

Äußerlich schien Lasker-Schülers Pendelei sehr harmlos zu sein, doch die Beständigkeit dieser Abstecher erweckte bei den Schweizer Behörden eine gewisse Skepsis und wurde als Teil von „kommunistischen Propa-

---

[717] Kessler, Harry Graf: Tagebücher 1918-1937. DLM 68.447/11.
[718] Lasker-Schüler, Else: Wo ist unser buntes Theben? S. 70.
[719] Lasker-Schüler, Else an Maren, uv. Karte v. 9.6.1918, DLM 81.198/5.
[720] Lasker-Schüler, Else an Elise Bambus, uv. Br. v. 25.6.1918, StbW 64.5039.
[721] Angabe aus den Einwohnerkontrollkarten des Stadtarchivs Zürich. Gemäß dem Bericht des Polizeikommandos Zürich vom 16.9.1919 logierte Lasker-Schüler am 12. Juni 1918 zunächst im Hotel Schwert, so daß sie die Bleibe im Weinplatz 10 erst einen Tag später in Anspruch genommen haben könnte. BArch B, E-21, Nr. 10859.
[722] Vgl. dazu Bericht des Zürcher Polizeikommandos vom 16.9.1919. BArch B, E-21, Nr. 10859.

gandazwecken" betrachtet. So teilte der mit Else Lasker-Schülers Beschattung beauftragte Detektiv nachträglich mit:

> „Mir selber ist seit langer Zeit bekannt, das Else Lasker-Schüler mit Frank, Rubiner, Toller und Anderen in Verbindung stand. Ebenso in Berlin mit Anhängern der unabhängigen Partei, Graf Arco, Dr. Magnus Hirschfeld etc. E.L. reiste schon des oefteren in den letzten Jahren zwischen Deutschland und der Schweiz hin und her."[723]

Allein die Nennung von Graf Arco[724] und Dr. Magnus Hirschfeld,[725] welche in Berlin zu den führenden Mitgliedern des *Bunds Neues Vaterland* (BNV) gehörten, weist darauf hin, daß Lasker-Schüler eine wichtige Brückenfunktion zwischen den Zürcher und Berliner Pazifisten inne hatte. Schließlich unterlagen die Flugschriftenreihen des *BNV* ab 1915 dem Erscheinungsverbot und dessen Auslandsverkehr wurde ab 1916 mit einer strengen Überwachung belegt. Demzufolge suchte Else Lasker-Schüler in der Schweiz nach Auftrittsmöglichkeiten für Mitglieder des *BNV*. Exemplarisch dafür ist der am 11. Juli 1918 in Zürich gehaltene Vortrag über „Liebe und Wissenschaft" von Magnus Hirschfeld.[726] Knapp eine Woche danach brach Lasker-Schüler den provisorischen Aufenthalt ab und reiste, um einer „böswilligen Klatscherei"[727] über sich selbst nachzugehen, nach Berlin. Wahrscheinlich warf man ihr in pazifistischen Kreisen die Teilnahme an der deutschen Kulturpropaganda vor. In der Tat bestand schon ein gewisser Kontakt zu den deutschen Diplomaten in der Schweiz, doch diese Beziehungen waren keinesfalls verpflichtend und hielten nicht lange an. Überzeugt von ihrer Unschuld suchte Lasker-Schüler circa drei Monate lang nach den Anstiftern dieser grundlosen Verleumdung, kehrte jedoch, ohne etwas herauszufinden, Anfang November 1918 nochmals wegen ihres Sohnes ins Exil zurück: „ich fahre nun hoffentlich bald in die Schweiz zu meinem Paul. Wenn ich nicht da bin, befolgt er den Rat des Arztes nicht."[728]

---

[723] Bericht über Else Lasker-Schüler v. 4.9.1919, Schweizerische Bundesanwaltschaft, BArch B, E-21 / Nr. 11405.
[724] Georg Wilhelm Graf von Arco (1869-1940), Elektroingenieur, 1903-31 Technischer Direktor der Telefunken-Gesellschaft, Pazifist, Mitglied des *BNV* sowie der *USPD*.
[725] Magnus Hirschfeld (1868-1935), Berliner Arzt und Sexualforscher, avantgardistische Persönlichkeit des *BNV*.
[726] Lasker-Schüler, Else: Werke und Briefe. Prosa 1903-1920. S. 422.
[727] Lasker-Schüler, Else: Wo ist unser buntes Theben? S. 70.
[728] Lasker-Schüler, Else: Lieber gestreifter Tiger. S. 120.

Der schlechte Gesundheitszustand von Paul, die Mißliebigkeit in der Heimat, die Sorge um den Lebensunterhalt und das intensive Engagement im Bereich der Friedensvermittlung minderten Else Lasker-Schülers Arbeitseifer, so daß sie im letzten Kriegsjahr in poetischer Hinsicht nur wenig hervorbrachte. Zu erwähnen sind die Dichtungen *David und Jonathan*[729] sowie *Abschied*.[730] Womöglich hielt diese unergiebige Schaffensperiode bis Mitte 1919 an. Denn als Sympathisantin „des deutschen Komites der K.P.D" zeigte sich Else Lasker-Schüler auch in der Nachkriegszeit ideologisch-politisch sehr aktiv und reiste zu diesem Zweck mehrmals in die Schweiz.[731] Bekannt ist der kurze Aufenthalt vom November 1918, dem im Jahre 1919 zwei weitere folgten.[732] Für eine ununterbrochene Emigration in die Schweiz entschied sie sich erst nach dem Ausbruch des Zweiten Weltkrieges, um dann 1939 endgültig nach Jerusalem auszuwandern. Dort lebte Else Lasker-Schüler bis zu ihrem Tod am 22. Januar 1945.

4.1.11. Ludwig Rubiner

Bei Kriegsausbruch hatte der im Frühling 1914 aus Paris nach Berlin gekommene Rubiner eine knapp zehnjährige Journalistenkarriere hinter sich, die von vielerlei politischen Erfahrungen geprägt war. Sein besonderes Interesse galt jedoch dem Antimilitarismus, was er auch bis dahin in Beiträgen wie *Der Dichter greift in die Politik*[733] und *Maler bauen Barrikaden*[734] ausführlich bearbeitet hatte. Doch die Annahme, den theoretischen

---

[729] *Die Weißen Blätter*, 5 (1918), Quartal Juli-September, S. 11.
[730] *Berliner Börsen-Courier*. Literatur-Beilage zur Jubiläumsausgabe vom 1. Oktober 1918, S. 22.
[731] Schreiben des Armeestabes vom 3.9.1919, BArch B, E-21 / Nr. 10534.
[732] Ausschlaggebend für den Schweizer Aufenthalt im November 1918 ist Else Lasker-Schülers uv. Br. an Hans Bodmer v. 21.11.1918: „Hochverehrter Herr Hans Bodmer, ich möchte Sie sprechen! Kann ich morgen zwischen 12-1 Uhr kommen (Freitag) Ich verreise. Ihre Else Lasker-Schüler, Elite Hotel.", StArchZ, Lesezirkel Hottingen, Korrespondenzen, W 30, Schachtel 18. Womöglich hatte Lasker-Schüler den Aufenthalt im November 1918 der Zürcher Einwohnerkontrolle vorenthalten, da in den Einwohnermeldekarten zu diesem Datum keinerlei Angaben vorhanden sind. Amtlich bekannt sind dagegen die Zürcher Aufenthalte vom 17. Januar 1919 bis zum 10. April 1919 sowie vom 11. Juli bis zum 12. August 1919.
[733] *Die Aktion*, 2 (1912), Sp. 646-652.
[734] *Die Aktion*, 4 (1914), Sp. 353-364.

Antimilitarismus mitten im Kriegsdeutschland in die Praxis umzusetzen schien ihm unmöglich, so daß er bereits im ersten Kriegsjahr zusammen mit seiner Frau Frida Ichak in die Schweiz umsiedelte. Über seine Ankunft in Zürich heißt es in Hugo Balls Tagebuchaufzeichnung vom 29. Mai 1915: „L. R. ist auch da. Soeben angekommen, traf ich ihn mit seiner Frau beim Café Terrasse."[735] Entgegen dieser Aufzeichnung wird Rubiners Zürcher Anwesenheit laut amtlicher Angaben erst auf den 19. Oktober 1915 datiert.[736] Daß sich Hugo Ball bei seinem Tagebucheintrag um knapp fünf Monate verrechnet haben könnte, ist in diesem Fall ausgeschlossen, zumal Rubiners Wegzugsdatum aus Berlin auch von Frau Rubiner mit einer Abweichung von neuen Tagen auf den Mai 1915 datiert wird.[737] Daher scheint Rubiner die zwischen seiner Ankunft und Anmeldung liegende Zeitspanne inoffiziell verbracht zu haben, womöglich in Hotels oder Pensionen sowie bei anonymen Freunden oder Gleichgesinnten.[738]

Der erste bekannte Zürcher Wohnsitz ist die Plattenstrasse 19, eine außerhalb des Stadtzentrums liegende Bleibe umgeben von vielerlei Kliniken und Instituten, von wo es Anfang 1916 in die Büchnerstr. 19 ging.[739] Womöglich wurden diese beiden Wohnsitze absichtlich verheimlicht, da Frida Rubiner in einem Brief vom 29. November 1915 als Kontaktadresse die von der prädadaistischen Zeitschrift *Mistral* als Redaktion und Verlag benutzte Spyristr. 11 angibt.[740] Durchaus bekannt war dagegen den Behörden das spätestens am 1. Juni 1916 bezogene Domizil in der Had-

---

[735] Ball, Hugo: Die Flucht aus der Zeit, S. 23.
[736] Angabe aus der Zürcher Fremdenkontrolle.
[737] Vgl. Grötzinger, Vera: Der Erste Weltkrieg im Widerhall des *Zeit-Echo* (1914-1917), S. 245.
[738] Die Einvernahme des Kellners Ludwig Dirschel, der als Kellner in verschiedenen Hotels, zuletzt im Café Terrasse gearbeitet hat, beinhaltet spärliche Hinweise zu Rubiners vorläufigen Aufenthaltsorten und Betätigungsfeldern: „Im Wittelsbacher-Palas traf ich im Propaganda-Zimmer verschieden Personen, die ich vom Café Terrasse Zürich her kannte. Dies waren Dr. Frank mit Frau, Rubina mit Frau, Axelrod, Werner, alles Russen. Axelrod bemerkte einem U-Off gegenüber, er fahre morgen mit dem Flugzeug nach Moskau um Geld zu holen." BArch B, E-21 / Nr. 10864.
[739] Die Adressen stammen aus der Fremdemkontrolle des Zürcher Stadtarchivs. Hinweisend für Rubiners Umzug in die Büchnerstr. 19 ist auch sein Brief an René Schickele v. 21.1.1916. DLM, 60.678.
[740] Ichak-Rubiner, Frida an Walden, Herwarth, Br. v. 29.11.1915, SAdK, Ludwig Rubiner 87/1 EHS.

laubstr. 11, wo die Rubiners bis zur Rückkehr nach Deutschland ununterbrochen wohnten.[741]
Abgesehen von den amtlich bekannten Aufenthaltsorten, liegen über Rubiners erste Zeit in Zürich nur spärliche Angaben vor. Dies liegt nicht zuletzt in seiner äußerst abgeschlossenen Lebensweise begründet, die er sich wegen einiger schlechten Erfahrungen in Berlin prophylaktisch angeeignet hatte. Über den Hintergrund seiner Zurückgezogenheit schrieb er an Franz Blei:

> „Ich war bis in den Sommer vergangenen Jahres hinein in Berlin. Zu gern hätte ich Sie aufgesucht und mit Ihnen gesprochen. Indessen, eine ebenso dumme wie ekelhafte Denunziation gegen mich und deren Folgen brachten mich in einen Zustand äußerster Verletztheit. Ich hielt mich notgedrungen vollständig isoliert und glaubte fest, dass es jedem anderen ebenso ergehe."[742]

Daß Rubiner keine Beziehung zur Zürcher Gesellschaft pflegte, scheint den persönlichen Umständen entsprechend angebracht gewesen zu sein. Allerdings hatte diese Abkapselung keinen schädlichen Einfluß auf die schriftstellerische Tätigkeit, zumal er bis Ende 1916 sowohl in den *Weißen Blättern* als auch in der *Aktion* mehrmals vertreten war.[743] Jeweils einen Beitrag verfaßte er für die *Zeitschrift für Individualpsychologie* und *Das Ziel*.[744] Summa summarum handelte es sich hierbei um drei Aufsätze, drei Kritiken und drei Manifeste sowie um einen Nachruf, eine Würdigung und einen Gedichtzyklus. Man könnte sagen, daß Rubiners sozialer Rückzug zugleich der Einzug in die Presse war, woraus wiederum in der Folge eine Kontaktaufnahme mit der Außenwelt resultierte. Men-

---

[741] Vgl. dazu Schreiben des Polizeikorps des Kantons Zürich v. 27.12.1918, BArch B, E-21 / 11511. Aus der Zürcher Fremdenkontrolle geht hervor, daß Rubiner bei der Beantragung des Interims-Certifikats vom 22.5.1916 als Wohnadresse die Hadlaubstr. 11 angab.

[742] Rubiner, Ludwig an Blei, Franz, Br. v. 20. Januar 1916, StB B PK 1, Nachlaß Blei.

[743] Im Jahr 1916 erschienen in den *Weißen Blättern* Rubiners folgende Schriften: *Ihr seid Menschen*, Kritik zu P.J. Jouves Gedichtband Vous êtes des Hommes, 3 (1916), H. 3, S. 389-391, *Legende vom Orient*, 3 (1916), H. 4, S. 252-275, *Tröster*, Würdigung an Ferrucio Busoni, 3 (1916), H. 5, S. 180-182, *Das Paradies in Verzweiflung*, Kritik zu Ferdinand Hardekopfs Lesestücken, 3 (1916), H. 7, S. 97-101, *Aktualismus*, 3 (1916), H. 10, S. 70-72, u. *Das himmlische Licht*, Gedichtzyklus, 3 (1916), H. 5, S. 91-114. In der *Aktion*: *Der Maler von der Arche. Andre Derein gestorben im Kriege*, 6 (1916), Sp. 1-7., *Paul Adler*, 6 (1916), Sp. 310., *Hören Sie*, 6 (1916), Sp. 377-380, *Die Bilder Else von zur Mühlens* 6 (1916), Sp. 577-578.

[744] Zeitschrift für Individualpsychologie: *Zur Krise des geistigen Lebens*, 1 (1916), S. 231-240. Das Ziel: Die Änderung der Welt, Hg. v. Kurt Hiller unter dem Titel Aufrufe zu tätigem Geist. München u. Berlin 1916, S. 99-120.

schen wie René Schickele, Annette Kolb und Albert Ehrenstein schenkten ihm nun eine gewisse Aufmerksamkeit. Es folgte sogar das Angebot von einer Petersburger Zeitung, für die er in der Zeit nach dem Krieg als Korrespondent tätig sein sollte.[745] Als durchaus wichtiges Zeichen der Anerkennung verschaffte ihm dies zeitweilig den Zugang ins Gesellschaftsleben. Aber da er unter einer erbarmungslosen Kritiksucht litt und deshalb keine gute Beziehung zu den Schriftstellerkollegen aufrechterhalten konnte, waren diese Kontakte nicht von Dauer. Bezeichnend für diesen Zustand ist Rubiners Brief an Franz Blei vom 9. September 1916, worin er ungerechtfertigt auf die Kriegsgegnerschaft des absolut pazifistisch orientierten Karl Kraus losgeht:

> „Ich muß sagen, es giebt doch wenig Menschen, vor denen ich mich mehr ekle als heute vor Kraus. Ich kann diesen Mann auch nicht für einen bedeutenden Polemiker halten. [...] Ich war mal, in Zürich, bei einer Vorlesung von K. Ich schwöre Ihnen aber: alles Schwindel! Die wirkungslose Empörung - Schwindel! Der Antimilitarismus - Schwindel! Er sagt 'Krieg' und meint ja doch nur die Druckfehler in der *Neuen Fr. Presse*."[746]

Der krittelnde Ton des obigen Briefabschnittes zeigt, daß Rubiner kein leicht zufriedenzustellender Kriegsgegner war. Denn fast auf die gleiche Art und Weise sollte er wenige Monate später Klabund attackieren. Was ihn aber bei Kraus besonders zur Kritik verleitete, war dessen finanzieller Wohlstand, zumal er im selben Schreiben einige Zeilen zuvor äußerte: „Mit Erben darf man nichts zu tun haben." Schließlich befand sich Rubiner zu jenem Zeitpunkt in einem wirtschaftlichen Engpaß, der ihn nicht nur aggressiv sondern auch krank gemacht hatte. Deshalb auch die Bitte an Blei:

> „Könnte der Financier der 6 Millionen Zeitung mir nicht schon jetzt, und gleich, einen wirklichen Vorschuss geben? Ich bin sehr krank und muß dringend in ein Sanatorium, das hier in meiner Nähe ist, denn ich bin auch transportunfähig. Leider kann ich das Sanatorium nicht bezahlen. Ich weiß nicht, wie ichs machen soll, um diese Zeit zu überstehen."[747]

So mitleiderregend sich das Gesuch auch anhörte, es hatte für das Ergattern eines Vorschusses vom zukünftigen Herausgeber der Vierteljahrsschrift *Summa* nicht gereicht. Der möglicherweise gesundheitsför-

---

[745] Vgl. Rubiner, Ludwig an Blei, Franz, Br. v. 9.9. 1916, StB B PK 1, Nachlaß Blei.
[746] Rubiner, Ludwig an Blei, Franz, Br. v. 9.9.1916, StB B PK 1, Nachlaß Blei. Karl Kraus (1874-1936), österreichischer Satiriker, Essayist und Dramatiker. War fünfundzwanzig Jahre lang als Herausgeber der *Fakel* tätig.
[747] Rubiner, Ludwig an Blei, Franz, Br. v. 9.9. 1916, StB B PK 1, Nachlaß Blei.

dernde Sanatoriumsbesuch war somit unterblieben, doch Rubiner sah darin keinen Grund zur Beunruhigung und kündigte im Gegenteil bereits am 19. Oktober 1916 eine bessere Zeit als die jetzige an: „Bis zum 1. Januar geht es mir noch hundsmiserabel, und ich weiss nicht, wie ich leben soll. Aber von diesem Tage an glänzend. Grosse Dinge liegen in meiner Hand."[748] Rubiners Prosperität bezog sich in diesem Fall auf die bevorstehende Übernahme des *Zeit-Echos*. Allerdings erfolgte dies erst im Mai 1917, so daß er sein politisch-publizistisches Engagement noch einige Monate länger über die *Aktion* fortsetzen mußte.[749] Für einen sensiblen Menschen wie Rubiner, der sich bei jeder Gelegenheit angegriffen und diskriminiert fühlte, war diese Verzögerung sicherlich unerwünscht. Aufgrund der Meinungsverschiedenheiten mit Blei, der ja eigentlich einen positiven Standpunkt gegenüber Rubiner einnahm, kam es immer wieder zu kleinen Streitigkeiten, die meistens brieflich begonnen und auf gleiche Weise wieder beendet wurden. So zum Beispiel die Auseinandersetzung um den „zu aktivistisch"[750] beurteilten Artikel *Der Kampf mit dem Engel*, auf den Rubiner großen Wert gelegt hatte, so dass er Blei mitteilte: „Sehr schade, dass Sie mir nicht einfach sagen: Er gefällt mir nicht, mir Blei subjektiv-persönlich. Oder: Er passt nicht in die Zeitschrift. Oder: er ist total talentlos. - Denn Ihre Gründe sind falsch. Menschlich, philosophisch und zeitlich."[751]

Rubiners durchaus gefühlsbetonter Widerspruch gegen die Zurückweisung seiner Abhandlung zeigt, daß er nicht so leicht aufgab und kontroverse Debatten ausfocht, anstatt dinge einfach hinzunehmen. Allerdings blieb ihm in diesem Fall nichts anderes übrig, als diese Entscheidung ohne weiteres zu akzeptieren, zumal er auf die Publikationsmöglichkeit in Franz Bleis geplanter Zeitschrift *Summa* angewiesen war. Und genau aus diesem Grund änderte er die kritische Haltung gegenüber seinem künftigen Auftraggeber rasch und bemühte sich schon am 2. November 1916 um die friedliche Aufklärung des Mißverständnisses:

---

[748] Rubiner, Ludwig an Hegner, Jacob, Briefstempel. v. 19.10. 1916, StB B PK 1, Nachlaß Blei. Hegner (25.2.1882-24-9.1962), Hellerauer Verleger.

[749] Im Jahre 1917 ging Rubiner mittels der *Aktion* fünf Mal an die Öffentlichkeit: *Das Mittel* [Programmschrift], 7 (1917), Sp. 27/28; *Ursprache* [Glosse], 7 (1917), Sp. 53/54; *Die zweite Erde* [Glosse], 7 (1917), Sp. 54; *Der Kampf mit dem Engel* [Programmschrift], 7 (1917), Sp. 211/232; *Über Alfred Wolfenstein* [Würdigung], 7 (1917), Sp. 336.

[750] Rubiner, Ludwig an Blei, Franz, Br. v. 2.11.1916, StB B PK 1, Nachlaß Blei.

[751] Rubiner, Ludwig an Blei, Franz, Br. v. 31.10.1916, StB B PK 1, Nachlaß Blei.

„[...] Sie lehnten meine Arbeit als zu aktivistisch ab. Dieses Wort traf mich und machte mich sehr traurig. Ich hörte aus ihm notwendig Gegnerschaft (nicht dagegen Feindschaft) heraus, und wollte Ihnen gerade sagen, wie unpersönlich ich es aufnähme, und dass - selbst wenn eine Gegnerschaft von Ihnen zu mir bestände - keine von mir zu Ihnen da sei, und dass mein Herz Ihnen gehöre, und dass für mich abgelehnte Artikel gar keine Rolle spielten."[752]

Allerdings reichte Rubiners Würdigung inklusive der strengen Unterscheidung zwischen Meinungsäußerung und der Person, die diese Meinung äußert, nicht aus, um die reibungslose Mitarbeit an Franz Bleis *Summa* zu bewirken. In der Tat war dies auch überhaupt nicht nötig, zumal er in knapp vier Monaten das *Zeit-Echo* übernehmen sollte. Bis dahin ging er mehrmals über die *Aktion* an die Öffentlichkeit und stärkte somit seine Position als Kriegsgegner.[753] Als Herausgeber des Zeit-Echos stellte Rubiner seine pazifistischen Ansätze in den Mittelpunkt und etablierte sich dementsprechend in der Schweizer Emigranten-Szene. Die Zustimmung von Exil-Kollegen wie Leonhard Frank und René Schickele, die Rubiners Sendungsbewußtsein durchaus stärkten und ihn zur „Zentrale der internationalen Revolutionäre"[754] kürten, waren für ihn neben der Berner *Bolschewiki-Gesandtschaft*,[755] welche die Herausgabe des *Zeit-Echos* größtenteils selbst finanzierte, wichtige Quellen, aus denen er Kraft schöpfte. Von materiellen Sorgen befreit, konnte er nun nicht nur seine Gedanken verbreiten, sondern er kümmerte sich jetzt auch um organisatorisches. Er sammelte um sich herum eine bemerkenswerte Anzahl von deutschen Schriftstellern, die Hugo Ball in einem Schreiben vom 26. Juni 1917 als die sogenannten „Moraliker"[756] bezeichnete. Beteiligt an den Aktionen dieser „Moraliker" waren u.a. der Theologie-Professor Leonhard Ragaz und der Feuilletonredakteur der *Zürcher Post*, Dr. Salomon David Steinberg, welche vorwiegend als Kontaktpersonen zur eidgenös-

---

[752] Rubiner, Ludwig an Blei, Franz, Br. v. 2.11.1916, StB B PK 1, Nachlaß Blei.
[753] Siehe Fußnote 749.
[754] Niederschrift vom 1.10.1918 des Stellvertretenden Generalstabs der Armee Abt. IIIb, in: „Wahrung der monarchischen Interessen gegenüber der republikanischen Propaganda", PA AA, R 624.
[755] Ebd. wird folgendes festgehalten: „Das Erscheinen des *Zeit-Echo* ist nach seinen [Rubiner] Aussagen für ein Jahr sicher gestellt. Geldmittel für revolutionäre Propaganda sind genügend vorhanden. Sie stammen zum grossen Teil von der Bolschewiki-Gesandtschaft in Bern."
[756] Laut Hugo Balls Auffassung waren in dieser Gruppe „Albert Ehrenstein, Leonhard Frank, Straßer, Schickele usw." beteiligt. Vgl. dazu: Ball, Hugo, Briefe 1911-1927, S. 82.

sischen Öffentlichkeit dienten.⁷⁵⁷ Denn Ragaz war Führer der „religiösen Sozialisten" in Zürich und verfügte über wichtige Verbindungen zu dem „anarchistischen Kreis um [Fritz] Brupbacher",⁷⁵⁸ Steinberg dagegen gehörte zu den anerkannten Schweizer Publizisten und konnte insofern das „Zugeständnis"⁷⁵⁹ der Zürcher Presse für Rubiners pazifistische Anliegen herbeiführen. Äußerlich gesehen gehörte Frida Ichak ebenfalls zu den Mitarbeitern der „Moraliker", doch durch ihre eifrige Propagandatätigkeit in anarchistischen Kreisen war sie eher an den Zielen der sozialistischen Organisationen interessiert.⁷⁶⁰ Vermutlich unternahm sie auch den Versuch, Ludwig Rubiner für ihre eigenen Ansichten zu gewinnen, so daß ihre Beziehung wegen ideologischer Differenzen immer wieder in eine Krise geriet. Bestätigt wird diese Situation von Claire Goll⁷⁶¹, die in Zürich zu den unmittelbaren Nachbarn der Rubiners zählte:

> „Wenn wir auf der Terrasse unsere Mahlzeiten einnahmen drang mittags und abends das gellende Gezeter der Frida Rubiner in unsere Ohren. Die hässliche, zänkische, dominierende Frau wollte durchaus aus dem sanften romantischen Rubiner einen Roten machen. Wir waren oft bei ihnen und sie bei uns und jedes mal gab es heftige politische Auseinandersetzungen zwischen beiden."⁷⁶²

Vorwiegend beruhten diese Streitigkeiten auf differierende Verhaltensweisen, da sich Ludwig Rubiner bei der Äußerung seiner Meinungen nicht „kompromittieren"⁷⁶³ lassen wollte, wohingegen Frida Ichak den

---

[757] Vgl. dazu: Schreiben v. 24.11.1918 an das Polizei Kommando Zürich, BArch B, E-21 / 10884.
[758] Vgl. Mattmüller, Markus: Leonhard Ragaz und der religiöse Sozialismus. Eine Biographie. Bd. 2. Die Zeit des Ersten Weltkriegs und die Revolutionen. Zürich 1968, S. 126.
[759] Rubiner, Ludwig an Steinberg, S.D., uv. Br. v. 13.11.1917, Zentralbibliothek Zürich, Ms. Z. II. 3001.41.
[760] „Die Frau Rubiner ist besonders tätig im Aufsuchen und Heranziehen junger Leute, die sie durch ihre Überredungsgabe in die anarchistischen Kreise hineinzieht." In: Schreiben des Militärattachés der Kaiserlichen Deutschen Gesandtschaft in Bern v. 22.3.1918, PA AA, Nr. 853.
[761] Claire Goll, geb. Aischmann, gesch. Studer (1891-1977), Schweizer Lyrikerin und Erzählerin.
[762] Goll, Claire an Petersen, Klaus, Br. v. 16.1.1976, DLM, 84.1416. © Wallstein Verlag.
[763] Schreiben der Kaiserlich Deutschen Gesandtschaft in Bern v. 26.2.1918, in: „Revolutionäre Propaganda der Entente", PA AA, Nr. 853.

offenen Kontakt zu den Zürcher Revolutionären bevorzugte.[764] Und genau diese offenen Beziehungen riefen bei den Schweizer Behörden eine gewisse Skepsis hervor, so daß das Ehepaar Rubiner bis zum Ende seines freiwilligen Exils einer ständigen „Überwachung und Verfolgung"[765] ausgesetzt war. Die permanenten Beobachtungen durch die Zürcher Polizei, welche wohl Rubiner von Anfang an mitbekam, hatten eine fatale Wirkung auf sein zweiflerisches Wesen. In der Folge legte er eine außergewöhnliche Überempfindlichkeit an den Tag und ging den Menschen aus dem Weg. Daß er einer psychischen Störung unterlag und sich dieser auch bewußt war, belegt sein Schreiben an Hermann Kesser:

> „Beispielsweise: gestern wußte ich ganz genau, dass sich Schickeles u. meine Frau trafen; nur war ich zu menschenscheu, um selbst auch hinzugehen und ging ins Odeon, wo ich erwartete, niemanden zu treffen."[766]

Die soziale Abkapselung rief einen deutlichen Realitätsverlust hervor und Rubiner verlor die Kontrolle über den Zusammenhang der Ereignisse. Die sogenannte „Hypertrophie von Empfindlichkeit"[767] zwang ihn in ein inneres Vakuum, woraus er sich meistens durch eine kritische Haltung gegenüber seiner Umgebung zu retten versuchte. Exemplarisch hierfür ist sein Brief an Hermann Kesser, in dem er Leopold Ziegler und Walther Rathenau des Nationalismus bezichtigt, nur weil sie von dem Begriff „Deutscher Mensch" Gebrauch gemacht hatten.[768] Fast in gleicher Art und Weise attackierte er auch seinen Kollegen Klabund und verwies ihn wegen seiner nachträglichen Kriegsgegnerschaft in die Kategorie der „Konjunkturbuben".[769]

Es ist nicht zu übersehen, daß Rubiner nicht zuletzt wegen seiner Überempfindlichkeit von starken Gegensätzen geprägt war. Denn zum einen repräsentierte er den Typus des besorgten Kriegsgegners, der sich die Wohnung in der Hadlaubstraße 11 zur Basis pazifistischen Engagements

---

[764] Während der Schweizer Jahre sah sie Lenin „täglich in den Lesesälen der Zürcher 'Museums-Gesellschaft' hinter einem Berg von Zeitungen und Zeitschriften. Einmal besuchte [sie] ihn in seiner bescheidenen Wohnung in der Spiegelgasse in Sachen der Zimmerwalder Linken". Siehe dazu: Rubiner, Frida: Einst unglaubliche Berichte, Berlin 1987, S. 29-30.

[765] Siehe dazu: Vera Grötzinger, Der Erste Weltkrieg im Widerhall des *Zeit-Echo* (1914-1917), S. 255-263.

[766] Rubiner, Ludwig an Kesser, Hermann, uv. Br. ohne Datum, DLM.

[767] Rubiner, Ludwig an Kesser, Hermann, uv. Br. ohne Datum, DLM.

[768] Vgl. Rubiner, Ludwig an Kesser, Hermann, uv. Kr. v. 8.4.1917, DLM.

[769] Rubiner, Ludwig, „Konjunkturbuben", Zeit-Echo 3. Jg. (1917), Juniheft S. 32.

umfunktioniert hatte und von hier aus Überlegungen gegen das „Entsetzen in der Welt" produzierte und aussandte.[770] Und zum anderen gehörte er zu den verachteten Exilanten, die zwar nicht isoliert, doch zumindest gemieden wurden. Hugo Ball betitelte ihn scherzhaft als den „bleiche[n], verfolgte[n], gejagte[n] Tasso"[771], und Schickele erklärte ihn zu einem „schlechte[n] Agent[en]".[772] Rubiner entgingen diese beleidigenden Aussagen nicht, so daß sich sein Freundeskreis bis zum letzten Kriegsjahr weiter verkleinerte. Ferruccio Busoni, der Rubiners „Gesinnungskraft und Intelligenz"[773] offenkundig verehrte, gehörte in diesem Fall zu den wenigen Freunden. Die Eigenart Rubiners, ein fast beziehungsloses Exilleben zu führen, hatte aber im allgemeinen keine Auswirkung auf seinen Arbeitseifer, zumal er zu jener Zeit einerseits das ursprünglich als Sprachrohr der milden Kriegskritik bekannte *Zeit-Echo* „zur Trompete gegen den Krieg"[774] umfunktionierte und andererseits gleichzeitig den Essayband *Der Mensch in der Mitte* (1917) sowie das Drama *Die Gewaltlosen* (1917/18) herausbrachte. Ferner veröffentlichte er das von Frida Ichak ins Deutsche übertragene *Tolstoi-Tagebuch aus den Jahren 1895-1899*.[775]

Abgesehen von seiner Überempfindlichkeit im gesellschaftlichen Umgang, scheinen die Fronten in Rubiners Wirkungsfeld nicht definitiv klar gezogen zu sein, zumal er neben der pazifistischen Mission beim *Zeit-Echo* „mit verschiedenen Mitarbeitern der *Freien Zeitung* in regem Verkehr und Meinungsaustausch"[776] stand sowie Mitglied der sozialrevolutionären „Eintracht- und Forderung-Gruppe"[777] war. Eine weitere Bühne für sein antimilitaristisches Engagement bildete der *Hottinger Lesezirkel*, wo er jedoch nur einmal, am 12. Januar 1918, auftrat, um aus seiner Aufsatz-Sammlung *Der Mensch in der Mitte* vorzulesen.[778] Zu einem einmali-

---

[770] Richter, Hans: Dada-Profile. Zürich 1961, S. 43.
[771] Ball, Hugo: Briefe 1911-1927. S. 103.
[772] René Schickele an Franz Blei, uv. Br. v. November 1916, StB B PK 1, Nachlaß Blei.
[773] Richter, Hans: Dada-Profile. S. 43.
[774] Richter, Hans: Dada-Profile. S. 44.
[775] Leo Tolstoi Tagebuch 1895-1898. Nach dem geistigen Zusammenhang ausgewählt, herausgegeben und eingeleitet von Ludwig Rubiner. Zürich 1929.
[776] Schreiben des Militärattachés der Kaiserlichen Deutschen Gesandtschaft in Bern v. 22.3.1918, PA AA, Nr. 853.
[777] Detektivbericht an das Militärattachés der Kaiserlichen Deutschen Gesandtschaft in Bern v. 22.3.1918, PA AA, Nr. 853
[778] *Lesezirkel Hottingen*, Literar. Klub, Drucksachensammlung, StArchZ. W 30 / 41-3.

gen Auftritt kam es auch in der *Friedenswarte*, weil dieses Blatt im Juli/August-Heft 1918 eine Sondernummer mit Beiträgen von allen pazifistischen Lagern herausbrachte.[779] Ebenfalls kurzfristig war Rubiners Anschluß an das sozialistische Organ *Die Forderung*, zumal man deren Anhänger mit den am 15. November 1917 ausgebrochenen Zürcher Unruhen in Verbindung brachte und sie vielerlei Schikanen aussetzte.[780] So mußte Rubiner z.B. eine Hausdurchsuchung über sich ergehen lassen und wurde später ins Verhör genommen, wobei er alle Beschuldigungen ausdrücklich zurückwies:

> „Ich betone, dass ich keine gewaltsamen revolutionären Ansichten hege, an Klassenkampf nicht teilnehme und mich sehr hüte, mit Personen in Verbindung zu treten, die wegen Verbindungen mit fremden Mächten verdächtig sein könnten. Frau Acklin hat mich nur um Rat ersucht, nicht um eine ständige redaktionelle Mitarbeit bei der zu gründenden Zeitung. Ich habe nur an den vorbereitenden Sitzungen teilgenommen."[781]

Sicherlich hatte Rubiner von seiner Neigung, an politischen Organisationen und Ereignissen beteiligt zu sein, nie ein Hehl gemacht. Darüber hinaus kannte er die Vorschriften seines Gastlandes und betätigte sich nur im Bereich des Erlaubten, so daß man ihm weder bei der Hausdurchsuchung noch nach der Vernehmung etwas nachweisen konnte. Doch die nach wie vor bestehende Annahme über Rubiner, „mit der bolschewistischen Propaganda in engerem Sinne Hand in Hand"[782] zu arbeiten, ließ die Schweizer Behörden immer wachsam bleiben und führte zu einer intensiven Überwachung. Stark betroffen von diesen Einschränkungen entschied sich Rubiner unmittelbar nach Kriegsende für die Rückkehr nach Deutschland. Als durchaus gefährlich eingestufte Person schien ihm aber die Einreise ins Heimatland durchaus problematisch, so

---

779 Rubiner, Ludwig: *Weltreaktion*. In: *Die Friedens-Warte*, 20 (1918), Nr. 7/8.
780 Laut einem Spezialrapport des Polizeikorps des Kantons Zürich v. 27.12.1918 hatte sich der Anschluß der Rubiners an *Die Forderung. Organ für sozialistische Endzielpolitik* durch Emil Acklin, dem Gründungsmitglied dieser Zeitschrift ergeben. BArch B, E-21/nr. 11511. Bezüglich dem Umstand der Zürcher Unruhen sowie der Rolle von Emil Acklin in der *Forderung* vgl: Thurnherr, Bruno, Der Ordnungseinsatz der Armee anläßlich der Zürcher Unruhen im November 1917, Bern u.a. 1978.
781 Ludwig Rubiners Aussage v. 17.12.1917, BArch B, E-21 / Nr. 9860.
782 Mitteilung des Militärattachés an die Kaiserliche Deutsche Gesandtschaft in Bern v. 19.10.1918, „Wahrung der monarchischen Interessen gegenüber der republikanischen Propaganda", PA AA, R 624.

daß er sich als künftiger Mitarbeiter der von Wilhelm Herzog herausgegebenen *Republik* nach Berlin einladen ließ:

> „da reiseerlaubnis schwierigkeit ich zurüchgehalten bis monatsende einreise wuerde sehr beschleunigt durch unzweideutiges telegramm ihrerseits dass mein eintreffen in redaktion dringend erforderlich je praeziser desto wirksamer".[783]

Im Anschluß an die dringende Bitte, welche wohl von Herzog sofort erfüllt wurde, wendete sich Rubiner am 24. Dezember 1918 an den Polizeipräsidenten in Berlin und bat ihn „um telegraphische einreisebewilligung an deutsches generalkonsulat zuerich".[784] Womöglich machte sein Gesuch zusammen mit der Bestätigung von der *Republik* einen überzeugenden Eindruck, so daß dem gebürtigen Berliner, der zu jener Zeit die österreichische Staatsbürgerschaft besaß, vom österreichisch-ungarischen Generalkonsulat in Zürich bereits am gleichen Tag ein zweimonatiger Reisepaß ausgestellt wurde. Aus dem für eine „einmalige Reise von Zürich über Lindau nach München" bestimmten Paß geht hervor, daß Rubiner am 30. Januar 1919 in Deutschland angelangt war.[785] Hier engagierte er sich bis zu seinem Tod am 27. Februar 1920 kontinuierlich für die von Dichtern und Proletariern zu verwirklichende „Weltrevolution"[786] und ging zu diesem Zweck über den Kiepenheuer Verlag in Potsdam mehrmals an die Öffentlichkeit.[787]

4.1.12. René Schickele

Der seit 1913 an Franz Bleis *Weißen Blättern* mitwirkende ehemalige Chefredakteur der *Straßburger Neuen Zeitung* stellte sich bereits in den ersten Stunden der Mobilmachung gegen die kriegerische Auseinander-

---

[783] Rubiner, Ludwig an Herzog, Wilhelm, Telegramm vom 20.12.1918, BArch B, E - 21 / Nr. 10970.

[784] Im Verlauf des Telegramms an den Polizeipräsidenten in Berlin stellt sich Rubiner folgendermaßen vor: „bin oesterreichischer staatsangehoeriger, jedoch in berlin geboren & erzogen, lebte zuletzt nikolassee bis august 1915, eltern leben seit vierzig jahren in berlin neuenburgerstr 35, bin kein deserteur, papiere in ordnung, bin bekannter deutscher schriftsteller, mein eintreffen berlin dringend erforderlich, da ich redaktionsposten in wilhelm herzogs tageszeitung *republik* antreten muss, wo ich schnellstens verlangt werde." BArch B, E - 21 / Nr. 11511.

[785] Reisepaß für Rubiner, SAdK, Rubiner, Ludwig, 87/2 EHS.

[786] Rubiner, Ludwig: Kameraden der Menschheit. Potsdam 1919, S. 176.

[787] Im Kiepenheuer Verlag veröffentlichte Rubiner: Die Gemeinschaft (1919), Kameraden der Menschheit (1919), Die Gewaltlosen (1919), Der Mensch in der Mitte (1920).

setzung der europäischen Völker. Der nicht zuletzt aus seiner deutschfranzösischen Abstammung herrührenden Friedensliebe boten sich angesichts der im wilhelminischen Reich herrschenden strengen Zensurmaßnahmen kaum Spielraum, so daß er bereits im zweiten Kriegsjahr Deutschland verlassen mußte: „Schon im Sommer 1915 nahm das Interesse der Kriminalpolizei für die *Weißen Blätter* quälende Formen an. Ich beschloß, mit ihnen in die Schweiz zu übersiedeln."[788] So unkompliziert sich der Beschluß auch anhörte, fiel ihm die Emigration doch äußerst schwer. Denn Schickele stand aufgrund seiner Kritik an der Torpedierung der Lusitania schon längst auf der schwarzen Liste des Auswärtigen Amtes, was eine schlechte Voraussetzung für einen Grenzübertritt war.[789] Und schon in Lörrach bei Basel kam es schließlich zu einer Verhaftung, bei der man ihn durch Alkoholeinfluß zu dem Geständnis zwang, er sei französischer Spion. Doch konnte sich Schickele aus dieser Schlinge mit Hilfe des sozial-liberalen Politikers Friedrich Naumann befreien.[790] Unmittelbar nach seiner Entlassung machte er sich auf den Weg in das von Dr. Binswanger geleitete Kreuzlinger Sanatorium.[791] Ab dem 28. September 1915 hielt er sich dort auf, um sich nicht nur zu erholen,[792] sondern auch eine endgültige Befreiung vom Kriegsdienst zu erreichen.[793] Am 2. Oktober 1915 brach er diesen Aufenthalt ab.[794] Weiter ging es nach Lugano[795] und Genf,[796] wo er sich eventuell über das Wirkungs-

---

[788] Schickele, René: Werke in drei Bänden. Bd. 3. Köln 1959, S. 11.
[789] Vgl. Rolland, Romain: Das Gewissen Europas. S. 700 u. 768.
[790] Ackermann, Paul Kurt: René Schickele. A Critical Study. Harvard University Diss., S. 115-116.
[791] Clavadetscher, Claudia: René Schickeles Schweizer Jahre 1915-1919. In: *Neue Zürcher Zeitung* v. 4.8.1983, Nr 179, S. 25.
[792] Wie sehr Schickele unter dem Kriegszustand litt und demzufolge seelisch erkrankte läßt sich aus den folgenden Zeilen entnehmen: „Da ich jede Nacht meine Mutter mit dem Bajonett aufspießte und in lauter blutige Greuel verwickelt war, deren Geschmack ich am Tage nicht verlor, begann ich Schlafmittel zu nehmen und wurde krank." Schickele, René: Werke in drei Bänden. Bd. 3. S. 279.
[793] Vgl. Ackermann, Paul Kurt: René Schickele.
[794] Schickeles Eintritts- und Austrittsdaten in das Kreuzlinger Sanatorium stammen aus den Krankenakten des Binswanger-Archivs der Eberhard-Karls-Universität Tübingen.
[795] Vgl. uv. Brief Schickeles vom 11.10.1915 an Christian Schad. In: Meyer, Julie: Vom elsässischen Kunstfrühling zur utopischen Civitas Hominum. München 1981, S. 314.
[796] Siehe dazu René Schickeles Brief an Romain Rolland vom 28. Oktober 1915. In: Literaturwissenschaftliches Jahrbuch, N.F. 29. Band 1988, S. 122.

feld der pazifistischen Kreise kundig machte und nach neuen Kontaktpersonen suchte. Eine dieser Personen war Romain Rolland, den Schikkele zunächst am 28. Oktober 1915 aus dem Genfer Hotel d'Angleterre schriftlich um ein Treffen bat.[797] Bereits am nächsten Tag trafen sie sich bei Rolland zu Hause und erörterten ausführlich die Themen Opposition, Zensur und Politik im Wilhelminischen Reich.[798] Womöglich hatte Schickele auch mit anderen Exilanten vieles zu besprechen, da er erst am 6. November 1915 wieder in das Kreuzlinger Sanatorium zurückkehrte und bis zum 22. Dezember 1915 in Behandlung blieb.[799] Während er sich kurierte, hatte man aber „in Berlin allerhand Geschichten" über ihn verbreitet, so daß ihm Kurt Wolff am 10. November 1915 den Vorschlag machte, die Leser der *Weißen Blätter* mit folgender Notiz aufzuklären:

> „Der Herausgeber der *Weissen Blätter*, Herr René Schickele, ist erkrankt und weilt seit Herbst in einem Schweizer Sanatorium, von wo er aber Ende des Monats hofft nach Berlin zurückkehren zu können. Mit seiner Erkrankung wolle man das unregelmäßige Erscheinen der letzten Hefte entschuldigen. Fortan sollen die *Weissen Blätter* wieder regelmäßig immer Anfang des Monats kommen."[800]

Tatsächlich traf Schickele Anfang 1916 wieder in Berlin ein.[801] Lange hielt er es dort aber nicht aus und kam im März 1916 nach Zürich, wo er bei seiner Freundin Minna Flake in Höhenweg 20 unterkam.[802] Zu diesem Entschluß sah er sich durch die strengen Zensurmaßnahmen der wilhelminischen Pressestelle veranlaßt, die inzwischen das Wirkungsfeld

---

[797] Vgl. René Schickeles Brief an Romain Rolland vom 28. Oktober 1915. In: Literaturwissenschaftliches Jahrbuch, N.F. 29. Band 1988, S. 122.
[798] Rolland, Romain: Zwischen den Völkern. S. 561.
[799] Mitteilung des Binswanger-Archivs der Eberhard-Karls-Universität Tübingen.
[800] Wolff, Kurt an Schickele, René, Br. v. 10.11.1915, KWArch Y, Box 7, Folder 266.
[801] Belegt ist dies in einem uv. Schreiben von Schickele an Martin Buber vom 11. Januar 1916: „Sehr geehrter Herr Buber, entschuldigen Sie, bitte, dass ich Ihnen nicht früher geantwortet habe; ich war krank und bin erst seit einigen Tagen wieder in Berlin." JNUL J, Nachlaß Martin Buber, Arc. Ms. Var. 350/678. Wann genau Schickele nach Deutschland zurückgekehrt ist, steht allerdings nicht fest. Ausschlaggebend ist in diesem Fall Kurt Wolffs Schreiben an René Schickele v. 14.11.1915, worin es heißt: „Herr Schwabach meint, dass Sie am 24. nach Berlin zurückkehren würden." Wolff, Kurt: Briefwechsel eines Verlegers 1911-1963, S. 200.
[802] Gemäß den Angaben des Stadtarchivs Zürich ist Schickele ab dem 7. März 1916 in Zürich unter der Adresse „Höhenweg 20 (bei Flake)" angemeldet. Hinweisend für diese Adresse ist auch das Aprilheft der *Weißen Blätter* 1916, auf deren Innenseite „Hg. R.S. Zürich 7, Höhenweg 20" steht.

der *Weißen Blätter* wesentlich eingeengt hatte. Gegenüber den strengen Regelungen im deutschen Pressewesen herrschte in der Schweiz eine spürbare Freizügigkeit:

> „Wenn einmal Europa die Bilanz dieses Krieges aufstellt, wird die Schweiz auf der Gewinnseite der Menschlichkeit an erster Stelle stehen und zeigen, welche menschlichen Großtaten schöpferischer Art sie dem Völkermord entgegenstellte, wie sie nicht nur *Wunden pflegte* und *Gutes tat* in jeder Weise, sondern, fast allein in Europa, ein kleines umdrohtes Land, die Menschlichkeit wahrte und die Zukunft Europas bereiten half."[803]

Daß Schickele dieses Land als neuen Wirkungsraum in Anspruch nahm, war naheliegend. Schließlich konnte er sich wenige Tage nach der Ankunft in Zürich an die nun wesentlich freier ausübbare publizistische Arbeit machen, wobei er zuvor den Kontakt zu den Berliner Lesern und Kollegen in die Wege leitete. Geholfen wurde ihm dabei von dem Wiener Essayisten und Kritiker Franz Blei, den er am 30. März 1916 „um kleine Berliner Beihefte für die Glossen der *Weissen Blätter*" bat und anschließend mit der Beschaffung von „ein paar Abonnementen auf die Vorzugsausgabe" dieser Zeitschrift beauftragte.[804] Ebenfalls unterstützt wurde er von dem Schweizer Verlag Rascher & Cie., zumal über dessen Außenstelle in Leipzig die Verbreitung der *Weißen Blätter* auch in Deutschland ermöglicht wurde. Und schon ab April 1916 brachte Schickele *Die Weißen Blätter* unter seiner Federführung heraus und etablierte sie in kürzester Zeit zum Sprachrohr der Kriegskritik.[805] An diesem publizistischen Aufstieg war ein großer Freundeskreis von Literaten beteiligt. Neben deutschsprachigen Schriftstellern wie Max Hermann-Neiße, Rudolf Leonhard, Walter Hasenclever, Max Brod, Kasimir Edschmid, Else Lasker-Schüler, Alfred Lemm, Oskar Loerke, Johannes R. Becher, Annette Kolb, Klabund und Ludwig Rubiner schlossen sich auch russische Emigranten dem Kreis der *Weißen Blätter* an. W. Astrow, A. Rubinstein und N. Rubakin sind einige, die in der Rubakin-Bibliothek in Klaran mit Schickele Kontakt aufgenommen hatten. Geprägt von intensiver Arbeit kam somit eine solidarische Gruppe von überzeugten Kriegsgegnern zusammen, deren Wirkung weit über die Schweizer Grenzen hinausging.

---

[803] Schickele, René: Werke in drei Bänden. Bd. 3. S. 934.
[804] Schickele, René an Blei, Franz, uv. Br. v. 30.3.1916, StB B PK 1, Nachlaß Blei.
[805] Godé, Mauris: René Schickeles Pazifismus in den *Weißen Blättern*. In: Elsässer, Europäer, Pazifist. Pazifistische Studien zu René Schickele. Hg. v. Adrien Finck und Maryse Staiber, Basel u.a. 1984, S. 59-93.

Besonders gestört von diesen Pazifisten zeigte sich das wilhelminische Reich. Kennzeichnend hierfür ist die Bespitzelung von René Schickele und dessen Zeitschrift durch deutsche Spione. In einer Antwort der Kaiserlichen Deutschen Gesandtschaft in Bern auf eine Frage des Auswärtigen Amtes in Berlin heißt es:

> „Von zuverlässiger Seite erfahre ich, daß René Schickele zur Zeit bei Zürich wohnt. Er habe *deutsche* Sympathien, die sich namentlich während des Krieges noch verstärkt hätten. Die von ihm herausgegebene Monatsschrift *Weiße Blätter* sei die führende Zeitschrift auf literarischem Gebiet für die jüngere Generation [..] in Deutschland. Sie sei von großer Bedeutung, da sie die Stimmung in diesen Kreisen stark beeinflusst."[806]

Schickeles Erfolg war kein Zufall, sondern das Ergebnis vielfältiger Aktivitäten innerhalb kurzer Zeit. Allerdings hatte ihn diese publizistische Tätigkeit unermeßlich angestrengt, so daß er sich in der Zeit vom 24. Mai 1916 bis zum 14. Juni 1916 für genau drei Wochen erneut ins Kreuzlinger Sanatorium begeben mußte.[807] Im Anschluß an die „Beurlaubung zur Wiederherstellung seiner Gesundheit"[808] zog Schickele nach Mannenbach um.[809] Auch in dieser neuen Umgebung, unweit von der deutschen Grenze, brach viel Arbeit über ihn herein, was Schickele selbst folgendermaßen beschrieb:

> „In der engen Stube eines Häuschens auf dem Schweizer Ufer des Bodensee, das ich bewohne, sitzt Leonhard Frank und liest [...] eine Novelle. Carl Sternheim schickt *Tabula rasa* [...]. Von Heinrich Mann kommt *Madame Legros*, von Werfel *Der Traum einer neuen Hölle*, der wunderbare *Hölderlin*

---

[806] Antwort der Kaiserlichen Deutschen Gesandtschaft in Bern auf die Frage des Auswärtigen Amtes Berlin vom 29.9.1916, „René Schickele", PA AA, Nr. 1142.

[807] Mitteilung des Binswanger-Archivs der Eberhard-Karls-Universität Tübingen. Den Zustand seiner seelischen Angespanntheit faßt Schickele in einem uv. Br. an Franz Blei v. 9.11.1916 im folgendem Ton zusammen: „Lieber Blei, ich war krank, das wissen Sie wohl. Sehr krank: ich wurde in ein Narrenhaus gesperrt. Dies behalten Sie für sich. Ich habe den Schlaf verloren, und die schwersten Schlafmittel halfen nichts mehr. Seit dem Sommer geht es wieder. Ich habe wieder gehen, lesen, schreiben gelernt - wie ein Kind. Ich glaube, ich weiss mehr vom Leben - seitdem." StB B PK 1, Nachlaß Blei.

[808] Antwort an die Straßburger Post. In: *Das literarische Echo, Halbmonatsschrift für Literaturfreunde*. 19 (1917) H. 17 vom 1.6.1917.

[809] Laut Eintrag der Zürcher Einwohnerkontrolle ist Schickele am „6./29. Mai 1916 nach Mannenbach" gezogen. Bestätigen läßt sich der Umzug auch in den Juni-, Juli-, November-, Dezember-Heften von 1916, wo „Hg. R.S., Mannenbach (Kanton Thurgau, Schweiz)" angegeben ist. Ferner Clavadetscher, Claudia: René Schickeles Schweizer Jahre 1915-1919.

von Gustav Landauer, wilde Aufschreie von Becher, Zornrede von Ehrenstein, beschwörende Gedichte von Däubler, Leonhard, Hasenclever und vielen, vielen anderen jungen Dichtern: [...] Der Kreis wächst und verzweigt sich jenseits der Grenzen."[810]

Je mehr sich die *Weißen Blätter* auf internationaler Ebene ausdehnten, desto intensiver wurde auch das Interesse der deutschen Behörden an Schickele. Besonders interessiert war man an seiner publizistischen Anziehungskraft, die ja zugunsten der deutschen Propaganda nutzbar gemacht werden sollte. So folgten die ersten Versuche, den Herausgeber der *Weißen Blätter* mittels Bestechung auf die offizielle deutsche Seite zu ziehen. Dieser zeigte sich hingegen unkorrumpierbar und ließ jegliche Annäherungsversuche ins Leere laufen.[811] Denn schließlich ging es ihm nicht um Macht, sondern um eine internationale Koalition. Ersichtlich wird diese Absicht in der Mitteilung an Franz Blei vom 9. September 1916: „Ich tue hier wichtiges. Nämlich, ich gebe mir alle Mühe, die Bruderschaft vom guten Geist nicht ganz verderben zu lassen. In Skandinavien und Amerika herrscht grosses Wohlgefallen an den W.B. In Deutschland weniger [...]."[812]

Die Anerkennung im Ausland war sicherlich erfreulich. Doch hauptsächlich hatte es Schickele auf Deutschland und die dortige Kriegspropaganda abgesehen. Deshalb erweiterte er in dieser Phase sein Wirkungsfeld und propagierte in den *Weißen Blättern* nicht nur den eigenen Antimilitarismus, sondern machte auch auf andere pazifistische Gedanken und Organe aufmerksam. Dargelegt ist diese Strategie in seinem Brief an Alfred Hermann Fried vom 20. Oktober 1916:

„Sehr verehrter Herr Doktor, im Oktoberheft der *Weissen Blätter*, das ich Ihnen gleichzeitig schicke, habe ich Ihr in Deutschland verbotenes Sammelbuch angezeigt und dabei möglichst ausführlich zitiert. Auf diese Weise werden immerhin ein paar tausend Leser in der belagerten Festung einiges weitere von dem erfahren, was in den noch freien Gegenden Europas vor sich geht, diesen 'letzten Salons, wo man noch' - denkt."[813]

---

[810] Schickele, René: Werke in drei Bänden. Bd. 3. S. 465.

[811] Über Strategien zur Überredung Schickeles berichtet ein Vertrauensmann in einem Schreiben vom 24.10.1916: „Ich habe die Frage der W[eißen] B[lätter] schon dem Minister gegenüber erwähnt, es müßte aber mit großem Takt vorgegangen werden, da derselbe Geld von Regierungsseite, sicher nicht annehmen würde." „René Schickele", PA AA, Nr. 1142.

[812] Schickele, René an Blei, Franz, uv. Br. v. 9.11.1916, StB B PK 1, Nachlaß Blei.

[813] Schickele, René an Fried, Alfred Hermann, uv. Br. v. 20.10.1916, Fried Collection, Box 3, HInst. S.

Wie effektiv der Versuch einer Verbreitung der pazifistischen Gedanken von Alfred Hermann Fried war, ist im einzelnen unklar. Da die *Weißen Blätter* zu jenem Zeitpunkt aber nicht überall in Deutschland zu beziehen waren, muß man eher von einer geringen Wirkung ausgehen. Einen eindeutigen Erfolg in Deutschland erzielte Schickele dagegen mit der Inszenierung seines bereits im Oktober 1914 entstandenen Theaterstückes *Hans im Schnakenloch*. Realisiert wurde dessen Aufführung von Georg Heinrich Meyer, dem Vertreter des Kurt Wolff Verlags, nachdem dieser am 31. Mai 1916 von Schickele folgende Bestätigung erhielt: „[...] das Recht zur Uraufführung würde ich dem *Neuen Theater nur für die Dauer des Krieges* einräumen. Natürlich läge mir daran, dass die Uraufführung womöglich in Berlin stattfände."[814] Wie zu erwarten, wurde dieser Wunsch wenige Monate später am 22. September 1916 „durch Vermittelung des Bühnenvertriebes Kurt Wolff Leipzig - von Direktor *Altmann* zur Aufführung am *Kleinen Theater* zu *Berlin* angenommen."[815] Bis es aber soweit war, bemühte sich Schickele um die Förderung des Bühnenwerkes, indem er das Dresdner Hoftheater sowie die Stadttheater in Zürich, Bern und Basel über die künftige Aufführung informieren ließ.[816] Zugleich arbeitete er bis zum Jahresende hin an der stilistischen und inhaltlichen Verbesserung des *Hans im Schnakenloch*, so daß sein Glaube an einen massiven Erfolg beim Publikum immer größer wurde. Deshalb auch die Mitteilung an Hans Georg Meyer vom 7. Dezember 1916: „Sie können sich schwer vorstellen, wie ich mich darüber freue! Ich 'sehe einen literarischen Frühling kommen, wunderbar' - selbst wenn es erst der übernächste sein sollte."[817]

Trotz der Gefahr einer Ausweisung aus der Schweiz,[818] erfüllten sich Schickeles Hoffnungen auf gute Zeiten, nachdem sein Theaterstück *Hans im Schnakenloch* am 17. Dezember 1916 in Frankfurt a. M uraufgeführt wurde. Das über die zerrissene Zugehörigkeit der Elsässer handelnde

---

[814] Schickele, René an Meyer, Georg H. M., uv. Br. v. 31.5.1916, KWArch Y, Box 7, Folder 267.
[815] Schreiben an die Redaktion des Kurt Wolff Verlages v. 22.9.1916, KWArch Y, Box 7, Folder 267.
[816] Schickele, René an Meyer, Georg H. M., uv. Br. v. 20.10.1916, KWArch Y, Box 7, Folder 267.
[817] Schickele, René an Meyer, Georg H. M., uv. Br. v. 7.12.1916, KWArch Y, Box 7, Folder 267.
[818] Siehe dazu Schickeles Tagebucheintrag v. 12.7.1918, DLM, Nr. 76. 1722.

Stück, in dem sich die Hauptfigur Hans Boulanger gegen die deutschfranzösischen Konflikte auflehnt, lief bis in den Sommer 1917 an mehreren deutschen Bühnen.[819] Wegen der „sehr starke[n] Aufnahme bei Publikum und Presse"[820] fiel das „in eine Epidemie" ausartende Schauspiel nach „neunundneunzig Aufführungen" der Zensur zum Opfer.[821] Doch Schickele wollte das Aufführungsverbot nicht ohne weiteres hinnehmen, so daß er zur „Propagierung des *Hans im Schnackenloch*"[822] Anfang Januar 1917 nach Bern in die Junkerngasse 19 umzog..[823] Unterstützt wurde er hier von seinem Nachbarn Henry van de Valde[824], Annette Kolb sowie Kurt und Fritz von Unruh. Überdies verkehrte er hier mit Harry Graf Kessler, was jedoch nicht als Teilnahme an der deutschen Kulturpropaganda verstanden werden sollte, sondern eher mit der Übereinstimmung des pazifistischen Gedankenguts der obengenannten Personen zusammenhing.[825] Im Grunde genommen zielte Schickele darauf, die Position der Intellektuellen in Einklang zu bringen, um so letztendlich dem Völkerhaß ein Ende zu bereiten. In der noch während des Krieges entstandenen Essaysammlung *Die Genfer Reise* heißt es diesbezüglich: „Sorgt für den Frieden. Glaubt, es gibt wenige, die für diese Mission in Betracht

---

[819] Siehe dazu: Meyer, Julie: Vom elsässischen Kunstfrühling zur utopischen Civitas Hominum. München 1981, S. 271-274. Laut Schickeles Telegramm an den Kurt Wolff Verlag v. 8.6.1917 sowie der Briefe von Kurt Wolff an Schickele vom 14. und 15. 6.1917 scheint Schickele den Aufführungen im Juni 1917 in Berlin beigewohnt zu haben. KWArch Y, Box 7, Folder 268.

[820] Telegramm vom 30.3.1917 von Altenmann Georg an Schickele, DLM 69.1500.

[821] Schickele, René: Werke in drei Bänden. Bd. 3. Köln u. Berlin 1959, S. 12.

[822] Meyer, Georg H. M. an Schickele, René, uv. Br. v. 5.1.1917, KWArch Y, Box 7, Folder 268.

[823] Hinweisend auf Schickeles Umzugsdatum nach Bern sowie für seine dortige Adresse ist der Brief v. 5.1.1917 von Georg H.M. Meyer an René Schickele, KWArch Y, Box 7, Folder 268. Aus den Unterlagen der Berner Fremdenkontrolle geht hervor, daß Schickeles Schriftenabgabe recht spät erfolgte, und zwar am 2. Juni 1917. Damals verfügte er über eine Toleranz-Bewilligung, die v. 9.5.1917 bis zum 5.5.1918 gültig war. Angemeldet waren auch zu diesem Zeitpunkt die Ehefrau: Anna Brandenburg, geb. 5.12.1882, sowie die Kinder: Rainer (22.7.1905) und Hans (2.7.1914). Stadtarchiv Bern.

[824] Der belgische Architekt Henry van de Velde (1863-1957) hielt sich ab 1917 in Bern, Junkerngasse 37 auf. Vgl. van de Velde, Henry: Geschichte meines Lebens. S. 387-388.

[825] Die enge Beziehung zwischen René Schickele und Harry Graf Kessler resultierte in erster Linie aus dem Interesse an der Versöhnung zwischen Deutschland und Frankreich. Vgl. dazu Schickele, René: Werke in drei Bänden. Bd. 3. S. 911-913.

kommen."⁸²⁶ Gemäß diesem Motto legte Schickele großen Wert auf eine Kooperation der europäischen Intelligenz und publizierte demzufolge mehrere Abhandlungen russischer, dänischer sowie französischer Kriegsgegner.⁸²⁷ Während er leidenschaftlich an der Verbreitung kriegskritischer Literatur arbeitete, wurde sein publizistisch-pazifistisches Engagement bei den *Weißen Blättern* vom August 1917 bis zum Juni 1918 „aus bisher ungeklärten Gründen" ⁸²⁸ unterbrochen. Für Schickele ein durchaus schwerer Schlag, den er durch die Gründung einer „neuen Wochenschrift" zu überwinden hoffte.⁸²⁹ Doch der Versuch scheiterte, so daß er zu Jahresbeginn 1918 Herausgeber der Schriftenreihe *Europäische Bibliothek* wurde.⁸³⁰ Da in dieser Reihe die pazifistischen Werke aus unterschiedlichen Ländern veröffentlicht werden sollten, begann er im Berner Emigrantenkreis nach neuen schriftstellerischen Talenten zu suchen. Einen besonderen Eindruck hinterließen bei ihm die Pioniere der russischen Revolution:

> „Das Gesicht Radeks taucht vor mir auf im Café du Thé>tre in Bern und auf der Tribüne im Volkshaus, es sagt, mit einer Entschlossenheit, die an Zynismus grenzt: 'Nach uns die Liebe und der Friede auf Erden! Unser Horoskop kündet Kampf.' Wie die Sommerblitze über einen See, blitzten die langen fanatischen Blicke Lenins über sein Lächeln, das die Milde selbst ist. Und Sinowieff, ein stämmiger Bursche mit Armen, die kurzerhand anpacken, was man vielleicht vorsichtiger behandeln sollte, tobt wie ein Hausknecht, der sein Abitur gemacht hat."⁸³¹

Was Schickele an Radek, Lenin und Sinowieff besonders bewunderte, war der russische Gemeinschaftsgeist, den er durch die Februarrevoluti-

---

⁸²⁶ Schickele, René: Werke in drei Bänden. Bd. 3. S. 478.
⁸²⁷ Siehe dazu: N. Rubakin: Die Günstlingswirtschaft im heutigen Rußland und ihre internationale Bedeutung. In: Die Weißen Blätter 1917, Heft 2/3. F. M. Dostojewski: Petersburger Träume. Unbekannte Erzählungen, mitgeteilt von Dr. Wladimir Astrow. In: Die Weißen Blätter 1918, H. 1. Sven Borberg: Europas Herzfelder, Traum und Wirklichkeit, Der Krieg und die Seelen. In: Die Weißen Blätter 1918, H. 1.
⁸²⁸ Godé, Maurice: René Schickeles Pazifismus in den *Weißen Blättern*. In: Elsässer, Europäer, Pazifist. Pazifistische Studien zu René Schickele. Hg. v. Adrien Finck und Maryse Staiber, Basel u.a. 1984, S. 79.
⁸²⁹ Rene Schickele an Herbert Saekel, uv. Br. v. 13.8.1917, DLM 69.1509/1.
⁸³⁰ In dieser Reihe erschienen u. a. von Leoni Andrejew *Das Joch des Krieges*, Henri Barbusse *Das Feuer*, Georges Duhamel *Leben der Märtyrer*, Leonhard Frank *Der Mensch ist gut*, Douglas Goldring *Das Glück*, Andreas Latzko *Menschen im Krieg*.
⁸³¹ René Schickele: Werke in drei Bänden. Bd. 3. S. 469.

on kennengelernt hatte und welchen er in den *Weißen Blättern* mehrmals lobte. Trotz der Sympathie gegenüber revolutionären Ideen hatte er eine enge Verbindung zu bekennenden Pazifisten wie Hermann Rösemeier oder dem antibolschewistischen Salomon Grumbach,[832] wobei es sich bei diesen Beziehungen eher um Diskussionsgemeinschaften zu handeln schien als um eine harmonische Freundschaft. Bestätigt wird diese Annahme in den Memoiren des dadaistischen Malers Hans Arp:

"Da man in Bern, der Diplomaten- und Spionagezentrale von Europa, leise sprach, fiel Schickeles ungeniert leidenschaftliche Stimme beträchtlich auf. Wenn er mit dem tapferen Rösemeier und dem späteren französischen Abgeordneten Grumbach, Elsässer wie Schickele, bei offenem Fenster in der engen Berner Gasse tobte, konnte man ihn weit hören."[833]

Diese Erinnerung zeigt, wie emotional Schickele in politischen Streitfragen war. Allerdings weckte er durch dieses Verhalten nicht nur das Interesse von Gleichgesinnten, sondern auch die Aufmerksamkeit der deutschen Behörden, so daß er vor allem wegen der engen Beziehung zu dem ehemaligen Reichtagsmitglied Salomon Grumbach in den Verdacht des Hochverrats geriet.[834] Selbstverständlich ließ sich Schickele von diesem erfolglosen Verleumdungsversuch nicht beirren und nahm weiterhin an dem pazifistischen Meinungsaustausch im Berner Emigrantenkreis aktiv teil. Schließlich gelang es ihm auch, das mittlerweile in Deutschland verbotene Stück *Hans im Schnackenloch* am 27. November 1917 im Berner Stadttheater in Szene zu setzen.[835]

Ab Anfang 1918 begann Schickele die künftige Herausgabe der *Weißen Blätter* vorzubereiten und schloß zu diesem Zweck „mit Cassierer einen Generalvertrag auf 5 Jahre"[836] ab. Für die Bewältigung seiner alten Aufgabe kam es natürlich an erster Stelle auf den geistigen Rückhalt des in-

---

[832] Salomon Grumbach (1884-1966), Journalist des französischen Blattes *Humanité* und Redakteur des *Vorwärts*. War ab 1914 in der Schweiz und hatte zuvor als Mitglied des Reichstages gewirkt.
[833] Richter, Hans: Dada Profile. Zürich 1961, S. 96.
[834] Bentmann, Friedrich: René Schickele. Leben und Werke in Dokumenten. Nürnberg 1974, S. 128.
[835] René Schickele: Werke in drei Bänden. Bd. 3. S. 12. Im *St. Galler Tageblatt* vom 5.12.1917 wird als Ausführungstermin der 27. November 1917 angegeben, Zeitungsausschnittsammlung DLM.
[836] René Schickele: Werke in drei Bänden. Bd. 3. S. 1021.

ternationalen Intellektuellenkreises an, so daß Schickele alle bekannten Kollegen aus verschiedensten Bereichen aufsuchte:

> „Am 5. [Februar] sind wir, Lannatsch,[837] Frau Cassirer und ich, nach Zürich gefahren. Im *Hotel Schwert* Besprechung mit Rascher. Die deutsche Übersetzung des *Feuers* von Barbusse ist ohne Striche freigegeben. Später saß ich mit Stefan Zweig, dem Schweizer Dichter, Reinhart und einigen anderen zusammen. - Am andern Tag zu Mittag bei Strassers, zum Kaffee kamen Ehrenstein und Werfel, mit dem ich schon zu Morgen zusammen gewesen war."[838]

Abgesehen von direkten Kontakten schrieb er die in den *Weißen Blättern* erwünschten Personen direkt an und bat sie um Mitarbeit. Darunter den italienischen Komponisten Ferruccio Busoni, der Schickeles „gütige und ehrende Aufforderung, weiterhin als Mitarbeiter der *Weißen Blätter* auftreten zu dürfen", herzlichst annahm und ihn als „Vorbote[n]" dieses Blattes bezeichnete.[839]

Bis zur endgültigen Neuherausgabe der *Weißen Blätter* verging allerdings noch eine gewisse Zeit, die Schickele vorzugsweise außerhalb Berns verbrachte. Meistens im Haus der Cassirers inmitten der schönen Landschaft von St. Moritz, beeindruckt von der herrlich harmonischen Natur: „Die Hügelkette neben uns gegen den blauen Himmel ist wunderbar bewegt, jede Hebung und Senkung wie von stark und sicher streichelnden Händen modelliert."[840] Hier unternahm Schickele Spaziergänge in die Ober-Alpina und Skiläufe auf den herrlichen Berghängen von Sils-Maria. Rückblickend auf diese Zeit zeichnete er Ende Mai 1918 folgendes auf:

> „Einzig in St. Moritz war ich, zuweilen, der Natur nahe gewesen. Dort, auf den Schneefeldern von Chantarella unter dem blauen Himmel, ermaß ich zum erstenmal deutlich den langen Abstand von der letzten Jahreszeit, die ich erlebt hatte: den Sommer 1914 in Fürstenberg. [...] Trotzdem: dort oben begann die Gesundung. Seit vierzehn Tagen weiß ich es. Seit acht Tagen bin ich wieder ich und ein Dichter. Ich bin es mit einer für mich ganz neuen Freude: der Freude an der Geduld zu schreiben, am tiefen Spiel der Kunst."[841]

---

[837] Lannatsch: Kosename für Frau Anna Schickele, Ehefrau von René Schickele.
[838] René Schickele: Werke in drei Bänden. Bd. 3. S. 1022.
[839] Busoni, Ferruccio an Schickele, René, uv. Br. v.13.6.1918, DLM, 73.56.
[840] René Schickele: Werke in drei Bänden. Bd. 3. S. 1018.
[841] René Schickele: Werke in drei Bänden. Bd. 3. S. 1028

So angenehm die St. Moritzer Atmosphäre auch war, Schickele zog spätestens im Mai 1918 nach Spiez am Thunersee um. Untergekommen war er hier im Chalet des Sapins.[842]

> „Es lag etwas erhöht über dem See, jedoch der Garten reichte bis an die Ufer und besaß privaten Badeplatz und Bootshaus. Fuhr man etwa hundert Meter auf den See hinaus, dann lagen Jungfrau, Mönch und Eiger in ihrer Majestätischen Schönheit vor dem Blick, und nahe von Spiez erhob sich der Niesen, dessen Form an den Fudschijama erinnert."[843]

Das außerordentlich harmonische Umland der neuen Bleibe war sicherlich nicht nur luxuriös und historisch geprägt, sondern wirkte auch gleichermaßen motivierend, so daß es im Juli 1918 zu einer Neuherausgabe der *Weißen Blätter* kommen konnte. Vertreten waren in diesem nach einer langen Pause herausgegebenem Heft der Schwede Svend Borberg, der Belgier Henry van de Valde, der Österreicher Albert Ehrenstein sowie der Deutsche Oscar Levy. Zusammengestellt hatte Schickele eine derartige Mischung deshalb, weil es in den Beiträgen dieser Personen aus verschiedenen europäischen Staaten fast im gleichen Ton um Brüderlichkeit und Kriegsgegnerschaft ging.

Und genau dieser stringente Inhalt der *Weißen Blätter,* dem als Hauptthema im allgemeinen Schickeles agitatorischer Appell an die Völkerversöhnung übergeordnet war, löste in der Schweiz gewisse Sorgen aus. Die Berner Behörden wollten nicht einfach zusehen, wie Schickele von neutralem Boden aus die Weltöffentlichkeit mit pazifistisch-literarischen Ideen überschüttete. So drohte ihm bereits im Juni 1918 die Ausweisung aus Bern. „Sie wollen meine Toleranzbewilligung nicht verlängern, weil ich keinen Heimatschein besitze. [...] ich sollte, wird bekannt, aus dem Kanton ausgewiesen werden."[844] Nach einer harten Auseinandersetzung mit den Schweizer Behörden, auf die Paul Cassirer seinen nicht geringen Einfluß wirken ließ, wendete sich aber alles wieder zum Guten, so daß Schickele Anfang Juli 1918 wieder aufatmen konnte. Die Erleichterung war allerdings nur von kurzer Dauer, da er wenig später Opfer einer groß angelegten Bespitzelung wurde. Einerseits wurden „alle Sendungen von und an René Schickele [...] besonders scharf auch auf Geheim-

---

[842] Vgl. Schickeles uv. Tagebucheintrag vom 4. Juni 1918, DLM, Nr. 76.1722.
[843] Durieux, Tilla: Eine Tür steht offen. Erinnerungen. Berlin 1965, S. 208.
[844] Tagebucheintrag vom 22. u. 24. Juni 1918. Schickeles uv. Taschenkalender, DLM.

schrift"[845] überwacht, andererseits die Person Schickele selbst, da er „als Herausgeber der stark pazifistischen *Weißen Blätter* [...] in den schweizerischen pazifistischen Kreisen eine durchaus nicht völlig einwandfreie Rolle"[846] spielte.

Es ist unübersehbar, daß Schickele ab der zweiten Hälfte 1918 einem enormen Druck ausgesetzt war. Hinzu kam noch die Trennung von der Freundin Minna Flake, die zwischenzeitlich Mutter einer gemeinsamen Tochter geworden war.[847] Anläßlich dieser Zwischenfälle müßte sich Schickele deutlich angegriffen gefühlt haben. Bestätigt wird dies in den Aufzeichnungen von Tilla Durieux, der Gattin Paul Cassirers: „Schickele bereitete uns viel Sorgen. Er führte ein absolut ungesundes Leben, blieb die ganze Nacht schreibend wach, trank dazu Unmengen schwarzen Kaffee und schlief tagsüber bis in den späten Nachmittag, so daß für ihn Frühstück und Mittagsessen ausfielen."[848]

Nach Schickeles Tagebuchaufzeichnungen scheint dieser ungewöhnliche Tagesrhythmus bis Mitte September 1918 angehalten zu haben,[849] wobei er sich für den Abdruck der *Weißen Blätter* ab Oktober wieder sehr anstrengte. Parallel zu der Herausgebertätigkeit, welche Schickele bis zum Juni 1920 weiter führen sollte, beteiligte er sich in der Nachkriegszeit insbesondere an der Gründung des kommunistisch ausgerichteten Intellektuellenbundes *Clarté*.[850] Bevor aber diese Organisation gegründet werden konnte — dazu kam es erst im Mai 1919 —, bezog Schickele am „31. März 1919" sein letztes Schweizer Domizil in „Uttwyl b. Romanshorn".[851] Polizeilichen Angaben zufolge wollte er sich offenbar hier in

---

[845] Schreiben des Stellv. Generalstab der Armee vom 2.6.1918. Zitiert nach: Stell. Gen. Kommando 1. Armee-Korps Nr. 1697, KAM.

[846] Schreiben des Stellv. Generalstab der Armee Abteilung III b Sekt. Abwehr vom 31.8.1918, in: „René Schickele", PA AA, Nr. 785.

[847] Vgl. dazu Julie Boghardt: Minna Flake. Macht und Ohnmacht der roten Frau: Von der Dichtermuse zur Sozialistin. Frankfurt a. M. 1997.

[848] Durieux, Tilla: Eine Tür steht offen. Erinnerungen. Berlin 1965, S. 211.

[849] Am 16 September 1918 beschrieb Schickele sein damaligen Lebensstil so: „Nervenkrise. Alkohols. Schlafmittel. Aber Arbeit. Körperlicher Zustand elend." Schickeles uv. Taschenkalender, DLM.

[850] Eine von dem französischen Schriftsteller Henri Barbusse (1873-1935) ins Leben gerufene Bewegung, deren Ziel es war, das Interesse der Schriftsteller am gesellschaftlichen Leben und am politischen Fortschritt zu fördern.

[851] Umzugsdatum- und ort stammen aus den Unterlagen der Berner Fremdenkontrolle, Stadtarchiv Bern.

aller Ruhe auf die kommunistische Propaganda konzentrieren.[852] Allerdings gab Schickele die linksorientierte Propaganda spätestens im Sommer 1919 wegen finanzieller Schwierigkeiten auf und begann mit dem Gedanken zu spielen, sich nach „Bregenz [...] dem Punkt des geringsten (Valuta) Widerstandes"[853] zu begeben. Letztlich blieb dieses Vorhaben unausgeführt, zumal er seinen Uttwiler Wohnsitz ab dem 1. Februar 1920 nach Badenweiler b. Mühlheim verlegte.[854] Wenige Monate danach übergab er die Organisationsaufgabe der Clarté[855] an Kurt Wolff und trat von der Führung der *Weißen Blätter* endgültig zurück. Zu einer zweiten Emigration in Schickeles Leben kam es kurz vor der Machtergreifung Hitlers im Jahre 1932, so daß er dann bis zu seinem Tod am 31. Januar 1940 in Vence, Südfrankreich, lebte.

4.1.13. Margarete Susman

Umfassende Angaben zu Susmans Lebensumständen in der Schweiz während des Ersten Weltkrieges liegen in der literaturwissenschaftlichen Forschung nicht vor. Die einzigen biographischen Hinweise sind ihren längst veröffentlichten Tagebuchaufzeichnungen *Ich habe viele Leben gelebt* sowie den unveröffentlichten Briefen in der *Jewish National and University Library* in Jerusalem zu entnehmen. Darüber hinaus ist bekannt, daß die am 14. Oktober 1872 in Hamburg geborene Kaufmannstochter schon mit acht Jahren nach Zürich kam, um dort die höhere Töchterschule zu besuchen. Ihre Schriftstellerinnenkarriere begann 1901 mit dem Gedichtband *Mein Land*. Ab Mai 1907 folgte die langjährige Mitarbeit in der *Frankfurter Zeitung*.

---

[852] Bezeichnend für Schickeles kommunistisches Engagement in Utwill ist das Schreiben der Zürcher Stadt-Polizei v. 29.12.1921: „Bis vor einigen Monaten hatten Sternheim, ein gewisser Schickeli und eine Anita Kolb aus München, regelmässige Zusammenkünfte in Uttwil, wobei erwiesenermassen ganze Nächte durch politisiert und geschrieben wurde. Eine Vertrauensperson sagte mir, sie hätte oft aus herumliegenden Manuskripten und Broschüren gesehen, dass es sich ganz ausschliesslich um kommunistische Propaganda handle, es sei übrigens in Uttwil allgemein bekannt, dass obgenannte Personen sich auf diesem Gebiete betätigen." BArch B, E-21 Nr.9512.

[853] Schickele, René an Fried, Alfred Hermann, uv. Br. v. 27.8.1919, Fried Collection, Box 3, HInst. S.

[854] Die Angaben zu Schickeles Wegzugsdatum sowie neuem Aufenthaltsort stammen aus dem Schreiben der Zürcher Stadt-Polizei v. 23.12.1921. BArch B, E-21 Nr.9517. Vgl. Schickele, Anne, Lebensdaten René Schickeles, DLM 62.279.

[855] Bezeichnend für die Übernahme der Clarté ist Schickeles uv. Brief an Kurt Wolff v. 2.4.1920, KWArch Y, Box 7, Folder 269.

Bei Ausbruch des Ersten Weltkrieges befand sich Susman gemeinsam mit Ehemann und Sohn schon seit über vier Jahren in der Schweiz. Die Nachricht über den ausgebrochenen Kampf der Nationen kam für die damals zweiundvierzig Jahre alte Schriftstellerin überraschend.

> „Ich wußte damals so wenig vom Krieg, ich kannte ihn nur aus den deutschen und schweizerischen Geschichtsbüchern mit der Verklärung ihrer Kriege und Heldengestalten. Krieg war damals fast zu einer Sage geworden für die Menschen, die wie ich und die meisten geistigen Menschen völlig unpolitisch lebten."[856]

Diese Unwissenheit hielt aber nicht lange an und Margarete Susman wandelte sich zu einer Pazifistin, die ihre politische Überzeugung so schnell wie möglich an die Öffentlichkeit brachte. Am 27. Januar 1915 schickte sie ihren pazifistisch motivierten Artikel *Vom Krieg und Gott* an Friedrich Markus Hübner, den damaligen Schriftleiter des *Zeit-Echos*.[857] Für Versuche, „Deutsche aus den französischen Gefangenenlagern zu befreien"[858], sowie für kriegskritische Fragen nach der „Moral des Einzelnen und [der] des Staates"[859] interessierte sich Susman zu jener Zeit ebenfalls. Allerdings nur kurzfristig, da sie nach der Einberufung ihres Gatten zum Frankfurter Generalkommando im November 1915[860] ebenfalls nach Frankfurt am Main umzog.[861]
Die auf neutralem Boden geäußerten Stellungnahmen zum Krieg nahmen somit ein Ende. Publizistische Zurückhaltung herrschte vor, um nicht mit den wilhelminischen Zensurstellen in Konflikt zu geraten. Verfaßt und veröffentlicht hat sie damals nur Artikel über das Judentum sowie die deutsche Literatur.[862] Nach einer knapp eineinhalbjährigen

---

[856] Susman, Margarete: Ich habe viele Leben gelebt. Erinnerungen. Stuttgart 1964, S. 82.

[857] Susman, Margarete an Huebner, Friedrich Markus uv. Br. v. 27.1.1915, DLM Nr. 75.775/1. Der obengenannte Beitrag erschien im *Zeit-Echo* Heft 11, Jg. 1914/15.

[858] Susman, Margarete: Ich habe viele Leben gelebt. S. 82.

[859] Susman, Margarete: *Der Einzelne und der Staat*, Frankfurter Zeitung v. 17.11.1915; Wiederabdruck in: Vom Geheimnis der Freiheit. Gesammelte Aufsätze 1914-1964, Hrsg. v. Manfred Schlösser, Darmstadt 1965, S. 50.

[860] Vgl. bezüglich des Umzugsdatums: Susman, Margarete: Ich habe viele Leben gelebt. S. 85.

[861] Hinweisend für Margarete Susmans Aufenthalt in Frankfurt a. M. ist ihr uv. Br. v. 27.10.1915 an Buber, Martin. JNUL J, Nachlaß Martin Buber, Arc. Ms. Var. 306.86.40.

[862] Vgl. Wege des Zionismus. In: Frankfurter Zeitung v. 17/19.9.1916 und Friedrich Gundolfs 'Goethe'. In: Frankfurter Zeitung v. 21.1.1917.

Einengungsphase, während der Susman sich außerdem einer Operation[863] unterziehen mußte, kehrte sie auf ärztliche Empfehlung im April 1917 gemeinsam mit ihrem Sohn wieder nach Rüschlikon zurück.[864] Da aber der Rüschlikoner Wohnsitz aus finanziellen Gründen verkauft werden mußte,[865] zogen sie wenig später nach Rosenlaui um, in jenen Kurort südöstlich des Brienzer Sees, wo Susman schneller, als Arzt und Schwestern vorausgesagt hatten, wieder zu Kräften kam.[866] Der rasche Heilungsprozesses machte sich besonders im schriftstellerischen Bereich bemerkbar, denn bald entstand der Artikel *Davids Tod*[867] sowie das Biographiefragment *Von Spinozas Leben*.[868]

Abgesehen von dem steigenden Arbeitswillen, kam es im August 1917 zu einem Umzug nach Steffisburg bei Thun. Als äußeren Grund für diesen Ortswechsel gab Susman die Nähe zu der Schweizer Freundin Emmy von Egidy[869] an. Darüber hinaus stand sie hier häufig mit Ernst Bloch in Verbindung, den sie um 1910 in Georg Simmels Privatseminaren kennengelernt hatte. Er war im Herbst 1917 ebenfalls nach Thun übergesiedelt:

> „Bei Freunden in Bern sah ich nach längerer Zeit zum erstenmal wieder Ernst Bloch, der mir nach einem langen Gespräch sagte, daß er nach Thun übersiedeln würde, um in meiner Nähe zu sein. Ich erschrak und fürchtete, er werde mich bei meiner Arbeit stören und mir kaum noch Alleinsein gönnen. Er fand dann sofort eine kleine Wohnung für sich und seine Frau [...]. Und nun kam er wirklich Tag für Tag, und bei der Art meiner Wohnung - ich wohnte in einem kleinen Hinterhaus im Hof, das tagsüber unverschlossen war - war es unmöglich, ihn abzuweisen. So vergingen die Wochen."[870]

Anfangs empfand Susman die tägliche Zusammenkunft mit Bloch als unangenehm. Ihr Desinteresse an Blochs permanenten Besuchen war jedoch episodisch, zumal sie die weitgehend mit philosophischem Diskus-

---

[863] Susman, Margarete an Buber, Martin, uv. Br. 18.12.1916, JNUL J, Nachlaß Martin Buber, Arc. Ms. Var. 306.86.49.
[864] Vgl. Susman, Margarete: Ich habe viele Leben gelebt. S. 85.
[865] Susman, Margarete an Buber, Martin, uv. Br. 29.4.1917, JNUL J, Nachlaß Martin Buber, Arc. Ms. Var. 306.86.50.
[866] Vgl. Susman, Margarete: Ich habe viele Leben gelebt. S. 86.
[867] Davids Tod. In: *Der Jude II*, 4 (April/Mai) 1917, S. 406-409.
[868] Von Spinozas Leben. In: Frankfurter Zeitung v. 29.7.1917.
[869] Emmy von Egidy (1872-1946), Schweizer Schriftstellerin u. Bildhauerin.
[870] Susman, Margarete: Ich habe viele Leben gelebt. S. 86.

sionsstoff gefüllten Gespräche nach und nach als Basis für die Gestaltung neuer Gedanken zu betrachten begann. Ihr am 13. Oktober 1917 veröffentlichter Artikel über die *Grundfragen der Ästhetik*[871] scheint insofern ein Produkt dieser Zusammenkünfte zu sein, bei denen der philosophisch orientierte Bloch vermutlich den Ton angab. Unbeeinflußt von Blochs Thesen blieb dagegen Susmans Neigung zur Dichtung, die schließlich die Grundlage für das wenige Jahre später veröffentlichte Gedichtbuch *Lieder von Tod und Erlösung (1922)* bildete. Neben Versdichtungen verfaßte sie zu jener Zeit auch Gedichtrezensionen, wobei ihr die dem Urteil anderer zufolge nicht immer gelang.[872] Einen vollen Erfolg erzielte Susman dagegen mit dem pädagogisch geprägten Artikel *Vom ganzen Menschen*, worin sie die bislang nur für „ein moralisch verwerfliches System" ausgenutzte „Menschheit" nun zum Kampf für „die eine und ganze unsterbliche menschliche Seele" aufrief.[873] Der über die *Friedenswarte* an die Öffentlichkeit gelangte Aufruf war jedoch kein Einzelversuch, sondern die Folge einer seit langem angestrebten Bemühung um Frieden und Völkerverständigung.[874]

Aber da Susman nicht wegen ihrer pazifistischen Einstellung sondern zur eigenen Genesung und dem erkrankten Sohn Erwin zuliebe in der Schweiz verweilte, mußte sie ihr politisches Interesse bedingt durch private Zwischenfälle immer wieder zurückstellen. So zum Beispiel im Frühling 1918, als der durch einen Anfall geschwächte Sohn auf eine dringende Erholungspause in das unweit von den Berner Oberalpen liegende Adelboden angewiesen war.[875] Der Ortswechsel an sich war jedoch nicht der einzige Grund für den sporadischen Rückzug aus der Publizistik. Es gab auch externe Ursachen wie die damals besonders gefürchtete Spanische Grippe, die Susmans Arbeitseifer ebenfalls erlahmen ließ. Doch trotz dieser ablenkenden Umstände hielt sie ihre aufkläreri-

---

[871] Grundfragen der Ästhetik, N.Z.Z., 13.10.1917.
[872] In einem Schreiben v. 23.10.1917 kritisiert Georg Simmel Susmans Rezension bezüglich Stefan Georges Gedicht *Der Krieg* folgendermaßen: „Ich hätte mich von dem, was Du über das Kriegsgedicht sagst, gern eines Besseren belehren lassen; aber es hat mir auch nicht weitergeholfen." Zitiert nach: Schlösser, Manfred: Auf gespaltenem Pfad. Darmstadt 1964, S. 314.
[873] In: *Die Friedenswarte*, 20 (1918), Nr. 7/8.
[874] Siehe dazu Margarete Susmans folgende Zeitungsbeträge: Fritz von Unruhs dramatisches Gedicht Ein Geschlecht. In: Neue Zürcher Zeitung v. 25.10.1917; Vor der Entscheidung. In: Frankfurter Zeitung v. 27.2.1918; Expressionismus. In: Frankfurter Zeitung v. 9.8.1918.
[875] Vgl. Susman, Margarete: Ich habe viele Leben gelebt. S. 89.

schen Ideen weiterhin aufrecht und setzte ihre schriftstellerische Tätigkeit nach der Rückkehr ins Heimatland im September 1918[876] wieder fort. 1933 nahm Susman ein für allemal Abschied von Deutschland und lebte bis zu ihrem Tod am 16. Januar 1966 in Zürich.

4.1.14. Fritz von Unruh

Im Gegensatz zu den meisten Schriftstellern, die in dieser Arbeit berücksichtigt werden, ging der bis 1917 im Kriegsdienst tätige Fritz von Unruh in erster Linie aus gesundheitlichen Gründen in die Schweiz. Trotz seines zweijährigen Einsatzes an der Westfront hatte er sich schon zu Beginn des Krieges von „jenen Götzen [...] Kirche und Militär" getrennt und war zu einem „Arbeiter des Friedens" geworden.[877] Der Weggang aus Deutschland diente somit nicht nur der Erholung von den psychischen und physischen Kriegsstrapazen, sondern war auch eine Flucht vor der staatlichen Unterdrückung, die er durch mehrere Veröffentlichungsverbote seiner bis dahin geschriebenen Kriegskritik längst erfahren hatte.[878]

Unruhs Reise in das Schweizer Exil, wo er sich vorwiegend auf das Verfassen pazifistischer Werke konzentrieren sollte, erfolgte Anfang April 1917.[879] Seine erste Station war der Luftkurort Ruvigliana, Villa Anna bei Lugano,[880] wo der lange Heilungsprozeß von seinen schweren körperlichen und seelischen Verletzungen begann.[881] Aus Unruhs Korrespondenz mit Felix Hollaender[882] geht hervor, daß er unter einer schweren Nervenentzündung litt, die in erster Linie seine Hände beeinträchtigte und somit das schriftstellerische Arbeiten ziemlich erschwerte.[883] Doch die Behandlung durch einen großen Züricher Arzt, gemeint ist ein gewisser Dr. Bloch, und die Motivierung durch die „treue Pflegerin und

---

[876] Ebd., S. 91.
[877] Unruh, Fritz von: Sämtliche Werke Bd. 17. Berlin 1973, S. 130-131.
[878] Friz von Unruhs *Opfergang* scheiterte an der Kriegszensur. In der Buchausgabe von 1919 steht: „Das Erscheinen dieses Buches, das im Sommer 1916 vollendet vorlag, wurde bis zum Winter 1918 durch die Zensur verhindert."
[879] Vgl. Unruh, Fritz von an Wolff, Kurt, uv. Br. v. 9.4.1917, KWArch Y, Box 8, Folder 300.
[880] Unruh, Fritz von an Wolff, Kurt, uv. Br. v. 13.4.1917, KWArch Y, Box 8, Folder 300.
[881] Vgl. Unruh, Fritz von: Sämtliche Werke. Bd. 3. Berlin 1975. S. 413.
[882] Felix Hollaender (1867-1931) Dramaturg und Regisseur des Deutschen Theaters in Darmstadt.
[883] Unruh, Fritz von an Hollaender, Felix, uv. Br. v. 16.8.1917, DLM, 65.576/18.

zukünftige Frau" Friederike Schaffer halfen ihm über seinen schlechten Gesundheitszustand hinweg und belebten seinen schriftstellerischen Willen.[884] So teilte er Dr. Bodmer am 23. Juni 1917 mit: „Vorläufig arbeite ich gut und geniesse die schöne Schweiz, die einen Krieger soviel ausgleiche und neue Lebenslust in die Adern giesst."[885] Tatsächlich „schwand das Gift auch aus seiner Seele, wie aus seinem Körper der Eiter brach", so daß ihm „in der distanzierten Schweiz" der Gedanke zu dem Theaterstück *Platz* kam, welches die damalige Freundin Friederike nachträglich als „Spiegelbild der Zeit, ein Karussel aller Leidenschaften und Triebe" definierte.[886]

Nicht nur schriftstellerisch sondern auch politisch wurde Unruh allmählich aktiver und teilte diesbezüglich Felix Hollaender mit, daß „die Zukunft trotz aller Gegenargumente bereit steht, dem Prometheus die Fesseln zu lösen und den leberfressenden Adler für immer zu verjagen".[887] Seine Bereitschaft zu einem politischen Kampf unterlag keinem Zweifel. Zwar war er laut einer Botschaft an Paul Block, den Chefredakteur des *Berliner Tageblattes*, fest entschlossen, „[d]em Geiste der Zukunft zu dienen",[888] doch zur Realisierung seines politisch-literarischen Vorhabens mußte er meistens die Unterstützung von einflußreichen Persönlichkeiten in Anspruch nehmen. Zu erwähnen wäre an dieser Stelle die Hilfeleistung von Theodor Wolff,[889] die Unruh in seinem Schreiben an Dr. Felix Hollaender am 18. August 1917 deutlich benennt:

> „Hätten Sie die große Güte bei Ihrem Aufenthalt in Berlin unserm gemeinsamen Freund Theodor Wolff zu besuchen [...] bitten Sie ihn doch recht herzlich, dass er über der Trilogie I. Teil *Ein Geschlecht*, dass in etwa 3 Wochen erscheinen wird, mit seinem klugen Verstande, seinem überall geschätzten Mut und seiner glänzenden Stilistik über dieses Werk und die Bedeutung nicht nur in der Literatur, sondern am Wendepunkt einer Menschheitsepoche spricht." [890]

---

[884] Unruh, Fritz: Sämtliche Werke Bd. 3. S. 414.
[885] Unruh, Fritz von an Dr. Bodmer, uv. Br. v. 23.6.1917, *Lesezirkel Hottingen*, Korrespondenzen, StArchZ W 30, Schachtel 18.
[886] Lebenslauf v. Fritz von Unruh, eigenhändig zusammengefaßt von Friederike Unruh, DLM 57.5575.
[887] Unruh, Fritz von an Hollaender, Felix, uv. Br. v. 15. 9.1917, DLM, 65.576/9.
[888] Unruh, Fritz von an Block, Paul, uv. Br. v. 30. 8.1917, SAPMO BArch., N 2025 Nr. 1.
[889] Theodor Wolff (1868-1943), Chefredakteur und Kommentator des *Berliner Tageblattes*. Bekannt als Mitunterzeichner der Delbrück-Erklärung, gemäßigter Annexionist und scharfer Kritiker Bethmann Hollwegs.
[890] Unruh, Fritz von an Hollaender, Felix, uv. Br. v. 16..8.1917, DLM, 65.576/18.

Fast im gleichen Ton wie an Hollaender schrieb Unruh seinem neuen Verleger Kurt Wolff und sicherte ihm zu, jede Art von Kritik bezüglich der Veröffentlichung seiner Tragödie *Ein Geschlecht* in Kauf zu nehmen.[891] „So gehe dieses Werk seinen Gang. Mit ruhigem Gewissen werde ich alles hinnehmen, was man ihm antut. Mit dem Bewußtsein Felsen gesprengt zu haben und in der Kraft neue Hammerschläge zu führen."[892] Und schon in Kürze opponierten böse Zungen sowohl im „Frankfurter Feuilleton" als auch im „Reichstage" gegen die Tragödie.[893] Unruh dagegen ließ sich von einem eventuellen Erscheinungsverbot nicht abschrecken und beabsichtigte die Aufführung seines Werkes auf deutschem Boden. Da er aber zeitweise zur Bettruhe gezwungen war, mußte dieses Vorhaben immer wieder verschoben werden. Ersichtlich wird dies aus seiner Mitteilung an Kurt Wolff vom 19. Oktober 1917: „Ich liege zu Bett und erhalte Morphium, sodass mir überhaupt eine Korrespondenz zur Zeit nicht zuträglich ist."[894] Genau einen Monat später scheint Unruh zu neuen Kräften gefunden zu haben. Denn trotz der Zeilen: „Es ging und geht noch schlecht. Die Folgen des Krieges eitern aus Hauten am Körper. Über 22 Wochen habe ich fest gelegen", kündigt er seine Reise nach Deutschland an:

> „Voraussichtlich komme ich Anfang Dezember 1. und 2. nach Darmstadt. Sollten Sie es ermöglichen zu kommen, so wäre es sicher im Interesse unserer Beziehungen wünschenswert. Ich kann aus Krankheitsgründen keine weiteren Reisen unternehmen. Bitte behalten Sie diese Mitteilung als streng vertraulich, da ich die Herrschaften überraschen will."[895]

Der in Aussicht gestellte Besuch am Darmstädter Hoftheater wurde aber verschoben. Anscheinend wollte sich Unruh, der ja ab dem 6. November 1917 zwecks einer Behandlung zu Dr. Bloch nach Zürich in die Schmelzbergstrasse 34 umgezogen war, erst nach einer endgültigen Heilung auf den Weg machen.[896] Frühestens Mitte Januar, nachdem seine Tragödie *Ein Geschlecht* der „altdeutsch. Hetzerei"[897] zum Opfer gefallen war, ge-

---

[891] Unruhs Verbindung zu seinem ehemaligen Verleger Erich Reiß war 1917 grundlos zu Ende gegangen, obwohl zwischen beiden keinerlei Probleme bestanden. In: Göbel, Wolfram: Der Kurt Wolff Verlag, S. 694.
[892] Wolff, Kurt: Briefwechsel eines Verlegers 1911-1963, S. 294.
[893] Ebd., S. 297.
[894] Unruh, Fritz von an Wolff, Kurt, uv. Br. v. 19.10.1917, KWArch Y, Box 8, Folder 300.
[895] Unruh, Fritz von an Wolff, Kurt, uv. Br. v. 19.11.1917, KWArch Y, Box 8, Folder 300.
[896] Gemäß den Angaben des Zürcher Stadtarchivs ist Fritz von Unruh am 6.11.1917 von Lugano (Darmstadt ist auch aufgeführt) nach Zürich zugezogen.
[897] Unruh, Fritz von an Wolff, Kurt, uv. Br. v. 6.1.1918, KWArch Y, Box 8, Folder 303.

lang ihm ein kurzer Aufenthalt in Deutschland.[898] Die Reise sollte in erster Linie der Verbesserung seines mittlerweile diskreditierten Schriftsteller-Images dienen:

> „Ich, der ich 2 Jahre ununterbrochen im Felde stand, alle Entsetzen miterlebte und angesichts des Todes vor Verdun die Tragödie schrieb werde in schamloser Weise angegriffen. Man wirft mir Unsittlichkeit, Unpatriotismus pp. p. vor. Man stellt die Darmstädter Aufführung als ein Sondervergnügen hin, für das die Bevölkerung kein Verständnis habe etc."[899]

Nachdem Unruh in Deutschland feststellte, wie weit sich die Hetzkampagne gegen ihn verbreitet hatte, kehrte er, ohne etwas konkretes zu unternehmen, schon nach wenigen Tagen in die Schweiz zurück. Obwohl er einen nicht geringen Leserkreis verloren zu haben schien, setzte er trotzdem seine literarische Friedensarbeit fort. Geistig unterstützt wurde er dabei nur von wenigen Menschen, darunter Paul Block, dem Unruh am 18. Januar 1918 in folgendem Ton schrieb:

> „Von Herzen danke ich Ihnen für Ihre grosse Freundlichkeit, mir beizustehen; Ihr Brief hat mich so erfreut und beglückt und vor allem ermutigt! Meine Arbeit reift heran. Nicht für viele, aber für die Herzen hoffentlich, denen die Bürde, Zukunft zu gestalten, aufgetragen ist. O ich empfinde stündlich solchen Jubel, das ich in dieser Epoche schaffende Kräfte leben darf!"[900]

Nicht zuletzt durch die briefliche Ermutigung von Paul Block stieg auch Unruhs Zukunftsglaube,[901] woraufhin er einen Reisepaß beantragte, um

---

[898] Hinweisend für Unruhs Aufenthalt in Deutschland ist sein am 14.1.1918 von Berlin nach Zürich gesendetes Telegramm an Paul Block. Bereits am 20.1.1918 schreibt er an Paul Block wieder aus Zürich. In: SAPMO BArch., N 2025 Nr. 1.
[899] Unruh, Fritz von an Block, Paul, uv. Br. v. 6.1.1918, SAPMO BArch., N 2025 Nr. 1.
[900] Unruh, Fritz von an Block, Paul, uv. Br. v. 18.1.1918, SAPMO BArch., N 2025 Nr. 1.
[901] So zum Beispiel der uv. Br. an Paul Block v. 20.1.1918: „[...] von ganzem Herzen danke ich Ihnen für Ihren liebenswürdigen Brief. Ich gebe Ihnen vollkommen recht: Das Werk muss wirken. Und so will ich mich eindringlicher allein darauf gründen. Meine Comödie geht gut vorwärts. Mehr oder minder sind ja die Ideen Allgemeingut der Menschheit heute. Es kommt nur darauf an, sie zu gestalten und leuchtend zu machen." SAPMO BArch., N 2025 Nr. 1. Ein weiteres Beispiel für Unruhs Optimismus stellt der ebenfalls an Paul Block gerichtete uv. Br. v. 21.1.1918 dar: „[...] durch Freunde höre ich, dass Sie in so herrlicherweise gegen die süddeutschen Angriffe Stellung genommen haben. Ich weiß gar nicht, wie ich Ihnen danken soll! Was wäre man ohne solche verstehenden Freunde. Wie sollte Entwicklung denkbar sein, wenn nicht Männer wie Sie durch Wohlwollen und Glauben mithülfen, das Werk zu vollenden." SAPMO BArch., N 2025 Nr. 1.

wieder an den Aufführungsvorbereitungen seiner Tragödie *Ein Geschlecht* teilnehmen zu können.[902] Bis es aber soweit war, vergingen noch einige Monate, die Unruh im Zürcher Pazifisten-Kreis verbrachte. Das Café *Odeon* galt ihm demzufolge als die wichtigste Wirkungsstätte, wo er durch sein politisches Engagement Teil des „komm. Atheisten- u. Literatenkreis[es]"[903] wurde. Darüber hinaus erleichterte ihm wohl dieser Anschluß den Zugang zu einer großen Lesergemeinde.[904] In einem Brief an Dr. Felix Hollaender kündigt er an, „verschiedene[n], wichtige[n] Persönlichkeiten" aus dem Drama *Vor der Entscheidung* und der Tragödie *Ein Geschlecht* „beim Fürsten Hohenlohe vorzulesen."[905] Auch bei den Akademikern hatte Unruh großes Interesse geweckt, so zum Beispiel bei dem damals in Bern tätigen Professor Harry Maync, der ihn um eine Vorlesung in einem kleinen Kreis von Freunden bat.[906] Die engste Beziehung unter den Schweizer Gebildeten hatte Unruh jedoch zu Dr. Bodmer. Dementsprechend trat er am 18. Februar 1918 im *Hottinger Lesezirkel* auf und las „aus der Tragödie *Ein Geschlecht*" vor.[907] Die Veranstaltung verlief für beide Seiten sehr positiv. Seine Genugtuung brachte Unruh umgehend in schriftlicher Form zum Ausdruck:

> „Ich freue mich herzlichst, dass der Lesezirkel und Sie zufrieden sind, ich bedauerte es, Sie nicht angetroffen zu haben, danke Ihnen aber für Ihren lieben Besuch vielmals. [...] Es ist schön, so auf Menschen wirken zu können. Ihr Lesezirkel ermöglicht es in vorbildlicher Weise."[908]

---

[902] Das Großherzogliche Polizeiamt teilt Unruh am 24.1.1918 mit: „Wir haben Ihren Antrag auf Ausstellung eines Reisepasses entsprochen und den Pass am 22. lfd. Mts. an eine gewisse Stelle in Berlin zur Weitergabe auf sicherem Wege an das Kaiserl. Deutsche Generalkonsulat in Zürich abgesandt. Das Konsulat wird die Ergänzung des Passes durch Beifügung und Beglaubigung Ihres Lichtbildes nebst Unterschrift vornehmen und Ihnen sodann den Pass behändigen." StArchZ, *Lesezirkel Hottingen*, Korrespondenzen, W 30, Schachtel 18.

[903] Namenverzeichnis bekannter Kommunisten in der Schweiz, BArch B, E-21 / Nr. 12039.

[904] Vgl. Unruh, Fritz von an Hollaender, Felix, uv. Br. v. 16. 8.1917, DLM, 65.576/18.

[905] Unruh, Fritz von an Hollaender, Felix, uv. Br. v. 22.7.1917, DLM, 65.576/7.

[906] Vgl. Unruh, Fritz von an Maync, Harry, uv. Br. v. 10. 9.1918, DLM, 57.901.

[907] *Lesezirkel Hottingen*, Literarische Abende 1896-1933, StArchZ W 30/20.

[908] Unruh, Fritz von an Dr. Bodmer, uv. Br. v. 22.2.1918, *Lesezirkel Hottingen*, Korrespondenzen, StArchZ W 30, Schachtel 18. Aus den Protokollen des Hottinger Lesezirkels geht hervor, daß Unruh für diesen Auftritt 400 Fr. bekam. Lesezirkel Hottingen, Vortragsabende 1917/18, Honorare, StArchZ W 30/5.

Selbstverständlich wurde der Vortrag auch in der deutschen Presse mit großem Interesse verfolgt, so daß Unruh nachträglich von einem „schöne[en] Echo [...] in den Deutschen Zeitungen"909 sprach. Doch bis es soweit war, schien Unruh über den Erfolg nicht hundertprozentig sicher gewesen zu sein, so daß er zwei Tage vor dem Auftritt Paul Block um publizistische Unterstützung bat:

> „Ich lese am 18. Teile aus *V. d. Entscheidung* mit Einwilligung meiner Dienstelle Darmstadt, sowie der Gesandtschaft Bern.- Sollte, was ich garnicht hoffe, darüber berichtet werden so bitte ich Sie herzlich im Interesse meiner Existenz, (die wie man mir aus Berlin mitteilte gefährdet wäre) nichts politisches oder sensationelles zu übernehmen. Sondern höchstens, dass die Lesung dem Deutschtum im Ausland nicht geschadet hat."910

Zwar kam es trotz der obenerwähnten Vorkehrung zu vereinzelter Kritik wie der von Julius Bab,911 doch im allgemeinen blieb eine kollektive Ablehnung von Seiten der deutschen Behörden aus. Und dank des zum Teil verbesserten Rufes in der deutschen Presse etablierte sich Unruh in der Zürcher Emigrantenszene von Tag zu Tag als einer der führenden Pazifisten. Sein Umgang mit den Gleichgesinnten ist anhand der Tagebuchaufzeichnungen sowie Korrespondenzen schwer nachzuzeichnen. Bekannt ist die Tatsache, daß er nicht auf jeden zuging, sondern nur mit denjenigen verkehrte, die ihm vom politischen Standpunkt her sehr nahestanden. Exemplarisch hierfür ist seine Freundschaft mit dem deutschen Künstler Wilhelm Lehmbruck,912 was er auch in einer späteren Aufzeichnung deutlich zu erkennen gibt:

> „Auf meinem Wege zu dem Atelier dachte ich darüber nach, wie ungewöhnlich es war, daß wir so schnell Freunde geworden waren. Er, ein

---

909 Unruh, Fritz von an Dr. Bodmer, uv. Br. v. 9.3.1918, *Lesezirkel Hottingen*, Korrespondenzen, StArchZ W 30, Schachtel 18.

910 Unruh, Fritz von an Block, Paul, uv. Br. v. 16.2.1918, SAPMO BArch., N 2025 Nr. 1.

911 Julius Babs Kritik nahm allerdings keinen Bezug auf den pazifistischen Inhalt der Vorlesung, sondern resultierte eher aus stilistischen Bedenken, woraufhin sich Unruh folgendermaßen verteidigt: *„Julius Bab* hielt neulich in Königsberg einen Vortrag indem er sagte, es sei bedauerlich, dass ich [...] zu den *Expressionisten* abgeschwenkt sei!!!! Seit wann ist die *Tragödie, Entscheidung* oder *Verdun expressionistisch*?? Es wäre gut, Sie orientierten Bab einmal gründlich über mein Wesen. Er scheint ahnungslos!" Von Unruh, Fritz von an Wolff, Kurt, uv. Br. v.23.2.1918, KWArch Y, Box 8, Folder 303.

912 Wilhelm Lehmbruck (1881-1919), Bildhauer und Graphiker, gehört zu den bedeutendsten Vertretern der expressionistischen Plastik.

völlig gereifter Künstler, und ich, ein Soldat, der geradewegs vom Schlachtfeld kam. Die Basis unseres Verhältnisses war, daß wir beide klar die Notwendigkeit erkannt hatten, uns über den Krieg emporzuschwingen und ein neues Konzept einer geistigen Vorstellung vom Leben aufzubauen."[913]

Die Notwendigkeit eines neuen Konzeptes war jenes Ideal, das Unruh immer wieder ansprach. Wenn es nach ihm gegangen wäre, hätte er auch seinen Beitrag dazu schon längst geleistet, aber die Mutlosigkeit seines Verlegers, in diesem Fall war es Erich Reiß, machte Unruhs literarischen Durchbruch geradezu unmöglich. Denn dieser riet von einer Veröffentlichung des Gedichtes *Verdun* nicht nur auf deutschem Boden ab, sondern untersagte dessen Erscheinen auch in der *Europäischen Reihe*. Unruh dagegen wollte diese ausweglose Situation keineswegs in Kauf nehmen:

> „Sie wissen, *Verdun* würde auf das Deutsche Publikum den allertiefsten Eindruck machen! Gibt es keine Rundschau die es wagen würde den Abdruck zu besorgen? Ich stelle es auch Ihnen ganz zur Verfügung. Vielleicht ginge es unter anderem Titel? Mir liegt viel daran. Sie selbst wissen, in 2,3,4 Jahren oder wann meine Arbeiten einmal erkannt werden sollten, - ist jede Wirkung hin! - Lieber verehrter Freund bitte helfen Sie mir!"[914]

Allerdings wollte Paul Block dem dringenden Wunsch, einen Vorabdruck von *Verdun* zu organisieren beziehungsweise selbst vorzunehmen, nicht nachkommen, da es ihm wegen der strengen Zensurmaßnahmen in vielerlei Hinsicht Nachteile bringen konnte. So blieb Unruhs Eroberung der deutschen Öffentlichkeit bis auf weiteres aus, doch die baldige Aufführung seiner Tragödie *Ein Geschlecht* hielt ihn trotz der unterschiedlichsten Schikanen und Behinderungen weiterhin aufrecht.[915] Deshalb auch die teils verzweifelten und teils zukunftsfrohen Zeilen an Kurt Wolff, worin es heißt:

> „Mein Weg ist hart. Milit.seits verfolgt man mich und literarischerseits versucht man über mein Werk zur Tagesordnung hinwegzugehen, indem man Unreife und Conjuncturausnutzung für Genie erklärt. Ich nehme bestimmt an, dass Sie die Neuausgabe der Tragödie bei Presse, Kritik, Monatsschriften und vielleicht vornehmlich bei Universitäten (Julius Peter-

---

[913] Unruh, Fritz von: Sämtliche Werke. Bd. 17. S. 451.
[914] Unruh, Fritz von an Block, Paul, uv. Br. v. 21.3.1918, SAPMO BArch., N 2025 Nr. 1.
[915] Vgl. Unruh, Fritz von an Block, Paul, uv. Br. v. 2.4.1918, SAPMO BArch., N 2025 Nr. 1.

sen) sorgfältig vorbereiten und so einführen, dass es sich für das Folgende in Zukunft endlich einmal belohnt."[916]

Daß Unruh die bereits 1917 veröffentlichte Tragödie nochmals ins Rampenlicht zu bringen wünschte, war kein Neubeginn. Vielmehr resultierte diese Entscheidung aus der Erwartung einer nach der Premiere des Werkes einsetzenden hohen Nachfrage. Es war ihm mittlerweile klar geworden, daß man die von literarischen Kreisen ausgehende Ignoranz und Entehrung nur mittels der Sympathie eines breiten Publikums außer Kraft setzen konnte. Über einen bestimmten Plan bezüglich der Uraufführung seiner Tragödie verfügte Unruh sicherlich nicht, aber als Schöpfer des Werkes wollte er an den Inszenierungsvorbereitungen direkt teilhaben und reiste deshalb am 26. Mai 1918 nach Darmstadt.[917] Gemäß der an Kurt Wolff gerichteten Bemerkung: „Berge lasten auf mir und das Dynamit meiner Seele hat sie wegzusprengen",[918] wurde die Inszenierung bereits innerhalb von drei Wochen fertig. Und „am 18. Juni 1918 in Frankfurt fand vor geladenem Publikum eine Aufführung statt und erwies die ausserordentliche theatralische Bühnenkraft des Werkes".[919] Wie erwartet, kam es zu einem großen Andrang. Es folgte ein Neudruck des Stückes, um auf den schwungvoll einsetzenden Bühnenvertrieb mit reichlichen Exemplaren vorbereitet zu sein.[920] Unruhs euphorische Worte an den Freund Paul Block über diese Entwicklung, „[d]ie unmittelbare Berührung mit der Bühne nach 20 langen Jahren hat mich mit Anschauung gesättigt. Es wird mir in ungeahnter Weise helfen,"[921] waren nicht nur das Zeichen des lang ersehnten Erfolges, sondern lassen bereits den Eifer für weitere Stücke erahnen. So begab er sich Anfang Juli 1918 zurück in die Schweiz.[922] Und schon wenige Tage nach der Ankunft in Zürich machte sich Unruh an das Skizzieren des „3. Teil[s] der Trilogie"[923]

---

[916] Unruh, Fritz von an Wolff, Kurt, uv. Br. v. 5.4.1918, KWArch Y, Box 8, Folder 303.
[917] Das Einreisedatum in Darmstadt entstammt aus Unruhs uv. Kr. an Kurt Wolff v. 19.5.1918, KWArch Y, Box 8, Folder 303.
[918] Unruh, Fritz von an Wolff, Kurt, uv. Kr. v. 31.5.1918, KWArch Y, Box 8, Folder 303.
[919] Lebenslauf v. Fritz von Unruh, eigenhändig zusammengefaßt von Friederike Unruh, DLM 57.5575.
[920] Vgl. Wolff, Kurt an Unruh, uv. Br. v. 20.6.1918, KWArch Y, Box 8, Folder 303.
[921] Unruh, Fritz von an Block, Paul, uv. Br. v. 12.6.1918, SAPMO BArch., N 2025 Nr. 1.
[922] Vgl. Unruhs uv. Telegr. an Wolff, Kurt, v. 5.7.1918, KWArch Y, Box 8, Folder 304.
[923] Unruh an Block, Paul, uv. Br. v. 16.7.1918, SAPMO BArch., N 2025 Nr. 1.

und verfolgte nebenbei die Verbreitung seiner Tragödie auf dem eidgenössischen Büchermarkt.[924] Ab August 1918 ging er nach St. Moritz, Hotel Schweizer Hof, um „ein liebes Geschäft mit [s]einem Leben zu verbinden."[925] Gemeint war ein Auftritt im *Hottinger Lesezirkel*, den Unruh durch die folgenden Zeilen an Dr. Bodmer vom 8. August 1918 zu erwirken suchte:

> „Ich würde wohl nur im *Hottinger Lesezirkel* vortragen, also wenn Sie mich wollen, bitte ich Sie es, irgend wie zu arrangieren. Im Februar habe ich die Aufführung der Komödie in Frankfurt. In Berlin, Hamburg, Wien, Köln, Nürnberg, Düsseldorf, Stuttgart, die Tragödie!"[926]

Ob Unruh einen Vortragsabend bewirken konnte, läßt sich anhand der Korrespondenzen, Protokolle und anderer Drucksachen des *Hottinger Lesezirkels* nicht nachweisen. Doch ein privates Treffen mit Dr. Bodmer müßte auf jeden Fall zustande gekommen sein, zumal ihm Unruh am 10. September 1918 mitteilte: „Da ich ins Kriege nach Deutschland muss, habe ich noch viel zu tun, werde aber vorher meinen Besuch bei Ihnen machen".[927] Mit an Sicherheit grenzender Wahrscheinlichkeit ging es bei dieser Begegnung hauptsächlich um das mittlerweile fertiggestellte Theaterstück *Platz*. Beendet wurde es Anfang September 1918 im Silvaplaner Hotel Corvatsch. Einer der ersten, der über dieses neue Manuskript Kenntnis erhielt, war der Schweizer Professor Harry Maync: „Der 2. Teil der Trilogie ist beendet. Ich beende hier die Trilogie in dem Zimmer, in dem Nietzsche den *Zarathustra* schrieb! Auch seltsam nicht?"[928] Daß Unruhs Gedicht *Verdun* zu jenem Zeitpunkt „Kraft des Belagerungsgesetzes von der militärischen Behörde"[929] immer noch der Zensur unterlag, war ebenfalls seltsam. Allerdings wollte man sich durch solcherlei Verbote nicht einschüchtern lassen und arbeitete deshalb an der Veröffentlichung des gerade verfaßten Schauspiels *Platz*. Laut einer

---

[924] Vgl. Unruh, Fritz von an Wolff, Kurt, uv. Br. v. 16.7.1918, KWArch Y, Box 8, Folder 304.
[925] Unruh, Fritz von an Wolff, Kurt, uv. Br. v. 3.8.1918, KWArch Y, Box 8, Folder 304.
[926] Unruh, Fritz von an Dr. Bodmer, Hans, uv. Br. v. 8.8.1918, StArchZ, Lesezirkel Hottingen, Korrespondenzen, W 30, Schachtel 18.
[927] Unruh, Fritz von an Dr. Bodmer, Hans, uv. Br. v. 10.9.1918, StArchZ, Lesezirkel Hottingen, Korrespondenzen, W 30, Schachtel 18.
[928] Unruh, Fritz von an Prof. Dr. Harry Maync, uv. Br. v. 10.09.1918 an Maync, Harry, DLM, 57.901.
[929] Unruh, Fritz von an Empfänger unbekannt, uv. Br. v. 15.9.1918, ZB Z, Ms. Z. II 397.7.

Mitteilung an Kurt Wolff vom 12. Oktober 1918 einigte man sich zuerst auf eine „Volksausgabe",[930] da diese Publikationsform niedrigere Herstellungskosten erforderte und somit die Verbreitung des Werkes begünstigte. Und ausgerechnet zu jenem glücklichen Zeitpunkt, in dem das Schauspiel vor allem in der Schweiz „bei Vorlesungen stärkste Wirkung"[931] erzielt hatte, traf die Nachricht über „die schlechte Aufführung der Tragödie in Nürnberg" ein.[932] Schuld an dieser mißlungenen Inszenierung waren zwar laut Kurt Wolff die unfähigen Schauspieler des Nürnberger Theaters, doch letztendlich schien alles auf das Stück und dessen Verfasser zurückzufallen. In dem Glauben, sein schriftstellerisches Unvermögen sei die Ursache, wollte Unruh seinen bis dahin drängenden Aufführungswunsch aufgeben. Doch meldete sich Kurt Wolff rechtzeitig und überzeugend zu Wort:

> „[...] ich glaube, dass Sie und Ihr Werk gross und hoch genug dastehen, um gegen die Verständnislosigkeit oder gar Ablehnung von 90% der Hörer die Aufführung um der drei Gerechten willen, die eine erschütternden Eindruck davontragen, zu dulden. Jedenfalls müssen Sie sich klar sein, dass Bremen, Magdeburg, Halle, Göttingen, Köln, Chemnitz, Königsberg, Heidelberg, Stuttgart, Düsseldorf, Essen, Aachen, Breslau, Leipzig, Würzburg, Augsburg, Prag und hundert andere Städte weder vollkommene Aufführungen mit den Schauspieler- und Regisseurkräften von heute noch eine vollkommene Wirkung hervorbringen können. Ich brauche Sie nicht ausdrücklich zu bitten, mir zu glauben, dass keine Rücksichten auf Tantièmen meinen Rat beeinflussen, wenn ich Ihnen sage: lassen Sie das Stück trotzdem spielen. Es ist stark genug, und die Wenigen, auf die Sie wirken, sind es wert."[933]

Schon kurze Zeit nach der Absendung dieser motivierenden Zeilen machte sich Kurt Wolff an den Bühnenvertrieb, indem er mit den Wiener Bühnen *Deutsches Volkstheater* sowie dem *Burgtheater* die Aufführung der Tragödie *Ein Geschlecht* vereinbarte.[934] Währenddessen telegraphierte Max Reinhardt das Angebot, „die Tragödie sobald als möglich am Deut-

---

[930] Unruh, Fritz von an Wolff, Kurt, uv. Br. v. 12.10.1918, KWArch Y, Box 8, Folder 305.
[931] Unruh, Fritz von an Wolff, Kurt, uv. Br. v. 23.10.1918, KWArch Y, Box 8, Folder 305.
[932] Unruh, Fritz von an Wolff, Kurt, uv. Br. v. 25.10.1918, KWArch Y, Box 8, Folder 305.
[933] Wolff, Kurt an Unruh, Fritz von, uv. Br. v. 29.10.1918, KWArch Y, Box 8, Folder 305.
[934] Unruh, Fritz von an Wolff, Kurt, uv. Br. v. Mitte November 1918, KWArch Y, Box 8, Folder 305.

schen Theater herauszubringen", so daß sich Unruh „zu diesem Zwecke und zur Aufnahme von Proben" für die Reise nach Berlin entschied.[935] Laut der Mitteilung an Kurt Wolff kehrte Unruh am 7. Dezember 1918 nach Deutschland zurück.[936] Ein äußerst kluger Entschluß, zumal er ohnehin nur noch über eine dreiwöchige „Ausweiskarte"[937] verfügte und andernfalls zum Opfer der Schweizer Überwachungsbehörden geworden wäre.[938]

In der Nachkriegszeit verfaßte Unruh mehrere vorwiegend gesellschaftskritische Werke.[939] Im Sommer 1932 emigrierte er dann über Italien nach Frankreich, floh 1940 in die USA. Knapp 22 Jahre später kam er wieder nach Deutschland und lebte bis zu seinem Tod am 28. 11. 1970 in Diez (Lahn).

---

[935] Unruh, Fritz von an Wolff, Kurt, uv. Br. v. 25.11.1918, KWArch Y, Box 8, Folder 305.
[936] Unruh, Fritz von an Wolff, Kurt, uv. Br. v. 30.11.1918, KWArch Y, Box 8, Folder 305.
[937] „Abteilung für Auswärtiges, Ausweiskarte No. 19 für Herrn von Unruh bei der Kaiserl. Deutschen Gesandtschaft. Nur gültig für 1918 und nicht erneuerbar." BArch B, E-2001 (B), Bd. 28.
[938] In der Notiz der eidgenössischen Richter vom 10.12.1918 heißt es: „An das Polizeikommando Zürich mit dem Auftrag, über diesen Schriftsteller Fritz von Unruh zweckdienliche Erhebungen zu veranlassen (Beschäftigung, Erwerb, Verkehr, Aufenthaltsdauer, Ausweispapiere etc.)." BArch B, E-21 / Nr. 11732.
[939] Dramen: Rosengarten 1921, Stürme 1922, Bonaparte 1927, Phaea 1930, Zero 1932. Reden: Stirb und werde 1922, Vaterland und Freiheit 1923, Reden 1924, Politeia 1933.

5. DIE LITERARISCH-PUBLIZISTISCHE PRODUKTION DER DEUTSCHEN EMIGRANTEN

Bei der Analyse der während des Ersten Weltkrieges in der Schweiz verfaßten Werke deutscher Emigranten geht es hauptsächlich um Erzeugnisse mit sozio-politischem Inhalt, zumal diese einen durchaus umfassenden Einblick in damaligen Haupttendenzen ermöglichen und wichtige Anhaltspunkte über die sukzessive Entwicklung der Kriegsgegnerschaft widerspiegeln. Bei der Werkauswahl wurde in erster Linie auf die schriftstellerische Gestaltung der Kriegskritik Wert gelegt. Letztendlich führte diese Auswahl dazu, daß ich vorwiegend jene Exilwerke in die Analyse aufnahm, die den geistigen Wandel von revolutionärer zu pazifistischer Kriegsablehnung darlegten oder den Übergang vom Pazifismus zum Sozialismus thematisierten. Doch abgesehen von den individuellen Einzelheiten entwickelte sich die Einstellung zum Kriegsgeschehen bei den meisten Schriftstellern überwiegend synchron, so daß ich mich stellvertretend für alle deutschen Emigranten im folgenden lediglich auf Leonhard Franks Novellenzyklus *Der Mensch ist gut*, Annette Kolbs Artikelanthologie *Die Last* und René Schickeles politische Abhandlungen aus den *Weißen Blättern* konzentriere.

5. 1. Antimilitaristische Novellen von Leonhard Frank

Betrachtet man Leonhard Franks gesamte literarische Produktion während des Ersten Weltkrieges, dann vollbrachte er mit der nach der „Kernthese der expressionistischen Lehre"[1] benannten Novellensammlung *Der Mensch ist gut* einen der bedeutendsten Beiträge zur Kriegsgegnerschaft. In einem Gespräch faßte Frank den Wirkungsbereich seines Werkes folgendermaßen zusammen: „Dieses Buch ist eine Schrift gegen die Ungerechtigkeit, gegen den Krieg, gegen jede Art von Gewalt, das für die Menschlichkeit spricht."[2] Willy Haas geht noch einige Schritte weiter, denn für ihn ist dieses Buch neben Henri Barbusses Roman *Le Feu* „der dichterische Katechismus des protestierenden revolutionären Pazi-

---

[1] Fries, Helmut: Die große Katharsis. Der Erste Weltkrieg in der Sicht deutscher Dichter und Gelehrter. Bd. 2. Konstanz 1995, S. 183.
[2] *H.P. Rachinger sprach mit L.Frank*. In: *Der Giselaner* Nr. 3, München 1959, S.4. Zitiert nach: SAdK, Kopien von Materialien aus der Münchener Sammlung, Sig. 14-114.

fismus während des ersten Weltkrieges und unmittelbar danach."³ Ob und wie lange die kriegskritische Wirkung dieses Novellenbandes in der Nachkriegszeit angehalten hat, ist aus heutiger Sicht schwer zu beurteilen. Bekannt ist uns nur, daß dieses Buch bereits 1919 eine Auflage von 50.000 erreichte und 1920 mit dem Kleist-Preis gewürdigt wurde. Doch in Anlehnung an Martin Glaubrechts ergiebige Studie zum Frühwerk von Leonhard Frank kann man sagen, daß nach den Erfahrungen des Zweiten Weltkrieges dieser literarisch überzeugendste Ausdruck des Pazifismus nur als eine letzte pathetische Beschwörung des guten Menschen zu verstehen ist.⁴

Nachfolgend soll der Inhalt der Novellen kurz skizziert werden. Im Zentrum des aus fünf Erzählungen bestehenden Novellenzyklus steht die Figur Robert, „der die Brutalität und Sinnlosigkeit des Krieges am eigenen Leib erfährt und durch das Leid zur Selbstbesinnung gezwungen wird."⁵ Als Leidtragender geht dieser auf die „durch den Krieg in ihrem persönlichen Leben stark getroffenen"⁶ Hauptfiguren der einzelnen Erzählungen zu und versucht ihnen klar zu machen, daß dieses Schicksal mittels eines kollektiven Aufstandes zu überwinden wäre. Doch bevor sich dieser Solidaritätsgedanke verwirklichen läßt, kommt es zu mehreren Vorfällen, auf die in den folgenden Abschnitten eingegangen wird.

5.1.1. *Der Vater* — Die Suche nach Liebe und Frieden

Die erste Erzählung aus *Der Mensch ist gut*, welche bereits im November 1916 unter dem Titel *Der Kellner* in den *Weißen Blättern* erschien, wurde für die Gesamtausgabe von 1917 in *Der Vater* umbenannt. Ausgehend von sozialreformerischen Vorstellungen wird in dieser Novelle die pazifistische Bewußtseinsbildung des Servierkellners Robert dargestellt, der jahrelang für das Wohl seines einzigen Sohnes kämpft und ihn letztend-

---

[3] Haas, Willy: *Der Mensch ist gut*. In: *Die Welt*, 4. September 1957. Zitiert nach: Charlotte Frank u. Hanns Jobst: Leonhard Frank 1882-1961. München 1962, S. 21.

[4] Vgl. Glaubrecht, Martin: Studien zum Frühwerk Leonhard Franks. Diss. Bonn 1965, S. 172-173.

[5] Weissenberger, Klaus: Leonhard Frank. Zwischen sozialem Aktivismus und persönlicher Identitätssuche. In: Wagener, Hans: Zeitkritische Romane des 20. Jahrhunderts. Die Gesellschaft in der Kritik der deutschen Literatur. Stuttgart 1975, S. 62.

[6] Noe, Helga: Die Literarische Kritik am Ersten Weltkrieg in der Zeitschrift *Die Weissen Blätter*: René Schickele, Annette Kolb, Max Brod, Andreas Latzko, Leonhard Frank. Diss. Konstanz 1986, S. 208.

lich auf dem Feld der Ehre aufopfert. Insofern verweist die Erzählung in erster Linie auf die Mitschuld der Menschheit am Krieg und warnt sie zugleich vor einer künftigen Katastrophe, und zwar mit einem Bibelzitat, in dem Johannes der Täufer folgendermaßen zur Buße mahnt:

> „Ihr Otterngezüchte wer hat denn euch gewiesen, daß ihr dem künftigen Zorn entrinnen werdet? Es ist schon die Axt an die Wurzel gelegt. Darum welcher Baum nicht gute Frucht bringt, wird abgehauen und ins Feuer geworfen."[7]

Dieses Zitat, womit einerseits auf die Kriegsschuld der Menschheit hingewiesen wird, plädiert zugleich für eine friedfertige Befreiung von „Schuld und Sühne". Als Ausgangspunkt dafür wird das „Urgefühl der großen Liebe" beschworen, das einerseits den Einblick in den Wahnsinn ermöglicht und andererseits das „Schuldbewußtsein" der Menschheit anregt. Insofern wird der Krieg als „absolutes Nichts" definiert, das die Völker seelisch zerstört und grundlos aufeinander hetzt.

> „Wir sind verblendet und Mörder, weil wir den Gegner außer uns suchen und zu finden glaubten. Nicht der Engländer, Franzose, Russe und für diese nicht der Deutsche, sondern in uns selbst ist der Feind. Und wir sehen deshalb in anderen Menschen den Feind, weil der tatsächliche Feind etwas ist, das nicht da ist."[8]

Frank stellt die einfachen Menschen, welche durch äußere Einflüsse zu gleichgültigen „Mördern" verwandelt worden sind, als Opfer einer kriegerischen Manipulation dar. Das „Felde der Ehre" betrachtet er demzufolge als Schauplatz einer sinnlosen Identitätszerstörung, hervorgerufen durch „Vaterstolz, Ruhmsucht, Gedankenlosigkeit und Gewohnheit". Als Mittel gegen die ausgehöhlten Kampfparolen empfiehlt er den Kriegsopfern, den bislang verdrängten „Schmerz" sowie die unterdrückte „Liebe" freizugeben.

> „Man braucht ja nur zu lieben, dann fällt kein Schuß mehr. Dann ist der Friede da. Kinder sind wir dann auf unserer Erde. [...] Der ganze Erdteil weint. Daran merkt man doch, daß der Erdteil fähig zur Liebe ist. Ganz hoffnungslos wäre erst dann alles, wenn Europa lachen würde, weil ganz Europa blutet."[9]

---

[7] Frank, Leonhard: *Der Mensch ist gut.* Leipzig 1966, S. 9.
[8] Frank, Leonhard: *Der Mensch ist gut.* S. 15.
[9] Ebd., S. 16.

Allein das Leiden können nimmt Frank als Zeichen der Bereitschaft für eine gewaltlose Ordnung und hofft in diesem Sinne auf einen baldigen Weltfrieden. Er träumt von einer „Regierung Europas", hauptsächlich basierend auf „Liebe", bei der nicht nur der „Zar" oder der „Kaiser",[10] sondern jedes Individuum „die Erkenntnis der Schuldhaftigkeit [...] als gewichtige Voraussetzung für die Fähigkeit [...] zur Liebe und Gemeinschaft"[11] auf sich nehmen werde. Für die Schaffung einer solchen Ordnung legt Frank seinen Lesern ein pazifistisches Einigkeitsgefühl nahe, das darauf hinsteuern solle, die bestehende Kriegsmacht durch ein friedfertiges System zu ersetzen. Demzufolge endet die Erzählung mit einem „revolutionären Willen"[12] zur Kriegsgegnerschaft, um die soziopolitischen Hoffnungen der Gesellschaft zu verwirklichen sowie der Menschheit insgesamt eine geistige Erneuerung zu ermöglichen.

5.1.2. *Die Kriegswitwe* — Kriegsschuld und Revolution

Die zweite Erzählung aus dem Novellenzyklus ist *Die Kriegswitwe*, die im Juni 1917 ebenfalls erstmals in den *Weißen Blättern* veröffentlicht wurde. Im Handlungsverlauf werden die inhumanen Wirkungen des Krieges am Beispiel einer verzweifelten Frau dargestellt, die nach dem Tode ihres Mannes zwischen der übertriebenen Vaterlandsliebe und der brutalen Kriegsrealität hin und her schwankt.

Im Hintergrund der Erzählung geht es um die Opfer einer militanten Machtmanipulation, denen der Krieg „in das empfängliche, gedankenlos-gläubige Gehirn" systematisch eingeprägt wurde.[13] Doch sukzessiv löst sich diese Geistesverwirrung auf, und in der Figur der Kriegswitwe erkennt die Gesellschaft den Widersinn der „heilige[n] Sache." Die empörte Masse stellt fest, daß sie sich aufgrund des Glaubens an „Egoismus, Gewalt, Macht, Erfolg, Geld und Autorität" von der „Wahrheit abgewandt" und somit am „Krieg mitverschuldet" hat.[14] Das hohle Verlangen nach materiellen Dingen wird demzufolge als unbewußte Selbstvernichtung der innerlich manipulierten Gesellschaft demaskiert.

---

[10] Ebd., S. 18.
[11] Fries, Helmut: Die große Katharsis. Bd. 2. S. 175.
[12] Noe, Helga: Die Literarische Kritik am Ersten Weltkrieg in der Zeitschrift *Die Weissen Blätter*. S. 217.
[13] Frank, Leonhard: *Der Mensch ist gut*. S. 22.
[14] Ebd., S. 39.

„Der Geist Europas, die Menschlichkeit und die Liebe sind im Gelde erstarrt. Und das bedingt mit entsetzlicher Sicherheit das Elend, die Zukunftslosigkeit, den Untergang des europäischen Menschen."[15]

Frank sieht in der Gier, die das menschliche Wesen zu „meinungslosen Maschinen" transformiert, den Ausgangspunkt des geistigen Verfalls. „Der Geist Europas" sei im Auftrag des „Patriotismus" zum Produktionsapparat der „Menschenmordmaschine" geworden, welche sich wider die „Zivilisation" gerichtet habe. Daher herrsche in Europa ein skrupelloses Klima, das die Individuen zur „Anhäufung von Besitz" zwinge und somit „Kriege und Geschäfte" fördere.[16] Er kritisiert diese misanthropische Einstellung der Gesellschaft und verlangt eine Wiedergutmachung für die begangenen Fehler. Für die Annullierung der Schuld am Krieg setzt Frank selbst die „Liebe" voraus, die zum einen zugunsten der Friedenssicherung die Komponenten „Gewohnheit, Lüge und Gewinnsucht" abschaffen könne und zum anderen im Sinne einer liberalen Gesellschaft schließlich „Gewalt, Autorität und Macht" ablehnen werde.[17] Auf der Grundlage dieses Ideals stellt Frank „dem Heere der Gewalt" das „Heer des Geistes" entgegen und appelliert somit an die „Revolution", um das bestehende System und dessen Wirtschaftsform umzuwälzen.

Im weiteren ist diese Novelle als Hinweis auf die fehlende Homogenität unter den sozialen Klassen zu betrachten, da sie sich teils gegen die destruktiven Einwirkungen des Krieges und teils gegen die Verwirrung in der Gesellschaft richtet. Demgemäß enthält die Handlung Anweisungen zur Herstellung einer umfassenden Einheit, die darauf abzielt, eine internationale Solidarität unter den Völkern zu organisieren. Insofern wird am Ende der Erzählung darauf hingewiesen, daß „Wille und Sehnsucht die Gewalt sprengen" müssen, um „die Revolution der Liebe zum Ereignis" zu machen, da sonst „die Sehnsucht nach Freiheit, Gleichheit, Brüderlichkeit" nur noch in der „Menschheitszukunft" bestehen wird.[18]

5.1.3. *Die Mutter* — Der Kampf gegen die Kriegshetzer

Ausgehend von den zerstörerischen Wirkungen der allgemeinen Kriegsmaschinerie wird in dieser Novelle die Besinnung an der Heimat-

---

[15] Ebd., S. 46.
[16] Ebd., S. 41.
[17] Frank, Leonhard: *Der Mensch ist gut.* S. 49
[18] Ebd., S. 54.

front dargelegt, die unter der Führung einer einfachen Soldatenmutter „zum Schrei der Menschheit gegen den Krieg"[19] anwächst. Als Auslöser für den hauptsächlich von Frauen getragenen Aufstand erwähnt hier Frank den „Kreis des Massenmordes", der in den Herzen der Menschen bisher nur „die Last, die Angst, die Schmerzen, das Leid, den Jammer ganz Europas" hervorgerufen hat.[20] Das durch die Kriegsrealität zunehmend erahnbare „Blut von Millionen" veranschaulicht den Massen die eklatante Kluft zwischen den Kriegserwartungen und den realen Kriegsergebnissen. Die Allgemeinheit erkennt ihre kollektive Schuld an diesem „Unsinn" und entwickelt im Inneren den „Haß" gegen diese „Seelenerschütterung".

Frank definiert den Menschen als „Träger eines beständig wachen Gewissens" und „einer beständig fließenden Seele", der sich ungern zu einer „gewohnheitsmäßig funktionierende[n] Mordmaschine" umformen läßt.[21] Deshalb hält er es auch nicht für möglich, daß sich der Mensch im Auftrag des Massenmordes gegen seine eigenen Werte richtet. Seiner Ansicht nach ist dies die Folge einer absichtlichen Gehirnwäsche, die hauptsächlich auf die Selbsttötung abzielt. Den Ausweg aus dieser destruktiven Sackgasse versucht Frank in dem „unbesiegbare[n] Geist der Menschlichkeit" zu finden und hofft demgemäß auf einen „tausendstimmige[n] Entrüstungsschrei."[22]

Der lang ersehnte Ausweg aus diesem Teufelskreis ergibt sich schließlich durch den „radikalsten Protest gegen den Mord", der „im Zeichen der Wahrheit, der Freiheit und der Liebe" jede Art von Kriegspsychose ablehnt sowie eine freie Meinungsbildung ermöglicht.[23]

5.1.4. Das Liebespaar —
Der Protest gegen die eingeprägte Kriegsbegeisterung

Das besondere an dieser bereits im Jahre 1917 im August-September-Heft des *Zeit-Echos* abgedruckten Novelle ist, daß sich der Protagonist, ein Doktor der Philosophie, von Anfang an durch eine kriegskritische Gesinnung auszeichnet. Dabei gilt sein vorrangiges Interesse dem Aufrütteln der zu „denkunfähige[n], seelenlose[n], unverantwortliche[n]

---

[19] Fries, Helmut: Die große Katharsis. Bd. 2. S. 177.
[20] Frank, Leonhard: *Der Mensch ist gut.* S. 59.
[21] Ebd., S. 79.
[22] Frank, Leonhard: *Der Mensch ist gut.* S. 84.
[23] Ebd., S. 87.

Automaten" verwandelten Individuen, die daran glauben, „nicht zu morden, sondern für ein Ideal zu kämpfen." Denn schließlich ist diese unbewußt in den Krieg getriebene Masse Opfer einer langwierigen Manipulation.

> „Man hat sie von ihrer frühesten Kindheit an mit diesem Geiste getränkt, gefüttert, ihr eigenes Wesen, ihr Ich in diesem Geist total ertränkt. Sie sind für ihre Handlungen nicht verantwortlich zu machen."[24]

Das von Frank der Hauptfigur in den Mund gelegte Axiom, die Teilnahme am Krieg sei „ein Verbrechen wider den Geist",[25] ist allerdings keine unverzeihliche Anschuldigung gegen die Beteiligten. Im Gegenteil, der durch die militaristische Politik in den Krieg gehetzte Bürger solle diese Schuld dadurch wieder gutmachen, indem er sich im Auftrag der „sittliche[n] Pflicht gegen Gott" dafür entscheidet,

> „[...] diese Gesellschaft zu bekämpfen und damit für die Möglichkeit zu arbeiten, daß einmal eine Gemeinschaft entstehe, in welcher der Mensch gut sein darf, in welcher der Mensch er selbst, ein Ich, ein für seine Handlungen moralisch verantwortliches Ich und als solches gut, das bedeutet: für die Gemeinschaft sein kann."[26]

Daß Frank die Errichtung einer gerechten Weltordnung als menschliche Pflicht ansieht, die den Völkern der Erde Persönlichkeit und Verantwortung verleiht, ist demgemäß verständlich. Denn schließlich geht es ihm in dieser Erzählabfolge um eine „realpolitische Handlungsaufforderung zur pazifistischen Revolution, [...] die letztendlich darauf abzielt, die bestehenden gesellschaftlichen Verhältnisse zugunsten einer besseren Welt aufzuheben."[27]

5.1.5. *Die Kriegskrüppel* — Sinnlose Aufopferung einer Generation

Gleichlaufend zu den bisherigen Novellen geht es auch hier um die ausführliche Darstellung der Kriegsbrutalität sowie deren soziale Folgen auf politischer und militärischer Ebene. Klar veranschaulicht wird dieser Prozeß anhand der beruflichen Erfahrungen eines Stabsarztes, der bedingt durch seinen Dienst im Lazarett immer wieder mit den fürchterli-

---

[24] Ebd., S. 109.
[25] Ebd., S. 110.
[26] Frank, Leonhard: *Der Mensch ist gut.* S. 110.
[27] Grötzinger, Vera: Der Erste Weltkrieg im Widerhall des *Zeit-Echo* (1914-1917). S. 287.

chen Verletzungen einer lädierten Generation konfrontiert wird.[28] Die Tatsache, daß seine Patienten bestenfalls verstümmelt aus dem Lazarett gehen, oft aber sterben, löst bei ihm eine starke Skepsis gegenüber dem Sinn des Blutvergießens aus: „Für was, für wen leiden diese Millionen ihre Schmerzen? [...] Für was wird gekämpft und ermordet? [...] Für was ist dieser Krieg?"[29] Infolge dieser aufkommenden Fragen sieht er den Krieg nicht mehr als eine historische Gegebenheit, sondern als eine psychologische Wahrheit und als „Einbildung" und „Lüge". Dies führt allmählich zu einem unverstellten Blick auf die Hintergründe des Geschehens. Die ausgenutzte Generation von Kriegskrüppeln stellt fest, daß sie Opfer eines niederträchtigen Abkommens politischer Autoritäten sowie kriegerischer Instanzen geworden ist und verlangt demzufolge die Bestrafung der Verantwortlichen.

> „Die Herren, die mit einem Worte, mit einem Wunsche, mit einem Traume, mit einem Gedanken, mit einem Befehle dazu beigetragen haben, daß dieser Krieg kam, müssen an Ketten gelegt werden."[30]

Der Parallelismus in Verbindung mit den Anaphern unterstreicht den Singular des Artikels und betont dadurch, wie wenig auf seiten jener „Herren" notwendig war, um den Weltkrieg auszulösen. Durch das erwachte Bewußtsein kommen die am Krieg beteiligten „Millionen" zu dem Entschluß, daß „das herrschende europäische Winkelzugsystem, die Halbheiten, der Lügenknäuel mitschuld am Kriege"[31] ist. Die meistens nur noch als „Rumpf" existierende Generation definiert sich als lädiertes Überbleibsel der Kriegsbegeisterung und weist darauf hin, daß man sie während des Krieges wie eine Marionette dirigiert habe. Um aber nicht weiterhin dieser Situation ausgesetzt zu sein, wird „der seelenmordende Herrengeist, der Geist der Knechtschaft, Disziplin, Unterordnung und der falschen Pflichterfüllung"[32] zum Erzfeind der Mensch-

---

[28] In einem Gespräch mit Erhard Schreiber äußert sich Leonhard Frank über die wirklichkeitsnahen Angaben in der Novelle *Die Kriegskrüppel* folgendermaßen: „Ich habe nicht Medizin und Chirurgie studiert. Aber in *Der Mensch ist gut* habe ich die kompliziertesten Operationen in einem Notlazarett hinter der Front geschildert. Hinterher habe ich die Ärzte gefragt: Ist es richtig beschrieben? Sie haben mir bestätigt, das alles stimmt." Zitiert nach: StfArch B, AdK, Kopien von Materialien aus der Münchener Sammlung, Sig. 14-114.

[29] Frank, Leonhard: *Der Mensch ist gut*. S. 118.

[30] Frank, Leonhard: *Der Mensch ist gut*. S. 126.

[31] Ebd., S. 130.

[32] Ebd., S. 134-135.

heit erklärt. An diese Besinnung anschließend gewinnt der Wunsch nach einer „Reform", welche durch die Akzentuierung der „Brüderlichkeit" den „höllischen Ungeist" völlig außer Kraft setzen soll, an Bedeutung. Der „revolutionäre Geist der Liebe"[33] dient dabei als Leitmotiv, durch den die verwirrte Menschheit den Hintergrund der zerstörerischen Gewalt zu durchschauen beginnt:

> „Sie beginnen, zu denken. Das ungeheure Leid hat die Verkalkung zerbrochen. Der Geist zieht über das Land. Das Alte bricht auseinander, getroffen vom Leide und von der wilden Sehnsucht nach Freiheit. Die einzelnen und das Volk wollen ihr Schicksal selbst gestalten. Der einzelne beginnt zu denken."[34]

Dank „der explosiven Antikriegsstimmung der Massen und der in ihnen aufgeladenen sozialen und politischen Spannung"[35] befreien sich die bisher „als meinungslose, gedankenlose Einzelzellen dem nationalen Riesenuniversalgehirn willen- und machtlos zugeteilt[en]"[36] Individuen von ihrer geistigen Einengung und gewinnen nun den freien Blick hinter die Kriegskulissen. Dabei wird ihnen nicht nur bewußt, daß das unsinnige Streben nach „Macht" und „Reichtum" eine ehrgeizige Kooperation zwischen „Regierung" und „Krieg" ist, sondern sie stellen auch fest, welch langwierige Folgen dieses egoistische Machtspiel bewirken kann bzw. bewirkt hat:

> „Millionen Tote! Millionen Krüppel! Elend und Leid in jedem Hause! In jeder Familie! Ein ausgehungertes Volk! Syphilis! Tuberkulose! Tuberkulose! Hundert Milliarden Schulden, für die wir, unsere Kinder und Kindeskinder die Zinsen erarbeiten sollen!"[37]

Die Auswirkungen des Krieges betont Frank durch die Stilmittel Interjektion, Anapher sowie Ellipse und hebt auf diese Weise die Schmerzen der am Krieg beteiligten Menschen hervor. Er kritisiert den „aus dem Vertrauen der Massen" aufgestiegenen Politiker, welcher den Krieg eigentlich durch eine „einfache Lebensklugheit" verhindern hätte können. Im weiteren richtet sich seine Anschuldigung gegen das martialische System, zumal es die Gesellschaft zu einer anarchistischen Denk- und

---

[33] Ebd., S. 136.
[34] Ebd., S. 142.
[35] Momber, Eckhardt: 's ist Krieg! 's ist Krieg! Versuch zur deutschen Literatur über den Krieg 1914-1933. Berlin 1981, S. 28.
[36] Frank, Leonhard: *Der Mensch ist gut*. S.142.
[37] Frank, Leonhard: *Der Mensch ist gut*. S. 152.

Handlungsweise zwinge. Unter dem Eindruck dieser Einstellung sucht Frank das „Gute im Menschen" auf, um einerseits die Umgestaltung der materiellen Verhältnisse in Gang zu setzen und andererseits an Liebe und Freiheit zu appellieren.[38] Entsprechend diesem Wunsch kommt es schließlich zu einer gewaltigen „Revolution [...] initiiert durch eine Prozession von Kriegskrüppeln",[39] deren Absicht es ist, „aus der Lüge heraus, in die Wahrheit, in die Liebe hinein" zu gelangen.[40]

5.2. Annette Kolbs Kriegsprotest im *Journal de Genève*

Annette Kolb wandte sich „vom Anfang des Krieges an zur Opposition",[41] um die Werte der Menschlichkeit zu verteidigen. Zu erkennen gab sie ihre pazifistische Einstellung in allen Lebensbereichen. Vor allem aber richtete sich ihre Kritik gegen die Presse, wenn dort z.B. von Verwüstungen der deutschen Truppen auf ihrem Rückzug aus Nordfrankreich berichtet wurde, um dem, so die Schriftstellerin, „in den letzten Wochen abflauenden Haß neue Nahrung zu geben und Öl in das abnehmende Feuer zu gießen."[42] Im weiteren attackierte sie auch auf direkte Weise das deutsche Militär, indem sie meinte, dem „gehorchte ein genarrtes Volk als sein eigener Henker den Befehlen, die ein Hut voll toll gewordener Idioten, Oberste Heeresleitung genannt, ihm erteilte."[43] Noch extremer wurde ihre Kritik nach dem definitiven Wegzug in die Schweiz. Deutlich wurde dies zunächst in dem am 5. April 1917 im *Journal de Genève* erschienenen Artikel *Aufruf an das wahre Deutschland*. Denn darin ging es nicht nur um eine gewöhnliche Kriegskritik, sondern um einen internationalen Aufruf „zur Revolution der guten Deutschen gegen die 'Boches', die 'Teutonen', die 'Gothen', gegen die Preussen."[44] Romain Rolland, der auch den Titel für diesen Artikel vorgeschlagen hatte, würdigte ihn als „ein edles Wort, das erste, das ein freies deutsches Gewissen außerhalb jeder politischen Partei"[45] gewagt hatte. Auf deutscher Seite dagegen betitelte man Kolb als „ein hysterisches Weib

---

[38] Ebd., S. 153.
[39] Koester, Eckart: Literatur und Weltkriegsideologie. S. 364.
[40] Frank, Leonhard: *Der Mensch ist gut*. S. 159.
[41] Kolb, Annette: *Versuch über Briand*. Berlin 1929, S. 68.
[42] Ebd., S. 53.
[43] Vgl. ebd.
[44] Rolland, Romain: Zwischen den Völkern. S. 258.
[45] Ebd., S. 268.

von abgrundtiefer Gemeinheit."⁴⁶ So unterschiedlich das Echo auf ihre Kriegskritik auch ausfiel, blieb sich Annette Kolb trotzdem treu und brachte ihre Kriegsablehnung auch in weiteren Artikeln mit aller Deutlichkeit zum Ausdruck.

5.2.1. Krieg und Menschheit: *Die Last* als Antwort auf die Ereignisse während des Ersten Weltkrieges

Die Gesamtausgabe der aus sechs Beiträgen bestehenden Artikelsammlung *Die Last* erfolgte 1918. Zuvor hatte Kolb die einzelnen Beiträge in unterschiedlichen Organen wie *Die Friedenswarte, Die Weißen Blätter* oder die *Neue Zürcher Zeitung* an die Öffentlichkeit gebracht.
Der erste Artikel aus dieser Sammlung, welcher bereits im Mai 1917 in der *Friedenswarte* veröffentlicht wurde, heißt *Ausblick* und befaßt sich substantiell mit der Notwendigkeit einer neuen politischen Moral.⁴⁷ Besonders kritisiert wird darin die parteiische Handlungsweise der Presse, die zugunsten der martialischen Staatsführung, geflissentlich den Krieg glorifiziert habe. Zu erkennen gibt Kolb diese Einstellung in der folgenden naiven Aufforderung:

> „Wem dies [die Subjektivität der Presse] zu dumm ist, der begebe sich hinaus zu den vordersten Kampflinien, wo die gehegten Söhne holder Mütter wie Tiere jämmerlich verenden, und aus der Wut und Not ihrer Verlassenheit heraus den Kriegskorrespondenten verfluchen, dessen Bericht (o würdiger Trumpf einer realpolitischen Presse!) mit ekler Schönfärberei ihre unnennbaren Martern unterschlägt."⁴⁸

Wie entsetzlich Krieg sein kann und wie hinterhältig dieses grauenvolle Geschehen von seiten der Presse beschönigt wurde, war zu jenem Zeitpunkt vielen Gesellschaftsgruppen längst bekannt. Daß es aber trotzdem auf die Tagesordnung gebracht wurde, hatte selbstverständlich seinen Grund. Kolb sah die Erinnerung an die Kriegsbrutalität als Mahnmal für die Heimatfront, welche zur Realisierung einer moralisch kultivierten Weltpolitik bewegt werden sollte. Ausgehend von dieser Gewißheit verwandelt sich der Krieg in Kolbs Augen zur Basis einer politischen Innovation, die sie als Mittel zu einem kollektiven Ideal interpretierte:

> „Aber all diese Kriege und die gewesenen sind ja nur Vorstufen zu einem letzten Kampf, dessen Stunde zugleich mit der Stunde der Vergeltung

---

⁴⁶ Kolb, Annette: Versuch über Briand. S.97.
⁴⁷ Vgl. Kolb, Annette: *Die Last*. Zürich 1918, S. 5.
⁴⁸ Ebd., S. 5.

schlagen wird für jene Elemente, welche von jeher Kriege verursacht und die schlechte Sache in der Welt betrieben oder die gute verdorben haben."[49]

Den Krieg als Auslöser einer künftigen Gegenwehr darzustellen, um einerseits zu einer politischen Moral zu gelangen und andererseits dem Militarismus durch Gewalt ein Ende zu machen, stellt mit Sicherheit einen zwiespältigen Pazifismus dar. Wenn man aber bedenkt, daß Annette Kolbs Pazifismus aus der Sehnsucht nach einer gerechten Weltordnung resultierte, dann wird es auch verständlich, warum sie in ihrem Streben nach menschenfreundlichen Systemen den Krieg immer wieder als Ausgangspunkt ausführt. Und zwar deshalb, weil der Wunsch nach dem „dauernden Frieden"[50] in Anbetracht der kriegerischen Handlungen durchaus einfacher und wirksamer hervorgerufen werden konnte als mit leeren Phrasen oder politischen Slogans.

Der am 26. August 1917 in der *Neuen Zürcher Zeitung* veröffentlichte Artikel *Zum Aufruf an die Frauen*, den Kolb als Antwort auf Andreas Latzkos gleichnamigen Artikel bezüglich der teils berechtigten und teils unberechtigten Vorwürfe gegen die Frauen verfaßt hatte, war nicht nur ein feministisches Plädoyer, sondern auch eine Kritik am weiblichen Geschlecht. Deutlich wird dies schon in den ersten Zeilen der Abhandlung, zumal hier Kolb die bei Kriegsbeginn gezeigte Begeisterung der Frauen als eine versäumte Möglichkeit interpretiert, mit der sie hätten zeigen können, „daß sie einsichtiger und besser seien"[51] als die Männer. Darüber hinaus bekämpft Kolb die seit Jahrhunderten gepflegte religiöse Verherrlichung der Frau und meint diesbezüglich, daß das weibliche Geschlecht aufgrund seiner Sensibilität immer wieder zum Opfer seines Gegengeschlechts geworden sei. Vor allem in diesem Weltkrieg, wo man die Frauen durch „die täglichen Schauergeschichten der Zeitungen, diese Musterbilder der Roheit",[52] in irreale Welten lockte, kommt es in ihren Augen zu einer „Unselbständigkeit des Denkens", die nichts weiter als die Ausnutzung der weiblichen Emotionalität sei. Daß die Frauen zudem noch an der Heimatfront die Produktionsparteien des Krieges bilden müssen, will Kolb überhaupt nicht verstehen und wirft deshalb die Frage auf: „Wer hat vor diesem Kriege gewarnt, ein Lebensalter hindurch

---

[49] Kolb, Annette: *Die Last*. S. 6.
[50] Ebd.
[51] Ebd.
[52] Kolb, Annette: *Die Last*. S. 6.

nichts anderes getan und wurde dafür von den Männern verhöhnt und zur lächerlichen Figur gestempelt?"[53] Selbstverständlich die Frauen. Nun kam es aber nicht mehr darauf an, wer davor gewarnt hatte, sondern wie dieser Massenmord schnellstens beendet werden könnte. Möglich scheint ihr dies nur durch die Einigung beider Geschlechter, so daß sich Kolb am Ende des Artikels von der gegenseitigen Provokation von Mann und Frau abwendet und an eine Kooperation „bis zum siegreichen Ende" appelliert.[54]

Gekennzeichnet vom Einigungsgedanken der Menschheit war auch die Abhandlung *Letzte Folgerungen*, die am 22. Oktober 1917 über die *Neue Zürcher Zeitung* an die Öffentlichkeit ging. Darin setzt sich Kolb mit der Frage nach dem Sinn des Krieges auseinander und das Bedürfnis nach einem unbedingten Zusammenschluß der Völker wird zunehmend konkreter verdeutlicht. Für die Verfasserin hatte dieser unbedingt zu organisierende Zusammenschluß eine sakrosankte Bedeutung:

> „Es muss die unlösliche, herrische und heilige Allianz der menschenwürdigen Menschen zustande kommen, um jene 'Untermenschen', welche schon Villiers de l'Ile Adam mit so grossem Nachdruck beim Namen nannte, an die rechte Stelle zu weisen."[55]

Kolbs Hauptgedanke war, daß das staatlich organisierte Tyrannisieren des Volkes nur durch die Aufhebung der alten Gesellschaftsordnungen sowie die Konstruktion einer bürgerlichen Verfassung zu verhindern sei. So stellt sie den Ersten Weltkrieg als Spiegel der „Unzulänglichkeit" und „Niedertracht" des imperialistischen Systems dar und meint, daß „dieser Krieg eine auf „Zurückentwicklung" gerichtete Zuchtwahl ist und jede Schlacht die Zahl der Tauglichen herabsetzt zugunsten der Untauglichen wie der Schuldigen und der Profiteure."[56] Im Anschluß an diesen Hinweis über die wahnsinnige Kriegsmaschinerie ergänzt sie ihre Erwartung mit dem Grundsatz: „Es gilt, [...] Reihen zu schließen und [...] *Solidarität zu organisieren* im Hinblick einer letzten und unerbittlichen Fehde."[57] Gemeint war der Kampf um die Völkerverständigung, die entgegen den Erwartungen der Machthaber nicht gegeneinander, sondern für- und miteinander verwirklicht werden sollte.

---

[53] Ebd., S. 8.
[54] Ebd.
[55] Ebd., S. 9.
[56] Ebd.
[57] Kolb, Annette: *Die Last*. S. 10.

Freiheit, Gleichheit und Brüderlichkeit lautete die im März 1918 in der *Friedenswarte* publizierte Abhandlung, worin Kolb Stück für Stück die soziopolitischen Probleme der Zeit in das Blickfeld ihrer Leser rückte. Getreu der Absicht, „durch das kollektive Wirken ganz bestimmter, durch Erfahrungen aufmerksam gewordener Menschen"[58] den geistigen Kampf gegen den Krieg zu unternehmen, setzte sie Hoffnungen auf bestimmte Gruppen. Es waren „jene weit verstreuten paar Menschen mit den analogen Wahrnehmungen, den analogen Erlebnissen und der analogen Geistesart",[59] die die Schaffung einer autonomen Identität und die endgültige Trennung von der terrorisierenden Macht anstrebten. Kolb faßte die Intention dieser Menschen mit den Begriffen: „Freiheit, Gleichheit und Brüderlichkeit" zusammen und schilderte die einheitliche Wiederherstellung dieser Elemente folgendermaßen: „Wie aus einer brennenden Stadt müssen wir heute diese Begriffe retten und aus dem zerfallenen Tor unserer Zeit mit ihnen fliehen."[60] Und entgegen den Interessen der Kriegsfanatiker stellte Kolb die Forderung auf, „die missverstandene Brüderlichkeit und die misshandelte Freiheit nach einer anderen Himmelsrichtung und unter veränderten Gesichtspunkten neu aufzurichten", um „die wahre Gleichheit zu ihrem Rechte [zu] bringen."[61] Zum Schluß pocht sie auf das Formieren einer neuen Weltgeschichte, die frei vom Druck kriegerischer Machthaber ist und statt dessen humanitäre Ziele in den Mittelpunkt stellt.

Der letzte Aufsatz aus dem Artikelband *Die Last* kam im Juli 1918 in der *Friedenswarte* heraus und trug den Titel *Wiederholungen*. Gesucht wird darin nach einer effektiven Handlungsweise für die unerfahrenen Kriegsgegner, die Annette Kolb in der Zielstrebigkeit der Spekulanten gefunden zu haben glaubt. Dementsprechend beginnt ihr Artikel mit den Worten:

> „So hätten wir heute alles von der Methode jener glücklichen Spekulanten zu lernen, welche sich offenkundig als die weitaus schärfsten Psychologen erwiesen, indem sie irgend ein Präparat, eine Zahntinktur oder ein Extrakt dadurch zu allgemeinster Geltung verhelfen, daß sie deren Bezeichnungen in grellen Riesenbuchstaben an Mauern, Säulen und Schlöten anschlagen

---

[58] Ebd., S. 11.
[59] Ebd., S. 12.
[60] Ebd., S. 10.
[61] Ebd., S. 12.

[...]. Wäre heute nicht die Beachtung gewisser Zustände mit einer so vorbildlichen Hartnäckigkeit zu erzwingen?"[62]

Daß sich Kolb für die Fortsetzung der Antikriegspropaganda die Handlungsstrategie der Spekulanten als Vorbild ausgesucht hatte, war sicherlich ein mit Bedacht gewähltes Beispiel, da sie hierdurch auch auf die weniger beachtete Seite des Krieges, und zwar auf den hinter der Front ablaufenden Kampf um Profit, Bezug nehmen konnte. Doch die wichtigere Absicht bestand für sie darin, die Auseinandersetzung mit dem Krieg und die Absage an die widerlichen Kriegsfolgen in allen Gesellschaftsschichten verbreitet und anerkannt zu sehen. So richtete sie folgenden warnenden Aufruf an die Leser:

> „Sollte der Tag hereinbrechen, an dem es zu spät sein wird für unser Zusammengehen, so werden wir, die guten Willens sind, als die Schuldigen stehen, weil uns der Mut unseres besseren Wissen gebrach, dem Genius des Krieges, die Siegermaske von der gedankenlosen Stirn zu reissen."[63]

Es ist unübersehbar, wie überzeugt Kolb von dem Erfolg einer solidarischen Kriegsgegner-Gruppe war. Kopfzerbrechen bereitete ihr dagegen eine verzögerte Reaktion, weil es dadurch zu noch größeren Gewalttaten kommen konnte, die letztendlich dem Einigungsgedanken zu schaden drohten. Deshalb versuchte sie, ihre Gesinnungsgenossen mit neuen Ziele zu motivieren, indem sie „das Elend des Weltkrieges zum Segen zu wenden" versprach und „die große reinliche Scheidung, das Ende der Verkehrtheit, der falschen Gleichstellung und des Gewühls; den Anfang jener neuen Hierarchie" in Aussicht stellte.[64]

5.2.2. Sozialistische Standpunkte bei Annette Kolb

Parallel zu ihrer andauernden Kriegsgegnerschaft begann Annette Kolb, ab der zweiten Hälfte des Ersten Weltkrieges zugunsten des ewigen Friedens nach einem neuen politischen System zu suchen. Es sollte eine Regierungsform sein, „die keine Lockung dem Gemeinen böte, ganz auf Erprobung ihrer Träger begründet, ohne Vorteile für ihn, ohne Befriedigung des Ehrgeizes, anonym vielmehr, Verzicht und Selbstentäußerung bedingend, als Stein des Weisen der Weise selbst."[65] Versteckt hinter die-

---

[62] Kolb, Annette: *Die Last*. S. 12-13.
[63] Ebd., S. 13.
[64] Ebd., S. 13.
[65] Kolb, Annette: Zarastro. S. 188.

sen Postulaten war natürlich der Sozialismus, durch dessen Ideologie Kolb die Errichtung der noch unerreichten Völkerverständigung zu bewerkstelligen hoffte. Entscheidend für diese Sichtweise war ihre „Skepsis betreffs der Demokratie"[66], die hauptsächlich aus der schlechten Erfahrung mit den bisherigen politischen Systemen und deren Protektoren resultierte. Diese scheinen letztendlich der Auslöser für eine derartige geistige Wandlung gewesen zu sein, zumal der Wechsel zum Sozialismus erwartungsgemäß mit der Neuorientierung des veralteten Systems in Verbindung gebracht wurde:

> „Keine andere Brücke ist stark genug, uns aus unserer baufälligen Welt zu den neuen Ufern hinzutragen, wo die neuen Autokratien auf ganz neuer Basis sich erheben werden. Nur durch den Sozialismus, dieser fausse sortie aus einer Welt der Standesunterschiede, kommen wir zu einer neuen Welt der Standesunterschiede, der Herrenkaste und der Knechteschar."[67]

Mit dieser Äußerung, in der Kolb sowohl die Grundidee ihres pazifistischen Engagements als auch die politische Situation des damaligen Weltbildes veranschaulichte, gab sie auch zu erkennen, daß der Sozialismus die Sicherung für eine soziale Gleichheit sowie die Barrikade gegen ein kollektives Chaos bildete. Da das damalige Machtsystem lediglich das Ergebnis der Herrschsucht war, wollte Kolb dieses System, das ja letztlich das größte Hindernis für den nationalen sowie internationalen Frieden darstellte, unbedingt abgeschafft wissen. Insofern wollte sie die Politik mit Gefühl treiben, ohne dabei Interesse für Parteilichkeit und Realpolitik zu zeigen.[68] Und genau aufgrund dieser Erkenntnisse betrachtete sie den Sozialismus als ausschließlichen Weg zu neuen Wertmaßstäben.

> „Als Partei interessierte mich ja der Sozialismus so wenig wie jede andere. Aber das Ergebnis der kapitalistischen Ära war ein wirrer Knäuel ineinander verbissener Verbrecher, und es war eine Welt, welche der Sozialismus jedenfalls nicht bereiten half. Er hatte keinen Teil an ihr. Deshalb nur gab es keine andere Brücke als ihn, denn er war nur ein Weg, der weitergeführt, indem er zurückgelegt und überwunden wird."[69]

Angesichts der bestehenden Verhältnisse erschien Kolb der Sozialismus zunächst nur als bloßes Mittel zur Verwirklichung von pazifistischen

---

[66] Kolb, Annette: *Die Last*. S. 11.
[67] Kolb, Annette: Zarastro. S. 43.
[68] Vgl. ebd., S. 87.
[69] Ebd., S. 197.

Zielen. Allerdings sollte man nicht außer Acht lassen, daß sie sich im Laufe der Zeit zu einer vehementen Sozialistin gewandelt haben könnte, was auch durch ihre eifrige Teilnahme an sozialistisch geprägten Aktionen wie dem Berner Sozialistenkongreß von 1919 sowie die Gründung der kommunistischen Intellektuellen Gruppe *Clarté* deutlich wird. Sie selbst nahm zwar keine Stellung zu einem derartigen politischen Wandel, doch ihre Aufzeichnungen und die Akten aus dem Berner Bundesarchiv weisen daraufhin, daß Kolb vor allem ab der Nachkriegszeit zu einer der wichtigsten Personen in der linksorientierten Szene gehörte.[70]

5.3. René Schickeles Stellungnahme zum Krieg

Das im Schweizer Exil fortgeführte pazifistische Denken Schickeles resultierte ursprünglich aus seinen literarischen Aktivitäten der Vorkriegszeit. Schon in einer Aufzeichnung von 1913 wies er darauf hin, daß er ein Befürworter eines friedliebenden und toleranten Volkes sei, „das die Embleme der Knechtschaft durch die Worte Freiheit, Gleichheit, Brüderlichkeit ersetzte."[71] Entsprechend dieser Auffassung scheint Schickeles literarisches Engagement als Vollendungsversuch eines pazifistisch geprägten Menschheitsideals.

> „Denn die Menschheit will vorwärts, trotz allem. Denn die Menschheit will vorwärts, selbst *gegen* ihre Einpeitscher, wenn diese, von der Schwerkraft erfaßt oder aus Hang zum erworbenen Besitz, sich gegen sie werfen. Sie will vorwärts, trotz allem".[72]

Die dreifache Aussage „die Menschheit will vorwärts" erhält dadurch zusätzliches Gewicht, daß sie in den ersten beiden Teilen als Anapher gestaltet ist und nach einem Einschub abschließend wiederholt wird. Schickele kündigt hier den Aufstieg der Menschheit an, deren Bewußtsein bisher durch die künstliche Kriegshysterie und dem blinden Chauvinismus gelähmt war. Die durch die Kriegspropaganda verzerrte Perspektive reflektierte er in seinem Schauspiel *Hans im Schnakenloch*. In der

---

[70] Kolb, Annette: Zarastro. S. 193-211 u. Schreiben der Schweizerischen Bundesanwaltschaft in Bern v. 16.12.1921 bezüglich der *Clarté* in der Schweiz, Schreiben der Schweizerischen Bundesanwaltschaft in Bern v. 23.12.1921 bezüglich der Kommunisten in Uttwil, Thurgau und der Clarté in der Schweiz, Schreiben der Stadtpolizei Zürich v. 30.12.1921 bezüglich der Kommunisten in Uttwil, BArch B, E-21, Nr. 9517.
[71] Schickele, René: Werke in drei Bänden. Bd. 3. S. 282.
[72] Ebd., S. 411.

Ausgabe von 1927 stellte er dem Werk die Anklage des Krieges und seine Parteiergreifung für den Pazifismus voran:

> „Völker im Krieg sind keine Zivilparteien, sondern allzumal Opfer, und die Verantwortlichen erwischt man bei uns *nie*. Siegen sie, werden sie zu Helden. Unterliegen sie, so raschelt gegen ihr otium cum dignitate nur ein wenig Zeitungspapier, harmlos wie Herbstlaub. Etwas anderes ist es, den Krieg zu verhindern. Darüber habe ich an anderen Stellen genug gesagt."[73]

Mit dem *Hans im Schnakenloch* verurteilt Schickele den Krieg schon in seiner Anfangsphase als „eine ungeniale Angelegenheit, eine Mischung von Transportgeschäft und Indianerspiel".[74] Er vergleicht dieses Gefecht mit einem sinnlosen, heimtückischen und inhumanen Völkerstreit, der nur die Liquidierung der Menschheit herbeiführt. Als Elsässer versucht er in diesem Theaterstück die Utopie der deutschen und französischen Brüderlichkeit aufzufrischen, um darüber hinaus den Frieden für ganz Europa zu schaffen. „Ein Volk wird nicht vernichtet. Dafür laß uns sorgen",[75] heißt es im Dialog zwischen Hans und Starkfuss stellvertretend für den Verfasser, der in diesem Stück seine eigenen Bemühungen um Völkerverständigung aufzeigt.

Zusammenfassend läßt sich festhalten, daß Schickele in diesem Schauspiel seine Grundhaltung zum Krieg darstellt, indem er einerseits die politische Stellungnahme fordert und andererseits an eine pazifistische Gesinnung appelliert. Diese Haltung verficht er ab 1916 weiter in der Schweiz und bringt sie in einer Vielzahl von Essays zum Ausdruck. In diesen Beiträgen bezieht er sich nicht direkt auf die Kriegskritik, sondern vielmehr auf den Hintergrund des Weltkrieges und auf politische Lösungen. Dabei reflektiert er in Aufsätzen immer wieder Antworten auf hypothetisch gestellte Fragen, durch die er den Sinn des Ersten Weltkrieges zu ergründen versucht. Sein erster Essay im Exil, in dem Schickele seine bisher verdeckte pazifistische Stellung zum Krieg verdeutlicht, heißt *Der Mensch im Kampf*. Hier erwähnt er zunächst die industriellen Organisationen des 20. Jahrhunderts, die infolge ihrer wirtschaftlichen Interessen den Krieg verursacht hätten. Der Krieg ist ein Symbol des pekuniären Kampfes, „der mit den Mitteln einer großen industriellen Organisation geführt wird, vom Fabrikanten und Arbeiter hinter der Front, in deren Hand der kämpfende Soldat bis zum Armeeführer nur ein

---

[73] René Schickele. Werke in drei Bänden, Bd. 3. S. 13.
[74] Ebd., S. 43.
[75] Ebd., S. 73.

Werkzeug, der Agent einer riesenhaften, kaufmännischen Unternehmung geworden ist."[76] Im weiteren Verlauf seines Essays stellt Schickele das einheitliche Bild vom kriegerischen Europa in den Vordergrund, wobei ihm die Gleichheit der europäischen Völker als Ausgangspunkt dient.

> „Diese Übereinstimmung in der geistigen Führung des Krieges geht soweit, daß ungefähr alle, die in den einander feindlichen Ländern sprechen, *bis auf den Wortlaut* dasselbe sagen. Nie hat ein einigeres Europa bestanden, nie war die Solidarität der Völker, die sich zu zerfleischen suchen, so groß."[77]

Als Vermittler zwischen den verfeindeten Ländern stellt Schickele sich die Aufgabe, die durch den Krieg entstandenen politischen Konflikte Europas abzubauen und für eine allgemeine Völkerversöhnung zu sorgen. Mit seinem Beweis der geistigen Verwandtschaft der feindlichen Länder hofft er, eine neue Bewußtseinsbildung der kriegführenden Nationen herbeizuführen. Nach der Erläuterung eines Friedensideals beherrschen die politischen Fragen nach der Wechselwirkung zwischen Macht und Politik den weiteren Verlauf des Essays.

> „Wir brauchen nur treu zu sein und zu glauben. Auch das ist - Politik. Das Fundament unserer Politik. Der Kampf aber auf dieser geheiligten Stätte fordert alle blanken, unsentimentalen Eigenschaften des Ringkämpfers. [...] Hier geht es um die Macht. Wer die Macht dazu hat, macht Kriege oder verhindert sie. Er allein. Die anderen folgen, hingerissen, dem Plakat, beugen sich, schwankend, dem unheimlich anziehenden Schrecken der Gewalt".[78]

Schickele betrachtet den Krieg als Mittel der Machthaber für ihre Hegemoniebestrebungen, während sie gleichzeitig die Menschheit mit Begriffen wie „Treue" und „Glaube" verführen. Als Aufklärer weist er darauf hin, daß „die Regierungen zur Erreichung ihrer Ziele die gemeinsamen Ideale der Völker"[79] ausnutzen sowie mit Hilfe der mutig in den Kampf ziehenden Soldaten ihre niederträchtigen Interessen verfolgen und umsetzen. Dementsprechend richtet sich seine Kritik gegen die imperialistische Staatspolitik, die sich vorwiegend mit der Autoritätsgläubigkeit der Völker am Leben hält.

---

[76] René Schickele: *Der Mensch im Kampf*. In: *Die Weißen Blätter*, April 1916, H. 4, S. 1.
[77] René Schickele: *Der Mensch im Kampf*. In: *Die Weißen Blätter*, April 1916, H. 4, S. 2.
[78] Ebd., S. 9.
[79] Ebd., S. 2.

5.3.1. Der sozio-politische Wandel in Schickeles Schweizer Beiträgen

Schon bei einem oberflächlichen Blick auf Schickeles Schweizer Beiträge wird ersichtlich, daß seine ideologische Bemühung um die Umwälzung der bestehenden Gesellschaftsverhältnisse einen graduellen Wandlungsprozeß vollzog, und zwar ausgehend von einer eher harmlosen-friedfertigen Vorgehensweise tendenziell hin zu einer revolutionären ab der zweiten Kriegshälfte. Doch zunächst hieß es, wie in dem Beitrag *Zürcher Tagebuch* vom April 1916 ausgeführt, daß sich die „Politik des Geistes" derselben Mittel bedienen müsse wie die üblichen Parteien.[80] Anscheinend hatte Schickele zu jenem Zeitpunkt noch keine Probleme damit, sich eingebunden in eine parlamentarische Fraktion irgendwelchen Zielen zu nähern, zumal er damals meinte: „Der Geist ist beweiskräftig und die Politik die ausführende Gewalt, der Pazifismus dagegen ist die Diagnose einer Krankheit, an der die Menschheit gesunden kann."[81] Entsprechend dieser Formel tolerierte Schickele in seinem Beitrag *Schweiz* vom Mai 1916 die Zusammenarbeit von Literatur und Politik und stellte den Intellektuellen die Aufgabe, „den Geist zur Herrschaft zu bringen, selbst mit Mitteln, die dem Geist, im Innersten, zuwider sind".[82] Mit Mitteln, die dem Geist zuwider waren, meinte er natürlich die Politik, welche damals wegen des Krieges kurz vor dem Niedergang stand. Daß Schickele den Intellektuellenkreis dennoch zur Übernahme der politischen Macht aufforderte, geschah insofern nicht der berüchtigten Politik zuliebe, sondern aus dem Interesse an einer möglichen Gesellschaftsveränderung heraus. Bewerkstelligen wollte er diese Veränderung unter Mitwirkung des Expressionismus, dem er den Kampf gegen den „Januskopf des Krieges" zumutete.[83] Als zu bekämpfendes Ziel gab er dabei „die höllische Leuchte der Wissenschaft, Psychologie, Ingenieur und Chemiker, Industrieller" an, „der Tausende von Quadratkilometern zum Schachbrett unter seiner goldenen Brille zusammenrückt[e]" und wie „der Teufel selbst [...] in die MASCHINE fuhr" und „das tollschöne Werk aufbauenden Menschengeistes" zur Begierde des Kriegs verwandelte.[84]

---

[80] Schickele, René: *Zürcher Tagebuch*. In: *Die Weißen Blätter*, April 1916, H. 4, S. 80.
[81] Ebd., S. 85.
[82] Schickele, René: Werke in drei Bänden. Bd. 3. S. 177.
[83] Schickele, René: *Heut und Morgen*. In: *Die Weißen Blätter*, August 1916, H. 8, S. 201.
[84] Ebd., S. 202.

Daß Schickele den mittlerweile verführten und größtenteils assimilierten Menschengeist wieder in seiner Urform sehen wollte, war aber keineswegs Ausdruck einer Sehnsucht nach einer vergangenen Bürgerlichkeit, sondern zeigte vielmehr seinen Willen zur Errichtung einer politisch verbesserten Gesellschaftsform. Auf welche Art und Weise er diese Neuordnung der Allgemeinheit erreichen wollte, legte er in seinem zunächst als Rezension gegen Franz Bleis Buch *Menschliche Betrachtungen zur Politik* gedachten Aufsatz *Die Pflicht zur Demokratie* dar. Mit Bezug auf den Begriff „Demokratie" als „menschliches Verhalten, das sich einmal politisch in drei Worten ausdrückte: Freiheit, Gleichheit, Brüderlichkeit",[85] geht Schickele in dieser Studie auf die Demokratisierung der Gesellschaft ein, die ihm nunmehr wegen der fehlenden Humanität schwer realisierbar scheint. Andererseits ist ihm aber bewußt, daß die Unabhängigkeit, die Homogenität und die Einigkeit zu den elementaren Geisteshaltungen des menschlichen Verhaltens gehören, die bewußt oder unbewußt weiter existierten. Letztendlich hoffte Schickele, die vorhandenen, jedoch in diesen Kriegstagen meist unbemerkten Tendenzen des menschlichen Wesens zur Geltung zu bringen, indem er die Massen mittels revolutionärer Parolen zum regelrechten Befreiungskampf aufrief:

> „Jede große gemeinsame Anstrengung, die, mit oder ohne Wissen derer, die sie tun, durch die politische und wirtschaftliche Befreiung von Volksteilen, durch Entrechtung der Herrschenden das *Problem des Glücks* zuspitzt, nenne ich einen Fortschritt. Denn so gewiß das Glück *nicht* in materiellen Gütern liegt, so gewiß ist die Sklaverei in jeder Form das große Hindernis, womit der Teufel der Masse der Menschen den Weg zum innern Licht, zur wahren Freiheit verrammelt."[86]

Die Zufriedenheit des Individuums, die Schickele an die Aufhebung der finanziellen Abhängigkeit knüpfte, demonstrierte zugleich den direkten Übergang zur utopischen Gesellschaft, die hauptsächlich von autonomen und homogenen Lebensmotiven geprägt war. So idyllisch sich aber dieses Ideal anhörte, Schickele verband die Errichtung eines derartigen Systems mit gewaltsamen Vorgehensweisen und wich damit von dem bisherigen milden Ton deutlich ab:

---

[85] Schickele, René: *Die Pflicht zur Demokratie*. In: *Die Weißen Blätter*, 1916, Heft 11, S. 89.
[86] Schickele, René: *Die Pflicht zur Demokratie*..In: *Die Weißen Blätter*, 1916, Heft 11, S. 92.

"In diesem Sinne könnte ein Krieg, diese aufgeblühte Teufelssaat, sich am schrecklichsten Abend mit dem Regenbogen der Botschaft überziehen, die eine neue, bessere Zeit verbürgt, kann die Revolution, dieser böse Ausbruch der gerechten Ungeduld, eines der Tore zerschlagen, hinter denen das Böse mit großer Wissenschaft verwaltet wird."[87]

Beeinflußt von der russischen Februarrevolution am 12. März 1917[88] schwenkte Schickele zur bolschewistischen Handlungsstrategie um. Dementsprechend veränderten sich auch seine politischen Erwartungen, zumal er von nun an nur noch Kritik an der feudalen Regierungsform Deutschlands übte und die Gründung einer demokratischen Gesellschaft bis auf weiteres hintanstellte. Bei der Darlegung seines neuen revolutionären Ziels stützte er sich vor allem auf den allmählich wachsenden Freiheitsgedanken der Gesellschaft:

> "Die wirklich große Revolution ist da. Das Wort hat einen neuen Sinn. Es geht nicht mehr um den Besitzwechsel der Macht. Es ist nicht mehr der Sklave, der seine Fußketten abreißt, um damit seine Wächter totzuschlagen, nicht mehr der Bürger, der hinaufwill - der Mensch befreit sich, der Mensch erhebt sich, er will endlich aufrecht sein unter Sonne und Sternen, endlich auf zwei Beinen gehn über seine Erde, endlich menschliche Gesichter, seinesgleichen unter Wolken und Bäumen, um sich sehen, statt im Truglicht künstlicher Feuerwerke die blutrünstigen oder sentimentalen Fratzen von Götzendienern." [89]

Abgesehen von dem neuerlich eingesetzten revolutionären Ton bestanden die Vorstellungen René Schickeles aus zwei einander gegenseitig ergänzenden Kräften mit gemeinsamen Ziel. Denn neben dem Intellektuellen forderte er jetzt auch den Bürger auf, seinen Beitrag zum Befreiungskampf zu leisten. Somit wies er dem durchschnittlichen Bürger, der ja von menschlichen Leiden besonders betroffen war, die Teilnahme an der geistigen Führerschaft zu. Während er aber Einzelpersonen zum revolutionären Einsatz aufforderte, warnte er die Intellektuellen vor jeglicher Brutalität, indem er ihnen mitteilte, das der Geist „der uralte Antipode der Materie, des dunklen Triebes, der Gewalt" sei.[90] Es lag Schickele tatsächlich viel dran, einen revolutionären Kampf gegen den Ersten

---

[87] Ebd., S. 94.
[88] Nach dem julianischen Kalender am 27.2.1917.
[89] Schickele, René: *Glossen. Geburt des Menschen*. In: *Die Weißen Blätter*, 1917, H. 6, S. 252.
[90] Schickele, René: *Der Konvent der Intellektuellen*. In: Die Weißen Blätter, 1918, H. 2, S. 98.

Weltkrieg zu führen, doch blutige Vorkommnisse wie die bei der Oktoberrevolution in Rußland lehnte er grundsätzlich ab, zumal ein solches Phänomen „nur eine historische Änderung" darstelle, „solange die Menschen, die sie vollbringen, die alten bleiben."[91] Schickele stellte demnach bei der Bewertung einer Revolution den Aspekt der geistigen Entwicklung in den Vordergrund und forderte davon ausgehend die Errettung der vom Krieg verführten Nationen. In diesem Sinne schätzte er die Novemberrevolution sehr hoch ein, da sie „eine Revolution durch keine andere Gewalt als die der Herzen, der Ueberredung und des frohen Beispiels"[92] repräsentierte.

---

[91] Ebd., S. 103.
[92] Ebd., S. 104.

6. SCHLUSSBETRACHTUNG

Der im Verlaufe des Ersten Weltkrieges von fünfzehn deutschen Schriftstellern bevorzugte Wegzug in die neutrale Schweiz als teils direkte, teils indirekte Ablehnung gegen die sozio-politischen Gegebenheiten im Wilhelminischen Reich ist Inhalt der vorliegenden Arbeit. Aus der heutigen Perspektive betrachtet, stellt sich heraus, daß diese zwischen 1915-1918 stattgefundene Abwanderung von Teilen des deutschen Bildungsbürgertums aus politischen Überzeugungen sowie literarisch-publizistischen Erwägungen resultierte und keine unmittelbare Folge eines einfachen Zurückweichens war.

Zwar variiert der Beginn, die Dauer und das Ende des Exils unter den Emigranten, doch im allgemeinen war der Emigrationsgrund vorwiegend der Haß gegen die Kriegsmaschinerie, welche der eine oder die andere zu Beginn der ersten Kriegsmonate unter dem Eindruck des Hurra-Patriotismus begrüßt hatte. Ausgehend von der Tatsache, daß sich die Kriegskritik meistens in sehr unterschiedlichen Phasen und verschiedenen Konstellationen herausbildete, wurde bei jedem einzelnen Schriftsteller eine Profilcharakteristik erstellt, um den Übergang vom seßhaften Schriftsteller zum Exilanten konkret darzulegen. Demnach konnten drei Exiltypen differenziert werden.

Zum einen jener Schriftstellertyp, wie ihn Leonhard Frank, Ludwig Rubiner, René Schickele und Annette Kolb repräsentierten, die den Krieg von Anfang an ablehnten und diese Ablehnung schon in Deutschland und wenige Monate später von der Schweiz aus unverhüllt aussprachen. Zum anderen die nachträglichen Emigranten wie Ernst Bloch, Otto Flake, Ferdinand Hardekopf, Else Lasker-Schüler und Margarete Susman, welche sich, trotz ihrer distanzierten Haltung gegenüber dem Krieg, erst ab 1917 in die Schweiz begaben. Schriftsteller wie Hugo Ball, Emmy Hennings, Ricarda Huch, Richard Huelsenbeck, Klabund und Fritz von Unruh gehören dagegen zu jenen, die anfangs in einen Kriegstaumel verfielen, jedoch mitten im Krieg entweder aus privaten oder aus geschäftlichen Gründen in die Schweiz gelangten, wo sie schließlich endgültig als Emigranten lebten.

Wegen der verschiedenen Emigrationsphasen sowie aufgrund der unterschiedlichen ideologischen Einstellungen arbeiteten die deutschen Schriftsteller bei heterogenen Organisationen mit, so daß die Bildung einer einheitlichen Emigrantenvereinigung auf eidgenössischem Boden ausblieb. Statt dessen kamen mehrere Einzelgesellschaften zustande.

Gemeint sind einerseits die Vereinigungen um das *Zeit-Echo*, *Die Weißen Blätter* und *Die Freie Zeitung* und dazu der im *Cabaret Voltaire* begonnene Anschluß an den wenig später proklamierten literarischen *Dadaismus*. Der bereits seit dem Ende des 19. Jahrhundert existierende *Hottinger Lesezirkel* war für einige deutsche Schriftsteller, darunter Otto Flake, Klabund, Ricarda Huch, Ludwig Rubiner und Fritz von Unruh, eine wichtige Institution, um Anschluß an die Schweizer Kulturszene zu finden. Hauptziel all dieser Organisationen war es, die zu den zeitbedingten Ereignissen Stellung nehmenden literarischen Erzeugnisse möglichst schnell und wirkungsvoll an die internationale Öffentlichkeit zu bringen. Die Resonanz auf die auf neutralem Terrain produzierten Schriften, welche sich dank einiger verschlungener Wege auch in Deutschland verbreiten ließen, war nicht gering. Neben Klabunds *Offenem Brief* sowie den kriegskritischen Artikeln von Annette Kolb und René Schickele sorgte vor allem Leonhard Franks Novellenzyklus *Der Mensch ist gut* für großen Aufruhr im deutschen Leserkreis.

Unabhängig vom Grad des literarischen Erfolges wurde im Hauptteil der vorliegenden Studie das Exilleben jedes einzelnen Schriftstellers aus möglichst vielen Perspektiven detaillierter nachgezeichnet. Dabei ließ sich erkennen, daß der Schweizer Aufenthalt von Hugo Ball, Ernst Bloch, Emmy Hennings, Klabund und Else Lasker-Schüler von einer äußerst großen finanziellen Not geprägt war. Leonhard Frank, Ludwig Rubiner, Margarete Susman und Fritz von Unruh bekamen diese Not nur vorübergehend zu spüren. Pekuniär gut ausgestattete Persönlichkeiten wie Otto Flake, Ferdinand Hardekopf, Ricarda Huch und René Schickele kamen dagegen mit wirtschaftlichen Engpässen kaum in Berührung.

So unterschiedlich die finanziellen Verhältnisse auch waren, glichen sich die Emigranten doch in ihrer von der Norm abweichenden Lebensführung. Exemplarisch hierfür ist der extravagante Auftritt von Else Lasker-Schüler und Annette Kolb in der Schweizer Emigrantenszene, Leonhard Franks unermüdliche literarische Kriegskritik und Ludwig Rubiners soziale Zurückgezogenheit trotz seiner leitenden Aufgabe im *Zeit-Echo* oder der ständige Kontakt zu unterschiedlichen Künstlerszenen bei Hugo Ball und Emmy Hennings. Diese abweichenden Lebensgewohnheiten wurden bei jedem Schriftsteller differenziert untersucht und sein Aufenthalt in der Schweiz sowie sein Künstlerschicksal ausführlich beschrieben.

Zu den wichtigsten Ergebnissen der individuellen Exilbeschreibungen gehört die mit der literarischen und politischen Laufbahn der Schrift-

steller direkt in Zusammenhang stehende Rekonstruktion der Aufenthaltsorte. Die Mehrzahl der deutschen Emigranten siedelte sich in Bern und Zürich an, zumal sich ein Großteil der deutschsprachigen Organe, darunter *Die Freie Zeitung, Die Friedenswarte, Das Zeit-Echo* und *Die Weißen Blätter*, in diesen Kantonen befand. Neben der unmittelbaren Nähe zur Publizistik war das Interesse an Kontaktaufnahmen mit führenden Persönlichkeiten aus Kultur- und Politikkreisen ein weiterer Grund für den bevorzugten Aufenthalt in Bern und Zürich. Zu den am häufigsten aufgesuchten Personen gehörten Harry Graf Kessler, Alfred Hermann Fried, Paul Cassirer, Romain Rolland und Lenin. Allerdings gab es auch bestimmte Phasen, in denen der eine oder andere Schriftsteller aus nicht unwichtigen Anlässen in die eidgenössischen Kleinstädte flüchtete. Bei Ferdinand Hardekopf, Otto Flake, Leonhard Frank und René Schickele waren es die kurzfristigen Ausflüge nach Kreuzlingen, um sich hier im Binswanger-Sanatorium die Kriegsuntauglichkeit attestieren zu lassen. Else Lasker-Schüler, Fritz von Unruh, Hugo Ball und Emmy Hennings kamen zu Erholungszwecken gelegentlich ins Tessin. Annette Kolb und René Schickele begaben sich hauptsächlich zur Entspannung ins Engadin, während der an Tbc erkrankte Klabund regelmäßig in den Kurorten Davos und Locarno weilte. In publizistischer und politischer Hinsicht waren diese Abstecher zwar nicht ergiebig, doch für die detaillierte Darstellung sozialer Handlungen erschien die Rückverfolgung der einzelnen Wanderrouten äußerst informativ. Denn hierdurch konnte festgestellt werden, daß die solidarischen Vereinigungen sowie die vertrautesten Freundschaften meistens außerhalb der Berner und Zürcher Kreuzungspunkte zustande kamen. Dargelegt wurde dieser Sachverhalt am Beispiel des Herausgebers René Schickele, der auch in Mannenbach, Thun, St. Moritz und Uttwil von einer großen Emigrantengruppe umgeben war. Das kurzfristige Beisammensein von Hugo Ball und Leonhard Frank in Ragaz, die enge Freundschaft zwischen Ernst Bloch und Margarete Susman in Thun sowie Klabunds Mitarbeit an Wilhelm Schmidtbonns pazifistischer Gemeinschaft in Davos sind weitere Kontakte, die ebenfalls außerhalb der eidgenössischen Metropolen entstanden.
Parallel zu den von vielerlei persönlichen Erlebnissen und Erfahrungen geprägten Ortswechseln bildete die Darstellung der Beziehung zwischen Gast und Gastland einen weiteren wichtigen Punkt der Exilbeschreibung. Ein Teil der Emigranten verherrlichte die Schweiz wegen ihres liberalen Klimas, einem anderen Teil gefiel die idyllische Landschaft und einige schätzten insbesondere die eidgenössische Hilfsbereitschaft. Zu

Aversionen, die meistens von kurzer Dauer waren, kam es nur dann, wenn bei amtlichen Angelegenheiten wie Paß- oder Aufenthaltsverlängerung irgendwelche Verzögerungen auftraten. Mit Ausnahme von wenigen Einzelfällen war aber jeder Emigrant mit dem eidgenössischen Gastland durchaus zufrieden und blieb es bis zu seinem Lebensende.

In ihrer Meinung über den Krieg unterschieden sich die deutschen Emigranten hingegen sehr. Zwar rief er bei jedem Autor eine gewisse Ablehnung hervor, doch der Schritt zur Tat ergab sich grundsätzlich auf zwei verschiedene Arten.

Bei den Kriegsgegnern der ersten Stunde, die sich schon nach wenigen Kriegsmonaten in die Schweiz begeben hatten, basierte die intellektuelle Handlungsstrategie vorwiegend auf linkssozialistischen Ideen. Hauptziel war nicht nur die Beendigung des Kriegsgeschehens, sondern anschließend auch die restlose Abschaffung der bürgerlichen Gesellschaftsordnung. Der durch die Februarrevolution entfachte Aufruf zur gemeinsamen Gestaltung eines sozialistischen Systems blieb allerdings folgenlos, zumal sich die Mehrzahl der revolutionären Fraktion auf einzelne Themen der Kriegskritik konzentrierte. Beispielhaft hierfür sind Annette Kolbs permanente Attacken gegen die Kriegslust der europäischen Intelligenz, René Schickeles Kampf um die Demokratisierung der Gesellschaft und Leonhard Franks anarchistische Anregung zum Aufstand wider der bestialischen Kriegsmacht. Ein äußerst radikales Motiv enthielt auch die Kriegsablehnung von Ernst Bloch, zumal sich dieser durch die langwierige Fortsetzung des Krieges die endgültige Austilgung des wilhelminischen Reiches herbeiwünschte.

Auf eine eher gemäßigte Weise reagierte dagegen jene Emigrantengruppe, die die Kriegsrealität an der Front miterlebt hatte und im Bemühen um eine Verarbeitung dieser Erfahrungen zu einer pazifistisch und humanitär gesinnten Kriegsablehnung fand. Einer der bekanntesten Agitatoren dieser Bewegung war Fritz von Unruh, der knapp zwei Jahre lang im Feld gedient hatte und danach den Krieg als sinnloses Gegeneinander unschuldiger Nationen zu kritisieren pflegte. Für eine friedfertige Kriegsablehnung plädierten auch der bis zum zweiten Kriegsjahr als Reichstagsstenograph tätige Ferdinand Hardekopf, Otto Flake, Ricarda Huch, Else Lasker-Schüler und Margarete Susman. Die Kriegskritik von Klabund bewegte sich ebenfalls im gemäßigteren Bereich, allerdings äußerte er sich vergleichsweise direkter und ein Hang zum Extremen ist unverkennbar. Abgesehen von diesen kleineren Unterschieden bestand aber das allgemeine Anliegen dieser Fraktion vorwiegend darin, den auf internationaler Ebene verlaufenden Waffenkampf so bald wie möglich zu beenden sowie eine stabile Völkerverständigung ins Leben zu rufen. Ausgehend von den formalen und inhaltlichen Nuancen der Kriegsgegnerschaft wurde das weite Spektrum revolutionärer und pazifistischer Auffassungen in die Arbeit mit einbezogen, so daß bei der Erörterung kriegskritischer Werke nahezu jede literarische Form berücksichtigt werden konnte. Dabei zeigte sich, daß der bei allen deutschen Emigranten vorhandene Widerwille gegen das Kriegsgeschehen eher aus persönlichen Überzeugungen resultierte, anstatt Folge eines intellektuellen Gesamtinteresses zu sein. Binationale Schriftsteller wie René Schickele und Annette Kolb z.B. lehnten sich nämlich vorwiegend wegen ihrer deutsch-französischen Sympathien auf und warben daher für Verständigung. Bei Else Lasker-Schüler war der plötzliche Verlust naher Freunde aus dem Berliner Intellektuellenkreis der Auslöser, während Ricarda Huch und Margarete Susman angesichts des elenden Lebens an der Heimatfront zu Kriegsgegnerinnen wurden. Klabund haßte den Krieg in erster Linie aufgrund seiner katastrophalen Auswirkungen auf die Zivilbevölkerung. Otto Flake und Ferdinand Hardekopf versuchten, die realitätsverfälschende Kriegspropaganda zu demaskieren. Schriftsteller wie Leonhard Frank, Ernst Bloch und Ludwig Rubiner widersetzen sich dem Krieg aus reiner Abneigung gegen jegliche Autoritätsgedanken. Hingegen basierte die oppositionelle Haltung von Hugo Ball, Emmy Ball-Hennings und Richard Huelsenbeck auf den Erfahrungen im politisch und kulturell einschränkenden Kriegsalltag. In Anlehnung an die abweichenden Ausgangspunkte bezüglich der Kriegskritik wurde in den meisten Exilbeschreibungen darauf Bezug genommen, inwiefern die als Emigrationsgrund genommene Wut gegenüber dem Krieg Gestalt annahm. Hierbei stellte sich auch heraus, daß die anfangs persönlich motivierte Kriegsablehnung vieler Emigranten schon nach wenigen Monaten mit überwiegend ideologischem Inhalt gefüllt war.

Die umfassende Beschreibung der wechselvollen Emigration der deutschen Schriftsteller ermöglicht einen Einblick in die Bewußtseinsgeschichte der literarischen Intelligenz von 1914 bis 1918 und spiegelt zugleich die sozio-politischen Ereignisse während des Ersten Weltkrieges wider. Zugleich verdeutlicht dieses Engagement deutscher Intellektueller, daß selbst unter den widrigsten Umständen eine Opposition möglich war und Kritik geäußert wurde. Diese „Friedensbemühungen mit der Feder" zu Beginn des blutigen 20. Jahrhunderts zeigen nicht zuletzt beispielhaft auf, was für eine wichtige gesellschaftliche Funktion der Typus des kritischen Intellektuellen erfüllt.

Quellen- und Literaturverzeichnis

1. Amtliche Quellen sowie Archivmaterialien und Dokumentensammlungen in öffentlichen Archiven und Nachlässen

Bayerisches Hauptstaatsarchiv, Abt. IV, Kriegsarchiv München:
Meldungen des Stellvertretenden Generalkommandos
Stellv. Ib. AK. Band 1697
Stellv. Ib. AK. Band 1715
Stellv. Ib. AK. Band 1934

Bevölkerungsamt, Zürich:
Einwohnerregister der Stadt Zürich.

Binswanger-Archiv, Eberhard-Karls-Universität, Tübingen:
Eintritts- und Austrittsdaten des Kreuzlinger Sanatoriums.

Deutsches Literaturarchiv Marbach am Neckar:
Nachlaß Brodnitz Froehlich. Briefe von Hugo Ball.
Nachlässe Hardt, Benn und Kippenberg. Briefe von Leonhard Frank.
Nachlaß Ernst. Briefe von Otto Flake.
Nachlaß Hardekopf.
Nachlaß Hollaender. Briefe von Klabund und Fritz von Unruh.
Nachlaß Huch.
Nachlaß Huelsenbeck.
Nachlaß Klabund.
Nachlässe Kutscher und Wiedmann. Briefe von Klabund.
Nachlaß Schickele. Briefe von Annette Kolb.
Nachlaß Else Lasker-Schüler.
Nachlaß Kesser. Briefe von Ludwig Rubiner.
Nachlaß Schickele.
Nachlaß Zeit-Echo. Brief von Margarete Susman.
Nachlässe Heymel, Haering und Maync. Briefe von Fritz von Unruh.
Nachlaß v. Unruh.

Else Lasker-Schüler Archiv, Stadtbibliothek Wuppertal:
Nachlaß Else Lasker-Schüler.

Ernst Bloch Archiv, Ludwigshafen:
Bloch/Korol: Gespräch mit Ernst Bloch am 25.9.76 in Tübingen in Anwesenheit von Karola Bloch und Burghard Schmidt.
Bloch/Häsler: Enttäuschte Liebe zur Schweiz - ein Gespräch mit Alfred Häsler, Schweizerische Radio- und Fernsehgesellschaft. Zürich, 1.2.1968.

Hoover Institution Archives, Stanford, California:
Nachlaß Alfred Hermann Fried. Briefe von Otto Flake, Leonhard Frank, Klabund und René Schickele.

Hugo Ball Archiv, Pirmasens:
Nachlaß Hugo Ball. Briefe von 1915-1919. Bearbeitet von Ernst Teubner und Gerhard Schaub.
Monje, Dagmar. Chronologisches Register und Register nach Verfassern für die Freie Zeitung.

Kurt Wolff Archiv, Yale University, New Haven, Connecticut:
Nachlaß Kurt Wolff. Briefe von Hugo Ball, Leonhard Frank, Klabund, Annette Kolb, Else Lasker-Schüler, René Schickele und Fritz von Unruh.

Monacensia, Bibliothek und Literaturarchiv, München:
Nachlaß Annette Kolb.
Nachlaß Schaefer/Lange. Das Leben der Dichterin Emmy Ball-Hennings.
Nachlaß Magda Janssen. Briefe von Ricarda Huch.

Politisches Archiv des Auswärtigen Amtes, Bonn:
IA Europa gen. R 620, „Maßregeln gegen anarchistische Bestrebungen sowie Versammlungen und Ausweisungen von Anarchisten", Berichte der Kaiserlichen Deutschen Gesandtschaft in Bern.
IA Europa gen. Band R 624 secr., „Wahrung der monarchistischen Interessen gegenüber der republikanischen Propaganda", Aufzeichnungen des Stellvertretenden Generalstabs der Armee Abteilung IIIb sowie Berichte der Kaiserlichen Deutschen Gesandtschaft in Bern.
Gesandtschaft Bern, Nr. 785, „Erkundigungen über politische Persönlichkeiten und Agenten, Meldungen und Verwendung der Vertrauensleute".
Gesandtschaft Bern, Nr. 853-854, „Revolutionäre Propaganda der Entente".
Gesandtschaft Bern, Nr. 1142, „Spionageangelegenheiten".

Schweizerisches Bundesarchiv, Bern:
E-2001(B), Band 58, Ernst Bloch.
Bestand E-21, Band 10859, 10534, 11405, Else Lasker-Schüler
Bestand E-21, Band 9517, René Schickele und Annette Kolb.
Bestand E-21, Band 10530, 10558 und E-2001(B) Band 58, Hugo Ball u. Emmy Hennings.

Bestand E-21, Band 11732 und E-2001(B) Band 28, Fritz von Unruh.
Bestand E-21, Band 10864, Leonhard Frank u. Ludwig Rubiner.
Bestand E-21, Band 9860, 10452, 10493, 10527, 10530, 10854, 10884, 10970, 11511 Ludwig Rubiner.

Staatsarchiv des Kantons Zürich:
Akten des Lesezirkels Hottingen:
Protokolle des Vorstandes und des geschäftsführenden Ausschusses und einzelner Kommissionen des Lesezirkels, 1882-1940, W 30.5-6.
Korrespondenz mit Dichtern, bis 1930er Jahre, W 30.16-17-18.
Drucksachen und Akten literarischer Abende 1896-1933, W 30.20.
Gästebuch des Lesezirkels, 1897-1964, W 60/61.

Staatsbibliothek zu Berlin - Preußischer Kulturbesitz Haus 1, Berlin:
Nachlaß Axel Junker. Brief von Leonhard Frank.
Nachlaß Helene Baumgarten. Briefe von Ricarda Huch.
Nachlaß Franz Blei. Briefe von Ludwig Rubiner, René Schickele.

Staatsarchiv Graubünden:
Nachlaß Erwin Poeschel. Briefe und Karten von Klabund,

Stadtarchiv, Zürich:
Meldekarten der Stadt Zürich.

Stadtarchiv, Bern:
Einwohnerregister der Stadt Bern.

Stiftung Archiv der Akademie der Künste, Berlin:
Klabund-Sammlung.
Ludwig Rubiner. Reisepaß.
Teilnachlaß Leonhard Frank. Kopien von Materialien von der Münchener Sammlung.

Stiftung Archiv der Parteien und Massenorganisationen der DDR im Bundesarchiv, Berlin:
Nachlaß Konrad Haenisch, N 2104/91. Briefe von Otto Flake.
Nachlaß Paul Block, N2025/1. Briefe von Fritz von Unruh.

The Jewish National und University Library, Jerusalem:
Nachlaß Martin Buber. Briefe von Margarete Susman und René Schickele.

Zentralbibliothek Zürich:
FA Meyer v. Knonau u. FA Escher vom Glas 210b.121. Briefe von Ricarda Huch.
Ms. Z II 397.7 u. Ms. Z II 3001.53 Briefe von Fritz von Unruh.
Ms. Z II 3001.41. Brief von Ludwig Rubiner.
Ms. Z II 3001.32. Briefe von Else Lasker-Schüler.

2. Primärliteratur

Arp, Hans: Unsern täglichen Traum... Erinnerungen, Dichtungen und Betrachtungen aus den Jahren 1914-1954. Zürich 1955.

Ball, Hugo: Cabaret Voltaire. Eine Sammlung künstlerischer und literarischer Beiträge. Zürich 1916.

Ball, Hugo: Die Flucht aus der Zeit. Luzern 1946.

Ball, Hugo: Briefe 1911-1927. Einsiedeln 1957.

Ball, Hugo & Hennings, Emmy: Damals in Zürich. Briefe aus den Jahren 1915-1917. Zürich 1978.

Ball-Hennings, Emmy (Hg.): Hugo Ball. Sein Leben in Briefen und Gedichten. Berlin 1930.

Ball-Hennings, Emmy: Hugo Balls Weg zu Gott. München 1931.

Ball-Hennings, Emmy: Ruf und Echo. Mein Leben mit Hugo Ball. Frankfurt a. M. 1990.

Blei, Franz: Erzählung eines Lebens. Leipzig 1930.

Bloch, Ernst: Tendenz, Latenz, Utopie. Frankfurt a. M. 1978.

Bloch, Ernst: Briefe 1903-1975. Bd. I. Frankfurt a. M. 1985.

Durieux, Tilla: Eine Tür steht offen. Erinnerungen. Berlin-Grunewald 1954.

Edschmid, Kasimir (Hg.): Briefe der Expressionisten. Berlin 1964.

Flake, Otto: Es wird Abend. Bericht aus einem langen Leben. Mit einem Nachwort von Peter de Mendelssohn. Frankfurt a. M 1980.

Flake, Otto: Ein Leben am Oberrhein. Essays und Reiseskizzen aus dem Elsaß und aus Baden. Frankfurt a. M. 1987.

Frank, Leonhard: Links wo das Herz ist. München 1952.

Glauser, Friedrich: Briefe I. 1911-1935. Hg. v. Bernhard Echte u. Manfred Papst. Zürich 1988.

Goll, Claire: Ich verzeihe keinem. Bern, München 1978.

Huch, Ricarda: Gesammelte Werke. Hg. v. Wilhelm Emrich. Köln 1974.

Huch, Ricarda: Briefe an die Freunde. Zürich 1986.

Huelsenbeck, Richard: Phantastische Gebete. Mit 7 Holzschnitten von Hans Arp. Zürich 1916.

Huelsenbeck, Richard: Dada siegt! Eine Bilanz des Dadaismus. Berlin 1920.

Huelsenbeck, Richard: Erinnerungen. In: Limes-Lesebuch. Zehn Jahre Verlagsarbeit, Wiesbaden 1955, S. 53-64.

Huelsenbeck, Richard: Mit Witz, Licht und Grütze. Auf den Spuren des Dadaismus. Wiesbaden 1957.

Huelsenbeck, Richard: Dada. Eine literarische Dokumentation. Hamburg 1964.

Huelsenbeck, Richard: Reise bis ans Ende der Freiheit. Autobiographische Fragmente. Heidelberg 1984.
Jünger, Ernst: Sämtliche Werke. Bd. 1. Stuttgart 1978.
Kessler, Harry Graf: Tagebücher 1918-1937. Berlin 1961.
Klabund: Romane der Sehnsucht. Wien 1930.
Klabund: Tagebuch im Gefängnis. Mit Einführung, Nachwort und Klabund-Schriftenverzeichnis v. Leopold Spitzegger. Wien 1946.
Klabund: Briefe an einen Freund. Hg. v. Ernst Heinrich. Köln u. Berlin 1963.
Kolb, Annette: Die Last. Sechs Aufsätze. Zürich 1918.
Kolb, Annette: Zarastro. Westliche Tage. Berlin 1921.
Kolb, Annette: Versuch über Briand. Berlin 1929.
Korol, Martin (Hg.): Ernst Bloch. Kampf, nicht Krieg. Politische Schriften 1917-1919. Frankfurt a. M. 1985.
Lasker-Schüler, Else: Lieber gestreifter Tiger. Briefe. Bd. 1. Hg. v. Margarete Kupper. München 1969.
Lasker-Schüler, Else: Wo ist unser buntes Theben? Briefe. Bd. 2. Hg. v. Margarete Kupper. München 1969.
Lasker-Schüler, Else: Werke und Briefe, Prosa 1903-1920. Bd. 3.1. Bearb. v. Ricarda Dick. Frankfurt a. M. 1998.
Mann, Thomas: Aufsätze - Reden - Essays 1914-1918. Berlin u. Weimar 1983.
Marc, Franz: Briefe aus dem Feld 1914-1916. Berlin 1959.
Mahler-Werfel, Alma: Mein Leben. Frankfurt a. M. 1991.
Meyer, Jochen (Hg.): Briefe an Ernst Hardt. Eine Auswahl aus den Jahren 1898-1947. Marbach 1975.
Mühsam, Erich: Tagebücher 1910-1924. Hg. v. Chris Hirte. München 1994.
Müller, Heidy Margrit (Hg.): Mosaikbild einer Freundschaft. Ricarda Huchs Briefwechsel mit Elisabeth und Heinrich Wölfflin. München 1994.
Münster, Arno (Hg.): Tagträume vom aufrechten Gang. Sechs Interviews mit Ernst Bloch. Frankfurt a. M. 1978.
René Schickele: Werke in drei Bänden. Hg. v. Herman Kesten unter Mitarbeit von Anna Schickele. Köln 1959.
Richter, Hans: Dada Profile. Zürich 1961.
Rolland, Marie Romain (Hg.): Romain Rolland. Briefe nach Deutschland. Übersetzung von Paulus Lenz-Medoc. München 1974.
Rolland, Romain: Zwischen den Völkern. Aufzeichnung und Dokumente aus den Jahren 1914-1919. 2 Bände. Stuttgart 1955.
Rolland, Romain - Stefan Zweig: Briefwechsel 1910-1940. Bd. 1. Berlin 1987.
Rubiner, Frida: Einst unglaubliche Berichte. Berlin 1987.
Schad, Christian: Autobiographische Aufzeichnungen, In: Schadographien. Die Kraft des Lichts. Hg. v. Nikolaus Schad u. Anna Auer. Passau 1999, S. 11-15.
Schumann, Klaus (Hg.): Ludwig Rubiner. Der Dichter greift in die Politik. Ausgewählte Werke. Frankfurt a. M. 1976.
Sheppard, Richard (Hg.): Hugo Ball an Käthe Brodnitz. Bisher unveröffentlichte Briefe und Kurzmitteilungen aus den Dada-Jahren. In: Jahrbuch der Deutschen Schillergesellschaft 16 (1972), S. 37-70.

Sheppard, Richard (Hg.): Ferdinand Hardekopf und Dada. In: Jahrbuch der Deutschen Schillergesellschaft 20 (1976), S. 132-161.

Stern, Martin (Hg.): Expressionismus in der Schweiz. Bd. I. Erzählende Prosa, Mischformen, Lyrik. Bern 1981.

Susman, Margarete: Lieder von Tod und Erlösung. München 1922.

Susman, Margarete: Ich habe viele Leben gelebt - Erinnerungen. Stuttgart 1964.

Velde, Henry van de: Geschichte meines Lebens. München u. Zürich 1986.

Unveröffentlichte Briefe Klabunds. In: *Vorwärts*. Hg. v. Elfe Möbus, 13.12.1931.

Unruh, Fritz von: Sämtliche Werke. Hg. v. Hanns Martin Elster. Berlin 1979.

Wolff, Kurt: Briefwechsel eines Verlegers 1911-1963. Frankfurt a. M. 1966.

Wolff, Theodor: Tagebücher 1914-1919. Bd.1. Boppard am Rhein 1984.

Zuckerkandl, Berta: Österreich intim - Erinnerungen 1892-1942. Frankfurt a. M. 1970.

Zweig, Stefan: Die Welt von Gestern. Erinnerungen eines Europäers. (Ungekürzte Sonderausgabe) Frankfurt a. M. 1953.

3. Sekundärliteratur

Ackermann, Paul Kurt: René Schickele. A Critical Study. Boston 1956.

Anz, Thomas / Stark, Michael (Hg.): Expressionismus. Manifeste und Dokumente zur deutschen Literatur 1910-1920. Stuttgart 1982.

Aubert, Jean-François: Kommentar zur Bundesverfassung der Schweizerischen Eidgenossenschaft vom 29. Mai 1874. Basel u.a. 1991.

Baum, Marie: Leuchtende Spur. Das Leben Ricarda Huchs. Tübingen 1950.

Bendt, Jutta (Hg.): Ricarda Huch 1864-1947. Eine Ausstellung des Deutschen Literaturarchivs im Schiller-Nationalmuseum Marbach am Neckar. Stuttgart 1994.

Bentmann, Friedrich: René Schickele. Leben und Werke in Dokumenten. Nürnberg 1974.

Benz, Wolfgang: Der Fall Muehlon - bürgerliche Opposition im Obrigkeitsstaat während des Ersten Weltkrieges. In: Vierteljahreshefte für Zeitgeschichte, München 1970. 18. Jg., S. 343-365.

Bickel, Wilhelm: Bevölkerungsgeschichte und Bevölkerungspolitik der Schweiz. Zürich 1947.

Brunner, Hans-Peter: Neutralität und Unabhängigkeit der Schweiz im ausgehenden 20. Jahrhundert-Bestandesaufnahme und Ausblick. Zürich 1989.

Bonjour, Edgar: Geschichte der schweizerischen Neutralität. Bd. 2. Basel 1975.

Burckhardt, Walter: Schweizerisches Bundesrecht. Staats- und verwaltungsrechtliche Praxis des Bundesrates und der Bundesversammlung seit 1903. Bd. 1. Frauenfeld 1930.

Brupbacher, Fritz: Zürich während Krieg und Landesstreik. Zürich 1928.

Boghardt-Meyer, Julie: Minna Flake. Macht und Ohnmacht der roten Frau: Von der Dichtermuse zur Sozialistin.. Frankfurt a. M. 1997.

Bolliger, Hans / Magnaguagno, Guido / Meyer, Raimund: Dada in Zürich. Zürich 1985.

Burckhardt, Walther: Schweizerisches Bundesrecht. Staats- und verwaltungsrechtliche Praxis des Bundesrates und der Bundesversammlung seit 1903. Frauenfeld 1930.

Busse, Carl: Deutsche Kriegslieder 1914/16. Bielefeld u. Leipzig 1916.

Cysarz, Herbert: Zur Geistesgeschichte des Weltkrieges. Die dichterischen Wandlungen des Deutschen Kriegsbilds 1910-1930. Halle/Saale 1931.

Daiber, Hans: Vor Deutschland wird gewarnt. 17 exemplarische Lebensläufe. Gütersloh 1967.

Dettelbacher, Werner: Leonhard Franks Zürcher Exil 1915-1918. Schriftenreihe der Leonhard-Frank-Gesellschaft, Heft 4, Würzburg 1993.

Die Schweizer Presse. Festschrift zum 50-jährigen Jubiläum des Vereins der Schweizer Presse. Luzern 1933.

Dreyer, Michael und Lembcke, Oliver: Die deutsche Diskussion um die Kriegsschuldfrage 1918/1919. Berlin 1993.

Dürrenmatt, Peter: Schweizer Geschichte. Zürich 1963.

Echte, Bernhard (Hg.): Emmy Ball-Hennings 1885-1948. „ich bin so vielfach...". Texte, Bilder, Dokumente. Zürich 1999.

Egger, Eugen: Hugo Ball. Ein Weg aus dem Chaos. Olten 1951.

Eisenbeiß, Wilfried: Die Bürgerliche Friedensbewegung in Deutschland während des Ersten Weltkrieges. Organisation, Selbstverständnis und politische Praxis 1913/14-1919. Diss. Frankfurt a. M. 1980.

Ernst, Johann (Hg.): Reden des Kaisers. Ansprachen, Predigten und Trinksprüche Wilhelms II. München 1977.

Essig, Rolf-Bernhard: Der offene Brief. Geschichte und Funktion einer publizistischen Form von Isokrates bis Günter Grass. Diss. Würzburg 2000.

Faesi, Robert: Spittelers Weg und Werk. Leipzig 1933.

Finck, Adrien und Staiber, Maryse: Elsässer, Europäer, Pazifist. Pazifistische Studien zu René Schickele. Basel u.a. 1984.

Fischer, Fritz: Griff nach der Weltmacht. Die Kriegspolitik des kaiserlichen Deutschland 1914/1918. Düsseldorf 1961.

Fischer, Fritz: Krieg der Illusionen. Die deutsche Politik von 1911 bis 1914. Düsseldorf 1969.

Fried, Alfred Hermann: Die Grundlagen des ursächlichen Pazifismus. Zürich 1916.

Fries, Helmut: Die große Katharsis. Der Erste Weltkrieg in der Sicht deutscher Dichter und Gelehrter. Bd. 2. Konstanz 1995.

Füllner, Karin: Richard Huelsenbeck. Texte und Aktionen eines Dadaisten. Heidelberg 1983.

Gagliardi, Ernst: Neutralität und eidgenössischer Staatsgedanke. In: Wir Schweizer, unsere Neutralität und der Krieg. Hg. v. Carl Albrecht Bernoulli, Zürich 1915, S. 64-77.

Gagliardi, Ernst: Geschichte der Schweiz. Bd. 2. Zürich 1938.

Gailus, Manfred: Pöbelexcesse und Volkstumulte in Berlin. Zur Sozialgeschichte der Straße (1830-1980). Berlin 1984.

Gautschi, Willi. Lenin als Emigrant in der Schweiz. Köln 1973.

Glaubrecht, Martin: Studien zum Frühwerk Leonhard Franks. Diss. Bonn 1965.

Göbel, Wolfram: Der Kurt Wolff Verlag 1913-1930. Expressionismus als verlegerische Aufgabe. In: Archiv für Geschichte des Buchwesens, Bd. 15, Frankfurt a. M. 1975, S. 523-937.

Graf, Sabine: Als Schriftsteller Leben. Das publizistische Werk Otto Flakes der Jahre 1900 bis 1933. Zwischen Selbstverständigung und Selbstinszenierung. Diss. St. Ingbert 1992.

Greyerz, Hans von: Der Bundesstaat seit 1848. In: Handbuch der Schweizer Geschichte. Zürich 1980, S. 1021-1246.

Grötzinger, Vera: Der Erste Weltkrieg im Widerhall des *Zeit-Echo* (1914-1917). Zum Wandel im Selbstverständnis einer künstlerisch-politischen Literaturzeitschrift. Diss. Bern 1994.

Hächler, Beat: Das Klappern der Zoccoli: Literarische Wanderungen im Tessin. Zürich 2000.

Hänggi, Karl: Die deutsche Propaganda in der Schweizer Presse. Bern 1918.

Haug, Hans: Menschlichkeit für Alle. Die Weltbewegung des Roten Kreuzes und des Roten Halbmondes. Bern 1993.

Heinemann, Ulrich: Die verdrängte Niederlage. Politische Öffentlichkeit und Kriegsschuldfrage in der Weimarer Republik. Göttingen 1983.

Helbling, Hanno: Handbuch der Schweizer Geschichte. Bd. 2. Zürich 1977.

Helfenstein, Josef: Der sanfte Trug des Berner Milieus. Künstler und Emigranten 1910-1920. Bern 1988.

Hofbauer, Stefan; Senner, Herbert u. Vieregg, Hildegard (Hg.): Vom Materialismus zum Krieg. München 1994.

Holländer, Walter von: Die Entwicklung der Kriegsliteratur. In: Die Neue Rundschau 1916, S. 1275-1277.

Huelsenbeck, Richard (Hg.): Dada-Almanach. Hamburg 1980.

Hugo-Ball-Almanach. Herausgegeben von der Stadt Pirmasens. Bearbeitet von Ernst Teubner. Bd. 6 - 22, 1982-1998 Pirmasens.

Humbert-Droz, Jules, Der Krieg und die Internationale. Die Konferenzen von Zimmerwald und Kienthal. Wien 1964.

Hüppauf, Bernd (Hg.): Ansichten vom Krieg. Vergleichende Studien zum Ersten Weltkrieg in Literatur und Gesellschaft. Königstein/Ts. 1984.

Im Hof, Ulrich: Geschichte der Schweiz. Stuttgart 1974.

Jobst, Hanns: Leonhard Frank 1882-1961. München 1962.

Kammermann, Iwan Walter: Die fremdenpolizeiliche Ausweisung von Ausländern aus der Schweiz. Diss. Lungern 1948.

Kaula, Guido von: Brennendes Herz. Klabund. Legende und Wirklichkeit. Zürich u. Stuttgart 1971.

Klüsener, Erika (Hg.): Unveröffentlichte Briefe und Postkarten von Else Lasker-Schüler in der Stadt- und Landesbibliothek Dortmund. In: Bulletin des Leo Baeck Instituts Nr. 74, 1986, S51-63.

Koester, Eckart: Literatur und Weltkriegsideologie. Positionen und Begründungszusammenhänge des publizistischen Engagements deutscher Schriftsteller im Ersten Weltkrieg. Diss. Kronberg/Ts. 1977.

Kolinsky, Eva: Engagierter Expressionismus. Politik und Literatur zwischen Weltkrieg und Weimarer Republik. Eine Analyse expressionistischer Zeitschriften (1914-1920). Diss. Stuttgart 1970.

Koszyk, Kurt: Deutsche Pressepolitik im Ersten Weltkrieg. Düsseldorf 1968.

Krull, Wilhelm: Politische Prosa des Expressionismus, Rekonstruktion und Kritik. Bern, Frankfurt a. M. 1982.

Lang, Gustav A.: Kampfplatz der Meinungen, Die Kontroverse um Kriegsursachen und Friedensmöglichkeiten 1914-1919 im Rahmen der *Neuen Zürcher Zeitung*. Diss. Zürich 1968.

Lang, Karl: Kritiker, Ketzer, Kämpfer. Das Leben des Arbeiterarztes Fritz Brupbacher. Zürich 1983.

Langhard, Johann: Das Niederlassungsrecht der Ausländer in der Schweiz. Zürich 1913.

Lemp, Richard: Annette Kolb. Leben und Werk einer Europäerin. Mainz: 1970.

Korol, Martin: Deutsches Präexil in der Schweiz 1916-1918. Hugo Balls Dadaismus und Ernst Blochs Opposition von außen gegen die deutsche Politik in der Schweiz während des Ersten Weltkrieges. Diss. Bremen-Tartu 1999.

Masaryk, Tomás Garrigue: Die Weltrevolution. Erinnerungen und Betrachtungen 1914-1918. Berlin 1925.

Mattmüller, Markus: Leonhard Ragaz und der religiöse Sozialismus. Eine Biographie. Bd. II: Die Zeit des Ersten Weltkriegs und die Revolutionen. Zürich 1968.

Meyer, Julie: Vom elsässischen Kunstfrühling zur utopischen Civitas Hominum. Diss. München 1981.

Michalka, Wolfgang (Hg.): Der Erste Weltkrieg. Wirkung, Wahrnehmung, Analyse. München 1994.

Mittenzwei, Werner: Exil in der Schweiz. Leipzig 1981.

Momber, Eckhardt: 's ist Krieg! 's ist Krieg! Versuch zur deutschen Literatur über den Krieg 1914-1933. Berlin 1981.

Müller, Albert: Das Niederlassungsrecht der Ausländer in der Schweiz. Diss. Triengen 1925.

Nenzel, Reinhard: Kleinkarierte Avantgarde. Zur Neubewertung des deutschen Dadaismus. Der frühe Richard Huelsenbeck. Sein Leben und sein Werk bis 1916 in Darstellung und Interpretation. Diss. Bonn 1994.

Noe, Helga: Die literarische Kritik am Ersten Weltkrieg in der Zeitschrift *Die Weissen Blätter*: René Schickele, Annette Kolb, Max Brod, Andreas Latzko, Leonhard Frank. Diss. Konstanz 1986.

Padrutt, Christian: Zur Lage der Schweizer Presse. Zürich 1975.

Pieper-Reutimann, Ursula: Die Rolle der Schweiz in Romain Rollands Politischen Schriften zum Ersten Weltkrieg. Diss. Zürich 1983.

Raabe, Paul und Schneider, Karl Ludwig: Expressionismus. Aufzeichnungen und Erinnerungen der Zeitgenossen. Olten und Freiburg i. B. 1964.

Raabe, Paul: Klabund in Davos. Zürich 1990.

Reck, Oskar: Ist die Schweiz überfremdet? Frauenfeld 1969.

Reetz, Bärbel: Emmy Ball-Hennings. Leben im Vielleicht. Eine Biographie. Frankfurt a. M. 2001.

Richter, Hans: DADA - Kunst und Antikunst. Der Beitrag Dadas zur Kunst des 20. Jahrhunderts. Mit einem Nachwort hg. v. Werner Haftmann. Köln 1978.

Riesenberger, Dieter: Deutsche Emigration und Schweizer Neutralität im Ersten Weltkrieg. In: Schweizer Zeitschrift für Geschichte, Vol. 38. Basel 1988, S. 127-150.

Riess, Curt: Café Odeon. Unsere Zeit, ihre Hauptakteure und Betrachter. Zürich 1973.

Roerkohl, Anne: Hungerblockade und Heimatfront. Die Kommunale Lebensmittelversorgung in Westfalen während des Ersten Weltkrieges. Stuttgart 1991.

Saint-Gille, Anne-Marie (Hg.): La Vraie Patrie, C'est La Lumière! Correspondence entre Annette Kolb et Romain Rolland (1915-1936). Bern u.a. 1994.

Schlösser, Manfred (Hg.): Vom Geheimnis der Freiheit. Gesammelte Aufsätze 1914-1964. Darmstadt 1965.

Schuman, Klaus (Hg.): sankt ziegenzack springt aus dem ei. Texte, Bilder und Dokumente zum Dadaismus in Zürich, Berlin, Hannover und Köln. Leipzig 1991.

Schwarz, Fritz: Schriftstellerkolonien. In: *Das Literarische Echo. Halbmonatsschrift für Literaturfreunde*, 20. Jahrgang, H. 11. Zürich, März 1918, S. 629-635.

Schweizer, Peter: Die Schweiz. Neutralitätspolitik in privater Gesinnung und Meinungsänderung. In: Wir Schweizer, unsere Neutralität und der Krieg. Zürich 1915.

Stockebrand, Gerd: Otto Flake und der Expressionismus. Essen 1986.

Sommer-Bammel, Rose Marie: Europäische Caféhäuser. Geschichte und Geschichten. Berlin 1988.

Tatzel, Josef: Klabund. Leben und Werk Alfred Henschkes. Diss. Wien 1953.

Teubner, Ernst (Hg.): Hugo Ball (886-1986). Leben und Werk. Ausstellungskatalog der Stadt Pirmasens. Berlin 1986.

Thurnherr, Bruno, Der Ordnungseinsatz der Armee anläßlich der Zürcher Unruhen im November 1917. Diss. Bern u.a. 1978.

Tormin, Walter: Die Weimarer Republik. Hannover 1973.

Traub, Rainer u. Wieser, Harald: Gespräche mit Ernst Bloch. Frankfurt a. M. 1975.

Trautje, Franz: Revolutionäre Philosophie in Aktion. Ernst Blochs politischer Weg genauer besehen. Hamburg 1985.

Ulrich, Bernd: Die Augenzeugen. Deutsche Feldpostbriefe in Kriegs- und Nachkriegszeit 1914-1933. Diss. Essen 1977.

Ulrich, Bernd: Kriegsfreiwillige. Motivationen - Erfahrungen - Wirkungen. In: August 1914: Ein Volk zieht in den Krieg. Hg. v. der Berliner Geschichtswerkstatt. Berlin 1989, S. 234.

Ulrich, Bernd u. Ziemann, Benjamin: Frontalltag im Ersten Weltkrieg. Wahn und Wirklichkeit. Frankfurt a. M. 1994.

Ullrich, Volker: Kriegsalltag. Hamburg im Ersten Weltkrieg. Köln 1982.

Ungern-Sternberg, Jürgen von: Der Aufruf 'An die Kulturwelt!' das Manifest der 93 und die Anfänge der Kriegspropaganda im Ersten Weltkrieg. Stuttgart 1996.

Wagener, Hans: Zeitkritische Romane des 20. Jahrhunderts. Die Gesellschaft in der Kritik der deutschen Literatur. Stuttgart 1975.

Wartburg, Wolfgang von: Geschichte der Schweiz. München 1951.

Widmer, Sigmund: Illustrierte Geschichte der Schweiz. Einsiedeln 1977.

Wiegand, Berthold: Der Erste Weltkrieg und der ihm folgende Friede. Frankfurt a. M. 1986.

Wiehler, Rudolf.: Deutsche Wirtschaftspropaganda im Weltkrieg. Berlin 1922.

Zierer, Otto: Das Bild unserer Zeit. Vom ersten Weltkrieg bis ins Jahr 1933. Gütersloh.

Lebenslauf von Ahmet Arslan

Geboren am 25.01.1969 in Linnich/Aachen.

1976-1980 Besuch der Gemeinschaftsgrundschule Pestalozzi in der Stadt Marl.

1980-1984 Hauptschule Carl Duisberg in Marl.

1984 Emigration in die Türkei.

1984-1990 Vorbeter und Prediger Gymnasium in Zonguldak/Türkei; Abitur ebendort.

1990-1994 Studium der Germanistik (Diplom) und der Pädagogik (Diplom) in Konya/Türkei an der Selcuk Universität.

1994-1995 Berufstätig als Englisch- und Türkischlehrer am Atatürk Gymnasium in Sanliurfa/Türkei.

1995-1996 Wissenschaftlicher Mitarbeiter an der Harran Universität im Fachbereich Westliche Sprachen und Literarur.

1994-1996 Studium der Germanistik (Magister) und der Sprachwissenschaft (Magister) an der Harran Universität in Sanliurfa/Türkei.

1998-2002 Promotion an der Otto-Friedrich Universität Bamberg sowie Teilnahme an mehreren Lehrveranstaltungen der Studiengänge *Neuere Deutsche Literatur, Sprachwissenschaft, Islamwissenschaft* und *Turkologie*.

Vom **15. September 2000** bis zum **30. Mai 2002** bei *BDP Institut für Berufliche Bildung in Bamberg* als Deutsch- und Türkischlehrer tätig.

In der Zeit vom **03.06.2002** bis zum **03.06.2003** an Mescheder Grund-, Haupt-, Real- und Sonderschulen Lehrkraft für den Muttersprachlichen Unterricht in Türkisch.